Götz Müller

Jean Pauls Ästhetik und Naturphilosophie

Max Niemeyer Verlag Tübingen 1983

Als Habilitationsschrift auf Empfehlung der Julius-Maximilians-Universität Würzburg gedruckt mit Unterstützung der Deutschen Forschungsgemeinschaft.

CIP-Kurztitelaufnahme der Deutschen Bibliothek

Müller, Götz:
Jean Pauls Ästhetik und Naturphilosophie / Götz Müller. – Tübingen : Niemeyer, 1983.
(Studien zur deutschen Literatur ; Bd. 73)
NE: GT

ISBN 3-484-18073-0   ISSN 0081-7236

Druck: Allgäuer Zeitungsverlag GmbH, Kempten
Einband: Heinr. Koch, Tübingen

Inhalt

V

VIII

Leitbilder

1. Ich weiß bloß noch, daß ich das Blut mit einigem Schauder um meinen Arm sich krümmen sah; und daß ich dachte: ›Das ist das Menschenblut, das uns heilig ist, welches das Kartenhaus und Sparrwerk unsers Ich ausküttet und in welchem die unsichtbaren Räder unsers Leben und unserer Triebe gehen.‹
   JEAN PAUL: Die unsichtbare Loge (1792)

2. O wer bin ich selbst? – Wer ist das Wesen, das aus mir heraus spricht? Wer ist das Unbegreifliche, das meine Glieder regiert? Oft kommt mir mein Arm wie der eines fremden entgegen, ich erschrak neulich heftig, als ich über eine Sache denken wollte und plötzlich meine kalte Hand auf meiner heißen Stirn fühlte.
   LUDWIG TIECK: William Lovell (1793 – 1796)

3. Ich muß dir gestehen, in mir entsteht immer eine Empfindung von ganz eigentümlichen Gefühlston, wenn ich mir Jacobsen vorstelle, wie er mit einem Mikroskop an der Arbeit ist und eine Zelle studiert: wie das Leben, aufgegipfelt in eines seiner subtilsten Exemplare, in dem das Seelische, das Zerebrale sich aufgefasert hat in seine feinsten und äußersten Vibrationen, sich über ein anderes Leben beugt: dumpf, triebhaft, feucht, alles eng beieinander, und wie doch beide zusammengehören und durch beide e i n e Welle läuft und wie beide leibsverwandt sind bis in die chemische Zusammensetzung ihrer Säfte.
   GOTTFRIED BENN: Gespräch (1910)

4. Wer in ein kybernetisches Gerät blickt, der sieht keine Gedankengänge, er sieht nur Maschinenteile. Es wäre reinster Animismus, wollten wir dem Gerät Leben zuschreiben. Wer einen Menschen öffnet und hineinblickt, sieht allerdings auch keine Gedanken; nur indem er sich selbst beobachtet, erlebt der Mensch sich als Bewußtsein. Wie, wenn auch dies eine animistische Vorstellung wäre?
   LARS GUSTAFSSON: Die Maschinen (1967)

I. Einleitung

»In seinem wirren Plunder von naturkundlichen Bemerkungen«, so kann man
in einem berühmten Buch über Jean Paul lesen, gibt es »nicht eine, die aus
wirklichem Natursinn hergesetzt wäre: alle haben nur den Wert des Gleichnisses«.[1] Die witzigen Gleichnisse Jean Pauls und selbst seine poetischen Landschaften zeugten von einer elementaren Naturfremdheit. Ja, mehr noch, die
Natur bestehe gar nicht »frei außer ihm«; was da erscheine, sei eine »zweite
Natur« von Gnaden der Subjektivität, eine Natur, die das Ich unter seine
Kontrolle gebracht hat durch die Sprache und die Formen der Kunst.[2] Max
Kommerells Diagnose der Zerrissenheit Jean Pauls gipfelt in der Darstellung
der »Humoristenreihe«. In jenen Charakteren kommt die Dissoziation von Ich
und Natur unverhüllt zum Vorschein. Die »Mißstimmigkeit des Ich und seiner
leiblichen Form« indiziert den Verlust der »Gebärde« und des »Symbols«.[3]
Kommerells Befund: Jean Paul löst die objektive Natur in Seele auf; die
Sprache verwandelt die Eigenständigkeit der Natur in ein Produkt der
Innerlichkeit.

Eine solche Tendenz läßt sich am Werk Jean Pauls durchaus belegen; erst
neuerdings wurde die Subjektivierung der Landschaft bei Jean Paul heraus-
gestellt.[4] Dennoch hat Kommerell einige Schwierigkeiten, seine Diagnose mit
den theoretischen Reflexionen Jean Pauls zu vereinbaren. In dem Kapitel
»Fichte als das bekämpfte Spiegelbild« wird Jean Pauls »Clavis Fichtiana« von
1800 nicht als berechtigte Kritik an Fichte, sondern als verdeckte Selbstvertei-
digung interpretiert. »So tritt also Jean Paul Fichten gegenüber, weil Jean Paul
Jean Paul gegenübertreten lernte, und weil er in Fichte ein abgerolltes Jean
Paulisches Verhängnis sieht.«[5] Fichtes Produktion der Natur durch die
Einbildungskraft des Ich, seine Depotenzierung der objektiven Welt zur
Erscheinung des transzendentalen Subjekts, sei in Wahrheit nur zu ähnlich mit

---

[1] Max Kommerell: Jean Paul. Frankfurt 1933, S. 27.
[2] Kommerell, S. 45f.
[3] Kommerell, S. 338 und S. 418f.
[4] Ralph-Rainer Wuthenow: Allegorieprobleme bei Jean Paul. In: Jb der Jean-Paul-
Gesellschaft 1970, vgl. S. 79 – 82.
[5] Kommerell, a.a.O., S. 346.

Jean Pauls Entmächtigung der Natur und der Außenwelt. In der Ich-Philosophie Fichtes und der ›ich-süchtigen‹ Poetik Friedrich Schlegels fühle sich Jean Paul selbst beschrieben – daher die Schärfe seiner Polemik. Wenn Jean Paul im »Titan« den Humoristen Schoppe als Fichteaner wahnsinnig werden läßt, so ist dies in den Augen Kommerells nur ein Kunstgriff Jean Pauls: er wehre den Wahnsinn »bewußt und glücklich ab«, indem er »zwischen ihn und sich eine dichterische Figur: die Figur seiner selbst als eines Wahnsinnigen stellte«.[6] Diese Auslegung ist bestechend und in ihrer Bedeutung für die Jean Paul – Forschung kaum zu überschätzen. Der große Zeitgenosse und der große Antipode dieser Darstellung ist Goethe. Nachdem Kommerell Jean Paul zum Romantiker wider Willen gemacht hat, wendet er auf ihn Goethes Urteil über die ›kranke‹ Romantik an. »Was im Werke Goethes der Natur angesonnen wird, es ist Natur aus eigenen Gnaden« – »nicht mit geliehener sondern eigener Selbstheit«.[7] Im Gegensatz zu Jean Pauls Spielen des bildlichen Witzes, einer erpreßten Vereinigung mit der Natur, finde Goethes Symbolik die wahrhafte Balance zwischen Subjekt und objektiver Natur.

Kommerell baut ein trigonometrisches Dreieck mit den Richtpunkten Fichte (dem Verächter und Zerstörer der Natur), Jean Paul (dem heimlichen Fichteaner) und Goethe (dem Wahrer echten Natursinns). In diesem Dreieck macht er seine Höhenmessungen. Die individuelle Kontur Jean Pauls wird durch diese Anordnung unscharf; der Interpret weiß mehr und anderes als der Autor von sich selbst wußte.

Michelsen radikalisierte Kommerells Kritik an Jean Paul, indem er seine Naturmetaphorik grundsätzlich der »Nebeneinanderstellung des Heterogenen« bezichtigte. Konzediert wird Jean Paul lediglich ein ›Vereinigungsstreben‹; vergeblich habe Jean Paul gemeint, den »kosmischen Hintergedanken der Empfindsamkeit, den darzustellen er in seinem frühesten Versuch kläglich scheiterte,

---

[6] Kommerell, S. 350.

[7] Kommerell, S. 47. – Kommerell orientiert sich an der Jean-Paul-Kritik des klassischen Goethe, wie sie in dem Gedicht »Ein Chinese in Rom« (1796) zum Ausdruck kommt:
»Siehe, da glaubt' ich im Bilde so manchen Schwärmer zu schauen,
Der sein luftig Gespinst mit der soliden Natur
Ewigem Teppich vergleicht, den echten reinen Gesunden
Krank nennt, daß ja nur Er heiße, der Kranke, gesund.«
Der 70-jährige Goethe hingegen brachte mehr Verständnis für Jean Paul auf. Er schrieb im »West-östlichen Divan«: »ein so gebildeter Geist blickt, nach eigentlichst orientalischer Weise, munter und kühn in seiner Welt umher, erschafft die seltsamsten Bezüge, verknüpft das Unverträgliche, jedoch dergestalt, daß ein geheimer ethischer Faden sich mitschlinge, wodurch das Ganze zu einer gewissen Einheit geleitet wird.« (Vgl. dazu: Jean Paul im Urteil seiner Kritiker. Dokumente zur Wirkungsgeschichte Jean Pauls in Deutschland. Hg., eingel. und kommentiert von Peter Sprengel, München 1980, S. XXXI f., S. 97, S. 342 Anm. 31).

immerhin andeuten zu können: das Eins-sein der Dinge vor der Gottheit und dessen Widerschein beim Menschen im Gefühl als dem Zerschmelzungsprozeß der Gegenstände«.[8] Das, was Jean Paul in seiner »Werther«-Paraphrase »Abelard und Heloise« nicht erreicht habe, werde in den großen Romanen durch einen Prozeß angesteuert, »der das Wirkliche unwirklich macht. Der ästhetische Raum also soll das selbstgeschaffene Refugium der Seele werden, die sich in der Entzweiung« von geistiger und körperlicher Existenz« zerreißt.[9] Die Diagnose: offene Dissonanz mit der Natur und der Naturseite des Menschen oder falsche Versöhnung mit der Natur im Zeichen einer willkürlichen Subjektivität. Michelsen wiederholt damit Kommerell, der dekretierte: »Es ist also nicht die Natur als solche, die von Jean Paul zur Nachlallerin der Mensch-gefühle herabgewürdigt wäre«; die Natur »besteht garnicht frei außer ihm, sondern ist die Sprache von Formen um eine Jean Paulische Weltseele«.[10]

Seit Kommerell ist Goethe der Maßstab für die poetischen Naturbilder Jean Pauls. Emil Staiger richtet seine Jean Paul-Interpretation ganz am klassischen Goethe aus.[11] Es ist die Frage, was dieser Vergleich mit Goethe überhaupt besagen will. Jean Paul war und blieb ein Verehrer des jungen Goethe. »Goethes beide Landschaften im Werther werden als ein Doppelstern und Doppelchor durch alle Zeiten glänzen und klingen« (5,290). Im »Werther« sind Einheit und Dissonanz mit der Natur deutlich abhängig von der Subjektivität des Helden. Werther, der sich anfangs enthusiastisch einfühlte mit dem geringsten Lebewesen, beklagt wenig später den Verlust der Kraft, mit der er ›Welten um sich schuf‹. Die Natur erscheint nun als »ein ewig verschlingendes, ewig widerkäuendes Ungeheuer«. Nimmt man d i e s e s labile Naturgefühl zum Maßstab des Vergleichs zwischen Jean Paul und Goethe, so ändert sich das Bild. Auf die große Bedeutung des »Werther« für Jean Pauls Naturdarstellung werden wir an anderer Stelle zurückkommen.[12]

Die Bewertung von Kommerell, Michelsen und Staiger, deren Maßstab der klassische Goethe ist, setzt große Teile der »Vorschule der Ästhetik« außer Kraft. Diese Bewertung geht von einer Stabilität des Naturverhältnisses aus. Mit einem gewissen Mißvergnügen wird diagnostiziert, daß es diese metaphysische Stabilität bei Jean Paul nicht gibt. Erst Kurt Wölfel zeigte in

---

[8] Peter Michelsen: Laurence Sterne und der deutsche Roman des 18. Jahrhunderts. Göttingen 1962, S. 329.

[9] Michelsen, S. 333.

[10] Kommerell, S. 45.

[11] Emil Staiger: ›Titan‹. Vorstudien zu einer Auslegung. In: Jean Paul. Hrsg. v. U. Schweikert. Darmstadt 1974, S. 115 – 154 (Wege der Forschung Bd. 336).

[12] J. W. Goethe: Die Leiden des jungen Werther. Briefe vom 18. August und vom 3. November. Zur Bedeutung des ›Werther‹ für Jean Paul vgl. Kap. IV,6 »Poetische Landschaftsmalerei«.

seiner vorsichtigen Analyse an zahlreichen Beispielen, wie häufig sich in der
Poetik und im Werk Jean Pauls Bilder und philosophische Konzepte der Einheit
mit Bildern und Konzepten der Dissonanz durchkreuzen.[13]

Voigt interpretierte Jean Paul als Romantiker wider Willen. Als Signum der
Zerrissenheit gilt Voigt die selbstzerstörerische unendliche Reflexion roman-
tischer Provenienz. Schlegels Ironie und Jean Pauls Humor werden sehr nahe
aneinander gerückt. Voigt gewinnt die Geschlossenheit seiner Jean
Paul – Interpretation durch den Rahmen der Romantik-Kritik Kierkegaards,
ein nicht immer befriedigendes Verfahren, wenn man bedenkt, daß Jean Paul
die Mehrzahl seiner Vorbilder und Argumente dem 18. Jahrhundert
verdankt.[14]

Nach Preisendanz vollzieht sich Jean Pauls ›Abkehr von der
Naturnachahmung‹ wie bei Schlegel und Novalis im Zeichen der romantischen
Aneignung idealistischer Philosophie. Preisendanz findet in der »Vorschule der
Ästhetik« die Struktur der Frühromantik wieder: das transzendentale Ich erzeugt
danach unbewußt die Welt durch seine Einbildungskraft, ohne sich sogleich
als Urheber dieser Produktion zu erkennen. Dieser Interpretation steht im Wege,
daß sich Jean Paul in den ersten Paragraphen der »Vorschule« gegen die
›poetischen Nihilisten‹ der Romantik und f ü r die Naturnachahmung
ausspricht.[15]

Wie Kommerell und Voigt nimmt Preisendanz Jean Pauls Romantik-Kritik
nicht ernst. Immerhin verspottet Jean Paul in der »Clavis Fichtiana« virtuos
die Anschauung, »daß ich das All und Universum bin; mehr kann man nicht
werden in der Welt als die Welt selber« (3,1037). Der angebliche Fichteaner Jean
Paul bedauert ironisch, daß sein absolutes Ich bei der Einrichtung der Welt
»meinen eigenen Verstand so stiefmütterlich schmal beißen ließ, daß er nun
meinen objektiven Verstand selber nicht kapiert« (3,1050). Der »Leibgeberianis-
mus« der »Herren Schlegel« ist in diese Polemik eingeschlossen. Über diese
Auslegung Fichtes durch Jean Paul kann man sich streiten – wie auch über

---

[13] Kurt Wölfel: »Ein Echo, das sich selber in das Unendliche nachhallt«. Eine Betrachtung
zu Jean Pauls Poetik und Poesie. In: Jean Paul. Hrsg. v. U. Schweikert, a.a.O., vgl.
bes. S. 290, S. 300f.

[14] Günther Voigt: Die humoristische Figur bei Jean Paul (Halle 1934). 2. Aufl. als Jb
der Jean-Paul-Gesellschaft 1969, vgl. S. 101 – 115.

[15] W. Preisendanz: Zur Poetik der deutschen Romantik I: Die Abkehr vom Grundsatz
der Naturnachahmung. In: Die deutsche Romantik. Hrsg. von H. Steffen. Göttingen
1967, S. 54 – 74. Schon der Untertitel der Arbeit widerspricht zumindest den Intentionen Jean Pauls, der sich bewußt auf die alte aristotelische Formel der Naturnachahmung beruft und gleich zu Beginn der Vorschule gegen die ›poetischen
Nihilisten‹ (§ 2) polemisiert, die lieber »ichsüchtig die Welt und das All« vernichten
und die als entfesselte und hypertrophe Verächter der Wirklichkeit von der
»Nachahmung und dem Studium der Natur verächtlich sprechen« (5, 31f.).

das Verständnis des transzendentalen Ich durch Schlegel und Novalis. Die beiden Studien über die »Clavis Fichtiana« stimmen bei aller Verschiedenheit darin überein, daß von einem noch so versteckten Einverständnis mit der romantischen Transzendentalphilosophie und -poesie nicht die Rede sein kann.[16] Die »Vorschule der Ästhetik« bestimmt die Einbildungskraft nicht als transzendentale Synthesis, als den Ort der zwischen Ich und Nicht-Ich schwebenden schöpferischen Tätigkeit des so wahrhaft reellen und ideellen Dichters. Wenn Jean Paul im ersten Programm der »Vorschule« gegen den ›poetischen Nihilismus‹ der Romantik angeht, wenn er in der zweiten Vorrede zum »Quintus Fixlein« polemisch gegen diese »Hohlbohrer voller Herzen« (4,28) vorgeht, so sollte man diese Haltung akzeptieren, anstatt Jean Paul als Romantiker wider Willen und Fichteaner malgré tout darzustellen.

Im Urteil W. Raschs zeigt die »Vorschule der Ästhetik« einfach »Übereinstimmung mit den Grunddispositionen der romantischen Poetik«; es genüge daher, einen »Katalog der Entsprechungen« aufzustellen.[17] Das Urteil Kommerells, Jean Paul sei ein heimlicher Fichteaner und Transzendentalpoet, hat sich bei Rasch bereits so sehr verfestigt, daß er auf die idealistische Basis der Ästhetik von Schlegel und Novalis nicht eingeht, wodurch der Kontrast zwischen Jean Paul und der Frühromantik weniger ins Auge fällt. In dem Sammelband »Die deutsche Romantik«, in dem die Studien von Preisendanz und Rasch erschienen, folgt kurz darauf ein Aufsatz von K. H. Volkmann-Schluck, der durchaus zutreffend die Ästhetik von Novalis als eine »zur Poesie gewordene Metaphysik« Schellings umreißt.[18] Diese Analyse müßte eigentlich einem Katalog der Entsprechungen zwischen der »Vorschule« und der romantischen Ästhetik im Wege stehen. Denn Jean Paul kritisiert nicht nur massiv Fichte, sondern auch Schelling. Nach dem Urteil Jean Pauls ist die Schellingsche »Indifferenz« des »Realen und Idealen« nicht die Lösung, sondern die Verbrennung des Knotens, eine gewalttätige und willkürliche Aufhebung des Gegensatzes von Subjekt und Objekt (5,445).

Jean Pauls »Vorschule der Ästhetik« wurde in Berends grundlegender Dissertation und in den Anmerkungen zu seiner historisch-kritischen Ausgabe quellenkritisch und positivistisch im besten Sinne untersucht. Jede Interpretation ist dem reichen Materialfundus verpflichtet, den Berend zusammengetragen hat. Wertvoll und bei weitem nicht ausgeschöpft sind seine Hinweise auf

---

[16] Vgl. L. Storz: Studien zu Jean Pauls »Clavis Fichtiana«. Diss. Zürich 1951, S. 60f. und W. Harich: Jean Pauls Kritik des philosophischen Egoismus, Frankfurt o.J. (1968), bes. S. 105f.

[17] W. Rasch: Die Poetik Jean Pauls. In: Die deutsche Romantik. Hrsg. v. H. Steffen. Göttingen 1967, S. 100, S. 102.

[18] Karl Heinz Volkmann-Schluck: Novalis' magischer Idealismus. In: Die deutsche Romantik, a.a.O., S. 52.

Hamann, Herder und Jacobi. Während Berend sich salomonisch des Urteils enthalten und darauf beschränkt hatte, die Nähe und Distanz der »Vorschule« zur frühromantischen Ästhetik nüchtern zu beschreiben,[19] konstatieren Preisendanz und Rasch ohne Umschweife Entsprechungen zu Schlegel und Novalis.

Für eine entschiedene Abgrenzung der »Vorschule der Ästhetik« vom deutschen Idealismus und von der romantischen Transzendentalpoesie plädiert W. Wiethölter. Die Dissertation belegt eine fundamentale Kritik Jean Pauls am deutschen Idealismus und der aus ihm entspringenden Geschichtsphilosophie ›vom Standpunkt des Individuums aus‹. Ganz im Gegensatz zum transzendentalen Idealismus habe Jean Paul auf der ›Naturverfallenheit‹, auf der Sterblichkeit des Einzelnen und damit der natürlichen Begrenzung der Autonomie des Ich insistiert. Damit wird Jean Paul zum ersten Male präzise und entschieden von der idealistischen Philosophie und der romantischen Ästhetik separiert.

Das zweite große Thema der Arbeit ist die witzige Analogienlehre der »Vorschule«. Die Witz-Theorie wird als »Verschwisterung zweier im Grunde unvereinbarer Weltanschauungen« beschrieben: der Harmonie von Körper und Geist im Sinne der »Monadologie« stehe die »christlich-patristische Tradition«, der Dualismus Augustins, gegenüber. Jean Paul versuche – letzten Endes ohne Erfolg – die Aporien seiner Witz-Theorie durch eine »Ontologie der Innerlichkeit« auf den Spuren Jacobis zu entschärfen.[20] Wiethölter diskutiert philosophisch-systematisch widersprüchliche Denkmodelle in Jean Pauls Ästhetik.

Um eine Neubestimmung Jean Pauls bemühen sich auch die Arbeiten, die von der interessanten Frage ausgehen, ob es sich bei Jean Paul um eine theologische Begründung der Kunst handelt. Dorothee Sölle analysiert das »eschatologische Bewußtsein« Jean Pauls und versucht, die »Vorschule« als »Theologie der Politik« zu verstehen. Die anregende Studie verlegt den Ansatz Kommerells in die Tiefen der Theologie und ihrer Geschichte. Sölle geht aus von einem unüberbrückbaren ›manichäischen‹ Gegensatz von Körper und Geist bei Jean Paul. Sölle läßt allerdings häufig genug den philologisch-historischen Nachweis vermissen; Maßstab ist eine eigene, Ernst Bloch, Tillich, Gogarten und anderen verpflichtete Theologie der Immanenz.[21] Die zeitgenössische

---

[19] Eduard Berend: Jean Pauls Ästhetik. Berlin 1909, vgl. S. 109f. und S. 251.
[20] Waltraud Wiethölter: Witzige Illumination. Studien zur Ästhetik Jean Pauls. Tübingen 1979, S. 130f., 155f., 181, 190. Vgl. dazu vom Verf.: Neuere Tendenzen der Jean-Paul-Forschung (Zu den Büchern von Naumann, Sprengel und Wiethölter). In: Jb der Jean-Paul-Gesellschaft 1979, S. 176–181. – Vgl. zu der von Wiethölter deutlich herausgestellten Aporie harmonischer und dualistischer Denkmodelle in Jean Pauls Ästhetik Kap. V. »JEAN PAULS NATURANSCHAUUNGEN«.
[21] D. Sölle: Realisation. Studien zum Verhältnis von Theolgie und Dichtung nach der

6

Theologie Herders oder die Versuche Jacobis, alte Theologumena erneut aus der Subjektivität des Subjekts zu begründen, kommen nur am Rande vor. Jean Paul wird so im Rahmen einer Theologie n a c h Feuerbach und Nietzsche interpretiert, was zugleich den Reiz und die Grenze dieser Arbeit ausmacht. Zu handfesteren Ergebnissen philologisch-historischer Art kommt Ursula Naumann, die Jean Pauls Stil mit der Homiletik des 18. Jahrhunderts vergleicht. Einige Übereinstimmungen sind faszinierend, so die pragmatische Einstellung der Dichtung Jean Pauls; sie kann zeigen, daß auch in der »Vorschule« klassische Predigtziele wie Trost oder Erbauung der Kunst als Aufgabe gestellt werden.[22] Von K. Wölfel wurde hervorgehoben, daß diese Zwecksetzung der Kunst mit all ihren Folgen im Werk nicht zuletzt Anlaß des Konflikts mit dem weimarer Klassizismus ist.[23]

In den letzten Jahren rückt die Eigenwertigkeit der theoretischen Leistung Jean Pauls stärker ins Bewußtsein. Einen Anfang machte W. Harich mit der positiven Würdigung der Kritik Jean Pauls an Fichte.[24] Es folgten W. Proß und W. Schmidt-Biggemann. So verschieden das Erkenntnisinteresse dieser Autoren auch sein mag, es verbindet sie eine neue Einschätzung der Spätaufklärung. Sie erkennen wesentliche Kräfte in der ›unterlegenen‹ Philosophie dieser Zeit, die sich der Vernunftkritik Kants und dem spekulativen Idealismus Fichtes und Schellings widersetzen. In der philosophiegeschichtlichen Forschung entspricht dem ein neu erwachtes Interesse an Friedrich Heinrich Jacobi und eine bislang wenig erfolgreiche Hervorhebung der Ästhetik Herders gegenüber Kant und Schiller.[25]

Aufklärung. Darmstadt/Neuwied 1973, S. 168 – 190. Das Kapitel »Aufgeklärtes Christentum« hält nicht ganz, was es verspricht. Die Hinweise auf Herder und Jacobi (S. 209f.) sind allzu spärlich, um Aufschluß über das Verhältnis Jean Pauls zur zeitgenössischen Theologie geben zu können. Zum Grundbegriff des Buches vgl. S. 29: »Realisation ist die weltliche Konkretion dessen, was in der Sprache der Religion ›gegeben‹ oder versprochen ist.« Dieser Grundbegriff orientiert sich wie angezeigt an Blochs »Vorschein« und ähnlichen Ansätzen.

[22] U. Naumann: Predigende Poesie. Zur Bedeutung von Predigt, geistlicher Rede und Predigertum für das Werk Jean Pauls. Nürnberg 1976.

[23] K. Wölfel: Antiklassizismus und Empfindsamkeit. Der Romancier Jean Paul und die Weimarer Kunstdoktrin. In: Deutsche Literatur zur Zeit der Klassik. Hrsg. von K.-O. Conrady. Stuttgart 1977, vgl. S. 378f. – Zur Kant-Kritik Jean Pauls vgl. den Exkurs JEAN PAUL UND HERDER ALS OPPONENTEN DES TRANSZENDENTALEN IDEALISMUS.

[24] Vgl. Anm. 16.

[25] Vgl. K. Hammacher (Hrsg.): Friedrich Heinrich Jacobi. Philosoph und Literat der Goethezeit. Frankfurt 1971. K. Hammacher: Die Philosophie F. H. Jacobis. München 1969. Karl Homann: F. H. Jacobis Philosophie der Freiheit. Freiburg/München 1973. Eine Aufarbeitung der seit Hayms Verdikt beiseite gelegten »Kalligone« versucht H. Begenau: Grundzüge der Ästhetik Herders. Weimar 1956.

Angeregt durch Jean Pauls Exzerpte, stellt W. Schmidt-Biggemann die frühen Satiren Jean Pauls in den Rahmen einer weiträumigen philosophiegeschichtlichen These. Maschine und Teufel, vielfach variiertes Thema der Satiren, werden als Stichwörter des 18. Jahrhunderts kenntlich gemacht; sie bezeichnen eine Revolution der Metaphysik, die von Descartes ausgeht. Descartes' strikte Trennung von res cogitans und res extensa führt zu einer Trennung von Seele und Körper, wobei der Körper nach den Prinzipien der Mechanik funktioniert. Das Tier wird zur Maschine, der Körper des Menschen zur mechanisch oder hydraulisch bewegten Materie. Eine Wechselbeziehung von Geist und Materie, der Jean Paul lebenslang nachging, wird nach diesem Modell unmöglich. Das immanente Maschinenmodell kann auf transzendente Einwirkung verzichten und dient daher der Bekämpfung des Wunder-, Hexen- und Teufelsglaubens. Freilich wird dadurch nicht nur die teuflische Macht, sondern auch die ›pflegende Gotteshand‹ (Jean Paul) ausgeschlossen. Schmidt-Biggemann zeigt, daß Jean Paul in seinen Satiren die beiden Modelle skeptisch variiert; diese Skepsis wird schon früh von der Schreckensvorstellung einer ›toten‹ Natur abgelöst, einer Natur, die mechanisch wie ein Uhrwerk abläuft. Durch das Maschinenmodell wird die Natur berechenbar; andererseits geht besonders im französischen Materialismus als einer möglichen Konsequenz der cartesischen Trennung die Freiheit des Menschen verloren. Klassische metaphysische Fragen wie die Unsterblichkeit werden zudem aus dem Bereich des rationalen Denkens ausgeschlossen. Schmidt-Biggemann interpretiert die Nihilismusvision in des »todten Shakespear's Klage ...‚ daß kein Got sei« als Folge des in Jean Paul neu erwachten Bedürfnisses nach metaphysischer Orientierung, ein Bedürfnis, das ihn um 1790 nach der skeptischen Periode der Satiren ergriffen habe.[26] Jean Pauls Sympathie für Jacobi wird in diesem Sinne verstanden.

Was Schmidt-Biggemann durch das Stichwort Maschine und Teufel bezeichnet, figuriert bei W. Proß als der Gegensatz von »Mechanismus« und »Animismus«. Proß befaßt sich mit einigen Abhandlungen Jean Pauls über das Verhältnis von Geist und Materie und über die Unsterblichkeit, die nach 1790 entstanden sind. Er betrachtet die Fragestellung als ›Palingenesie des 18. Jahrhunderts‹ im Zeitalter der siegreichen Vernunftkritik Kants. Das Gerüst der Interpretation findet Proß in der Auseinandersetzung zwischen Kant und Platner, dessen Anthropologie diese Themen präsent hält, während Kant die Möglichkeit der Erkenntnis etwa in der Frage der Unsterblichkeit strikt limitiert.

Nach Proß verwandelt Jean Paul »die Erbschaft der animistischen Elemente des 17. und 18. Jahrhunderts, von denen sich der Mechanismus − theoretisch

---

[26] Wilhelm Schmidt-Biggemann: Maschine und Teufel. Jean Pauls Jugendsatiren nach ihrer Modellgeschichte. Freiburg/München 1975, S. 276.

zumindest – zu trennen versucht hatte, wieder in die Fabelelemente zurück, von denen Bacons Naturphilosophie und -geschichte sich abgewandt hatte«.[27] Das metaphysische Bedürfnis lasse Jean Paul auf eine eigentlich anachronistische Naturphilosophie zurückgreifen. Das Problem Geist-Materie werde von Jean Paul nicht philosophisch entschieden, sondern dichterisch gestaltet in Form eines poetischen ›Animismus‹. Historisch gesehen ist der Hinweis auf das 16. und 17. Jahrhundert wertvoll; der Terminus ›Animismus‹ ist allerdings eine Schöpfung des 19. Jahrhunderts, die von der Medizingeschichte zur Bezeichnung der Lehre Georg Ernst Stahls geprägt wurde.[28] Wie dem auch sei, Proß bezeichnet Jean Pauls Überzeugung von einer begeisteten Natur als animistisch, in welchem Zusammenhang er die Vermutung ausspricht, daß Jean Paul auf die»Geheimwissenschaften Alchemie und Kabbalistik« rekurriere, um die Verbindung zwischen»empirischer Erkenntnis und Metaphysik zu erhalten«; von diesem Animismus führe eine direkte Linie zum Mesmerismus und Magnetismus.[29] Proß hat damit der Erforschung von Jean Pauls Naturphilosophie ein Feld abgesteckt, in dem zu graben sich lohnt.

Eine Wechselbeziehung zwischen Naturwissenschaft, Naturphilosophie und Dichtung durchzieht das ganze 18. Jahrhundert. Brockes und Haller machen den Versuch, das neue Weltbild der Naturwissenschaft ihrer Dichtung zu integrieren. Die Physikotheologie stellte sich die Aufgabe, die neue Kosmologie und die Einsicht in bisher unbekannte Welten, die von der Mikroskopie erschlossen worden waren, mit der alten Theologie und Metaphysik zu vereinbaren. In der Dichtung führte diese Umwälzung der Naturanschauung zu neuen Themen, zu neuen Bildern und Formen.[30] Joachim Ritter hat sogar die

---

[27] Wolfgang Proß: Jean Pauls geschichtliche Stellung. Tübingen 1975, S. 128.

[28] Zur Problematik des Begriffs ›Animismus‹ vgl. die Rez. des Verf. in ZfdPh 96. Bd. (1977) 2. Hft., S. 291 – 294. In der Medizingeschichte gebraucht besonders Pagel, ausgehend von Stahls ›Anima‹, das Gegensatzpaar Mechanismus-Animismus, um Stahls Opposition gegen Descartes zu bezeichnen (vgl. Walter Pagel: Leibniz, Helmont, Stahl. In: Sudhoffs Archiv für Geschichte der Medizin. Hrsg. v. H. E. Sigerist. Bd. 24, Leipzig 1931, S. 47). Gewöhnlich dient der Begriff ›Animismus‹ in der Religionsethnologie zur Bezeichnung bestimmter Glaubensformen bei Naturvölkern.

[29] Proß, a.a.O., S. 150. Nach Proß bleibt für Jean Paul die Verbindung von Materie und Geist»ein Rätsel, das weder der Materialismus noch der Idealismus lösen können. Hier tritt später die ›natürliche Magie‹, der ›organische Magnetismus‹ als Erklärungsglied ein« (W. Proß, a.a.O., S. 149 Anm. 222).

[30] Vgl. dazu Karl Richter: Liberatur und Naturwissenschaft. Eine Studie zur Lyrik der Aufklärung. München 1972. Uwe-K. Ketelsen: Die Naturpoesie der norddeutschen Frühaufklärung. Poesie als Sprache der Versöhnung: alter Universalismus und neues Weltbild. Stuttgart 1974. An Barthold Hinrich Brockes, Albrecht Haller und Klopstock zeigen beide Werke die Auseinandersetzung mit den neuen naturwissenschaftlichen Erkenntnissen und die Entstehung einer neuen Dichtung aus dieser Auseinandersetzung.

Entstehung der Ästhetik als neue philosophische Disziplin auf diese Umwälzung zurückgeführt.[31] Die Entdeckung der Natur als Landschaft und das enthusiastische Naturverhältnis im Sturm und Drang korrespondieren historisch mit dem Aufschwung der Naturwissenschaft im 18. Jahrhundert . Im Sinne Ritters ist die ästhetische Entdeckung der Natur durch das empfindende Subjekt ein Vorgang, der durch die wissenschaftliche Entzauberung und Versachlichung der Natur ausgelöst wurde.[32]

In der »Vorschule« werden ästhetische Bestimmungen von naturphilosophischen Themen untermalt wie von einem Basso continuo. Eine Reihe von hier unkommentierten Zitaten soll diese Verschränkung von Naturphilosophie und

---

[31] »In der geschichtlichen Zeit, in welcher die Natur, ihre Kräfte und Stoffe zum ›Objekt‹ der Naturwissenschaften und der auf diese gegründeten technischen Nutzung und Ausbeutung werden, übernehmen es Dichtung und Bildkunst, die gleiche Natur − nicht weniger universal − in ihrer Beziehung auf den empfindenden Menschen aufzufassen und ›ästhetisch‹ zu vergegenwärtigen. Descartes und Jan v. Goyen werden im gleichen jahre 1596 geboren. Die kantische Philosophie der Natur Newtons hat die Dichtung neben sich, die da, ›wo jetzt, wie unsere Weisen sagen, seelenlos ein Feuerball sich dreht‹, die vom Göttlichen belebte Natur als das in der jetzigen Wirklichkeit Untergegangene im Gesange aussagt« (J. Ritter: Landschaft. Zur Funktion des Ästhetischen in der modernen Gesellschaft. In: J. R., Subjektivität. Sechs Aufsätze. Frankfurt 1974, S. 153f.). Dasselbe Phänomen beschreibt Ritter in seinem Artikel »Ästhetik« in dem von ihm begründeten Lexikon: »Der Geist tritt in zwei Klassen auseinander, neben dem ›logischen Horizont‹ erhält der ›ästhetische Horizont‹ sein eigenes Recht.« Subjektivität, Sinne und Leidenschaften des Menschen begründen ein eigenes Naturverhältnis, das neben dem der Naturwissenschaften steht (In: Historisches Wörterbuch der Philosophie. Hrsg. v. J. Ritter. Basel/Stuttgart 1971, Bd. 1, Sp. 557).

[32] Die von J. Ritter (vgl. Anm. 31) dargestellte Trennung von Naturwissenschaft und Ästhetik ist bei Kant philologisch vollzogen. Die »Kritik der Urteilskraft« hat zwei Teile: ästhetische und teleologische Urteilskraft. Zwecke und Zweckursachen werden von Kant ins Reich der Moral und des Glaubens verwiesen − oder in die Kunst (vgl. §§ 91 und 58). In der »Kritik der reinen Vernunft«, der philosophischen Begründung der Naturwissenschaft, haben Naturzwecke nichts zu suchen (vgl. dazu Friedrich Kaulbach: Immanuel Kant. Berlin 1969, S. 116f.). Reine Vernunft ist »Kontrollvernunft«, ihre »Wonne ist ein Kalkül, ihr Element die Kalkulation, ihr Vorbild die Mathematik, ihr Stolz die exakte Wissenschaft« (Odo Marquard: Skeptische Methode im Blick auf Kant. Freiburg/München 1958, S. 83). Die umfassende Naturanschauung der Metaphysik findet sich wieder im Bereich der Subjektivität. Die Reaktionen Jacobis, Herders, Lavaters, Hamanns und Jean Pauls auf diese Situation werden uns noch beschäftigen.

Der metaphysische Impetus Jean Pauls verdient eine genauere Untersuchung als es bei Burckhardt Lindner der Fall ist, der Jean Paul einmal eine »private Glaubensmetaphysik«, ein anderes Mal eine »extramundane, absolute Wahrheit« von Gnaden der Innerlichkeit zuschreibt (B. Lindner: Jean Paul. Scheiternde Aufklärung und Autorrolle. Darmstadt 1976, S. 169 und S. 123. Vgl. dazu die Rez. des Verf. in ZfdPh 96 (1977) H. 4, S. 607 − 609).

Ästhetik andeuten: »Denn wie das organische Reich das mechanische aufgreift, umgestaltet und beherrschet und knüpft, so übt die poetische Welt dieselbe Kraft an der wirklichen und das Geisterreich am Körperreich« (5,39); »durch den Geist erhält der Körper mimischen Sinn« (5,45); »die poetische Seele läßt sich, wie unsere, nur am ganzen Körper zeigen, aber nicht an einzelnen, obwohl von ihr belebten Fußzehen und Fingern« (5,65); das Erhabene vollzieht den ungeheueren »Sprung vom Sinnlichen als Zeichen ins Unsinnliche als Bezeichnetes – welchen die Pathognomik und Physiognomik jede Minute tun muß« (5,107). »Ist eine Harmonie zwischen Leib und Seele, Erden und Geistern zugelassen: dann muß, ungeachtet oder mittelst der körperlichen Gesetze, der geistige Gesetzgeber ebenso am Weltall sich offenbaren, als der Leib die Seele und sich zugleich ausspricht« (5,97); Cervantes führt die »humoristische Parallele zwischen Realismus und Idealismus, zwischen Leib und Seele vor dem Angesichte der unendlichen Gleichung durch« (5,126); der Witz findet »Ähnlichkeiten zwischen Körper- und Geisterwelt«, die ein »Instinkt der Natur« erzwingt (5,172); dieselbe Gewalt, welche »Leib und Geist« in »e i n Leben verschmelzte«, nötigt uns, »aus der schweren Materie das leichte Feuer des Geistes zu entbinden, aus dem Laut den Gedanken, aus Teilen und Zügen des Gesichts Kräfte und Bewegungen des Geistes« (5,182); die »Geschichte ist nur der Leib, der Charakter der Helden die Seele darin, welche jenen gebraucht, obwohl von ihm leidend und empfangend« (5,268).

All diese Kernsätze der »Vorschule« vergleichen die Beziehung zwischen Geist und Körper mit ästhetischen Konstellationen. Das Erhabene vermittelt wie die Physiognomik den Sprung vom Körper zum Geist, der Humor führt die Parallele, der Witz die Ähnlichkeiten beider Seiten des Menschen vor; die bildliche Phantasie und ihr Produkt, die Metaphorik, verschmelzen Geist und Materie; der poetische Charakter wird durch die Beziehung von Leib und Seele konstituiert.[33]

[33] Auf die Beziehung zwischen Anthropologie und Ästhetik in der »Vorschule« Jean Pauls hat im Anschluß an Hinweise und Vorarbeiten bei Proß und Wiethölter zuerst H.-J. Schings hingewiesen. »Im Zeichen des Commerciums« treten bei Jean Paul »Anthropologie und Physiognomik, poetische Semiotik und Kosmologie zu einer ganzen Reihe von Analogien zusammen« (H.-J. Schings: Der anthropologische Roman. Seine Entstehung und Krise im Zeitalter der Spätaufklärung. In: Studien zum 18. Jahrhundert Bd. 3: Die Neubestimmung des Menschen. Wandlungen des anthropologischen Konzepts im 18. Jahrhundert. Hrsg. v. B. Fabian u.a. München 1980, S. 266). – Wenn wir im Titel unserer Arbeit den allgemeineren Terminus Naturphilosophie bevorzugen, so deshalb, weil das ästhetisch relevante Potential des Jean Paulschen Naturkonzepts über die Anthropologie hinausgeht. Jean Pauls physiognomische Zeichenlehre überschreitet den Bereich einer anthropologischen Physiognomik; Jean Pauls Adaption der Monadologie, seine Version des ›Buchs der Natur‹ und seine Vorstellung eines ›Hieroglyphenalphabets‹ der Natur beruhen auf einer allgemeinen Philosophie der Natur, welche die Anthropologie einschließt, sich jedoch nicht auf diese beschränkt.

Jean Pauls Naturphilosophie und seine Ästhetik, so läßt sich vorab sagen, werden bestimmt von der »Janus«-Köpfigkeit des Menschen, der »in entgegengesetzte Welten schauet« (5,66). Als Naturwesen ist der Mensch bedingt durch die Körperwelt, als Geistwesen ist er frei und unbedingt. Den Blick in diese entgegengesetzten Welten vermittelt das poetische Genie; es stellt das »Ganze des Lebens« dar (5,64). Das Ganze des Lebens und die Totalität der Poesie korrespondieren miteinander.

Anthropologie, so definiert J. G. Walch in seinem philosophischen Lexikon, hat es mit der »gedoppelten Natur« des Menschen zu tun, mit der »physischen und moralischen«. Sie hat so Anteil an der Physik, an der Medizin und an der Ethik.[34] Dieses Spannungsfeld macht Jean Pauls akademischer Lehrer in Leipzig, Ernst Platner, zum Ausgangspunkt seiner »Anthropologie für Aerzte und Weltweise«. »Die Erkenntnis des Menschen wäre, wie mir dünkt, in drey Wissenschaften abzutheilen. Man kann erstlich die Theile und Geschäfte der Maschine allein betrachten, ohne dabei auf die Einschränkungen zu sehen, welche diese Bewegungen von der Seele empfangen, oder welche die Seele wiederum von der Maschine leidet; das ist Anatomie und Physiologie. Zweytens kann man auf eben diese Art die Kräfte und Eigenschaften und Seele untersuchen, ohne allezeit die Mitwirkung des Körpers oder die daraus in der Maschine erfolgenden Veränderungen in Betrachtung zu ziehen; das wäre Psychologie oder welches einerley ist, Logik, Aesthetik und ein großer Theil der Moralphilosophie.« Beide Erkenntnisweisen werden, mit Jean Paul zu sprechen, der Janus-Köpfigkeit des Menschen nicht gerecht; sie schauen nach entgegengesetzten Welten, »das eine Augen-Paar, bald das andere zugeschlossen oder zugedeckt« (5,66). Vernunftlehre, Ästhetik und Moralphilosophie sind nicht zu fassen, wenn, so Platner, der Naturanteil des Menschen, seine Körperlichkeit ausgeblendet wird; die Körperlichkeit des Menschen kann nicht erfaßt werden, wenn die Seele, die ästhetischen und moralischen Empfindungen und die Vernunft aus der Betrachtung des Menschen ausgeschlossen werden. Aus diesem Grunde definiert Platner seine Anthropologie so: »Endlich kann man Körper und Seele in ihren gegenseitigen Verhältnissen, Einschränkungen und Beziehungen zusammen betrachten, und das ist es, was ich Anthropologie nenne.«[35] Für Platners Anthropologie ist das Commercium mentis et corporis zentral; unablässig kreist seine Lehre von der Kenntnis des Menschen um diese Frage. Im Rahmen des Commercium wird die Ästhetik zum Teil der Anthropologie. Platners »Neue Anthropologie« von 1790 vermerkt den Zusammenhang von »Physiologie, Pathologie, Moralphilosophie und Aesthetik« unter

---

[34] Johann Georg Walch: Philosophisches Lexikon. Nachdruck der 4. Auflage Leipzig 1775. Darmstadt 1968, Art. »Anthropologie«.

[35] Ernst Platner: Anthropologie für Aerzte und Weltweise. Leipzig 1772, Vorrede S. XV – XVII.

dem Dach der Anthropologie bereits im Untertitel. Das Werk beginnt mit der Anatomie des Körpers und der Physiologie des Nervengeistes und führt zur Wechselwirkung von Seele und Körper; es folgen die sinnlichen Vorstellungen und die Empfindungs- und Begehrungsvermögen. Hier ist der Platz der Ästhetik und der Moralphilosophie. Zur Platners Anthropologie gehören das Vergnügen an der Nachahmung, die Empfindungen des Schönen, des Erhabenen, des Wunderbaren, des Tragischen, des Mitleids, des Lächerlichen und so fort. Die Affekten- und Temperamentenlehre steht zwischen der Ästhetik und der Moralphilosophie.[36]

Die Reihe von Zitaten aus der »Vorschule« zeigt, daß die zentrale Frage der Anthropologie Platners, das Commercium mentis et corporis, in Jean Pauls Ästhetik eine bestimmende Rolle spielt. Aus diesem Grunde ist das ganze nächste Kapitel der Anthropologie und Naturphilosophie Jean Pauls gewidmet.

Jean Paul teilt mit Platner den Ausgangspunkt, keineswegs die Lösung der Commercium-Frage. Methodisch steht jedoch Jean Pauls Anthropologie Platner näher als etwa Kant, dessen »Anthropologie in pragmatischer Hinsicht« die ›Janusköpfigkeit‹, die ›gedoppelte Natur‹ des Menschen programmatisch außer acht läßt. Kant: »Die physiologische Menschenkenntnis geht auf die Erforschung dessen, was die Natur aus dem Menschen macht, die pragmatische auf das, was er, als freihandelndes Wesen, aus sich selber macht, oder machen kann und soll.« In deutlicher Polemik gegen Platner plädiert Kant dafür, den Naturanteil und die Naturbedingtheit des Menschen aus der Anthropologie herauszulassen und sich auf das zu beschränken, was der Mensch frei aus sich macht oder machen soll. Platners Fragestellung: wie stehen Geist und Körper zueinander, wie wirken physiologische Abläufe auf die Seele und vice versa, dieser Fragestellung wird von Kant der Boden entzogen. »Wer den Naturursachen nachgrübelt, worauf z.B. das Erinnerungsvermögen beruhen möge, kann über die im Gehirn zurückbleibenden Spuren von Eindrücken, welche die erlittenen Empfindungen hinterlassen, hin und her (nach dem Cartesius) vernünfteln; muß aber dabei gestehen: daß er in diesem Spiel seiner Vorstellungen bloßer Zuschauer sei, und die Natur machen lassen muß, indem er die Gehirnnerven und Fasern nicht kennt, noch sich auf die Handhabung derselben zu seiner Absicht versteht: mithin alles theoretische Vernünfteln hierüber reiner Verlust ist.«[37] Jean Paul teilte wie Platner nicht diese Auffassung; eine Anthropologie, die sich nicht mit der physiologischen Seite des Menschen befaßt, war für ihn undenkbar.

---

[36] Ernst Platner: Neue Anthropologie für Aerzte und Weltweise. Leipzig 1790, S. 336–444. – Die Jean-Paul-Forschung verdankt Wolfgang Proß den Hinweis auf die anhaltende Bedeutung Ernst Platners für Jean Paul.
[37] I. Kant: Anthropologie in pragmatischer Absicht, Vorrede.

Jean Paul sucht eine Verbindung zwischen der naturalistischen und der spiritualistischen Betrachtung des Menschen. Naturalistisch ist der Hinweis auf die »leibhafte Bedingtheit des Menschen, die ihn mit aller Natur verbindet«; spiritualistisch zu nennen ist die Hervorhebung der geisthaften »Unbedingtheit des Menschen trotz aller Bedingtheit durch die Natur«.[38] Anthropologie in diesem Sinne umfaßt die naturalistische und die spiritualistische Seite des Menschen, sie ist der Versuch, den Menschen in seiner Totalität zu verstehen. Sie richtet sich insofern gegen die spiritualistische Vereinseitigung des Menschen im Sinne der spekulativen Metaphysik, aber auch im Sinne der Transzendentalphilosophie; sie richtet sich zugleich gegen die naturalistische Vereinseitigung des Menschen durch die medizinische Anatomie und Physiologie, die nur noch körperliche Bedingtheiten sieht.

Aufgrund der neueren Forschung (Proß, Schmidt-Biggemann, Wiethölter) kommt H. J. Schings in seinem Aufsatz zu dem Ergebnis, daß Jean Paul auch »in aestheticis den Zweifrontenkrieg gegen die idealistische bzw. materialistische Gewaltlösung des nachcartesianischen Substanzenproblems« weiterführt. Nach Schings prägt vor allem die Monadologie Jean Pauls Ästhetik. Zwei »deutlich gegenstrebige Tendenzen« im Denken Jean Pauls ließen sich erkennen: »Die eine richtet sich gegen den Idealismus im Sinne einer radikalen Substanzentrennung. Sie nimmt also die anthropologische Fragestellung auf, um in der ›Hülle‹ Zeichen des Geistes, Vermittlungen auszumachen. In diese Richtung zielt die Erneuerung der Monadenlehre (derzufolge es keine tote, sondern nur immaterielle Materie gibt)«. Dazu gehören Versuche im Gefolge Platners, das Gehirn zum Körper der Seele zu machen, die Vorstellung des Ätherleibs der Seele und die Betonung des kreatürlich vorgegebenen Instinkts. »Die andere Tendenz – ihr Widerpart ist der Materialismus – hebt demgegenüber immer erneut auf Diskrepanzen, Lücken, Inkommensurabilität, ja Widerspruch ab« in der Beziehung zwischen Körper und Geist, zwischen Mensch und Natur.[39] Dieses Schema bringt einige Klarheit in Jean Pauls Bemühungen um eine befriedigende Lösung des Commercium-Problems.

Eine umfassende Betrachtung der Ästhetik Jean Pauls muß sich diese Vorgaben zunutze machen, um die stets präsente Commercium-Frage Jean Pauls für eine Interpretation der »Vorschule« und des poetischen Werks in einem präzisen philologisch-historischen Rahmen zu verstehen. Es ist daher notwendig, diese Frage Jean Pauls im Blick auf die »Vorschule der Ästhetik« anhand der Essays mit großer Ausführlichkeit zu erörtern.

Die Parole Jean Paulscher Anthropologie ist Ganzheit. Die gedoppelte

---

[38] Peter Probst: Art. Medizin. In: Historisches Wörterbuch der Philosophie. Hrsg. v. J. Ritter und K. Gründer, Bd. 5, Sp. 993.
[39] H.-J. Schings: Der anthropologische Roman (Anm. 33), S. 264.

Menschennatur, der Januskopf des Menschen, ist auf zwei entgegengesetzte Welten gerichtet. Es gilt, beide in ihrem Widerspruch zu erfassen und eine Vereinigung anzustreben. Die Physiologie der Zeit befaßte sich ausschließlich mit dem Körper und seinen Gliedern und Einzelteilen; die Philosophie und die Psychologie mit dem Geist und der Seele. Aus dieser Einseitigkeit resultiert vor allem eine deutliche Opposition Jean Pauls zur experimentellen Naturwissenschaft und eine Neigung, auf Leibniz oder auf Formen der platonischen Metaphysik zurückzugreifen. Umstrittenen Positionen, wie der Georg Ernst Stahls oder der Franz Anton Mesmers, galt im Blick auf den spiritualistischen Anteil des Menschen Jean Pauls gesteigerte Aufmerksamkeit. Die Instinkttheorie zwischen Reimarus und Jacobi bot ihm erwünschte Anknüpfungspunkte, die Verbindung menschlicher Naturabhängigkeit und geistiger Freiheit zu bestimmen. Eine Verpflichtung Jean Pauls auf die romantische Naturphilosophie und Ästhetik hilft da wenig. Die Wertschätzung der Physiognomik Lavaters kann besser verstanden werden, wenn die hermetische Tradition der Magia Naturalis präsent ist. Jean Pauls Betonung der Ähnlichkeit zwischen Körper und Geist, zwischen Mensch und Natur, kann präziser verstanden werden, wenn die Wiederkehr oder die Kontinuität des analogischen Denkens bei Hamann und Herder gegenwärtig ist, die in Opposition steht zu einer Naturwissenschaft, die das Beziehungsgeflecht der Ähnlichkeiten zwischen Körper und Geist verschmäht. Jean Pauls Entdeckungsreisen ins Reich des Unbewußten als Schaltstelle zwischen Körper und Geist können besser nachvollzogen werden, wenn man seine Navigationsmittel kennt, die Anima Stahlii, den Archäus oder Ätherleib der Seele und die Lehre des Magnetismus.[40]

Ein weiteres Thema aus dem Bereich der Anthropologie ist unerschöpflich: Medizin und Dichtung bei Jean Paul. Es gibt wohl kaum ein poetisches Werk, in dem so viele Kuren stattfinden, in dem so viele Therapien diskutiert und praktiziert werden. Die Pathologie ist ein angestammtes Gebiet der Anthropologie des 18. Jahrhunderts. Das Werk Jean Pauls kennt Heilungen des gestörten Leibes und der gestörten Seele durch die Täuschung, die Einfühlung, den Choc und den Schrecken oder auch durch die magnetische Kur. Angemessene Betrachtung soll daher erstmals im Detail und in extenso Jean Pauls Faszination durch die Medizin und durch die Psychiatrie seiner Zeit finden, die vom Werk, von der Ästhetik und von einer Vielzahl von Exzerpten dokumentiert wird. Die spiritualistische Seite des Menschen ist für Jean Paul vom Wahnsinn bedroht, der jedoch nicht nur negative Qualitäten aufweist. Auch der Humor als ästhetische Position grenzt an den Wahnsinn.

---

[40] Wolfgang Proß: Jean Pauls geschichtliche Stellung (Anm. 27). Proß hat erstmals die Bedeutung der Anima Stahlii, des ›Ätherleibs‹ und des Archäus in den Schriften Jean Pauls über die Unsterblichkeit betont. Vgl. dazu Kap. II,3 dieser Arbeit »ANIMA STAHLII UND MAGNETISMUS«.

Krankheit, Heilung und Kur ist nicht nur ein Thema in den Romanen Jean Pauls; sie sind auch ein Feld der Kunst überhaupt. Kunst soll heilen, so die »Vorschule der Ästhetik«, sie soll ein Therapeutikum sein der Wunden, die dem Menschen von der Naturwissenschaft zugefügt wurden – oder die er sich als Protagonist der wissenschaftlichen Vernunft selbst zugefügt hat. Nach der Entzauberung der Natur und der Reduktion des Menschen auf physiologische Abläufe soll die Kunst die verlassenen Positionen der Metaphysik und Religion einnehmen. Sie soll predigen, für die Seele sorgen, zu einer Diätetik des besonnenen Lebens verhelfen.[41] Eine solche Position hat natürlich bedeutende Konsequenzen für die Ästhetik. Denken und Empfinden, Wissenschaft und die Bedürfnisse des Subjekts geraten zueinander in Gegensatz, die Ästhetik definiert sich als oppositionelle Klasse der Vernunft. Jean Pauls Ästhetik klagt gegen die Transzendentalphilosophie die Bedingtheit des Menschen durch die Natur ein, gegen die Ausklammerung der menschlichen Spiritualität durch die materialistische Naturwissenschaft die Freiheit des Menschen und sein die Naturbedingtheit überschreitendes Potential. Eine in diesem Sinne umfassende, alle Aspekte der »Vorschule« berücksichtigende Analyse liegt nicht vor.

Methodisch soll Einflußforschung betrieben werden, aber nicht nur Einflußforschung. Die von Jean Paul geschätzten Autoren und die von ihm abgelehnten Autoren beanspruchen den gleichen Rang, wenn es gilt, die historische Position von Jean Pauls Ästhetik abzustecken. Methodisch dominiert ein Verfahren, das nicht nur die Zugehörigkeit, sondern auch die Ausgrenzung und die Gründe dieser Ausgrenzung begreifen will. Nur so kann das ganze Feld sichtbar werden, auf dem Jean Pauls »Vorschule der Ästhetik« ihren Platz hat. Was Jean Paul gelesen hat, was er akzeptierte, woran er sich orientierte, ist wichtig; ebenso bedeutend ist auch das, von dem er wegkommen wollte: die cartesische Physiologie der Sinne und Empfindungen, die kantianische Vernachlässigung der Natur des Menschen, die Haltlosigkeit einer Romantik, die sich nur noch auf die angeblich unbeschränkte Autonomie des Ich beruft.

---

[41] Vgl. dazu die aufschlußreiche Untersuchung von Ursula Naumann (Anm. 22).

II. Jean Pauls Naturphilosophie

1. Leibniz-Nachfolge und Leibniz-Kritik zwischen 1780 und 1795

Im Jahre 1780 schrieb der 17-jährige Jean Paul zwei Aufsätze im Rahmen seiner »Übungen im Denken«, die sich mit dem Verhältnis von Geist und Materie beschäftigen. Schon der erste kleine Aufsatz »Unsere Begriffe von Geistern, die anders als wir sind« zeigt eine Reihe von Elementen, die Jean Pauls Denken auch in Zukunft bestimmen werden. An der Spitze steht die Vorstellung einer Kette des Seins, die sich durch die ganze Natur zieht und in welcher der Mensch eine mittlere Position einnimmt. Unter ihm stehen die anorganische Natur und die Tierwelt, über ihm die Engel, Wesen mit übermenschlichen Fähigkeiten, die aufgrund ihrer höher organisierten Körpers oder ihrer gänzlichen Körperlosigkeit dem Menschen unbekannte Möglichkeiten der Einsicht in die Verfassung des Universums haben. Zu der Vorstellung einer Kette des Seins kommt die der Kontinuität, eigentlich nur eine Ergänzung der ersten und wesentlichen Konzeption. Da in der Natur »kein Sprung« geschieht, besteht zwischen allen Gliedern der Kette des Seins Ähnlichkeit. Diese Gradation entspricht freilich nicht der im 19. Jahrhundert formulierten Evolutionstheorie Darwins. Die Kette des Seins, von der Jean Paul ausgeht, ist eine aufsteigende Gradation des Bewußtseins und der Erkenntnis der jeweiligen Wesen. »Man teilte sonst die ganze Schöpfung in G e i s t   u n d   M a t e r i e ein. Leibniz hat erwiesen, daß es gar keine Materie giebt − daß alles Geist ist, nur durch Stufen von einander verschieden. Vielleicht giebt's Wesen, die sich gegen uns verhalten, die wir uns zur Materie − die uns so zu sagen f ü r   M a t e r i e   h a l t e n . Recht betrachtet, ist dieser letzte Gedanke nicht übertrieben − man mus aber ein Leibnizzianer sein« (II,1,46). In der Tat konnte der junge Jean Paul in Leibniz' »Monadologie« ein Modell finden, in dem der Gegensatz zwischen Geist und Körper in eine Beziehung zwischen vorstellenden Subjekten und vorgestellten Gegenständen verwandelt wird. Eine von den Bedingungen der Wahrnehmung und des Denkens losgelöste Realität der Materie gibt es bei Leibniz nicht. Freilich heißt das nicht, daß Leibniz nachgewiesen hat, es ›gäbe‹ keine Materie. Die »Monadologie« stellt nur fest, daß die Realität der Materie und ihrer Bewegung sich in der geregelten Abfolge der Wahrnehmungen (Perzeptionen) spiegelt als strukturierte Erscheinung. Die Struktur der Materie ist daher abhängig von der Fassungskraft von Monaden, die die Bewegung der Materie erscheinen lassen. Der Unterschied zwischen den Monaden besteht in ihrem Grad des Bewußtseins, weswegen Jean Paul sagen kann, alles sei Geist, nur »durch Stufen« voneinander unterschieden. Das Sein der Materie ist so gebunden an die Wahrnehmung, denn in ihr konstituiert sich die ›Wirklichkeit‹ materieller Erscheinungen; die dem Menschen vertraute höchste Stufe ist sein eigenes Selbstbewußtsein (Apperzeption), das wohl die Stufung oder die Kettenglieder der Natur u n t e r ihm, nicht aber die Stufen über ihm erkennen kann. Die »unterste Pflanz' ist auch an den Neuton angekettet. Sind sie aber deswegen nicht verschieden? Die Natur macht keinen Sprung; aber ist nicht die tausendste Stufe von der ersten verschieden? – Die Sele des Engels wird Fähigkeiten haben, wovon wir uns iezt keinen Begrif machen können« (II,1,46).

Bei Leibniz ist die cartesische Trennung von res extensa und res cogitans überbrückt durch eine Entwicklungstheorie, in welcher der besondere biologische Entwicklungsstand eines Wesens einem besonderen Bewußtseinsstand entspricht. Die körperliche Abhängigkeit des Geistes, von der Jean Paul zunächst so ausführlich spricht, bedeutet gleichwohl nicht eine physische Abhängigkeit des Geistes vom Körper, wie sie beim Menschen durch das Altern, durch Krankheit und Verfall von Jean Paul beschrieben wird, sondern eine ideale Abhängigkeit, insofern der Zustand des Körpers die »Beschaffenheit« des Geistes erklärt (II,1,45).

In dem zweiten Aufsatz von 1780 »Wie sich der Mensch, das Tier, die Pflanz' und die noch geringern Wesen vervolkomnen« beschreibt Jean Paul die Konsequenzen der Monadologie für die Entwicklung der Natur. »Alles ist Sele – aber eine Sel' ist nur besser als die andre. Vom Menschen bis zum unförmlichen Kiesel herab herscht Vervolkomnung Seiner selbst« (II,1,47). Da sich nach Leibniz die Monaden nur durch das Wie ihrer Repräsentation der Welt unterscheiden, kann Jean Paul sagen, alles sei Seele. Da der Grad der Repräsentation in der Vorstellung der einzelnen Monaden in der Kette des Seins stetig wächst, kann er sagen, eine Seele sei ›besser‹ als die andere. Es gibt also ein Kontinuum von der niedrigsten Monade über die Apperzeption der menschlichen Monaden auf der Höhe des Selbstbewußtseins und des Denkens bis hin zur Regentmonade Gott. So lebt das Tier in einer ›Umwelt‹ sehr unterschiedlicher Ausdehnung und Beschaffenheit, eingegrenzt durch seinen Instinkt; dem Menschen erscheint eine Welt, die der Stufe der Apperzeption entspricht. Wäre unsere Perzeption weniger beschränkt, so könnte der Mensch erkennen, daß es keine tote Materie gibt.

Wie Leibniz geht der junge Jean Paul von der Präformationstheorie aus, derzufolge alle Wesen auf einmal von Gott geschaffen wurden, jedes neue Wesen also auf einen präformierten Keim zurückgeht.[1] Der einzelne Mensch war »schon mit dem Adam da. Er lebt' in ihm als ein Samentiergen – aber in tausend und aber tausend Verhüllungen verborgen« (II,1,48). Mit dieser Vorstellung wird das Problem, wie denn nun die Seele vor der Geburt existiere, elegant gelöst. Nach dem Tode verliert das Lebewesen nur einen Teil seines Leibs; der unsichtbare, unserer Perzeption unzugängliche Teil besteht weiter in derselben Weise, in der er vor der Geburt bestand. Jean Paul interpretiert den Tod als Metamorphose und Höherentwicklung der Seele. »Nun steigt der Mensch von Stufe zu Stufe – komt auch auf die Stufe des Engels – aber er wird nicht Engel; denn er war vorher Mensch und bleibt's« (II,1,49). Jean Paul folgt darin Charles Bonnets »Palingénésie philosophique, ou Idées sur l'état passé et sur l'état futur des êtres vivans« (1770). Bonnet wandelte im Anschluß an Leibniz den Gedanken der kontinuierlich ineinander übergehenden Fülle der Wesen in eine Stufenleiter von der anorganischen Materie, den Pflanzen und Tieren über den Menschen bis hin zu den Engeln. Durch eine allgemein herrschende Vervollkommnung steigen alle Wesen allmählich auf, wobei die Rangordnung der Wesen im Verhältnis zueinander erhalten bleibt (vgl. II,1,52).

Dieses Modell ermöglicht es dem jungen Jean Paul, die Natur insgesamt, auch die Pflanzen und selbst die »Wesen die unter den Pflanzen sind«, als eine durchgängig beseelte Natur zu begreifen. Diese Vorstellung eröffnet eine Welt, in der sich der Mensch von ihm verwandten Wesen umgeben fühlen darf. Bis in seine Spätzeit wird er an einer beseelten und begeisteten Natur festhalten und nach immer neuen Bestätigungen und Hinweisen suchen. 1780 eröffnet ihm das Vertrauen auf Leibniz und Bonnet glänzende Hoffnungen: »O! wie mus ich mich freuen, wenn ich iene Blumenvolle Gefilde betrachte – wenn ich glaube, daß sie auch ihr Dasein f ü l e n – wenn ich mich so ganz im Kreis f ü h l e n d e r , s i c h f r e u e n d e r Wesen erblikke – wenn ich bedenke, daß auch diese Pflanzen in der Ewigkeit – – – – –« (II,1,53)

Dieses ungebrochene Vertrauen auf die Leibnizische Harmonie von Körper und Geist, in der der Mensch sich eingebettet fühlen kann als Mittelglied einer unendlichen Kette des Seins, schwindet im Zeichen von Ernst Platners Skeptizismus in der Studentenzeit Jean Pauls. In den seit 1783 erscheinenden Satiren bricht Jean Paul mit dem Leibnizschen Optimismus.[2] Zahlreiche

---

[1] Nach Leibniz entstehen alle Lebewesen aus »semences p r é f o r m é e s , et par consequent de la Transformation des vivans préexistans« (Principes de la nature et de la grâce, fondés en raison. In: G. W. Leibniz: Philosophische Schriften. Hrsg. v. H. H. Holz. Darmstadt 1965, Bd. 1, S. 442).
[2] Vgl. W. Schmidt-Biggemann: Maschine und Teufel, a.a.O., S. 242: »Die vorher gelobte Leibnizsche Harmonie, die Voraussetzung zum schönen Ganzen der besten aller möglichen Welten, wird bezweifelt«; diese »gemäßigt skeptische Haltung bleibt bis 1790 mindestens bei Jean Paul vorherrschend«. Wir werden das Verhältnis zu Leibniz über das Jahr 1790 hinaus im einzelnen verfolgen.

Satiren lassen sich als skeptische Variationen über die Beziehung von Körper und Geist beschreiben.

Der erste philosophische Aufsatz zu diesem Thema entstand zehn Jahre nach den »Übungen im Denken«; 1790 reflektiert Jean Paul erneut »Über die vorherbestimte Harmonie« und erläutert ihre Grundposition. »Der Harmonist hebt nicht blos den Influxus zwischen Leib und Seele, sondern überhaupt allen zwischen Substanzen auf: denn es ist ihm gleich unbegreiflich, wie Eine einfache Substanz in eine andere oder wie eine in ein Aggregat von einfachen Substanzen (d.i. Leib) einwirke, oder wie Aggregate in Aggregate» (II,2,649). In der Tat schließt Leibniz jeden Eingriff insbesondere immaterieller Wesenheiten in den Körper aus, da sonst die Struktur der Erscheinungen in der Erfahrung und die Orientierung des Menschen in der Welt durch die Naturwissenschaft hinfällig sein würde.[3] Der willkürliche Eingriff des Geistes in die Materie, wie er in der Influxus-Theorie gegeben ist, gefährdet die apriorische Grundlage der Physik, den Satz von der Erhaltung der Energie. Im Interesse der Eigengesetzlichkeit der physikalischen Vorgänge in der Materie muß jede Wirkung der Seele auf den Körper auch im Menschen geleugnet werden. Durch die prästabilierte Harmonie zwischen Körper und Geist erscheinen die unabhängig voneinander ablaufenden Reihen des Körpers und des Geistes, a l s o b sie aufeinander wirkten. Nach Leibniz sind »alle Körper samt all ihren Bestimmungen keine Substanzen, sondern nur gut gegründete Phänomene oder die Grundlage der Erscheinungsbilder, die bei verschiedenen Betrachtern verschieden sind, die aber mit einander in Beziehung stehen und aus einer und derselben Grundlage kommen; ähnlich wie die mannigfachen Bilder einer und derselben Stadt, die von verschiedenen Seiten verschieden gesehen wird.«[4] Auf diese Weise wird die Materie als Phänomen von den Monaden je nach ihrer verschiedenartigen Perspektive e r k a n n t , vom Menschen in der höchsten ihm erreichbaren, der naturwissenschaftlichen Perspektive. Der Influxus physicus als Wechselwirkung von Körper und Geist, wobei der Geist in der scholastisch-aristotelischen Philosophie die Vorhand hat, würde die mathematische, geometrische und empirische Methode des Menschen gefährden, und damit verläßliche Aussagen über die Natur unmöglich machen.

Allen Erscheinungen liegt ein › Ding an sich ‹ zugrunde, das in verschiedenen Abschattungen erscheint. Da die Materie so stets nur in der Erscheinung faßbar wird, kann von einer Wirkung des Geistes auf die Materie keine Rede sein. Da die Realität der Materie sich nicht in ihrer Substantialität begründet, besteht ihre Realität in der Übereinstimmung der vorstellenden Monaden. »Diese

---

[3] Vgl. Leibniz: Les Principes de la Philosophie ou la Monadologie 80 und 81. In: Philosophische Schriften, a.a.O., Bd. 1, S. 476.

[4] Ein Leibnizscher, für Remond bestimmter, aber nicht abgeschickter Entwurf. In: G. W. Leibniz: Hauptschriften zur Grundlegung der Philosophie. Übersetzt von A. Buchenau. Durchgesehen und mit Einleitungen und Erläuterungen hrsg. v. E. Cassirer. Leipzig 1906, Bd. 2, S. 468. Der Briefentwurf faßt auf knappem Raum die hier wesentlichen Punkte der Monadologie zusammen.

Uebereinstimmung kommt von der in diesen Substanzen prästabilierten Harmonie, weil nämlich alle einfachen Substanzen lebende Spiegel eines und desselben Universums« sind.[5] Die weltentwerfende Funktion dieser Spiegel ist insofern ein Abbild Gottes, als sie in diesem Entwurf dem höchsten Architekten verwandt sind.[6]

1790 ist Jean Paul diesem Modell nicht mehr zugetan. Wenn, so Jean Paul in dem Aufsatz »Über die vorherbestimte Harmonie«, der Leib seine Bewegungsreihe ohne Seele und die Seele ihre Vorstellungsreihe ohne den Leib absolvieren soll, so bleibt die Parallelität beider Reihen absolut unerklärt. Wenn andererseits die Influxisten sagen, »iene siebzig Jahre lange Vorstellungsreihe« werde geordnet »theils von der Seele theils von der einwirkenden Welt« (II,2,649 f.), so bleiben auch sie die Antwort schuldig, wie denn die Parallelität beider Reihen hergestellt wird. Wenn ich »z.B. denke, mit meinem Körper nach Schwarzenbach zu gehen, der Kauz das leztere wirklich thut ohne daß beide von einander wissen und leiden«, so ist dieser Umstand nach beiden Systemen unerklärlich, man mag die körperliche und die geistige Reihe »als Ursache und Wirkung oder nur als koexistierend annehmen« (II,2,651).

Jean Paul stimmt keiner der beiden Versionen zu. Ein Ausdruck dieser Skepsis noch im Jahre 1790 ist das Satirenfragment »Neue Hypothese aus der Hypothese der vorherbestimten Harmonie«. Jean Paul stützt den Satirenentwurf auf die Fiktion, daß sein Körper und seine Seele durch irgendein Versehen inkongruent geworden wären. »Meine Hypothese ist eine blosse Meliorazion der Leibnizianischen. (...) Wenn Philosophen und ihre Famuli annehmen, daß die Natur den Uhrschlüssel genommen und meinen Körper fünf Jahre früher als meine Seele aufgezogen: so kenn ich die Konsektarien daraus gut genug; aber ich wundere mich über des Körpers Thaten. Dieser Körper hat also schon 1784 sich hingesetzt und meine Kreuzerkomödie herausgegeben, das ganze vieläugige Publikum hat sie durchgelesen; aber blos der Autor nicht und der erfuhr erst nach fünf Jahren (vielleicht nach mehrern) was für Gedanken er hat« (II,2,653 f.). Dieses Satirenfragment zeugt nicht eben von einer Zufriedenheit mit der prästabilierten Harmonie. Leibniz' System, wonach das Prinzip der Bewegung von Anfang an der Substanz selbst innewohnt, leuchtet Jean Paul 1790 so wenig ein wie das System der Influxisten, in dem eine Substanz auf die andere wirkt.

Um so erstaunlicher ist die Rückwendung Jean Pauls zur Monadologie, die sich in der Abhandlung »Über die Fortdauer der Seele und ihres Bewustseins« von 1791 vollzieht. Er bekräftigt das Leibnizsche System, als hätte die skeptische Periode, die Zeit seiner Satiren, nicht stattgefunden. Berend motiviert diese Rückkehr durch die Todesvision Jean Pauls am 15. November 1790. Er habe den Entschluß, erneut über die Unsterblichkeit der Seele zu schreiben, im Anschluß an diese Vision gefaßt.[7] Tatsache ist, daß Jean Paul nach

---

[5] Leibniz an Remond, a.a.O., S. 471.

[6] Ebd.

[7] In: Jean Pauls sämtliche Werke. Hrsg. v. E. Berend, 2. Abt., Bd. 3, S. XLI.

zehnjähriger Skepsis zu Leibniz zurückkehrt. Er beginnt die »Vermuthungen und Beweise für die Fortdauer« mit dem Grundsatz: »Die Materie selbst ist immateriel« (II,2,783). Wie in den frühen Darlegungen – »Leibniz hat erwiesen, daß es gar keine Materie gibt« oder »Alles ist Sele« (II,1,46,47) – erscheint die Materie als Vorstellung unter dem Primat des Bewußtseins. »Leibniz schränkte die Thätigkeiten aller Monaden nur auf Ideen ein und unsre Perzepzion oder Anschauung der vereinten Thätigkeiten eines solchen Monadenkonvoluts ist unser Begrif der Bewegung« oder unser Begriff der materiellen Ausgedehntheit (II,2,783). Da Leibniz Ausgedehntheit und Bewegung der Materie als gesetzlich strukturierte Veränderung der Perzeptionen des Subjekts erkennt, kommt der Materie Realität nur als Vorstellung der Monade zu. Die Gesetzlichkeit der physikalischen Bewegung ist eine Leistung der Vernunft, die wiederkehrende Erscheinungen in der Wahrnehmung gesetzlich formuliert. Die Körper sind so keine Substanzen, sondern nur gut gegründete Phänomene, die von verschiedenen Beobachtern perspektivisch erfaßt werden. Jean Paul kann in paradoxer Formulierung sagen, die Materie sei immateriell, weil er den Begriff der Bewegung mit Leibniz als Leistung des Selbstbewußtseins erkennt. Leibniz formuliert diesen Sachverhalt so: »Die Gesetze der Bewegung, die auf den Perzeptionen der einfachen Substanzen beruhen, haben ihren Ursprung in den Zweckursachen, die immateriell in jeder Monade einbegriffen sind«.[8] Indem sich alle Monaden als lebende Spiegel auf ein und dasselbe Universum beziehen, kommt ihnen eine weltentwerfende Funktion zu. Die menschlichen Geister sind insofern Abbilder Gottes, sie sind ihm als dem höchsten Architekten der Schöpfung verwandt.

Jean Paul gründet seinen Beweis der Unsterblichkeit der Seele nun, nachdem er seine Skepsis überwunden hat, auf Leibniz' »Monadologie«. Die Ideen sind »zurückgespiegelte Wirkungen« der Bewegung und des Willens in den bewußten Vorstellungen. Alle Monaden stehen zueinander in einem einschränkenden oder ergänzenden Verhältnis, ohne einander zu beeinflussen (II,2,784). Leibniz nennt im Gegensatz zum Influxus physicus dieses Verhältnis einen ›idealen Einfluß‹.[9] Jean Paul schließt diese Gedankenfolge mit der Feststellung: »Ist also unser Ich eine Monade: so ist nicht nur die G e w i s h e i t seiner F o r t d a u e r dargethan (...) sondern auch die M ö g l i c h k e i t seines B e w u s t s e i n s, weil die Monade so gut wie vor der Geburt (...) in einen neuen Menschenkörper und (...) auch wol in einen bessern Körper ausgesezet werden k a n« (II,2,785). Auch diese Vorstellung einer körperlichen Metamorphose kann sich auf

---

[8] Leibniz an Remond. In: Hauptschriften zur Grundlegung der Philosophie (Anm. 4), Bd. 2, S. 470.

[9] Vgl. Leibniz: Les Principes de la Philosophie ou la Monadologie 51 and 52. In: Philosophische Schriften. Hrsg. v. H. H. Holz, a.a.O., Bd. 1, S. 460ff.

Leibniz stützen, der davon ausging, daß ständig Teile des Körpers »verändert, aufgenommen und abgelegt« werden. Empfängnis und Tod eines Lebewesens unterscheiden sich von der ständigen Körperverwandlung nur durch die »bemerkliche Weise«, da sie mit »einem Schlag« und nicht allmählich eintreten.[10] Ähnliche Umwandlungen des Körpers vollziehen sich in der von Swammerdam zuerst aufgeklärten Metamorphose der Insekten und der Regeneration der Polypen; trotz der drastischen Wandlung der Körpergestalt sind dort Anfang und Ende eines Individuums unbestimmbar.

Jean Paul zeigt überdies die Unabhängigkeit der Seele vom Körper an den Sinnesempfindungen. Die Empfindung (z.B. des Tons) sei allemal der Veränderung der Nerven durch mechanische Bewegungen (z.B. Luftschwingungen) unähnlich. Er wendet sich gegen den Versuch Descartes', das Bild über das Auge und die Sehnerven als materielle Spur ins Gehirn zurückzuverlegen, als wäre die Sehempfindung Resultat eines ausschließlich mechanischen Vorgangs.[11] Jean Paul wiederholt Leibniz' Argument gegen Descartes, daß die Bewegung auch bei noch so starker Minimalisierung eine mechanische Bewegung in Raum und Zeit bleibt, und nicht ›geistig‹ werden kann.[12] Für Leibniz repräsentiert die Monade in ihrer Vorstellung die mechanische Bewegung der Sinne; durch die prästabilierte Harmonie werden beide Reihen miteinander verbunden. Ebenso folgert Jean Paul aus der Verschiedenheit von Bewegung und Empfindung die unantastbare Selbstbestimmung der Seele, ihre Unabhängigkeit

---

[10] Leibniz: Monadologie 72. In: Philosophische Schriften, Bd. 1, S. 473.

[11] Descartes beschreibt den Vorgang des Sehens so: die Lichtstrahlen, die einen Gegenstand abbilden, üben »am Grund des Auges einen Druck« aus; dieser Druck bewirkt die »Öffnung« der getroffenen »kleinen Röhre«, einer Nervenröhre. Über einen zweiten Mechanismus »korrespondiert das Mosaik eröffneter Nervenröhrchen auf dem Augenhintergrund mit demjenigen auf der Innenoberfläche des Gehirns« (René Descartes: Über den Menschen. In: R. Descartes: Über den Menschen (1632) sowie Beschreibung des menschlichen Körpers (1648). Übersetzt und eingeleitet von Karl E. Rothschuh. Heidelberg 1969, S. 107f. und S. 107 Anm. 3). – Bei Descartes wird also in der Tat der als Bild übertragene Gegenstand räumlich auf die Oberfläche des Gehirns projiziert durch eine Hydraulik des Nervensaftes in den Nervenröhrchen und die Zusammenziehung von Muskelfasern.

[12] Leibniz schreibt gegen den cartesischen Mechanismus der Wahrnehmung in der Monadologie, daß auf diese Weise die Perzeption nicht erklärbar ist. Man denke sich eine Maschine, »deren Bauart es bewirke, zu denken, zu fühlen und Perzeptionen zu haben, so wird man sie sich unter Beibehaltung der gleichen Maßstabverhältnisse derart vergrößert vorstellen können, daß man in sie wie in eine Mühle einzutreten vermöchte. Dies gesetzt, wird man in ihr, sobald man sie besucht, nur Stücke finden, die einander stoßen, und niemals etwas, das eine Perzeption erklären möchte. So muß man die Perzeption in der einfachen Substanz und nicht in dem Zusammengesetzten oder in der Maschine suchen.« Diesen Standpunkt teilt Jean Paul (In: G. W. Leibniz: Philosophische Schriften. Hrsg. und übersetzt von H. H. Holz. Darmstadt 1965, Bd. 1, S. 445ff.).

vom Körper. Der sinnlichen Rezeption steht eine »Autokratie« der Seele gegenüber, die den »Sinnen den Ruhm« nimmt (II,2,786,788). Der Körper beeinflußt
allenfalls virtuell den selbständigen Impetus der Seele, indem er die
Aufmerksamkeit des Bewußtseins herauf- oder herabsetzt; so entstehe bei den
Materialisten der falsche Eindruck, die Seele sei vom Körper abhängig.[13] Jean
Paul scherzhaft: »Der Koffee erleichtert das Denken – über die Unsterblichkeit
und seinen eignen Einflus; vielleicht aber solten wir lieber die scheinbare Hülfe,
die der Körper der Seele leistet, nur Verminderung des Widerstandes nennen,
den er ihr that; sie wird nicht von ihm beflügelt, sondern von ihm befreiet und
seine Hülfe ist negativ« (II,2,788).

Nach diesem furiosen Bekenntnis zu Leibniz ist es merkwürdig, daß Jean
Paul unabhängig von Leibniz noch einmal ansetzt zu einem neuen Versuch, nun
die Fortdauer der Seele aus der wachsenden Moralität des Menschen und der
Arbeit Gottes am Menschen in der Geschichte zu beweisen. Obwohl einige
Bezüge zu Lessings Erziehung des Menschengeschlechts unverkennbar sind,[14]
handelt es sich nicht eigentlich um eine geschichtsphilosophische Konzeption,
die hier der Monadologie stützend zur Seite tritt (vgl. II,2,790f.). Dieser zweite
Anlauf weist darauf hin, daß Jean Paul mit Leibniz' rationaler Konzeption nicht
eben glücklich ist, daß sie ihm zumindest nicht hinreicht, die persönliche
Beunruhigung über eine mögliche Vernichtung des Individuums zu
beschwichtigen. Er hadert mit Gott wie Hiob, mit einem Gott, dessen Wille es
nicht sein könne, die Tugenden, die er und ein Mensch »in einem halben
Jahrhundert mühsam aufgezogen«, mit einem Schlag zu vernichten. »Die Vernichtung nimt nicht blos das, was wir sind sondern auch was wir werden konten:
zu was entfaltete nicht ein künftiger günstigerer Körper und Wirkungskreis oder
nur die Fortdauer des iezigen die Tugend eines Sokrates oder das Genie eines
Leibnizens? Aber der Fus des Todes sucht und ertrit diese künftigen Engel«
(II,2,791). Leibniz' Monadologie und Lessings Geschichtsphilosophie werden
zusätzlich affektisch durch die Hoffnungen des Herzens gestützt. Die Fortdauer
der Seele soll nicht nur bewiesen, sondern auch durch die überwältigenden
Gefühle des Menschen, durch seine Hoffnung und seine Angst vor Vernichtung
bezeugt werden. Die andrängenden Bedürfnisse des Herzens bestehen weiter,
selbst wenn die philosophische Konstruktion von Leibniz hinfällig wäre. »O
wenn's auch Täuschung wäre: gebt uns unsern blauen Himmel wieder stat dieses
schreklich schwarzen! Was war denn dan der Zweck des Schöpfers?« (II,2,792)

---

[13] In Betracht kommt vor allem J. O. La Mettrie »L'homme machine« (1748), der in
zahlreichen Beispielen die Wirkung des Körpers auf die Seele zeigt und daraus die These
seines Titels ableitet.
[14] Jean Paul beschäftigte sich eingehend und zustimmend mit Lessings »Die Erziehung
des Menschengeschlechts«. Vgl. dazu W. Schmidt-Biggemann: Maschine und Teufel,
a.a.O., S. 158ff.

Jean Paul geht sogar so weit, die Grundvorstellung der Monadologie von einer kontinuierlichen Kette des Seins zu verlassen oder in Zweifel zu ziehen. In dieser Passage der Abhandlung erscheint ihm nicht einmal die »lange Kette höherer Wesen über uns« erwiesen, sowenig wie die »Kette niederer unter uns« (II,2,793). Damit stellt Jean Paul die Monadologie zur Disposition. Da weder Leibniz' Metaphysik noch die Hoffnungen des Glaubens hinreichen, weicht Jean Paul schließlich aus auf Kants »Postulat der praktischen Vernunft« (II,2,793), demzufolge Gott, Freiheit und Unsterblichkeit als conditio sine qua non eines Fortschritts in der Moral und letzten Endes in der Weltgeschichte gefordert werden müssen. Um den »ins Unendliche gehenden Progressus« der praktischen Vernunft zu gewährleisten, muß Gott die ewige Fortdauer garantieren. Freilich wird von Jean Paul schon in dem 1797 erschienenen »Kampaner Tal« mit Entschiedenheit Kants »Kritik der praktischen Vernunft« abgewiesen (vgl. 4,591f.).

Unbeschadet des offensichtlichen Ungenügens an Leibniz, das in einer so schwankenden Argumentation zum Ausdruck kommt, beruft sich Jean Paul noch in der Schrift »Selina«, die in den letzten Lebensjahren entstanden ist, auf Leibniz. Immer noch ist die Materie immateriell, ist alles Seele. Da wir uns nichts »Absolut-Totes« denken könnten, wird uns »die scheinbare Körperwelt zu einer lebendigen Unterseelenwelt, zu einem (Leibnizianischen) Monadensystem. Kurz alles ist Geist, nur verschiedener. Nur darin ist nicht der ganze Leibniz lebendig zitiert, daß er einer Seele oder Monade in seiner vorherbestimmten Harmonie die ganze Welt und Geschichte aus ihren angebornen Knäul abwinden und zusammenweben läßt, ohne den kleinsten angesponnen[en] Faden nach außen« (6,1179). Die Monadologie bildet auch noch in den zwanziger Jahren des neunzehnten Jahrhunderts den Rahmen, obwohl die »Selina« gänzlich vom Phänomen des ›organischen Magnetismus‹ bestimmt wird. Ein Stein des Anstoßes ist allerdings immer noch das Modell der prästabilierten Harmonie.

»Victors Aufsatz über das Verhältnis des Ich zu den Organen« von 1793 beginnt mit einer Kant-Kritik. Nachdem die Antinomien der reinen Vernunft die Möglichkeit einer substanziellen Metaphysik radikal eingeschränkt hätten, sage die praktische Vernunft: »hier ist ein Gott, ein Ich und eine Unsterblichkeit« (1,1099). Beanstandet wird Kants Verfahren, die zuvor kritisch destruierten Positionen Gott und Unsterblichkeit in der praktischen Philosophie, zum Postulat entkräftet, wieder einzuführen.

Die grundsätzliche Abneigung gegen den Materialismus bleibt sich gleich. Victor wendet sich gegen den ›höfischen‹ Materialismus, der »meinen Geist in meinen Körper verwandeln« will (1,1100). Immer noch sind Bewegung und Empfindung inkommensurabel. Obwohl die Bewegungen der Sinne rein körperlich sind, empfindet die Seele als geistiges Wesen die Veränderung der Sinnesorgane ohne körperliche Vermittlung. Die Nerven verändern nur den

Ort dessen, was empfunden wird, sie sind also nicht etwa hydraulisch funktionierende Werkzeuge der Empfindung wie bei Descartes (1,1102). Das Gehirn ist keine Musikmaschine des Geistes, »um sich seine Ideen ab- und vorzuorgeln« (1,1103).

Gehirn und Geist sind nicht identisch; mit Reimarus widerspricht Victor der cartesischen Erklärung des Gedächtnisses, wonach die sinnlichen Bilder der Wahrnehmung im Gehirn physisch eingeprägt bleiben und bei Bedarf durch eine Suchaktion der beweglichen Zirbeldrüse wiedergefunden werden.[15] Der Materialist könne unmöglich einen »Generalissimus« herbeischaffen, der allein durch Bewegungen Gedächtnisbilder und Ideen kommandiere. »Leibniz kann leichter die Bewegung aus dunklen Vorstellungen erklären, als der Materialist Vorstellungen aus Bewegungen. D o r t ist die B e w e g u n g nur Schein und existiert nur im zweiten betrachtenden Wesen, aber h i e r wäre die Vorstellung Schein und existierte im zweiten − v o r s t e l l e n d e n Wesen« (1,1103). Im System der prästabilierten Harmonie entsprechen die Vorstellungen der Seele und Bewegungen des Körpers einander, wobei sich die Seele ihren Leib und seine Bewegungen vorstellt, wenngleich häufig dunkel und verworren.[16] Es geschieht also keine Bewegung des Körpers ohne eine ›petite perception‹, auch wenn sie dem Bewußtsein völlig unmerklich sein sollte. Je mehr diese dunklen Vorstellungen bewußt und reflektiert werden, desto höher rückt die Seele auf der Stufenleiter der Vollkommenheit. Die verworrenen Vorstellungen entsprechen der menschlichen Unvollkommenheit, während die klaren Vorstellungen und das Denken unsere relative Vollkommenheit dokumentieren.

Dieser Leibnizianische Gedanke geht ein in Jean Pauls Theorie des Unbewußten und des Traums. Der Traum ist für Jean Paul eine Repräsentation des Körpers ohne Bewußtsein, eine unwillkürliche Vorstellung, ähnlich den Gebilden der Phantasie und des Wahnsinns (vgl. 4,981f.). Traum, menschlicher Instinkt und die Gabe des Genies sind so Formen des ›dunklen‹ Willens; wenn es gelänge, diesen dunklen Willen bewußt zu machen, so hätte der Mensch eine höhere Stufe auf der Stufenleiter des Seins erklommen. In der »Monadologie« entwickelt die Seele, um zum Geist (Esprit) zu werden, die bewußtlosen Vorstellungen zum Bewußtsein.

---

[15] Nach Descartes hinterlassen die Wahrnehmungen materiell-räumliche Spuren im Gehirn, so, »wie wenn man mehrere Nadeln oder Löcher durch eine Leinwand stäche, (...) so würden die kleinen Löcher, die man dort machte, noch offen bleiben, (...), nachdem diese Nadeln herausgezogen worden wären.« Auf diese Weise erklärt Descartes das Gedächtnis (R. Descartes: Über den Menschen ... (Anm. 11), S. 111). Den Mechanismus der Wiedererinnerung stellt sich Descartes als eine vom Willen veranlaßte Suche der beweglichen Zirbeldrüse im Gehirn vor; wenn sie auf die zurückgebliebenen Spuren des Gegenstandes trifft, erregen die einströmenden ›Lebensgeister‹ (der Nervensaft) die Erinnerung des gesuchten Gegenstands (vgl. auch René Descartes: Les passions de l'âme (1649), Artikel 42).

[16] Vgl. Leibniz, Monadologie 21 und 62.

Der Künstler schafft es nach Jean Paul nur unvollkommen, das dunkel Geschaute bewußt wiederzugeben. Jean Pauls Studie »Über das Träumen, bei Gelegenheit eines Aufsatzes darüber von Doktor Victor« beruft sich auf Tartini, der »im Traum den Teufel ein Solo geigen« hörte, das er beim »Erwachen unter dem Namen Teufelssonate niederschrieb, die, obwohl sein bestes Stück, ihm doch so tief unter dem gehörten schien, daß er seine Geige auf ewig zerschlagen wollte« (4,981 Anm. 1). Auch in der »Vorschule der Ästhetik« ist das Genie der Zuhörer seiner Schöpfungen, deren dunklen Vorwurf es nur unvollkommen nachzuvollziehen vermag (5,65). Jean Paul schlägt daher vor, mit Hilfe des Traums den »unwillkürlichen Vorstellungs-Prozeß der Kinder, der Tiere, der Wahnsinnigen zu studieren, sogar der Dichter, der Tonkünstler und der Weiber« (4,981f.). Der Künstler ist gegenüber dem gewöhnlichen Menschen durch sein Genie insofern avanciert, als er seine ›petites perceptions‹ (wenn auch unvollkommen) ins Bewußtsein zu heben und daraus ein Kunstwerk zu machen befähigt ist. Ein übermenschliches Wesen (Jean Paul nennt es ›Seraph‹) könnte sich die ganze Gesetzlichkeit der menschlichen Körperwelt bewußt vorstellen.[17]
Der Traum zeigt daher für Jean Paul ein Janusgesicht; einerseits ist er schrecklich, weil er den Menschen in der todesähnlichen Starre des Schlafs erreicht, andererseits ist er hoffnungsverheißend, weil er dunkel und verworren zeigt, was vielleicht dereinst, wenn sich der Mensch höher entwickelt hat, ins Bewußtsein gehoben werden kann. Jean Paul hofft, »einmal so frei und besonnen zu werden, daß dein jetziges Wachen dir ein Träumen scheint« (4,982).

Da der Wachzustand des instinktgeleiteten Tiers den Träumen des Menschen gleicht, besteht für Jean Paul die berechtigte Hoffnung, daß der sich höher entwickelnde Mensch einmal die Stufe erreicht, wo sich die Verworrenheit des Traums in bewußte Klarheit auflöst und damit Einblicke in die Körperwelt erlaubt, die dem Menschen bisher verschlossen sind. Aus diesem Grunde ist der Traum für Jean Paul besonders interessant; denn das ästhetische Genie (wie später die ›Clairvoyante‹) ist schon jetzt eines tieferen Einblicks in die Beschaffenheit des Universums fähig. So zeigt der Traum die Begrenztheit und Ohnmächtigkeit des Menschen, weil er im Schlafe zum unwillkürlichen Zuhörer und Zuschauer fremder Phänomene wird, aber auch die erhofften Möglichkeiten des Menschen, dereinst auf höherer Stufe (wie vorwegnehmend schon jetzt das Genie) ›frei und besonnen‹ seinen Gesichtskreis zu erweitern.

Die Betrachtungen »Über das Träumen« von 1799 nehmen den Faden von

---

[17] In der Abhandlung »Frage über das Enstehen der ersten Pflanzen, Tiere und Menschen« von 1812 hat die Clairvoyante Einblick in »ihr Inneres und die Windungen der Nervengeflechte« und kann daher die »Mittel ihrer Heilung« angeben (II,2,953). In dieser Abhandlung eröffnet zum ersten Mal der Magnetismus die Möglichkeit, auf der Leiter des Seins eine Stufe höherzusteigen und bisher verworrene Vorstellungen zu deutlichen zu machen.

»Victors Aufsatz über das Verhältnis des Ich zu den Organen« wieder auf. Beide bleiben noch im Rahmen der Monadologie, wenn auch am äußersten Rande. Variationen und Spekulationen über die Reichweite der dunklen und verworrenen Vorstellungen der Monade führen bis in die Nachbarschaft der romantischen Nachtseite der Natur. Im »Hesperus« werden nicht weit von Victors ›besonnenem‹ Aufsatz über das Verhältnis von Geist und Körper die Visionen Emanuels dargestellt, an denen Victor gerührt, wenn auch nicht überzeugt, teilnimmt. Emanuel, der die Stunde seines Todes vorherzuwissen glaubt und auf seine Verklärung hofft, zieht Victor »von Stunde zu Stunde in den Glauben an seinen Tod« hinein (1,1132). Obgleich Emanuel ein Wahnsinniger und ein Kranker im Bewußtsein Victors ist, genießt er höchste Verehrung. Die »Vorschule der Ästhetik« läßt Emanuel als ›vollkommenen Charakter‹ und damit als höchstes Ziel der ästhetischen Darstellung erscheinen (vgl. IV,7).

2. Lösungsversuche des Leib-Seele-Problems mit Jacobi

Jacobi ist eine wesentliche Station Jean Pauls auf dem Wege, einer Lösung des Leib-Seele-Verhältnisses näherzukommen.[18] Jacobi stellte für Jean Paul eine zeitlang die ideale Verbindung seiner ›existentiellen‹ Bedürfnisse mit dem Leibniz'schen Erbe dar. Um Jean Pauls Bindung an Jacobi zu verstehen, ist es zunächst nötig, Jacobis Version des Leib-Seele-Problems darzustellen und zu würdigen.

Seit seinem epochemachenden Werk »Über die Lehre des Spinoza, in Briefen an Herrn Mendelssohn« von 1785 bis zur »Vorrede, zugleich Einleitung in des Verfassers sämmtliche philosophische Schriften« von 1815 versuchte Jacobi die Folgelasten der cartesischen Trennung von res extensa und res cogitans zu bewältigen. Seine Spinoza-Interpretation hebt darauf ab, bei Spinoza seien die Entschlüsse des Willens nur Bestimmungen des Körpers, wodurch die Freiheit des Menschen als Person erstickt werde. Während bei Descartes Denken und Körperwelt völlig auseinanderfallen, macht nach Jacobi die Lehre Spinozas die Reihe der Vorstellungen völlig abhängig von den Modifikationen des Körpers. Obwohl diese Auslegung, wie man seit Schleiermacher weiß, nicht zutrifft,[19] so ist sie doch bezeichnend für Jacobis Fragestellung: wie kann der Wille und damit die Tugend frei sein von der Naturkausalität? Für den Verlust der Freiheit macht Jacobi vor allem die ›mechanistische‹ Naturwissenschaft verantwortlich, die Verwissenschaftlichung der Welt. Eine zeitlang erscheint Jacobi die

---

[18] Zur engen Beziehung zwischen Jacobi und Jean Paul vgl. »Friedrich Heinrich Jacobi's auserlesener Briefwechsel. Hrsg. v. Fr. Roth. 2 Bde. Leipzig 1825ff.

[19] Vgl. Klaus Hammacher: Die Philosophie Friedrich Heinrich Jacobis. München 1969, S. 68f.

Monadologie einen Ausweg zu bieten. Er leugnet jeden Influxus physicus, ob es sich nun um den physischen Einfluß des Leibes auf die Seele oder den Einfluß der Seele auf die Körper handelt. »Das denkende Wesen, als solches, hat mit dem körperlichen Wesen, als solchem, keine Eigenschaften gemein.«[20] Jacobi bleibt noch im Rahmen der Monadologie, wenn er feststellt, die Vereinigung der materiellen Gegenstände zur Totalität sei eine Leistung der Vorstellung, eine bloß »ideale Einheit«.[21] Er weitet die Monadologie freilich selbständig aus, wenn er behauptet: »Den organischen Wesen allein können wir eine solche innerliche Einheit zuschreiben, die wahrhaft objectiv und real ist.«[22] Jacobi konstruiert einen Gegensatz zwischen einer ›mechanischen‹ Materie und einem denkenden organischen Wesen, den Leibniz nicht kennt. Ein organisches Wesen denke das Ganze vor den Teilen, es empfinde als ein »Compositum substantiale« das, was seine Einheit ausmacht und vereinige so die unendlich teilbare Materie zu einem Ganzen. »Dieses Etwas nun, das unmöglich etwas n i c h t reales ist, wird von Leibnitz die substanzielle Form des organischen Wesens; das v i n c u l u m C o m p o s i t i o n i s e s s e n t i a l e, oder d i e Monade genant. Und i n s o w e i t bin ich der Monadenlehre mit ganzer Seele zugethan.«[23] Die Organisiertheit eines Wesens hängt ab von dem Grad seines Bewußtseins; der Organismus-Begriff im Blick auf Leibniz ist eine Zutat.

Jacobi schätzt an Leibniz die Unterscheidung von Wirkursachen und Zweckursachen. Während sich die Naturvorgänge ohne äußerliche zweckmäßige Lenkung in einer Abfolge kausaler Wirkungen der Dinge aufeinander vollziehen, bedarf der Mensch der Freiheit der sittlichen Willensentscheidung. Leibniz kennt eine Harmonie zwischen Wirk- und Zweckursachen, zwischen Naturnotwendigkeit und Willensfreiheit. Die empirische Beobachtung des Naturgeschehens führt nirgends zu einem einheitlichen Sinn und Ziel des Geschehens. Die hinter dem Geschehen stehenden Zwecke zu erkennen, reicht der menschliche Verstand nicht aus. Leibniz verbindet den göttlichen Verstand, der alle Zwecke des Universums in sich hat und es zum Besten leitet, mit den sittlichen Idealbegriffen des Menschen. Gott erscheint als unendliche Steigerung der sittlichen Vollkommenheiten des Menschen.

In der kleinen Studie »Von dem Verhängnisse«, ausnahmsweise geschrieben in deutscher Sprache, entwickelt Leibniz sehr einleuchtend dieses Verhältnis von Wirk- und Zweckursachen. Während die Naturgesetze, die z.B. den Lauf einer Artilleriekugel bestimmen, sich immer gleich bleiben und daher überschaubar sind, ist das Verhängnis des Marschalls Turenne, der von einer Kugel getroffen

---

[20] Friedrich Heinrich Jacobi: Werke. Hrsg. v. Friedrich Roth und Friedrich Köppen. Leipzig 1815, Bd. 2, S. 245f.; vgl. S. 237–240.
[21] Jacobi, Bd. 2, S. 251.
[22] Jacobi, Bd. 2, S. 253.
[23] Jacobi, Bd. 2, S. 256.

wurde, nicht erklärbar; denn obgleich der Lauf der Kugel entsprechend der gegebenen Bedingungen und Wirkursachen notwendig erfolgt, bleibt die Rolle der unendlich vielen Kleinigkeiten, die zu Turennes Verhängnis führten, unüberschaubar. Die Konsequenz: der Mensch muß an eine höhere Vernunft glauben, die alles nach Zwecken geordnet hat; er muß nach dem Maßstabe seiner Begriffe des Guten, des Wahren und Vollkommenen das Vergangene für gut halten, und vor allem das Zukünftige gut zu machen suchen.[24] Diese Harmonie von Wirk- und Zweckursachen in Ansehung des Ganzen begründet den metaphysischen Optimismus und die Verpflichtung, im Vertrauen auf die höhere Vernunft sittlich zu behandeln.

Jacobi entwickelt in seiner Schrift »Ueber die Unzertrennlichkeit des Begriffes der Freiheit und der Vorsehung von dem Begriffe der Vernunft« eben diesen Unterschied von Wirk- und Zweckursachen, um Sittlichkeit und Naturmechanismus gehörig voneinander zu trennen. Der Mensch kann sich frei nennen, insofern er »mit einem Theile seines Wesens n i c h t z u r N a t u r gehört, nicht aus ihr entsprungen ist (...) Der Geist a l l e i n , nicht die Natur, erfindet und bringt mit Absicht hervor; Er allein d i c h t e t u n d t r a c h t e t . Das Hervorbringen der Natur a l l e i n ist ein blindes, vernunftloses, nothwendiges, bloß mechanisches Hervorbringen, ohne Vorsehung, Entwurf, freye Wahl und Absicht.«[25] Obwohl die sittliche Freiheit der Vernunft sich von der Naturnotwendigkeit, z.B. den »chemischen, organischen, und psychologischen Wirkungsarten«, gänzlich unterscheidet, besteht eine freilich unerkennbare Einheit. »Die Vereinigung von Naturnothwendigkeit und Freyheit zu Einem und Demselben Wesen ist ein schlechterdings unbegreifliches Factum, ein der Schöpfung gleiches W u n d e r und G e h e i m n i ß «.[26] Auf diese Weise vereinigt Jacobi göttliche Vorsehung und menschliche Freiheit ähnlich wie Leibniz.[27]

Es ist wesentlich, die Besonderheit Jacobis deutlich hervorzuheben. Weit entfernt von der metaphysischen Sicherheit eines Leibniz, verlegt er den Evidenzpunkt in das S u b j e k t . Der Freiheitsbegriff hat seinen Sitz im menschlichen Gemüt, im Geist, im Herzen oder im Gewissen.[28] Aus dieser Wendung zur Subjektivität, die Leibniz' Konstruktion aus dem Gefühl des Einzelnen begründen will, erklärt sich die um Überzeugung ringende Sprache Jacobis. »Es ist unmöglich, daß alles Natur und keine Freyheit sey, weil es unmöglich ist, daß, was allein den Menschen adelt und erhebt – das W a h r e , das G u t e und

---

[24] G. W. Leibniz: Von dem Verhängnisse: In: Leibniz, Hauptschriften zur Grundlegung der Philosophie. Übersetzt von A. Buchenau, a.a.O., Bd. 2, S. 129 – 134.
[25] Jacobi, a.a.O., Bd. 2, S. 316. – Die Abhandlung erschien zuerst 1799.
[26] Jacobi, Bd. 2, S. 316 Anm. und S. 317.
[27] Vgl. Jacobi, Bd. 2, S. 253 und S. 121.
[28] Jacobi, Bd. 2, S. 123.

S c h ö n e , nur Täuschung, Betrug und Lüge sey. Das ist es, wenn Freyheit nicht ist. Unmöglich w a h r e Achtung, unmöglich w a h r e Bewundrung, w a h r e Dankbarkeit und Liebe, wenn es unmöglich ist, daß in Einem Wesen Freyheit und Natur zusammenwohnen«.[29] Deutlich wird die Innerlichkeit des Einzelnen bei Jacobi zur Instanz, das Wahre, Gute und Schöne im Bewußtsein der Freiheit zu beglaubigen. Es ist eben diese subjektive Version des Leibniz'schen Systems, die Jean Paul in seiner dialogischen Erzählung das »Kampaner Tal oder über die Unsterblichkeit der Seele« von 1797 hervorhebt. »›Es gibt eine innere, in unserem Herzen hängende Geisterwelt, die mitten aus dem Gewölke der Körperwelt wie eine warme Sonne bricht. Ich meine das innere Universum der T u g e n d , der S c h ö n h e i t und der W a h r h e i t , drei innere Himmel und Welten, die weder Teile, noch Ausflüsse und Absenker, noch Kopien der äußern sind« (4,611). Die Wendung führt unmittelbar in die Ästhetik; so wenig das künstlerische Genie die Natur kopiert, und also, wie es Jacobi als Konsequenz des Spinozismus darstellt, dem Naturmechanismus unterliegt,[30] so wenig ist die Tugend ein ›Ausfluß‹ der Natur. Die innerlich evidente Tugend, Schönheit und Wahrheit, das Reich der Zwecke, gilt Jean Paul als »Abbild« eines Urbilds, als Abschattung der göttlichen Vollkommenheit. Gegen den transzendentalen Idealismus setzt Jean Paul diese von Leibniz und Jacobi inspirierte Analogie zwischen göttlicher Vernunft und menschlicher Sittlichkeit und Freiheit. Es ist töricht zu wähnen, so Jean Paul, »wir e r s c h a f f e n sie, da wir sie doch bloß e r k e n n e n« (4,611). Gott, Freiheit und Unsterblichkeit sind nicht nur Postulate wie bei Kant, Erzeugnisse menschlicher Vernunft und unabdingbare Voraussetzung aller Sittlichkeit, sondern eine merkwürdig irrationale Gewißheit, ein Geheimnis, ein Wunder, wie Jacobi sich ausdrückt. Das innere Universum des Menschen, in dem seine Sittlichkeit und seine Freiheit spürbar werden, verweist auf eine »höhere Welt«, eine »zweite W e l t«, es verweist auf die Zwecke Gottes und eine Ordnung, die in delikater Beziehung zur in sich abgeschlossenen Sphäre der Wirkursachen steht. Ganz im Jacobi schließt Jean Paul von dem subjektiven Faktum der »a u ß e r w e l t l i c h e n Anlagen und Wünsche« in uns auf die Existenz der zweiten Welt und auf die Existenz eines Gottes, der vollkommen alle die Zwecke verwirklicht, die den Menschen als

---

[29] Jacobi, Bd. 2, S. 320.

[30] »Alle Dichter und Philosophen wie sie Nahmen haben mögen; alle Gesetzgeber, Künstler und Helden − hätten ihre Werke und Thaten i m G r u n d e blindlings und gezwungen, der Reihe nach in dem n o t h w e n d i g e n Zusammenhange von Ursache und Wirkung, das ist dem Naturmechanismus zu Folge hervorgebracht; und die I n t e l l i g e n z , a l s n u r b e g l e i t e n d e s B e w u ß t s e y n , hätte dabei überall b l o s u n d a l l e i n d a s Z u s e h e n gehabt − Wer, sage ich, dieses annehmen und zu seiner Wahrheit machen kann, mit dem ist weiter nicht zu streiten« (Jacobi, Bd. 2, S. 319).

Wunsch und Hoffnung bedrängen. Aus dem Leiden des Tugendhaften wird im Zeichen dieser Wünsche die Unsterblichkeit abgeleitet.

Leibniz hatte das Böse und das Leiden des Menschen gerechtfertigt durch die höhere Vernunft Gottes, der aus der Reihe der möglichen die bestmögliche Welt ausgewählt hat. Die Negativität des Leidens kann so in der übergreifenden Zweckhaftigkeit des Universums aufgehoben werden. Im »Kampaner Tal« macht Jean Paul jeden Tugendhaften, »der unverschuldet leidet«, zum Zeugen der unsterblichen Seele in einem göttlich-vernünftigen Universum (4,612).

Jean Paul betont die unterschiedliche Qualität körperlicher Kausalitäten und geistiger Zwecke mit aller Schärfe. Die auf Notwendigkeit ausgehende Naturwissenschaft ist mit der Freiheit in jeder sittlichen Handlung und in jeder künstlerischen Schöpfung unvereinbar. Durch »die Menstrua und Apparate der wachsenden Chemie und Physik wird die zweite Welt täglich besser niedergeschlagen oder verflüchtigt, weil diese weder in einen chemischen Ofen noch unter ein Sonnenmikroskop zu bringen ist« (4,608). Bewahrt wird hingegen die Transzendenz in der Tugend und in der Schöpfung des Künstlers, die sich von der Naturnotwendigkeit abwenden und so das Reich der Freiheit repräsentieren. »Nur der Moralist, der Psycholog, der Dichter, sogar der Artist fasset leichter unsere innere Welt; aber dem Chemiker, dem Arzte, dem Meßkünstler fehlen dazu die Seh- und Hörrohre, und mit der Zeit auch die Augen und Ohren« (4,608).

Auch Leibniz unterscheidet die Sphäre der naturgesetzlich aufeinander folgenden Wirkungen als ein in sich geschlossenes System von den Zweckursachen, die unbegreiflich das Sosein eines Vorgangs bestimmen und mit unendlich vielen zugleich ablaufenden Vorgängen in Einklang bringen. Die Harmonie ist bei Leibniz jedoch nie gefährdet. Er ist weit davon entfernt, die Naturwissenschaft als Bedrohung der Freiheit darzustellen. Wenn Jean Paul eine solche Unvereinbarkeit von Naturwissenschaft und ›Geist‹ herstellt, so trifft er sich darin mit Jacobi, der die Wissenschaft notwendig da abbrechen läßt, »wo das Wirken der Freiheit sich kund macht«. Die Naturwissenschaft basiert danach auf der Ausklammerung der ›inneren Welt‹ des ›Lebens‹: »Leichen werden eröffnet um zu finden, woher ihnen das Leben kam. Eitle Versuche! wo das Herz nicht mehr schlägt und treibt, wo die Gefühle schweigen, da bemüht sich umsonst der Verstand mit allen seinen Künsten«. Das Geheimnis des Lebens ist eine rational und empirisch nicht beschreibbare Qualität, die auf Gott verweist. Tugend und Kunst zeigen Freiheit und offenbaren den Urheber. »Ein der Natur allein zugewandter Verstand, mit Recht in seinem Gebiete keine Wunder zulassend, muß die Wirklichkeit eigentlicher und allein wahrhaft genialischer Schöpfungen eben so nothwendig als die Wirklichkeit eigentlicher und wahrhaft tugendhafter Handlungen läugnen. Für die Wirklichkeit beider zeugt allein der Geist«.[31] Jacobi nennt die Vereinigung der Naturnotwendigkeit

[31] Jacobi, Bd. 2, S. 112 und S. 121. Jacobi bekräftigt in seiner Vorrede von 1815 die

mit der Freiheit im Menschen ein unerklärliches Wunder. Die Fähigkeit des Menschen, in tugendhaften Handlungen und in der genialen künstlerischen Schöpfung hinter die Naturnotwendigkeit zu greifen, findet in der Naturwissenschaft keinen Platz. Eben in dieser Freiheit liegt die Gottesebenbildlichkeit des Menschen, dessen Innerlichkeit auf wunderbare Weise mit der göttlichen Vorsehung übereinkommt. Die schöpferische Freiheit der Tugend und der Kunst ist für Jacobi Offenbarung und damit der Wissenschaft feindlich. »Glaube ist die Abschattung des göttlichen Wissens und Wollens in dem endlichen Geiste des Menschen.«[32] Jacobi konstatiert ein Streben des Verstands, verkörpert in Kopernikus, Gassendi, Kepler, Newton and Laplace, »durch Wissenschaft dem Wunder ein Ende zu machen, den Himmel seiner Götter zu berauben, das Weltall zu entzaubern«.[33]

In seinem Aufsatz »Frage über das Entstehen der ersten Pflanzen, Tiere und Menschen« von 1812 beginnt Jean Paul da, wo er 1797 im »Kampaner Tal« endete. Gegen seine eigene Überzeugung legt er zunächst den Standpunkt der »organischen Maschinenmeister«, der Naturwissenschaftler seiner Zeit, dar, die das Leben aus chemischen, elektrischen und mechanischen Baukräften entstehen ließen. Er läßt die Thesen der Naturwissenschaftler Revue passieren und schließt mit der Feststellung, die organischen Maschinisten beriefen sich auf den Zufall der »blinden Natur« und seien damit »Gottleugner«, denn die Entstehung und Entwicklung der Natur setze »einen Gesetzgeber voraus« (II,2,944). Genannt wird Erasmus Darwin (1731 – 1802), der Großvater von Charles Darwin und Verfasser der »Zoonomia, or the laws of organic life«, die zur Entstehung der Arten Gedanken des Enkels vorwegnimmt. Obwohl sich Erasmus Darwin gegen die materialistische Theorie wandte, das Leben sei vergleichbar mit einer hydraulischen Maschine, spekulierte er auch mit der Möglichkeit, die Mechanismen des entstehenden Lebens ließen sich künstlich nachvollziehen. Darwin wurde angeblicher Experimente bezichtigt, zerhackte Würmer künstlich wiederzubeleben. Für Jean Paul ist der Satz, die ganze Tierwelt und der Mensch habe sich »vor Billionen Jahren aus einem einzigen Fleischfädchen« (II,2,931) entwickelt, das Zeugnis einer entwicklungsgeschichtlichen Theorie, die geistige Kräfte aus körperlichen entstehen läßt und so das Verhältnis von Geist zu Materie, von Freiheit zu Notwendigkeit verfehlt. Der »Abscheu vor einem geistigen Entstehen aus Körper-Mächten, vor jedem Uhr- und Räderwerk, das d e n Uhrmacher macht« ist für Jean Paul wie die Angst vor einem toten Universum, das sich wie eine Mühle ohne Zwecke fortbewegt, ein »angeborener«

Kontinuität seines Denkens seit der Spinoza-Schrift von 1787: »So lautete meine früheste Rede: ich ende wie ich begann« (S. 123). Man kann diese Vorrede zu den sämtlichen Schriften als Summe der Philosophie Jacobis betrachten.

[32] Jacobi, Bd. 2, S. 55.
[33] Jacobi, Bd. 2, S. 52.

Affekt des Menschen (II,2,949; vgl. 5,96f.). Dieser Abscheu hat seine Ursache in der Kenntnis des Menschen von einem höheren »Bilden und Schaffen« des Geistes und des Willens in ihm selbst; die Selbsterfahrung der Freiheit führt – wie es in der »Vorschule der Ästhetik« heißt – zu der Neigung des Menschen, auch niedrigeren Wesen und letzten Endes der ganzen Natur Geist zu »unterlegen« und sie zu ›beseelen‹ (II,2,949; vgl. 5,38f.). Die Grundlegung der Willensfreiheit in der Subjektivität des Subjekts, verbunden mit dem Schluß auf den Willen Gottes, verbindet Jean Paul mit Jacobi, der ebenso dem ›Verstand‹ des Naturwissenschaftlers das ›Herz‹ entgegensetzt. Die Selbstanschauung des Menschen in der Natur führt zu Gott als dem Urgrund der menschlichen Freiheit. Aus der Neigung des Menschen, die Welt als Schöpfung zu anthropomorphisieren, leiten beide eine beseelte und begeistete Natur ab.

Eine Form des Geistes ist Jean Paul schon der tierische Instinkt, der ihm als Vorbote des Denkens, des Willens und der Freiheit des Menschen erscheint. »Keine andere Kraft kann daher eine Zukunft suchen und sie zu einem Gebilde ordnen als eine geistige. Sogar der Instinkt, obwohl von körperlichen Zügeln und Spornen gedrängt und beherrscht, kann, da er in eine noch nicht einwirkende Ferne hinausgreift, z.B. die tierische Vorsorge für ungeborne Brut, nur in einer Seele leben. Nur im Geiste herrscht Ordnung und Zweck, d.h. Viel-Einheit, außerhalb in Körpern nur lose Einzelheiten, welche erst ein Geist vorauslenkend oder nachbetrachtend zum Bunde der Schönheit zwingt« (II,2,950). In der »Vorschule« beseelt ein ›Instinkt des Göttlichen‹ den Menschen und besonders das künstlerische Genie, welcher die Zukunft ahnen läßt und auf den unendlichen Geist in der Natur verweist.[34] Jean Paul wirft den organischen Maschinenmeistern vom Schlage Erasmus Darwins vor, daß sie auf dem Wege der Evolution des Lebens aus irgendeinem Urschleim niemals zu Zwecken gelangen könnten. Ganz im Sinne von Leibniz vereinigt der ›vorauslenkende und nachbetrachtende‹ Geist die Natur und das Geschehen in der Zeit zu Ordnung, Zweck und Schönheit.

So ist es nicht verwunderlich, daß, wie schon erwähnt, Jean Paul die Präformationstheorie gegen die Evolution im Sinne Erasmus Darwins ausspielt. Die von Leibniz und Charles Bonnet unterstützte Präformationstheorie nimmt an, daß alle Wesen als präformierte Keime, in denen Leib und Seele vereinigt sind, seit der Schöpfung bestehen. Nach Bonnet hat jedes Lebewesen einen unvorstellbar winzigen ›corps organique‹, der immer mit der individuellen Seele dieses Wesens verbunden ist. Wenn ein Polyp zerschnitten wird, und sich aus den Teilen neue Individuen entwickeln, so sind in diesen Teilen unentwickelte

---

[34] Zur Bedeutung von Jacobis Instinktbegriff für Jean Paul vgl. Kap. III,1: DIE POETISCHE NACHAHMUNG UND DAS GENIE.

Seelenkeime enthalten, die mit dem neuen Lebewesen zur Erscheinung kommen. Die epochalen Umwälzungen der Erde vernichten auf der anderen Seite unzählige Organismen, aus deren Keimen unter dem Einfluß veränderter äußerer Bedingungen andere Körper mit neuen Organen entstehen, die diesen veränderten Bedingungen gerecht werden. Auf diese Weise unterscheidet sich der ›grobe‹ sichtbare Körper jeweils von früheren Verkörperungen. Bonnet ist überzeugt, daß diese Metamorphose der Seelenkeime Vervollkommnung und Fortschritt bedeutet, sowohl in bezug auf ein steigendes Bewußtsein als auch in bezug auf eine sich steigernde Moralität und Vernunft. In der Zukunft wird jeder Keim wieder in neuen Verkörperungen erscheinen. Auf diese Weise sind Körper und Seele immer schon vereinigt, zugleich wird das Problem der Unsterblichkeit der Seele, im Verein mit der Frage der Entwicklung des Lebens auf der Erde, gelöst. Bonnet denkt sich die Entwicklung als eine Stufenleiter, auf der jedes Lebewesen trotz seiner Steigerung relativ seinen Platz behält. So kann der Affe zum Newton, der Biber zum Vauban, der Mensch zum Seraphen aufrücken, ein Gedanke, den Jean Paul vielfach variiert.[35]

Jean Paul spricht in dem Aufsatz zur »Frage des Entstehens der ersten Pflanzen, Tiere und Menschen« von 1812 seine Sympathie für diese Entwicklungstheorie des Genfer Naturphilosophen aus. »Es ist kühn, aber auch weiter nichts, zu vermuten, daß vielleicht seit der Schöpfung lebendige Keime kalt-unentwickelt umherfliegen, welche nur im jetzigen Jahrhundert eine eben jetzo recht gemischte Feuchtigkeit ins Leben brütet (...). Folglich beweiset das Erscheinen n e u e r Tiere auch in n e u erfundenen Aufgüssen wie in Met, Bier und Dinte nichts gegen vorheriges Eier-Dasein derselben« (II,2,947). Die Aufgußtierchen, im 18. Jahrhundert entdeckt, gelten ihm als elternlose Geburten (vgl. §§ 7,8,14); die Infusorien entstehen nach Bonnet und Jean Paul nicht aus anderer organischer Materie in einer irgendwie gearteten chemisch-physikalischen Umbildung; sie sind Lebewesen individueller und beseelter Art, keimhaft vom Anbeginn der Welt vorhanden. Bonnet liefert eine zuweilen merkwürdig handfest anmutende Version der Leibnizischen Entwicklungslehre. Im »Kampaner Tal« verspottet Jean Paul Bonnets ›corps organique‹ als ›Seelenschnürleibchen‹ und damit die Vorstellung einer Seele, die stets von einem äußerst subtilen Körper umgeben wird; in der »Selina« akzeptiert er diesen Ätherkörper, der ihm auch aus Platners Anthropologie vertraut ist.[36] 1812

---

[35] In der »Vorschule der Ästhetik« z.B. hervorgehoben, in der Stufenfolge des Seins sei »noch über einen Engel zu lachen, wenn man der Erzengel ist« (5,124). Vgl. VI, 2.

[36] »Er sagte dann, was ich auch glaube, daß weder das Bonnetsche Unterziehkörperchen, noch das inkorporierte Platnerische Seelen-Schnür-L e i b c h e n (das ›zweite Seelen-Organ‹) die Schwierigkeit der Frage mildere: denn da beide Seelen-Unterziehkleider oder Nachthosen und Kollets immer im Leben das gute und schlimme Schicksal des groben Körperüberrocks und Marterkittels teilten, (...) so sei es lächerlich, die Iliade

beschreibt Jean Paul die Entwicklungstheorie Bonnets als eine Erklärung des Lebens von hoher Wahrscheinlichkeit.

Charakteristisch ist, daß wiederum die Selbsterfahrung der Freiheit auf die ganze Natur übertragen wird. »Unser Bewußtsein unserer selber ist der Schlüssel der Welt, aber mehr der untermenschlichen als der übermenschlichen« (II,2, 952). Während die Entwicklungstheorie Erasmus Darwins auf dem Wege der körperlichen Umbildung zum Geist zu gelangen wähnt, geht Jean Paul die umgekehrte Richtung. »Im niederen Wesen erscheint nur die Einschränkung und Hülse des höhern« (II,2,952). Es ist daher folgerichtig, im Instinkt eine Vorform des auf die Zukunft bezogenen Denkens und Wollens zu sehen.

Leibniz' Entwicklungslehre ist subtiler und durchdachter als die Konstruktionen Bonnets. Der Reihenfolge der tierischen Entwicklung (Wassertiere, Amphibien, Landtiere) entspricht das Kontinuum der Perzeption. Das Kontinuum des beseelten Lebens ist nur durch unsere beschränkte Einsicht nach unten und nach oben unbestimmt. Die von Leuwenhoek und Trembley entdeckten Polypen verbinden Pflanze und Tier, der ›Baummensch‹ Orang Utan das

---

der künftigen Welt in der engen Haselnuß des Reassekuranz-Körperchens aufzusuchen, das man vorher mit dem äußern groben Körper stehen und fallen sehen« (4,602). In dem Aufsatz »Mutmassungen über einige Wunder des organischen Magnetismus« von 1813 widmet Jean Paul dem »höheren Sinnenkörper oder Ätherleib« ein ganzes Kapitel und ist von seiner Existenz überzeugt (II,2,890ff.). In der »Selina« schließlich wird die These des ›zweiten Seelenleibs‹ zurückhaltender formuliert, aber doch aufrechterhalten (vgl. 6,1236). – Charles Bonnet formuliert die Vermutung eines solchen Ätherkörpers so: in einem unbekannten Teil des Gehirns könnte »der Keim des neuen Cörpers eingeschlossen seyn, der, vom Anfang der Dinge her, zur Vervollkommnung aller Fähigkeiten des Menschen in einem andern Leben bestimmt wäre. Dieser Keim, in vergängliche Decken eingehüllt, wäre also der eigentliche Sitz der menschlichen Seele; er würde das ausmachen, was man die Person des Menschen nennen kann. Dieser grobe und irdische Cörper, den wir sehen und betasten, wäre nur das Futeral, die Hülse oder das Kleid, das einmal, alt genug, abgelegt würde«. Bonnet stellt sich als körperliches Substrat der Seele die Äthermaterie vor: »Wir kennen und begreifen nichts, was feiner und thätiger sey als der Aether, das Elementarfeuer oder das Licht. Sollte es dem Urheber des Menschen unmöglich gewesen seyn, aus den Elementen des Aethers oder des Lichts eine organische Maschiene zu verfertigen, und mit dieser Maschiene eine menschliche Seele immer zu vereinigen?« (Bonnet: Philosophische Palingenesie oder Gedanken über den vergangenen und künftigen Zustand lebender Wesen. Aus dem Französischen übersetzt von Johann Caspar Lavater. Zürich 1770, Bd. 2, S. 15f.). – Auch Ernst Platner rekurriert auf die Äthermaterie, um Körper und Geist zu vermitteln. Jene neuplatonische Quintessenz der Materie ist für ihn der »allgemeine Lebensgeist«, eine der elektrischen und dem Licht ähnliche Materie, die alles durchdringt. Das »geistige Seelenorgan«, aus ätherischer Materie gebildet, überlebt den Tod des ›tierischen Seelenorgans‹ und des ›groben‹ Körpers (E. Platner: Neue Anthropologie für Aerzte und Weltweise. Mit besonderer Rücksicht auf Physiologie, Moralphilosophie und Aesthetik. Leipzig 1790, Bd. 1, S. 47, S. 51, S. 84, S. 90; §§ 134, 140, 141, 245, 250).

Tier mit dem Menschen. Durch die Mikroskopie wurden immer kleinere Tiere sichtbar und gaben damit der Leibnizischen Theorie der unendlich kleinen Übergänge des Kontinuums Auftrieb. Da sich die Monaden durch das Wie ihrer Repräsentation der Welt unterscheiden, wächst der Grad der Repräsentation in der Kette des Seins stetig, wobei die Deutlichkeit zunimmt. Eine Stufung von der völlig undeutlichen, ›unbewußten‹ Perzeption bis hin zur absolut deutlichen Perzeption der Regentmonade Gott wird zu plausibel gemacht. Überträgt man diesen Gedanken in die Sprache der modernen Biologie eines Portmann oder Uexküll, so lebt das Tier in einer ›Umwelt‹ sehr unterschiedlicher Ausdehnung und Beschaffenheit, der Mensch in einer ›Welt‹. Diese ist ihm im Rahmen seiner sinnlichen und intellektuellen Organisation freilich ebenso nur ›perspektivisch‹ zugänglich, wie in viel eingeschränkterem Maße dem Tier seine ›Umwelt‹, in die es durch körperliche Bedürfnisse und die Reichweite seines Instinkts eingebunden ist.

Leuwenhoeks Entdeckung der ›Samentierchen‹, der Spermatozoen, stützt für Leibniz die Präformationstheorie, wonach alle Wesen von Anfang an als Keime bestehen. Im Gegensatz zu Bonnet hütet sich Leibniz vor der handfesten Annahme eines ›Seelenkörpers‹, um damit die Verbindung vonf Seele und Leib ein für alle Mal zu fixieren. Leibniz setzt auf die noch unbekannten Möglichkeiten der Mikroskopie, durch die, wie die bisherigen Erfolge erwiesen hätten, das Kontinuum des Lebens in immer niedrigere Bereiche verfolgt werden könnte. Das entscheidende Argument besteht darin, daß der Körper auch im Leben eines individuellen Lebewesens in fortwährender Veränderung begriffen ist. Im Stoffwechsel des Organismus findet ständig eine körperliche Wandlung statt, so daß, ähnlich wie beim Polypen, dessen Individualität durch seine Teilbarkeit im buchstäblichen Sinne ohnehin körperlich nie feststeht, die Seele stets von einem wechselnden Körper begleitet wird. Das sterbende Lebewesen verliert so nur einen Teil seiner Leibesmaschine; der unsichtbare, unserer Perzeption unzugängliche Teil, besteht weiter, ebenso wie die noch vor kurzem unsichtbaren Spermatozoen eine Form der Einheit von Körper und Seele darstellen, eine keimhaft angelegte Existenz eines Individuums.[37]

---

[37] Leibniz beruft sich mit seiner Lehre der »transformation« auf die neuesten Erkenntnisse von »Schwammerdam, Malpighi und Leeuwenhoek«, die ihm die Behauptung leichtmachten, daß kein Lebewesen beginnt noch endet (vgl. Système nouveau de la nature ... In: Philosophische Schriften. Hrsg. v. H. H. Holz, a.a.O., Bd. 1, S. 211). Antony van Leeuwenhoek (1632 – 1725) entdeckte die Spermatozoen unter dem Mikroskop, Marcello Malpighi (1629 – 1694) beobachtete als erster die Metamorphose eines Insekts, nämlich die Verwandlung des Seidenspinners, Jan Swammerdam (1637 – 1680) verfolgte und beschrieb die Entwicklung zahlreicher Insekten und entwickelte eine Präformationslehre aufgrund dieser Beobachtung.

3. Anima Stahlii und Magnetismus

Am Ende des Aufsatzes zur »Frage über das Entstehen der ersten Pflanzen, Tiere und Menschen« von 1812 verläßt Jean Paul unerwartet die Sphäre der leibnizianischen Philosophie. »Wenn Stahl (der große Arzt des vorigen Jahrhunderts) die Seele für die Baumeisterin und Ärztin des Körpers hielt, so kann ihn wenigstens nicht der organische Maschinist dadurch widerlegen, daß er ihm das Unbewußtsein derselben entgegensetzt; denn er erkennt ja dasselbe auch in allen materiellen Kräften an, die er an die Stelle der geistigen schiebt. (...) Am meisten stärkt sich Stahls Hypothese einer körperbauenden Seele durch die Beobachtungen am menschlichen Magnetismus, daß die Hellseherin (clairvoyante), unkundig der Anatomie, doch ihr Inneres und die Windungen der Nervengeflechte innerlich anschauet und anzugeben weiß, ferner die Zukunft ihres Befindens, Aufwachsens und die Mittel ihrer Heilung zu weissagen und die dunkelsten Hintergründe tiefster Kindheit, eignes und fremdes Benehmen bei starresten sinnlosen Ohnmachten zurück zu weissagen vermag, indes gleichwohl das Erwachen ihr die ganze Kenntnis bis sogar auf die Erinnerung desselben raubt. Wie, wenn nun die Seelen solche schon erwachte Hellseherinnen wären, welche größere Dinge vollenden, als sie besonnen-wach deren erinnerlich oder fähig sind?« (II,2,952f.) Mit Stahls These einer ›körperbauenden Seele‹, von Jean Paul im Zeichen des Magnetismus gesteigert zur »Allmacht der Seele über den Leib« (ebd.), überschreitet Jean Paul entschieden die Reichweite der Monadologie.[38]

Die Monadologie faßt das Verhältnis von Körper und Seele als Repräsentanz. Die durch den vorausliegenden Akt Gottes geschaffene Harmonie verbürgt, daß Seele und Körper ihren eigenen Gesetzen folgen und dennoch miteinander übereinstimmen, »tout comme s'il y avoit une influence mutuelle«.[39] Im Streit mit Stahl machte Leibniz vor allem die Konstanz der Bewegungssumme und der Bewegungsrichtung geltend; werden, wie in Stahls Lehre, die mechanischen Abläufe durchbrochen, so kann die Seele die Summe der Bewegungen willkürlich vermehren.[40] Für Leibniz kann und darf es daher

---

[38] Jean Paul kennt Stahl mit Sicherheit aus der »Neuen Anthropologie« Platners. Platner verwendet dort Argumente Stahls gegen Boerhave, Unzer und Haller (Neue Anthropologie für Aerzte und Weltweise. Leipzig 1790, Bd. 1, S. 91ff. und S. 109: »Eine andere, mehr metaphysische Darstellung des Stahlischen Systems«).

[39] Leibniz: Eclaircissement du nouveau système ... In: Philosophische Schriften. Hrsg. v. H. H. Holz, a.a.O., Bd. 1, S. 240.

[40] Vgl. K. E. Rothschuh: Leibniz, die prästabilierte Harmonie und die Ärzte seiner Zeit. In: Akten des internationalen Leibniz-Kongresses 1966. Wiesbaden 1969, Bd. 2, S. 242 (Studia Leibnitiana Supplementa Bd. II) Rothschuh entwickelt den Streit mit Stahl ausführlich und weist darauf hin, daß die Ärzte der Zeit ganz selbstverständlich vom Influxus physicus ausgingen.

keine unmittelbare, materielle Wirkung der Seele auf den Körper geben, so wenig wie eine unmittelbare Wirkung der materiellen Sinne über die Nerven auf die Seele. »Wenn die Seele mit Erfolg etwas will, dann ist die Körpermaschine aus eigenem Antrieb und aus inneren Bewegungen zu dieser Handlung geneigt, und umgekehrt, wenn die Seele sich diese körperlichen vorstellt, dann schöpft sie ihre neuen Vorstellungen nicht aus der Störung der Gesetze der Seele durch den Körper, sondern aus der eigenen Folge vorangehender Vorstellungen.«[41]

Es ist interessant, wie Stahl das Uhrengleichnis von Leibniz abwandelt. Während in der prästabilierten Harmonie beide Uhren ohne jede physische bzw. mechanische Verbindung gleichlaufen, ist für Stahl die Seele die Kraft, welche die Uhr in Gang bringt und stellt; irrt die dominierende Seele, so wird die Uhr »aufhören ein zur Erfüllung einer gewissen Absicht taugliches Instrument, ein Organ zu sein, ungeachtet sie eine durch die Bewegkraft der Elastizität angetriebene Maschine bleibt«.[42] Die Seele bringt so unmittelbar Freiheit in den körperlichen Mechanismus, indem sie ihn regelt und nach ihrem Willen arbeiten läßt. Erst durch den Hinzutritt der Seele wird im Uhrengleichnis Stahls die Uhr zum Organismus, denn erst dann erfüllt sie Zwecke und hört auf, eine blind laufende Maschine zu sein. Doch Stahl geht noch weiter: der Verfertigung der Uhr ging eine deutliche Absicht voraus, durch welche in ihr eine Konstruktion verwirklicht wurde, »welche durchaus nur zu diesem einzigen Zweck tauglich war«.[43] Stahl konstatiert »eine völlige Übereinstimmung zwischen der Seele und der Bewegung« nicht aufgrund einer unerklärlichen, von Gott eingesetzten prästabilierten Harmonie, sondern aufgrund der Tatsache, daß die Bewegung des Körpers »das unmittelbare Werkzeug« der Seele ist, dessen sie sich »so wohl zu ihren eigenthümlichen Verrichtungen, als zur Erhaltung und zum Gebrauch des Körpers bedient«.[44] »Aus allem diesem folgt, daß die Seele sich ihren Leib erschafft, so wie er zu ihrem Gebrauch tauglich ist, daß sie ihn beherrscht, in Bewegung setzt, und zwar unmittelbar, ohne die Dazwischenkunft einer anderweitigen Bedingung.«[45] Für den hallischen Medizinprofessor und kgl. preußischen Leibarzt Georg Ernst Stahl ergibt sich daraus eine bedeutende therapeutische Konsequenz: da die Seele Urheber aller Lebensbewegungen ist, so kann der Arzt, wenn er die »Störungen der Lebensthätigkeit« heilen will,

---

[41] G. W. Leibniz: Animadversiones circa Assertiones aliquas theoriae Medicae Verae Clar. Stahlii cum ejusdem Leibnitii ad Stahlianas observationes responsibus. In: Leibniz, Opera Omnia. Hrsg. v. L. Dutens. Genf 1768, Bd. 2, S. 131f. Nach der Übersetzung von Rothschuh, a.a.O., S. 252.

[42] Georg Ernst Stahl: Theorie der Heilkunde. Hrsg. v. Karl Wilhelm Ideler. Berlin 1831, Erster Theil: Physiologie, S. 13. – Ideler liefert eine gestraffte Übersetzung der »Theoria medica vera« (Halle 1708).

[43] G. E. Stahl, S. 13.

[44] G. E. Stahl, S. 89.

[45] G. E. Stahl, S. 90.

»dies nur durch Heilung der Seele bewirken«.[46] Wenn die Störung körperlicher Abläufe von einer Fehlhaltung der Seele bedingt wird, so muß sich der Arzt aller kräftig wirkenden Arzneien und Manipulationen enthalten und vielmehr auf eine Änderung der Geisteshaltung, eine Besserung der Vernunft und Moral ausgehen. Im Idealfall wird der Patient allein durch die Einwirkung des Arztes auf den Geist des Patienten geheilt, wodurch dieser seine lebensschädigenden Gewohnheiten verläßt und so gesundet.

In § 17 der Abhandlung zur »Frage über das Entstehen der ersten Pflanzen, Tiere und Menschen« vollzieht Jean Paul den Sprung von Leibniz zu Stahl, ohne sich offensichtlich der von beiden so ausführlich bezeugten Unvereinbarkeit bewußt zu sein.[47] Es sind drei bestimmende Elemente der »Theoria vera medica«, die Jean Paul von Stahl übernimmt: die absolute Dominanz der ›Körper ordnenden, also bauenden Kraft‹ der Seele, die frei in das Geschehen der Materie eingreift; Stahls Theorie des Unbewußten, die sich von der Leibnizischen insofern unterscheidet, als die Seele unbewußt die körperlichen Funktionen regelt und nicht nur repräsentiert; Stahls Theorie der Gewohnheit, die eng mit seiner Theorie des Unbewußten zusammenhängt. Während Aristoteles neben der anima rationalis die anima vegetativa und die anima sensitiva kennt, nach welchem Modell noch der ältere van Helmont höhere und niedrigere Fähigkeiten der Seele unterscheidet, läßt Stahl alle Wirkungen im Rahmen des influxus physicus aus der anima rationalis hervorgehen. Freilich hat die vernünftige Seele keine Kenntnis der Bewegung, die sie hervorbringt; doch auch im Denken und Vergleichen, so Stahl, habe die Seele kein Wissen von ihrem Tun, ebenso sei die Willensentscheidung nicht von Bewußtsein begleitet. Fazit: das Unbewußtsein seelischer Wirkungen spricht nicht gegen ihre Kausalität hinsichtlich des Körpers. Es ist die Gewohnheit, durch welche anfangs willentlich von der Seele bewirkte Bewegungen des Körpers nun unbewußt verlaufen. Daher hängt die »Ordnung der Thätigkeiten« keineswegs, wie es Descartes und den Physiologen erschien, »von mechanischen Verhältnissen der

---

[46] Stahl, S. 77.

[47] Wolfgang Proß hat zuerst auf die Beziehung Jean Pauls zu Georg Ernst Stahl hingewiesen. Er macht, wie mir scheint, zu wenig Unterschied zwischen dem Konzept der prästabilierten Harmonie und der These Stahls. Während Leibniz alles tut, den ›Mechanismus‹ der Bewegungen (und damit die mathematische, geometrische und empirische Methode der Wissenschaft) aufrechtzuerhalten, nimmt Stahl darauf keine Rücksicht. Insofern ist die Anima Stahlii in der Tat ›animistisch‹, wie Proß sich ausdrückt; wohin gehört aber Leibniz in dieser von Proß aufgerichteten Dichotomie von Mechanismus und Animismus? Auch Leibniz wird einer »animistischen Tendenz« zugeordnet, die auf »Vorstellungen der Naturphilosophie des 16./17. Jahrhunderts« zurückgreife (W. Proß: Jean Pauls geschichtliche Stellung. Tübingen 1975, S. 132, 249).

Organe« ab. Der Eindruck der Gleichförmigkeit entsteht vielmehr durch die Gewohnheit der Seele, immer auf dieselbe Weise einförmig zu handeln. »Denn kein Theil des Körpers, so wenig als irgend ein Werkzeug, kann an sich und von selbst eine Funktion nach Maßgabe eines bestimmten Zwecks verrichten, sondern es ist dazu jederzeit eine Ursache von höherer Rangordnung nötig.« Auf diese Weise regiert die Seele Zeitabläufe und Bewegungen, welche anfangs »durchaus willkührlich sind«.

Ganz im Sinne Stahls bekräftigt Jean Paul in § 17 die Überzeugung einer unbewußten Regentschaft der Seele über den Körper, vermittelt durch die Gewohnheit. Das »Unbewußtsein« der Seele, mit dem sie ihr Amt als »Baumeisterin und Ärztin des Körpers« versieht, erklärt Jean Paul durch die »Kunst-Kräfte der Gewohnheit und Fertigkeit – die allein nur Geistern eigen« sind; durch die Kraft der Gewohnheit nötigt der Mensch »den nie etwas Geistiges erlernenden Leib unbewußt zu Sprach-, Ton- und allen Kunstbewegungen« (II,2,952). So regiert die Seele den Leib auch da, wo diese Regentschaft nicht zu Bewußtsein kommt.

Stahl stützt seine Lehre z.B. auf die »alltägliche Beobachtung«, daß unterdrückter Zorn »im Körper Störungen« der Lebensfunktionen hervorruft. So könne selbst der Ekel als ein »aus der Einbildung entsprungener Affekt« die körperliche Bewegung des Erbrechens hervorbringen. Stahl entdeckt den Einfluß des Willens bei Steinbeschwerden, Gichtanfällen und Podagra. Heilung wird dem Kranken, indem seine Seele ihre Absichten und Gewohnheiten ändert.[49]

Es versteht sich von selbst, daß Stahl ein entschiedener Gegner der ›organischen Maschinisten‹ ist. Dies hatte zur Folge, daß Stahl nicht nur von Leibniz mit philosophischen Gründen, sondern auch von Physiologen wie Boerhave angegriffen und in Deutschland nahezu vernichtet wurde. Der Lehrer Jean Pauls, der Leipziger Anthropologe Ernst Platner, gilt als Wiederentdecker Stahls.[50]

Jean Paul stimmt dem Leibniz-Gegner Stahl im Zeichen des organischen Magnetismus zu. »Eine noch größere Allmacht der Seele über den Leib, so groß auch die über den eignen durch bloßen Willen ist, offenbart sich am fremden dadurch, daß der Magnetiseur blos mit den scharf auf die magnetisierte Seelenbraut gehefteten Gedanken abwesend und entfernt die Wirkungen der Nähe an deren Körper ausübt und nachschafft« (II,2,953). Die Dominanz der Seele über den Leib wird zur Allmacht, wenn der Magnetiseur beeinflussend und

---

[48] Georg Ernst Stahl: Theorie der Heilkunde. Hrsg. v. K. W. Ideler. Berlin 1831, Erster Theil, S. 203.

[49] Stahl, S. 199f.

[50] Vgl. die Vorrede Idelers zu seiner Übersetzung der Theoria medica vera. In: Stahl, S. Xf.

heilend nicht nur auf den eigenen Leib, sondern auch auf fremde Seelen und deren Körper wirkt. Diese Kraft wirkt sogar über eine Entfernung, es ist eine actio in distans. Die Entdeckung des ›tierischen Magnetismus‹ durch Franz Anton Mesmer erscheint Jean Paul als eine Bestätigung und eine Steigerung der Einsichten Georg Ernst Stahls.

Jean Pauls reges Interesse am Magnetismus läßt sich bis ins Jahr 1788 zurückverfolgen. Damals erschien das Buch »Ueber Thierischen Magnetismus. In einem Brief an Herrn Geheimen Rath Hoffmann in Mainz« (Tübingen 1787) von Eberhard Gmelin. Jean Paul exerpierte sogleich die kleine Schrift des Heilbronner Stadtarztes Gmelin, der nach der vernichtenden Kritik der Pariser Kommission an Mesmer sich als erster in Deutschland zu Mesmers Lehre bekannte und den Magnetismus als Heilmethode praktizierte. Gmelin heilte den jungen Justinus Kerner von einem Magenleiden, was diesen so sehr beeindruckte, daß er selbst lebenslang dem Magnetismus anhing.[51]

In einem wenig beachteten Brief an Jacobi vom 25.3.1807 bekennt sich Jean Paul als Befürworter des Magnetismus seit Gmelin: »Vor einem Monate steckte ich ganz im organischen Magnetismus von W i e n h o l t, der drei redliche Bände davon geschrieben. Ich bin – und zwar schon seit G m e l i n – dafür«.[52] Man darf aus dem Brief, zusammen mit den Exerpt aus Gmelin von 1788, folgern, daß Jean Paul den Magnetismus schon geraume Zeit vor den »Mutmaßungen« positiv einschätzte. Gmelin war einer der ersten Anhänger Mesmers in Deutschland, lange vor den romantischen Ärzten. In seinen späteren Jahren versuchte sich Jean Paul selbst als Arzt, wie eine Reise am 27.5.1818 nach Würzburg beweist, wo er ein an Tuberkulose erkranktes Mädchen magnetisierte.

Der Magnetismus, so Jean Paul in den »Mutmassungen« von 1813, hätte endlich die »menschliche Doppelwelt von Leib und Geist« neu beleuchtet (II,2,884). Mesmer habe als Greis nun endlich »bessere Schüler und Rächer« in dem Berlin der sogenannten Aufklärer gefunden (885). Jean Paul spielt auf den Mediziner Carl Christian Wolfart an, der 1813 Mesmer in Meersburg besuchte, um aus seinem Munde das Vermächtnis seines Lebenswerks zu vernehmen. Die Wiederentdeckung Mesmers und des Mesmerismus machte für Jean Paul ein altes Unrecht wieder gut.[53] Die Erscheinungen des Magnetismus

---

[51] Vgl. Justinus Kerner: Bilderbuch aus meiner Knabenzeit. Hrsg. v. G. Häntzschel. Frankfurt 1978, S. 180.

[52] Brief an Jacobi vom 25.3.1807. In: Jean Pauls sämtliche Werke. Hrsg. v. E. Berend, 3. Abt., Bd. 5, S. 139.

[53] Mackays Urteil zu diesem Thema zeugt von geringem historischen Verständnis: »Jean Paul seems to believe that he has now found a way to manipulate nature by means of spiritual force. To one who has always been extremely superstitious it is an easy transition from interpreting nature by means of superstitious rules to trying to control it by means of Magnetism« (A. T. Mackay: The religious Significance of Animal

eröffnen ihm die Möglichkeit, die Leistung der Sinne, die von den Cartesianern als eine Wirkung von Druck und Stoß beschrieben worden waren, mit neuen Gründen zurückzuweisen. Wenn schon das gewöhnliche Sehen sich nicht mit der »Seh-Empfindung des Geistes« vereinbaren lasse, so zeige das geistige Sehvermögen ohne sinnliche Vermittlung des Auges vollends, daß sich die Sehempfindung nicht bloß physikalisch erklären lasse. Angeführt werden das Sehen mancher Blinder im Traume und die Einsicht der Hellseherin in ihren Körper, welche Fähigkeit schon bei Stahl Erwähnung findet (II,2,886f.)[54]

Ebenso könne ds Hören nicht mechanisch aus Luftschwingungen und hydraulischen Nervenleitungen erklärt werden. Die »magnetisch Kranken« hörten auch mit verstopften Ohren. »Es muß demnach noch eine andere Hörlehre geben als die gemeine; und auf diese andere leitet eben der Magnetismus, welcher dem Ich auf andern Hebwerkzeugen als Luftwogen und Gehörknochen das Ton-Geistige zubringt« (II,2,889). Die ›Seh-Empfindung des Geistes‹ oder das ›Ton-Geistige‹ unterscheide sich wesentlich von den sinnlichkörperlichen Abläufen. Im Zeichen des Magnetismus findet Jean Paul zu der neuplatonischen Vorstellung eines lichtartigen Seelenstoffs. Die Seele umgibt ein »Ätherleib«, der mit der überall verbreiteten »Ätheratmosphäre« in Verbindung steht (II,2,893). Diese alte hermetische Theorie ist Jean Paul aus mehreren Quellen vertraut. Er verweist an dieser Stelle auf Charles Bonnet und seinen Universitätslehrer Ernst Platner. Unter den Körperhüllen der Seele sei das »fünfsinnliche mechanische Gewand« nicht das letzte. »Schon Bonnet setzte in den Erdleib eines zärtern Auferstehleib für die zweite Welt, und Platner nahm dasselbe unter dem Namen ›zweites Seelenorgan‹, aber schon für die erste,

---

Magnetism in the later Works of Jean Paul. In: German Life & Letters XXIII (1969 – 1970) S. 217). Es ist ein wenig naiv, Jean Pauls Wiederentdeckung von Georg Ernst Stahl und seine Begeisterung für den Magnetismus seiner Neigung zum Aberglauben anzulasten; immerhin teilt die romantische Medizin und Naturphilosophie diese Begeisterung. Ein Panorama der Bedeutung des Magnetismus in der Literatur von E. T. A. Hoffmann, Kleist und E. A. Poe bis hin zu Balzac, Henry James und Thomas Mann liefert Maria M. Tatar: Spellbound. Studies on Mesmerism and Literature. Princeton 1978. Vgl. dazu die Rez. des Verf. in Zeitschrift für deutsches Altertum und deutsche Literatur (1980) 4, S. 171 – 175.

[54] Nach Stahl läßt sich »nicht bezweifeln, daß die Seele eine Kenntniß von ihren Organen und von deren Verhältniß zu den durch sie auszurichtenden Zwecken haben muß, wie dieselben eine bestimmte Leitung der dazu erforderlichen Bewegungen durch die Seele nothwendig machen. Dabei kommt der Einwurf nicht in Betracht, daß die Seele diesem Geschäft fremd sein müsse, weil sie sich der dabei statt findenden Vorgänge und ihrer Theilnahme an denselben keinesweges bewußt sei«. Stahl gründet die Einsicht der Seele in die Organe auf verworrene oder gänzlich unbewußte Vorstellungen der Seele – nicht anders als Jean Paul, der eine Aufhellung dieser Vorstellungen im magnetisierten Zustand zudem für möglich hält (G. E. Stahl: Theorie der Heilkunde. Hrsg. v. K. W. Ideler. Berlin 1831, erster Teil, S. 26f.).

tätig an. Wie, wenn wir nun schlössen – weil uns die magnetischen Erscheinungen dazu zwängen –, daß der eigentliche Ätherleib der Seele aus den magnetischen, elektrischen und galvanischen Kräften gebildet sei? Und zwar dies so, daß (...) die gedachten drei Kräfte sich unter Gewalt des geistigen Lebens zu einer höheren Misch-Einheit verarbeiteten?« (II,2,890) Zwischen den mechanisch-physikalisch funktionierenden Sinnen und dem Geist soll also ein Ätherleib stehen, der auf geheimnisvolle Weise Materie und Geist vermittelt.

Bonnets Seelenleib ist unvorstellbar subtil; er enthält die Fähigkeit, nach dem Tode neue Organe hervorzubringen. »Le petit Corps caché dans le Siège de l'Ame, est ce Corps spirituel que la REVELATION oppose au Corps Animal qui n'en est que l'Enveloppe.« Der Seelenkörper ist imponderabil wie das Feuer oder das Licht und kann sich »au gré de nôtre Volonté« mit Lichtgeschwindigkeit an beliebige Punkte des Universums begeben.[55]

Platner kennt ein tierisches und ein geistiges Seelenorgan; aus dieser Zweiteilung leitet er die Möglichkeit ab, daß »die Seele, getrennt von dem thierischen Körper und dem ihm zugehörigen Seelenorgan« mit dem »geistigen Seelenorgan« nach dem Tode dennoch verbunden bleiben und anderswo einen neuen Körper bilden kann.[56] Der Skeptiker Platner erwägt freilich nur Hypothesen über die Beschaffenheit dieses Seelenkörpers, während Bonnet mit seiner Beschreibung des lichtartigen Seelenstoffs an die Äthertheorien von Agrippa, Paracelsus oder Giordano Bruno anknüpft; es ist der unsichtbare und okkulte Astralkörper, der mit dem »spiritus mundi« sowohl als auch mit dem Willen und der Einbildungskraft in Verbindung steht.[57] Diese Wiederkehr der Äthertheorie im Magnetismus hat eine innere Logik. Mesmers »Fluide«, eine Lichtmaterie, ein Äther oder ein organisches Feuer, dient als Träger und Überträger des Geistes und des Willens auf den eignen oder auf fremde Körper.[58] Nach

---

[55] Charles Bonnet: Essai analytique sur les Facultés de l'Ame. Kopenhagen 1760, S. 484 (vgl. oben II, 2, Anm. 36).

[56] Ernst Platner: Neue Anthropologie für Aerzte und Weltweise. Mit besonderer Rücksicht auf Physiologie, Pathologie, Moralphilosophie und Aesthetik. Leipzig 1790, Bd. 1, S. 72, § 211.

[57] Vgl. den informativen Artikel »Äther, Quintessenz« von M. Kurdzialek in: Historisches Wörterbuch der Philosophie. Hrsg. v. J. Ritter, Bd. 1, Sp. 599 – 601.

[58] Karl Christian Wolfart hat beträchtliche Schwierigkeiten, Mesmers Ausdruck »fluide« zu übersetzen; »fluidum« oder »liquide« entsprächen nicht dem Gemeinten, denn es handele sich nicht um eine ›tropfbare‹ Flüssigkeit im physikalischen Sinne. Der Ausdruck »fluide« sei »schlechterdings nicht durch f l ü s s i g wiederzugeben«; es solle darunter verstanden werden »das sich in allem und durch alles sich Bewegende aller Materie« – die Quintessenz aller Materie in überkommener Sprache (Friedrich Anton Mesmer: Mesmerismus oder System der Wechselwirkungen, Theorie und Anwendung des thierischen Magnetismus als allgemeine Heilkunde zur Erhaltung des Menschen. Hrsg. v. K. Ch. Wolfart. Nachdruck der Ausgabe Berlin 1814. Amsterdam 1966, S. XXX und S. XXXII).

Mesmer ist der ganze Kosmos von diesem Fluidum erfüllt. Wie der Mineralmagnet entwickelt die Seele anziehende und abstoßende Kräfte, die »mittelst eingehender oder ausgehender Ströme« wirken.[59]

Mesmers Lehre verbindet alte Vorstellungen der Weltseele, die durch ›Ströme‹ wie Pneuma, Äther oder Licht mit der Materie in Verbindung steht, mit den eben zu dieser Zeit kontrovers diskutierten Wirkungen der unsichtbaren Elektrizität. Mesmers ›Baquet‹ ist der Leidener Flasche nachempfunden; es ist ein Zuber voll magnetisierten Wassers, mit dem der Kranke durch Eisenstäbe in Verbindung steht. Wie ein elektrischer Strom wird die Wirkung ›geleitet‹, gespeichert oder ›verstärkt‹. Der kosmische ›Einfluß‹, konzentriert im Magnetiseur, wird einmal als ›fluide‹ (Wolfart: Flut, Allflut) bezeichnet, einmal als ›unsichtbares Feuer‹, das in keinem der gewöhnlichen Sinne fühlbar wird. Wie der Magnet oder der elektrische Strom hat der ›Einfluß‹ Pole, die die Richtung des Stroms bezeichnen. Wie geschieht nun die »Mittheilung« dieser magnetischen Kraft? »Dieses, ursprünglich erregte oder hervorgerufene Feuer oder dieser Ton der Bewegung kann allen organisirten Substanzen mitgetheilt werden: den Thieren, den Bäumen, den Pflanzen, den Steinen, dem Sand, dem Wasser und andern flüssigen und festen Substanzen, auf alle Entfernungen und auf alle Größen hin, selbst der Sonne und dem Monde u.s.w. Die wirkliche Mittheilung bewirkt sich durch die unmittelbare oder mittelbare B e r ü h r u n g mit einem magnetisirten Körper, das heißt mit einem von diesem unsichtbaren Feuer entzündeten Körper: so, daß durch die bloße Richtung der Hand und mittelst Leiter (Konduktóren) und Mittelkörper jedweder Art, selbst durch die Blicke, der bloße Wille dazu hinreichen kann.«[60] Mesmer versammelt Elemente und Topoi der natürlichen Magie, die auf allgemeiner Naturbeseelung basiert. Insbesondere die Actio in distans und die Wirkung des Blicks oder des Willens verweisen auf die Magia naturalis. Der Magnetiseur, in dem sich die kosmischen Ausstrahlung konzentriert, ruft allein durch Anstrengung seines Willens heilsame Krisen im Körper des Patienten hervor und stellt so die gestörte Harmonie wieder her. Wie unbestimmt die physikalische Beschaffenheit der dabei übertragenen ›Ströme‹ ist, zeigt der Umstand, daß ihre Fortpflanzung »durch eine Erschütterung gleich Licht und Schall – oder gleich der Elektrizität – in der steten Fortgesetztheit des feinen Stoffs durch alle flüssigen und festen Körper, welche einigermaßen mit dem magnetisirten Körper in ununterbrochener Verbindung stehen, hindurch« geschehen soll.[61] So können die magnetischen Ströme wie Licht durch Spiegelglas zurückgeworfen oder wie der elektrische Strom durch Isolatoren aufgehalten werden. Ernst Benz zählt daher Mesmer zu den ›Theologen der Elektrizität‹ und stellt ihn neben den schwäbischen

[59] F. A. Mesmer: Mesmerismus oder System der Wechselwirkungen ... (Anm. 58), S. 106.
[60] Mesmer, a.a.O., S. 111f.
[61] Mesmer, S. 112.

Mystiker und Theosophen Oetinger oder den Jesuitenpater Hell.[62] Mesmer verbindet letzten Endes ziemlich locker theologische und neuplatonische Modelle mit der Magia naturalis und versetzt sie mit den Entdeckungen Galvanis oder Voltas.

Interessant ist, daß neben dem Versuch physikalischer Erklärungen immer wieder die Musik, der Rhythmus, das Wort und die Zeremonie als Wirkungsmacht anerkannt werden. Das unsichtbare Feuer wird verstärkt durch die Usancen Mesmerischer Sitzungen, zu denen neben der Anwendung des Baquets das Spiel auf der Glasharmonika und beschwörende Gesänge und Rezitationen gehörten. »G e r ä u s c h, f o r t g e s e t z t e r S c h a l l, G e s ä n g e, Gebete vieler versammelter Menschen, l a u t e s L e s e n u.s.w. auch E l e k t r i z i t ä t − alle diese Bewegungen sind in dieser Hinsicht das, was der Wind oder das Blasen für das Feuer ist«.[63] Um das unbestreitbare Phänomen der Hypnose und des Somnambulismus zu erklären, wird die mystische Feuer- und Wassermetaphorik bemüht, besonders deutlich, wenn vom ›Ausgießen des Feuers‹ die Rede ist.[64] Daß es sich eben nicht um eine physikalische Theorie handelt, sondern um altbekannte okkulte Vorstellungen, zeigt die Betonung des Gedankens, des Willens und der Einbildungskraft. »Es scheint selbst, daß der Gedanke, gleich einem Bild oder Gemälde oder einer Schrift, sich im Raume in den verschiedenen Organisazionen, welche dazu geeignet sind, fixiren könne«; der Materie ›bilden‹ sich die Gedanken ein, der allesbewegende Geist formiert auch ohne Berührung den Körper durch das ›unsichtbare Feuer‹. »Hierdurch läßt sich die Ansteckung, die Hartnäckigkeit der Volksmeinungen, der Sitten, Gewohnheiten, die Wirkungen von der Macht der Einbildungskraft, der Träume so gut erklären und begreifen, als die Gewalt der Karaktere, des Willens, welche

---

[62] Vgl. Ernst Benz: Theologie und Elektrizität. Zur Begegnung und Auseinandersetzung von Theologie und Naturwissenschaft im 17. und 18. Jahrhundert. In: Akademie der Wissenschaft und Literatur (Mainz). Abhandlungen der geistes- und sozialwissenschaftlichen Klasse. Jg. 1970, Nr. 12, S. 752. − Während Benz gegenüber Tischner/ Bittel (Mesmer und sein Problem. Magnetismus-Suggestion-Hypnose. Stuttgart 1941), die Mesmer der Aufklärung erhalten wollen, besonders die Beziehung zur Mystik und Theosophie betont, akzentuiert Jean Starobinski (»Über die Geschichte der imaginären Ströme«) die Herkunft dieser Theorie aus der paracelsischen Schule (in: J. Starobinski: Psychoanalyse und Literatur. Frankfurt 1973, S. 29, S. 31). Jeweils auf ihre Weise haben alle miteinander recht; Mesmer ist ein Kind der Aufklärung, in Auseinandersetzung mit den neuen naturwissenschaftlichen Entdeckungen; er hält zugleich neuplatonische, theosophische und paracelsische Traditionen präsent, was ihn immer wieder spektakulär in Konflikt mit der aufgeklärten Wissenschaft bringt.

[63] Mesmer: Mesmerismus oder System der Wechselwirkungen ... (Anm. 58), II. Abtheilung, S. 114.

[64] Mesmer, II. Abtheilung, S. 117. − Zur Feuer- und Wassermetaphorik vgl. August Langen: Der Wortschatz des deutschen Pietismus. Tübingen ²1968, S. 319−338. Langen ordnet die Metaphorik der Ströme dem Pietismus und der Mystik zu.

die Menschen durch Beredsamkeit, durch Zeremonien ergreift, und als die Wirkungen der Kraft der Begierde, des Guten oder des Bösen, des Wohlwollens, der Segenssprechungen, der Verwünschungen (Benedikzionen und Imprekazionen)«.[65]

Die Ströme, von denen Mesmer sprach, waren nicht meßbar, weswegen die berühmte Pariser Kommission, der unter andern Franklin und Lavoisier angehörten, die Wirkung des tierischen Magnetismus als ein Werk der Einbildungskraft erklärte, womit sie nicht Unrecht hatte. In der paracelsistischen Tradition spielen »imaginäre Ströme« eine bestimmende Rolle. Mesmer ist darin keine Ausnahme. Die frühen Gegner Mesmers erkannten die Bedeutung des Neuplatonikers Ficino und das Erbe des Paracelsus in Mesmers Lehre.[66]

In Mesmers Lehre hat die Einheit des Menschen mit der Natur ihren Platz. Im Schlafe und im Somnambulismus fühlt der Mensch »seine Berührung mit der ganzen Natur«.[67] Wenn die nach außen gerichteten Sinne und die Bewußtseinstätigkeiten ausgeschaltet sind, taucht der Mensch unmittelbar in die ›Allflut‹ der Natur. Dennoch tritt bei Mesmer die Naturphilosophie zurück hinter die »Mittheilung des Willens« – die Übertragung des Magnetiseurs auf den Kranken und der »Rapport« mit ihm.[68]

Jean Paul exzerpierte gleich nach dem Erscheinen im Jahre 1788 die Beobachtungen des Heilbronner Arztes Gmelin.[69] 1807 bekennt er sich als Anhänger des Magnetismus seit Gmelin. Gmelin beschreibt eindrucksvoll die Kraft, die vom Arzt auf den Patienten übergeht und in beiden körperliche Veränderungen hervorruft. »Unbemerkt kann ich die Wirkungen, welche das Magnetisiren auf mich, als Magnetisten, macht, nicht lassen. Ich empfinde nach jeder etwas anhaltenden Manipulation einige Abnahme meiner Kräfte (...) Eine Wirkung, welche in der geringen Muscularbewegung, welche während dem Manipuliren angewendet wird, in gar keinem Verhältnis steht, und nothwendig den Verlust des mich belebenden Wesens voraussetzt.«[70] Gmelin glaubt beobachtet zu haben, daß seine Abnahme an Kraft dem Zuwachs an Kraft bei dem Patienten entspricht; er folgert wie Mesmer daraus, es müsse »etwas aus des Berührenden Körper ausströmen, und dem Berührten sich mittheilen«. Hier ist der Ort, wo für Gmelin die Magia Naturalis des Älteren van Helmont, die Lehre Georg Ernst Stahls und der Magnetismus zusammenfinden. »Nenne man dieses, jedes belebte Geschöpf durchströhmende, Wesen – a u r a v i t a l i s , a r c h e u s ,

---

[65] Mesmer, III. Abtheilung, S. 141.
[66] Vgl. Jean Starobinski: Psychoanalyse und Literatur. Frankfurt 1973, S. 31 Anm. 22.
[67] Mesmer, III. Abtheilung, S. 205.
[68] Ebd.
[69] Jean Pauls Nachlaß Fasc. 2b »Geschichte. 15. Band 1788.89«, S. 40 und S. 95.
[70] Eberhard Gmelin: Ueber Thierischen Magnetismus. In einem Brief an Herrn Geheimen Rath Hoffmann in Mainz. Tübingen 1787, S. 27f.

anima Stahlii, Actuosum Albini, Natura, vis vitae, fluidum nerveum, vis vegativa, reproductrix &c. Das thut zur Sache nichts. Aus diesen verschiedenen Nahmen ersiehet man aber doch, daß man zu allen Zeiten die Nothwendigkeit der Existenz eines solchen Wesens anerkannt hat«.[71]

Der Archeus bildet und belebt als innewohnender Geist die Körper aller Pflanzen, Tiere und Menschen bei Paracelsus und van Helmont. Die Sympathie- und Antipathielehre der Magia naturalis beruht auf dieser Vorstellung. Gmelin verbindet in seiner Aufzählung den Archeus mit der Anima Stahlii und der Lehre vom Nervensaft als einem subtilen Vermittler zwischen Körper und Geist.

Bei seinem Berliner Aufenthalt lernte Jean Paul 1801 Wolfart, den Übersetzer Mesmers, kennen. 1807 las er ein Werk des Mesmeristen Wienholt. Dieser Arnold Wienholt beschreibt die Einwirkung der »Lebenskraft« so: »Diese Kraft steht ja mit dem wollenden Subjekt unsers Wesens in der genauesten Verbindung, ist ja das Medium zwischen ihm und dem groben Körper, wird ja von ihm in jedem Augenblick determinirt, und alle unsre willkürlichen Bewegungen sind ja Produkte dieser Faktoren. Warum sollte denn die Anstrengung des Willens nicht auch die Lebenskraft mehr nach der Oberfläche des Körpers determiniren, und die Lebenssphäre des Menschen intensiv wie extensiv verstärken, und unser dynamisches Verhältnis gegen den zu behandelnden Kranken nicht vermehren können?«[72] Wienholt geht von einer Wechselwirkung zwischen Geist und Körper aus, wobei der Wille auf die Lebenskraft des Archäus so stark wirken kann wie umgekehrt. Eine Heilung durch den Geist wird so im Rahmen des Magnetismus möglich.

Mit Mesmer verbindet Jean Paul die Betonung des Willens: der Magnetiseur lenkt nach seinem Willen, er leitet Krisen ein und provoziert die Phänomene. Geht es bei der ersten Generation der Magnetisten um die ›Mitteilung des Willens‹, so sind die romantischen Ärzte häufig an die Mitteilung des Magnetisierten interessiert. Sie beobachten und studieren oft andächtig den Willen, der aus dem magnetisch Schlafenden unbewußt spricht. Daß die »noch ungebohrnen Kräfte eines künftigen Daseyns vornehmlich in einem krankhaften oder ohnmächtigen Zustand des jetzigen sichtbar«[73] werden, gilt Gotthilf Heinrich Schubert als Hinweis auf die Unsterblichkeit der Seele, denn mit der Schwächung des Körpers gehe die Veredelung der Seele einher. Schubert sieht in den unkörperlichen Medien des Lichts, des Magnetismus und der Elektrizität eine »Vorahndung« der höheren Welt. In einer an den Neuplatonismus

---

[71] Gmelin, a.a.O., S. 89f.

[72] D. Arnold Wienholt: Heilkraft des thierischen Magnetismus nach eigenen Beobachtungen. Lemgo 1802, 1. Teil, § 14, 6f. (ohne Seitenzählung).

[73] Gotthilf Heinrich Schubert: Ansichten von der Nachtseite der Naturwissenschaft. Nachdr. d. Ausgabe Dresden 1808, Darmstadt 1967, S. 302.

gemahnenden Stufenlehre durchzieht ein Band der Sympathie die ganze Natur, jede Stufe enthält die Vorahnung der nächsthöheren. Diese ahnungsvolle Sympathie hat ihren Ursprung in der Weltseele. Im magnetischen Schlaf führt die Sympathie selbst zu körperlichen Empfindungen ohne veranlassenden Gegenstand, allein verursacht durch Mitfühlen.[74] Zur unwillkürlichen Dichtkunst und zur frommen Begeisterung besteht eine enge Verwandtschaft, die auf der geistigen Verfassung der Natur beruht. Das »allgemeine geistige Band«, ist der »schaffende Lebensgeist«, welcher, »ewig in neuen Schöpfungen begriffen«, die Materie gestaltet und das Leben einer »letzten Vollendung« entgegenführt. Der von Jean Paul vielzitierte Schubert kennt selbstverständlich »die Systeme des Kircher, Helmont und einer Menge andrer« Naturforscher, deren Vermutungen über den Magnetismus »durch die Entdeckungen der spätern Zeitalter gerechtfertigt« erschienen.[75]

Zehn Jahre nach Schubert bezieht der Jean Paul wohlbekannte Arzt Joseph Ennemoser die Phänomene des Magnetismus und Somnambulismus unmittelbar auf die Magie. In seiner »Geschichte des thierischen Magnetismus« sieht er in der Kabbala wie im heidnischen Naturkultus verwandte Erscheinungen und bestimmt den Magnetismus als einen Rest der in der Antike und im Mittelalter so häufigen Visionen, Ekstasen und Divinationen. In der zweiten, erweiterten Auflage nennt er sein Buch folgerichtig »Geschichte der Magie«. Als unmittelbare Vorläufer des Magnetismus würdigt Ennemoser ausführlich Paracelsus, Agrippa, Helmont, Kircher, Fludd, Böhme und Swedenborg. Er entwickelt besonders die Imaginationslehre des Paracelsus und zitiert: »Alles Imaginiren des Menschen kommt aus dem Herzen, und dieses ist die Sonne des Mikrokosmus, und aus dem Mikrokosmus geht die Imagination heraus in die große Welt. So ist die Imagination des Menschen ein Samen, welcher materialistisch wird. Die strenge Imagination ist der Anfang aller magischen Werke.«[76] Er beruft sich auf das »übernatürliche Licht« der inneren Eingebungen im Schlafe und die umbildende Kraft der Imagination bei Helmont. Ennemoser kennt Helmonts Napellus-Experiment, welches diesen bewog, den Sitz der sensitiven Seele am Magenmund oder in der Herzgrube anzunehmen.[77] Jean Paul

---

[74] Schubert, a.a.O., S. 345. Vgl. Jean Pauls »Empfindbilder«, die über alle Erfahrung hinaus unmittelbar durch die Einbildungskraft zustandekommen (II,2,1022f.). Gemelin, Schubert, Wolfart, Kluge und Heinecken führt Jean Paul selbst in den »Mutmassungen über einige Wunder des tierischen Magnetismus« an (II,2, S. 885 und S. 903).

[75] Schubert, a.a.O., S. 372f. und S. 328f.

[76] Joseph Ennemoser: Geschichte der Magie. Neudruck der Ausgabe von 1844 Wiesbaden 1966, S. 901 (= Ennemoser: Geschichte des thierischen Magnetismus, 2. umgearbeitete Aufl., Tl. 1) Jean Pauls Ennemoser-Lektüre bezeugt die Notiz Nr. 22 in Jean Pauls Nachlaß Fasc. 2c »47. Band 1818«.

[77] Ennemoser, a.a.O., S. 173. Ennemoser referiert Helmonts Giftexperiment, das ihn

greift diese Lokalisation häufig auf, zuweilen scherzhaft, daneben durchaus in vollem Ernst.[78] Die Herzgrube spielt im Magnetismus eine wesentliche Rolle. Wie schon Schubert findet Ennemoser bei Paracelsus und Helmont den wahren Begriff des Magnetismus.[79] Der Paracelsus-Nachfolger Agrippa von Nettesheim, der sich auf Plato und die Platoniker beruft, gehört ebenso in die Reihe wie Athanasius Kircher, dem in der Forschung ein Einfluß auf die Entstehung des Mesmerismus zugeschrieben wird, da Kircher einst Lehrer der Jesuitenschule in Dillingen war, der später Mesmer seine erste Ausbildung verdankte.[80]

Auf Georg Ernst Stahl greift der Tübinger Arzt und Professor C. A. von Eschenmayer zurück, wenn er den tierischen Magnetismus gegen die mechanistische Physiologie verteidigt. »So lange wir nicht mit S t a h l die Seele selbst als die Baumeisterin ihres Körpers ansehen, die ihre eigenen Typen im Leiblichen realisire, so lange kann kein gesunder Satz in unsere Physiologien kommen. Der Seele ist nicht nur der Leib, sondern das ganze Universum nachgebildet, und man lasse nur einmal den Wahn fahren, aus chemischen und physischen Prinzipien den Stoff für unsere Physiologie zu holen. Diese Kräfte thun weiter nichts, als die Hülle darbieten, in welcher die Seele ihre jugendlich-reiche

---

zur Entdeckung der Seele in der Magen- oder Herzgrube führte, so: »Um einige medicinische Versuche über Giftkräuter zu machen, bereitete van Helmont sich die Wurzel des Eisenhütleins und kostete nur mit der Spitze der Zunge, ohne etwas zu verschlucken. ›Sogleich schien mir, so spricht er selbst, mein Haupt wie mit einer Binde zusammengeschnürt, und bald darauf ereignete sich mir ein sonderbarer Vorfall, von dem ich noch kein Beispiel wußte. Ich bemerkte nämlich mit Erstaunen, daß ich nicht mehr mit dem Kopfe fühlte, empfand und dachte, sondern in der Magengegend, als hätte die Erkenntniß nun im Magen ihren Sitz genommen.‹« Helmont empfand eine höhere »geistige Klarheit«, gepaart mit »Lust«. Ennemoser zitiert van Helmonts »Demens idea § 11 sg.«, welches Werk ich nicht aufzufinden vermochte. (Joseph Ennemoser: Geschichte der Magie. Neudruck der Ausgabe von 1844 Wiesbaden 1966, S. 913).

[78] In den »Mutmassungen über einige Wunder des organischen Magnetismus« von 1813 nennt Jean Paul die »Herzgrube (als Sonnengeflecht und Mittelpunkt der Nervenknoten)« die »Fundgrube und delphische Höhle der meisten magnetischen Sinnenwunder« (II,2,899); zuvor bezeichnet er die Herzgrube als ein »Untergehirn« (II,2,896). In der »Selina« magnetisiert der Erzähler Jean Paul, der persönlich auftritt, die Hauptfigur durch Berührung von »Kopf« und »Herzgrube«, also von Ober- und Untergehirn.

[79] Vgl. Ennemoser, a.a.O., S. 915: Helmont habe, »die Arzneiwissenschaft auf eine magnetische Weise betrachtet und bearbeitet«. Die legitimen Vorläufer des ›romantischen‹ Magnetismus sind neben den Genannten Agrippa, Robert Fludd und z.B. Tenzel Wirdig, ein bekannter Adept der Magia Naturalis.

[80] Diesen Hinweis gibt Ernst Benz: Franz Anton Mesmer und die philosophischen Grundlagen des »animalischen Magnetismus«. In: Akademie der Wissenschaften und Literatur (Mainz). Abhandlungen der geistes- und sozialwissenschaftlichen Klasse. Jg. 1977, Nr. 4, S. 14. Benz stellt dort den Bezug zu Kircher her (S. 14ff.).

Plastik ausübt. Und diese Plastik ist es, welche der Magnetismus in Anspruch nimmt, und wodurch er größere Dinge vermag als alle medizinischen Methoden zusammengenommen.«[81] Jean Pauls ›Metapher der Hülle‹, eine Hülle, die als körperliches Gewand des Geistes erscheint, wurde zum Gegenstand eines Aufsatzes gemacht.[82] In der auf den Magnetismus zulaufenden und ihm verwandten Naturphilosophie erscheint der Körper allemal als Hülle der Seele. Von den glühenden Verfechtern des Magnetismus wie Eschenmayer wird als Zeuge der Barockmedizin Georg Ernst Stahl herangezogen.

Ähnlich wie Gmelin, Schubert, Ennemoser oder Eschenmayer, die Jean Paul allesamt schätzte, verbindet Jean Paul Elemente der paracelsischen Tradition, der Ätherlehre und der Lehre Stahls mit dem organischen Magnetismus. In den »Mutmaßungen« ist der »Wille, also der Geist, der wahre Archäus, die natura naturans des Magnetismus« und der »Ätherkörper sein Vermittler (II,2,902). Ganz im Sinne der ›imaginären Ströme« müsse es ein »feinstes Element« geben, das »alle übrigen Elemente umschließt und nicht bedarf« (II,2,894) – eine Quintessenz der Materie. Über diese Äthermaterie kann der Wille des Magnetiseurs im Körper des Patienten Wirkungen hervorrufen. Vermittelt durch diese ein- und ausgehenden Ströme feinster Materie denkt der Patient die »geheimen Gedanken des Arztes mit« (ebd.). Die Äthermaterie ist das Medium des Willens und der Einbildungskraft. Der magnetische Arzt ist durch einen »Atherkreis« mit dem Kranken verbunden, den er »bloß wollend und denkend (...) körperlich bewegt und beherrscht« (II,2,906). Diese actio in distans bezeugt für Jean Paul eine absolute Vorherrschaft des Geistes über den Körper. Der Wille wird so die »wahre Schöpfertat«; der Wille als natura naturans ist die »dunkelste, einfachste, zeitloseste Urkraft der Seele« und der »geistige Abgrund der Natur« (II,2,907). Jean Paul entwirft das Bild einer Natur, die von den Äthermaterie als Verbindung zwischen Materie und Geist durchdrungen ist.

Mit seiner 1812 und 1813 formulierten Äthertheorie nähert sich Jean Paul indirekt, durch Vermittlung Mesmers und der romantischen Ärzte und Anthropologen, den hermetischen Konzepten der Magia Naturalis des Johann Baptista van Helmont, der 1621 in Paris eine Schrift mit dem Titel »De magnetica vulnerum naturalis curatione« veröffentlichte. Sie wurde in die Sammlung

[81] Geschichte einer durch Magnetismus in 27 Tagen bewirkten Heilung eines 15 monatlichen Nervenleidens. Vom Medicinalrath Dr. Klein in Stuttgart. Mit Bemerkungen von Eschenmayer. In: Archiv für den thierischen Magnetismus. Hrsg. v. C. A. von Eschenmayer, D. G. Kieser, Fr. Nasse, 5. Bd., 2. St., Halle 1819, S. 176f. Jean Paul war ein regelmäßiger Leser von Eschenmayers Archiv. Auszüge finden sich seit 1817; 1818 las er die Jahrgänge 2, 4, 5 und 6 zusammen mit Ennemoser und einer Paracelsus-Darstellung von Rixner (In: Jean Pauls Nachlaß Fasc. 2c »47. Band 1818«, Nr. 1, Nr. 381 und Nr. 418).
[82] Bernhard Böschenstein: Leibgeber und die Metapher der Hülle. In: B.B., Studien zur Dichtung der Absoluten. Zürich/Freiburg 1968, S. 45 – 50.

Helmontscher Schriften mit dem Titel »Aufgang der Artznei-Kunst« von 1680 aufgenommen und von dem Rosenkreuzer Knorr von Rosenroth übersetzt. Die magnetische Kur der Wunden beruht wie die Verursachung und Heilung von Krankheiten auf der Beeinflussung des Lebensgeists, der allen Körpern innewohnt. So bilden z.b. krankmachende Substanzen ihren Lebensgeist (Archäus) dem Archäus des Menschen ein und stören die Funktionen des Körpers. Andererseits kann der Mensch den Dingen seinen Willen einprägen und ist selbst der actio in distans fähig. Selbst zur Krankheitsursache wird die Einbildungskraft des Menschen, wenn die in der Seele liegenden Bilder verwirrt werden. Im Blick auf den ›tierischen Magnetismus‹ und die romantische Naturphilosophie sind besonders der zweite und dritte Fall interessant. Die magnetische Kraft des Menschen entsteht in ihm selbst. »Nemlich durch den Willen des Menschen wird ein kleines wenig von dem einflüssenden Lebens-Geist weggenommen; und dasselbe nimmt das Wesen eines Bildes an sich / als eine Form und Vollkommenheit. Wenn es nun diese Vollkommenheit überkommen / so wird der Geist / der vorher eine Lufft war reiner als der Himmel / auf eine subtile Weise verdecket in der Gestalt eines Lichts / und nimmt eine Natur an / die das Mittel hält zwischen den Körpern und was nicht Körper sind.«[83] Auf diese Weise bewegt der Wille die Glieder, oder macht der Wille den Samen fruchtbar, indem er ihm sein Bild aufprägt. Darüber hinaus braucht es nur einer »geringen Aufweckung / die entweder durch Gottes oder der Kunst / oder des Satans Hülffe geschehen kan; daß nemlich ein kleines Theil von diesem Geist sich gar in die Ferne begiebet; welches nemlich die gedachte Wesenheit schon angezogen; und das jenige verrichtet / was ihm von dem Willen auferleget ist«.[84] Für Helmont hängt die »gantze Natur magisch oder geist-artig« zusammen, dergestalt, daß auch der Pflanze Affekte, Empfindungen und selbst Wissen eigen sind. Der Magnetismus Helmonts bezieht sich auf die alte Sympathielehre, wonach alle Lebewesen und Pflanzen durch sympathische Anziehung oder antipathische Abstoßung zueinander geistartig in Beziehung stehen. »Wo nun ein Ding gefunden wird / dessen Einbildung ein starckes Verlangen bekommt zu dem Geist eines andern Dinges / nemlich / etwas räumlich zu bewegen / zu ziehen / auszutreiben oder abzuhalten; daselbst: und nirgends anderstwo / erkennen wir eine Magnetische Art / als gleichsam eine natürliche Geisthafftige (Magicum) Gabe desselbigen Dinges / so von GOTT in solches hinein geleget worden.«[85] Am höchsten steht die magische Kraft des Menschen; aufgrund seiner Ebenbildlichkeit mit Gott

[83] Christian Knorr von Rosenroth: Aufgang der Artzney-Kunst. Mit Beiträgen von Walter Pagel und Friedhelm Kemp. München 1971, Bd. 2, S. 1036 (= Johann Baptista van Helmont: Aufgang der Artzney-Kunst ... Sultzbach 1683). Am Werk Jean Pauls gibt es immer wieder Anspielungen auf Helmont.

[84] Knorr von Rosenroth: Aufgang der Artzney-Kunst, a.a.O., Bd. 2, S. 1036.

[85] Ebd., Bd. 2, S. 1039.

und seiner Freiheit kann er die Bilder seines Willens seinem oder anderen Körpern ›einbilden‹. Freilich entsteht daraus auch eine Gefährdung, die »aus Einbildung entstandene Unsinnigkeit«. Sie wird gezeugt aus »solchen dollmachenden Bildern / die aus einem Fehler und Irrthum der Einbildungs-Krafft entstehen; die siegeln sich in den Lebens-Geist hinein«.[86] Die verworrenen Bilder der Einbildungskraft verursachen Krankheiten der Seele und des Körpers. Mittler und Schaltstelle ist immer der Archäus, der Lebensgeist.

Die Bilder der Einbildungskraft sind der unkörperliche Ursprung körperlicher Phänomene. In letzter Instanz beruft sich Helmont auf die Schöpfung der Welt, welche »auf Geheiß des unbegreiflichen Wort: Fiat« aus dem Nichts entstand. Zur Fortpflanzung gehört so wie zu jeder körperlichen Aktion folgerichtig nicht nur der Same (oder ein anderes materielles Substrat), sondern vor allem die Kraft in dem »Bilde eines gewissen vorgängigen Gedanckens«.[87] Krankheiten, selbst die Pest, werden hervorgebracht durch die Einprägung von Bildern in den Archäus. Allerdings bedarf »jedes Werck der Einbildung« des Glaubens oder des Schreckens, wodurch der Archäus »bekleidet« wird nach dem »Bilde des empfangenen Schreckens« oder nach dem Bilde des Glaubens formiert wird zu einem gegenwärtigen Ding.[88] An dieser Stelle kommt Helmont der neueren Auffassung der Einbildungskraft näher; die psychosomatische Medizin kennt zahlreiche Krankheiten des Körpers, die durch Konversion der Seelenkräfte entstehen. Es entspricht der inneren Logik dieser neuplatonischen Theorie, wenn Helmont nicht zuletzt auf die Kraft der Worte vertraut, die Krankheiten des Leibes zu heilen. Obwohl auch Arzneien auf die Einbildungskraft wirken, so sind zuweilen andere Mittel vorzuziehen, welche »gleichsam den Lebens-Geist unmittelbar selbst ansprechen«.[89] Wenn die Bilder (Ideae) den Lebens-Geist so umdisponieren können, daß er den Körper krank macht, so müssen andere, günstigere Bilder diese Konversion wieder lösen können. Es geht um die Heilung durch das Wort und die Zeremonie. Helmont kommt ungewöhnlich zögernd zur Sache, weil diese ganze Sphäre verrufen sei und der Arzt sich hüten müsse, in den Ruf eines Hexers zu kommen. Er nennt als positive Beispiele die Wunderkraft der Sakramente und den Exorzismus. Helmont schätzt zurecht die »starcke Einbildung« des Kranken, die bei der Heilung durch das Wort oder durch andre Arznei zusammen mit Hoffnung und Glauben »sehr viel ausrichten. Denn dergleichen Kräffte stärcken den Lebens-Geist / daß er durch die Bilder selbst / die er sich hiervon macht / mächtig wird. Denn gleich wie die Bilder den Eindruck geben zu den vornehmsten Kranckheiten; also können auch die Bilder solcher Seelen-Kräffte oder Gedancken nicht

---

[86] Ebd., Bd. 2, S. 996.
[87] Ebd., Bd. 2, S. 594.
[88] Ebd., Bd. 2, S. 597.
[89] Ebd., Bd. 2, S. 1063.

anders als eine grosse Krafft zur Genesung in sich enthalten«.[90] Verwerflich bei dieser Heilung durch das Wort und die Zeremonie ist aller Mißbrauch z.B. Verfluchungen. Helmont betont ausdrücklich, daß nur christliche Formeln, deren fünfzig der Jesuit Del Rio in seiner Untersuchung über die Zauberei empfohlen habe, für den Arzt in Frage kommen.[91]

Im Florentiner Neuplatonismus verbindet die vis imaginativa Makrokosmos und Mikrokosmos; der Einfluß der Planeten auf die menschliche Seele wird von der Einbildungskraft vermittelt. »Unser stofflicher Körper ist das Werk der Einbildungskraft«. Für Paracelsus beherrscht die Einbildungskraft als unsichtbarer Körper den sichtbaren. Von Paracelsus bis van Helmont, zu Fludd und Digby, zu Böhme, zu Stahl, zu Mesmer bis zu den romantischen Philosophen und den romantischen Ärzten zieht sich die Traditionslinie dieses Gedankens. Einbildungskraft bedeutet im 16. Jahrhundert mehr als die Kombination aufbewahrter Bilder; sie ist bis zur Erneuerung der Magia Naturalis im Magnetismus die entscheidende Instanz einer Natur, die nichts gemein hat mit dem mechanistischen Denken der Naturwissenschaft.[91a]

In den »Mutmaßungen über einige Wunder des organischen Magnetismus« von 1813 spekuliert Jean Paul über die Beschaffenheit der ›Äthermaterie‹. Zunächst zieht er elektrische Kräfte in Erwägung. Freilich entsprechen die Phänomene des organischen Magnetismus nicht den Gesetzen der Elektrizität; elektrische Nichtleiter sind Leiter des Magnetismus, kurzum, »die galvanische Säule« scheint eher eine Sandbank als eine Siegessäule des Magnetismus zu sein (II,2,891). Aus dieser Verlegenheit hilft sich Jean Paul mit einem bemerkenswerten Schluß: »Warum will man die Seele als die höchste Kraft nicht als das stärkste Verbind- und Zersetz-Mittel (Menstruum) der feinern (den tiefern Kräften unauflösbaren) Stoffe, wie Elektrizität, Magnetismus, Licht und Wärme sind, annehmen? Wenn die Seele in Krankheiten schon rohere Stoffe, wie Blut und alle Absonderungen, mit solcher Gewalt angreift, umarbeitet, umkocht – und zwar dies nur m i t t e l b a r auf dem Umwege durch Nerven –, soll sie, da doch die mittelbare Reihe zuletzt mit einer u n m i t t e l b a r e n schließen muß, auf welche sie ohne Zwischenkräfte zuerst einwirkt, nicht die

---

[90] Ebd., Bd. 2, S. 1068.
[91] Del Rio oder richtiger Delrio, auf den sich Helmont bezieht, war die Autorität der Zeit in bezug auf die Abgrenzung bestrafenswürdiger schwarzer Magie von der erlaubten weißen Magie. Sein Hauptwerk spielte in den Hexenprozessen eine große Rolle. Helmont beruft sich offensichtlich auf Delrio, um entsprechenden Vorwürfen zu entgehen. Vgl. Martinus Delrio: Disquisitionum magicarum libri VI quibus continetur accuratu curiosarum artium et vanarum superstitionum confutatio, utilis Theologis, Jurisconsultis, Medicis, Philologis. Lovaniae 1599.
[91a] Vgl. Jean Starobinsky: Grundlinien für eine Geschichte des Begriffs der Einbildungskraft. In: J.S., Psychoanalyse und Liberatur ... (Anm. 66), S. 14f.

unmittelbaren am stärksten verändern, verwandeln, sich aneignen können?«
(II,2,892). Mit diesem Satz verletzt Jean Paul den leibnizianischen Grundsatz,
die naturgesetzliche Reihe der physikalischen Vorgänge von der Reihe der
Vorstellungen und vom Eingriff des Willens strikt zu trennen. Genau diese Frage
führte Leibniz zu dem Konflikt mit Georg Ernst Stahl, der Eingriffe des Geistes
und des Willens in die Körpernatur für gegeben hält. Stahl hatte die
Wirkungsweise des von ihm formulierten Influxus physicus nicht erklärt. Das
Erfahrungsmaterial des Arztes, der die heilende oder krankmachende Macht
der Seele ständig vor Augen hat, schien ihm Beweis genug. Jean Paul legt der
allen anderen Kräften überlegenen Kraft der Seele die Fähigkeit zu, die physikalischen Gesetze der Elektrizität, des ›mineralischen‹ Magnetismus, des Lichts
und der Wärme zu verändern, und zwar willkürlich. Genau eine solche Wirkung
der Seele auf den Körper wollte Leibniz, dem diese Vorstellung aus der Magia
Naturalis und aus der Bekanntschaft mit Helmonts magischem Magnetismus
vertraut war, ausschalten,[92] als er gegen Stahl seine Einwände zu Protokoll
gab: eine Wirkung der Seele, welche physikalische Gesetze suspendiert durch
den Willen, kann nicht zugestanden werden, wenn anders nicht die rationale
Orientierung des Menschen in der Welt, die wesentlich von der Physik, der
Chemie und der Mathematik erarbeitet wurde, aufs Spiel gesetzt werden soll.
Wenn Leibniz den Okkasionalismus Malebranches verwirft, so gesteht er nicht
einmal Gott das Recht zu, in diese Gesetze einzugreifen, wieviel weniger dem
Geist des Menschen.

Mit Helmonts Archäus, mit Stahls Anima, mit Mesmers Fluidum, mit den
Mesmeristen Gmelin, Ennemoser, Wienholt und Eschenmayer plädiert Jean
Paul für eine Umwandlung der Materie durch die Willenskraft des Geistes. Er
erklärt sich für die subtile Äthermaterie als den Vermittler zwischen Körper und
Geist, einer Materie, deren Qualitäten von keinem physikalischen oder chemischen ›Mechanismus‹ beschrieben wird. Die Äthermaterie ist als Intermedium
den Gesetzen der gewöhnlichen Materie überhoben; sie kann gerade deswegen
als Vermittler zwischen Körper und Geist agieren. Das »Äthermedium« durchbricht in der »Verknüpfung magnetischer Menschen jeden Raum« (II,2,911)
und macht es möglich, daß sich der Geist in jedem Falle gegen die feindliche
Körperwelt durchsetzt. Selbst der Wahnsinnige, den seine »fixe Idee« gegen die
»feindliche Außenwelt, gegen Hunger, Kälte, Kraftlosigkeit, Schlafmangel
bewaffnet«, zeugt dafür, daß die Idee des Geistes den Körper »ergreifen,
verstärken kann«, wie Jean Paul übereinstimmend mit Stahl und einigen
Autoren der zeitgenössischen Psychiatrie behauptet.[93] Die fixe Idee macht den

---

[92] Zum Verhältnis von Leibniz zu Helmont und Stahl vgl. Marie-Noelle Dumas: Leibniz
und die Medizin. In: Magia Naturalis und die Entstehung der modernen Naturwissenschaften. Wiesbaden 1978, S. 143 – 153 (Studia Leibnitiana Sonderheft 7).
[93] Stahl führt die außerordentlichen Kräfte der ›Tobsüchtigen‹, ihre Ausdauer,

Wahnsinnigen zum »Selbermagnetiseur v o m G e i s t e nach dem K ö r p e r«
(II,2,912), eine Formulierung, deren Bedeutung etwa zwölf Jahre später in der
»Selina« bekräftigt wird.

In dem Magnetismus-Aufsatz schließt Jean Paul von Bonnets ›Ätherleib‹
der Seele und von Platners ›zweitem Seelenorgan‹ auf die Möglichkeit einer
Unsterblichkeit der Seele (II,2,916). Die Wirkung von Giften und die Folgen
schwerer Krankheiten wie der Tuberkulose zeugen für eine Entbindung der Seele
von der schweren Materie kurz vor dem Tode des Körpers (II,2,916). Auf diese
Weise wird für Jean Paul das »Sterben das letzte Magnetisieren«, eine
Entlassung aus den grob-hinderlichen und beschwerlichen Banden des Körpers
(II,2,917).

Die »Aussichten auf das zweite Leben«, im gesamten Werk Jean Pauls und
in der »Vorschule der Ästhetik« ein Mittelpunkt seines Denkens, beschließen
die »Mutmaßungen über einige Wunder des organischen Magnetismus«. Vom
Phänomen des Magnetismus erhofft sich Jean Paul einen empirischen Beleg
für eine durchgängig beseelte und begeistete Natur, deren Anfang und deren
Ende unausmeßbar ist. Der Magnetismus veranlaßt ihn zu Hoffnungen und
Mutmaßungen über eine Vorherrschaft der Seele über den Körper. In den
Vorarbeiten zu einem neuen »Kampaner Tal« die zwischen 1816 und 1823 entstanden und weitgehend in die »Selina« münden, schreibt Jean Paul: »Die Seele
ist für den Körper voll Gifte und Arzeneien. Mit einem Trauergedanke(n) entkräftet sie das ganze Nervensystem wie mit einem Gifttropfen.«[94] Jean Paul
glaubt, daß durch eine Steigerung »künftig der Geist auf die feinern
Umgebungen auch mit Gedanken-Kräften wirken« kann. »Kennen wir die
feinern Flüßigkeiten, aus denen künftig der Geist mit Allmacht sich solche
Hüllen aneignen kann?«[95] Durch Mesmer, aber auch durch Bonnet, ist Jean
Paul mit der Vorstellung einer subtilen Materie vertraut, die als geheimnisvolles
»fluide« (Mesmer) die Vermittlungsinstanz der Wirkung des Geistes auf den
›groben‹ Körper ist. Nach Jean Pauls Auffassung beweisen die magnetisierten
Baquets die Existenz einer solchen Materie, auf welche »der Wille so einwirkt
wie auf den Nervengeist. Folglich wirkt der Magnetisör nicht unmittelbar durch
sein Denken ein; denn eben sein Denken ist nie körperlich-isoliert.«[96]

---

ihre Unempfindlichkeit gegen Schmerzen und ihr geringes Ruhebedürfnis als Bestätigung seiner These an, die Seele beherrsche den Körper. »Jene Erscheinung, welche
selbst Jahre hindurch andauert, zeugt wohl hinlänglich von der Macht heftigen
Begehrens, in sofern dabei blos von der Bewegkraft, nicht aber von mitwirkenden
körperlichen Stoffen die Rede sein kann« (Stahl: Theorie der Heilkunde (Anm. 42),
Erster Teil, S. 266).

[94] Jean Pauls sämtliche Werke. Hrsg. v. E. Berend, 2. Abt., Bd. 4, S. 204.
[95] Ebd., S. 205. Vgl. S. 167 und S. 169.
[96] Ebd., S. 206.

Mesmers ›Ströme‹ sind Bewegungen einer solchen geheimnisvollen Materie – unsichtbar, unmeßbar, unwägbar. Jean Paul nennt sie einmal eine ›Imponderabilie‹ wie das Feuer und das Licht.[97]

In der »Selina«, in welche diese Vorarbeiten zu einem ›Neuen Kampaner Tal‹ einmünden, ist die Hauptfigur selbst eine gewichtige Zeugin für den Magnetismus und seine Qualitäten. Die Rahmenhandlung des Dialogs über die Unsterblichkeit wird getragen von der magnetischen Allsympathie Selinas. Sie zeigt zunächst Heilkräfte unerklärlicher Art, wenn sie die Schmerzen einer alten Frau »mit magnetischen Kräften«, allein »durch ihr Berühren« lindert (6,1156). Sodann beweist ein Traum Selinas prophetische Kraft: sie erfährt von der Verwundung ihres geliebten Henrion. Der Erzähler Jean Paul ist, nachdem die Nachricht von der Verwundung eingetroffen ist, überzeugt, »daß Selina, vor welcher Henrion im Traume mit der Brustwunde darniedergelegen, wirklich eine magnetische Seherin sei und in ihren Träumen die ganze Gegenwart von Marseille vorgehen sehe. Ach, sie wird noch viel leiden müssen!« (6,1192). Selinas »Selbmagnetismus« soll durch einen »Kunstmagnetismus« so gesteigert werden, daß er zum »Heilmittel werde und Heilmittel ansage« (6,1217). Der Erzähler Jean Paul persönlich magnetisiert Selina durch Berührung von Kopf und Herzgrube; sie hält in diesem Zustand mit dem fernen Henrion Zwiesprache.

In der »Selina« werden Leibniz' ›Petites perceptions‹ als kontinuierliche Begleitung der körperlichen Reihe mit Stahls Theorie des Unbewußten und beide mit der Theorie des Magnetismus verbunden. Immer noch geht es um die Unvergleichbarkeit mechanisch-physiologischer Prozesse der Sinne und Nerven mit der ›geistigen‹ Empfindung. Mit Leibniz bezeichnet Jean Paul die Materie als immaterielle Vorstellung. Da uns, so das Argument von 1780 bis 1825, nur eine Kraft »unmittelbar bekannt« ist, »unsere geistige«, durch die uns die Materie erscheint, wird die Materie zur sekundären Qualität (6,1178f.). Wenn so die »äußere Welt als die niedere Seelenwelt« begriffen wird, dann »wirkt die Unterseelenwelt des Organismus auf die Oberseele oder Regentmonade bloß nach geistigen Gesetzen ein und vermittelt das Unorganische« (6,1181). Diese dunklen und verworrenen Erfahrungen, die dem Ich entweder ganz unbewußt bleiben, oder es nur halbbewußt beeinflussen, gilt es zu erschließen. Wir machen »von dem Länderreichtum des Ich viel zu kleine und enge Messungen, wenn wir das ungeheure Reich des Unbewußten, dieses wahre innere Afrika, auslassen« (6,1182).

Eine Weiterentwicklung alter Überlegungen Jean Pauls in der »Selina« ist die Verbindung des Instinkts mit dem spontanen Evidenzerlebnis, das sich bei neuen Einsichten einstellt. Der »Beweis« müsse also schon im voraus als eine »dunkle Reihe der Erfahrungen« in uns gelegen haben (6,1183). Es ist eine

---

[97] Ebd., S. 203.

ähnliche Vorordnung geistiger Art wie im Instinkt. Durch Körperreize, also durch Wirkungen des Körpers, läßt sich nach Jean Paul weder eine solche Erfindung des Neuen noch der Instinkt der Tiere erklären. Gegen Erasmus Darwin wird erneut der Instinkt als Beleg der Beseeltheit der Tiere – und somit als Beleg für die ununterbrochen geistig verbundene Kette des Seins – ins Feld geführt (6,1183–86).

Vom Instinkt und seiner Geistigkeit ist es kein weiter Weg bis zum Genie. Mozart höre »bloß sein Inneres an – und hört darin die Zauberflöte«, obwohl er nach Jean Pauls Überzeugung »unbekannt mit großen Begebenheiten, großen Dichtern und mit dem ganzen ausgedehnten Abgrunde großer Leidenschaften« war (6,1187). Mozarts Kunst entstammt einer Sphäre, die er selbst nicht kennt. die »Eingebungen« des Genies, seine Inspiration, ist so dem Instinkt vergleichbar, einer »geistigen einfachen Kraft«, die unbewußt wirkt. In der »Vorschule der Ästhetik« vereinigt Jean Paul Instinkt und Genie in derselben Weise; wie der animalische Instinkt den gesuchten Gegenstand enthält ohne Wissen des Tiers, so ahnt der Instinkt des Genies das, was es entbehrt. Es findet das Gesuchte, ohne sich je auf die Suche zu machen (vgl. 5,60ff.).

Durch sein Genie wird der Tonkünstler in höherem, der Dichter in geringerem Maße Zeuge einer begeisteten Natur. Im Genie wirkt eine geistige Kraft, die dem Tierinstinkt vergleichbar ist. Jacobi, in der »Vorschule« als Gewährsmann herbeigerufen, und Platos Ideenlehre, in der Jean Paul ebenfalls das Unbewußte (in der Anamnesis) eine nicht geringe Rolle spielen sieht, vermitteln diesen Instinktbegriff. In der Seelenwelt, so Jean Paul in der »Selina«, ist neben dem Bewußtsein eine riesige unerforschte Region des Unbewußten enthalten, in der »lauter Unbegreiflichkeiten Vorordner und Vorgeordnete sind, empfangne und gebärende Fülle, und Schaffen nach Endabsichten (...) von den Instinkttaten an bis zu den menschlichen Ideenschöpfungen« (6,1187). Die Hervorarbeitung der Zwecke, die schlechterdings nicht zu einem Mechanismus gehören können, bestimmt Jean Pauls naturphilosophische Bemühung von Anfang an. Instinkttat und geniale Ideenschöpfung zeugen gleichermaßen für die (unbewußten) Zweckursachen des Geistes und für die Stetigkeit der Stufenleiter des Seins.

III. Die Physiognomik des Geistes in der Natur

1. Die poetische Nachahmung und das Genie

Das I. Programm der »Vorschule der Ästhetik« mit dem Titel »Über die Poesie überhaupt« bestimmt die Poesie als eine » s c h ö n e oder g e i s t i g e Nachahmung« der Natur (5,30). Während die ›Poetischen Nihilisten‹ – die Romantiker und ihr führender Ästhetiker Friedrich Schlegel – »ichsüchtig die Welt und das All« vernichteten, indem sie die transzendentale Potenz des Subjekts über alles setzten und so alle Realität diesem Ich untertan machten, begriffen die ›Poetischen Materialisten‹ als Wiederholer und »Nachdrucker der Wirklichkeit« nicht die Wirkungsgesetze der Poesie (5,31,35).

Die Poesie übertrifft in der Kritik der ›poetischen Materialisten‹ die Wirklichkeit nicht nur durch den »Reiz der Ganzheit«, sondern auch durch eine Veränderung der affektischen Wirkung, die eine Konstellation auslöst: so bereitet »ein gedichtetes Leiden Lust« im Trauerspiel, ganz im Gegensatz zu der Reaktion in der Wirklichkeit (5,35,43). Es sind altbekannte Phänomene der Wirkungsästhetik, von Lessing und Mendelssohn übernommen, die Jean Paul gegen eine Wiederholung der Wirklichkeit in der Kunst sprechen läßt.

Nicht systematisch, sondern beiläufig erklärt Jean Paul, was er unter einer wahrhaft poetischen ›geistigen Nachahmung‹ der Natur versteht: der Dichter soll d e r Natur nachahmen, indem er eine »neue Natur« erschafft. Diese neue Natur ist jedoch nicht eine freie Schöpfung, sondern eine weitere Enthüllung der »alten« Natur (5,33). Durch die poetische Nachahmung wird die Natur umgeschaffen, verwandelt und idealisiert – und bleibt sich doch gleich. Diese paradox erscheinende Konstellation erklärt sich zunächst daraus, daß die Kunst die Partikularität des nachgeahmten Naturausschnitts totalisierend überwindet und damit im Kleinen den Geist der ganzen Natur darstellt.[1]

---

[1] Vgl. dazu Eduard Berend: Jean Pauls Ästhetik. Berlin 1909, S. 128: »Die Phantasie, findet Jean Paul, ergänzt und totalisiert alles, sie macht aus abgerissenen Teilen ein in sich geschlossenes Ganzes. – Schon in der älteren Ästhetik hatte dies eine große Rolle gespielt; auch hier hatte sich der Leibnizsche Begriff des Mikrokosmos als äußerst fruchtbar erwiesen.«

Doch das ist nicht alles, was die poetisch ›neue‹ mit der ›alten‹ Natur verbindet. »Denn wie das organische Reich das mechanische aufgreift, umgestaltet und beherrscht und knüpft, so übt die poetische Welt dieselbe Kraft an der wirklichen und das Geisterreich am Körperreich. Daher wundert uns in der Poesie nicht ein Wunder, sondern es gibt da keines, ausgenommen die Gemeinheit« (5,39). Diese bemerkenswerte Reihe von Analogien stellt ein ähnliches Verhältnis zwischen Organismus und Mechanismus, zwischen Geist und Körper und zwischen der Poesie und der nachgeahmten Wirklichkeit fest. Begründet wird diese Analogienreihe durch eine gemeinsame Kraft der Natur, die den Mechanismus der Körperwelt umgestaltet: das Organische, der Geist und die Poesie wirken mit derselben Kraft. Durch diese Kraft wird die Natur zugleich verwandelt und ›weiter enthüllt‹. Die künstlich-geistige Nachahmung der Natur erscheint als ein Akt, in dem analog zur wahren Naturerkenntnis der Geist im Körperreich entdeckt und hervorgehoben wird. Die von Jean Paul in seinen zahlreichen Abhandlungen über das Commercium mentis et corporis diskutierte Verwandlungskraft der Seele wird schon hier, im ersten Programm der »Vorschule der Ästhetik«, an zentraler Stelle angesprochen. Erst durch den Geist kommt Freiheit, Bestimmung und Ganzheit in die Körperwelt – erst durch die poetische Nachahmung wird der Mechanismus der Naturabläufe zur Einheit des Organismus. Die Ästhetik steht in unmittelbarem Konnex mit Jean Pauls Naturphilosophie.

Die poetischen ›Nihilisten‹ und ›Materialisten‹ sind nach Jean Paul nicht imstande, die Wechselbeziehung zwischen Körper und Geist zu begreifen. Die Transzendentalpoesie der Romantiker vernachlässigt den Naturanteil des Menschen, der poetische Materialist »hat die Erdscholle, kann ihr aber keine lebendige Seele einblasen« (5,43). Der ganze Mensch, als Natur- und Geistwesen, wird von beiden verfehlt. Welche Variation des Commercium mentis et corporis wird dem von Jean Paul im ersten Programm entgegengestellt? Es ist Jean Pauls Version der Anima Stahlii. »Die äußere Natur wird in jeder innern eine andere, und diese Brotverwandlung ins Göttliche ist der geistige poetische Stoff, welcher, wenn er echt poetisch ist, wie eine anima Stahlii seinen Körper (die Form) selber bauet« (5,43). Stahls körperbauende Seele macht die Teile des Körpers zu Organen, die in einem inneren, sinnvollen Zusammenhang zueinander stehen (vgl. II,3). Der Körper wird erst durch die Seele, die überall in ihm wirkt, konstituiert; von der Seele erhält die sonst blind laufende Maschine der Natur Zwecke und Ziele. Die Seele erschafft im Menschen gleichsam eine ›neue‹ Natur. Die Natur wird durch die Seele »umgestaltet und beherrschet«, wie es zuvor in der Diktion Stahls zu lesen war (vgl. 5,39).

»Die äußere Natur wird in jeder innern eine andere« – das ist der poetische Stoff. Was nach einem grenzenlosen Subjektivismus des poetischen Genies klingt, und auch so interpretiert wurde,[2] ist in Wahrheit eine Folge Leibnizscher Denkmodelle, die Jean Paul auf seine charakteristische Weise mit Stahl verbindet. Jeder Monade, so Leibniz, erscheint das Ganze des Universums in einer anderen, individuellen Abschattung, ja nach dem Grad ihrer Wahrnehmung. Diese Wahrnehmung unterscheidet sich durch die Abstufungen der Bewußtheit der jeweiligen Monade. Leibniz vergleicht diese Abstufungen und Grade mit den Ansichten, die eine Stadt verschiedenen Betrachtern bietet. Ohne Zweifel ist dies kein ›subjektivistisches‹ oder ›romantisches‹ Modell. Jean Paul verbindet ungeachtet der erheblichen Differenzen zwischen Leibniz und Stahl (vgl. II,3) das Monadenmodell mit der Anima Stahlii. Die Körper ordnende, körperbauende Kraft der Seele greift – im Blick auf die Monadologie systemwidrig – nach Stahl frei in das mechanische Geschehen ein. Freilich geschieht dieser Eingriff nach Stahl unbewußt – und das ist die Stelle, die Jean Paul interessiert. Denn auch das poetische Genie bildet unbewußt und kraft angeborener Qualitäten die ›alte‹ Natur in eine ›neue‹ um. Durch die ›innere‹ wird die ›äußere Natur‹, wie durch die ›anima Stahlii‹ der Körper, umgebaut und verwandelt. Das ist echt poetisch, das heißt, der Natur nachahmen.

Wenn der Körper erst von der Seele konstituiert wird, so Jean Pauls Anthropologie, so ist es unmöglich, wie die ›Materialisten‹ von einem bloß mechanisch bestimmten Körper auszugehen. Was diese als Körper bezeichnen, ist die »nur Scholle, nicht Körper«. Die romantischen ›Nihilisten‹ haben, wenn sie »beseelend blasen« wollen, nicht einmal diese Erdscholle in der Hand (5,43); sie wurde gänzlich zu Erscheinungen des transzendentalen Ich zerbröselt.

Im letzten Satz von § 4 »Nähere Bestimmung der schönen Nachahmung der Natur« findet Jean Paul eine neue Analogie und eine neue Begrifflichkeit, um die Leistung der poetischen Nachahmung zu beschreiben: »Der rechte Dichter wird in seiner Vermählung der Kunst und Natur sogar dem Parkgärtner, welcher seinem Kunstgarten die Naturumgebungen gleichsam als schrankenlose Fortsetzungen desselben anzuweben weiß, nachahmen, aber mit einem höhern Widerspiele, und er wird begrenzte Natur mit der Unendlichkeit der Idee umgeben und wie auf einer Himmelfahrt in diese verschwinden lassen« (5,43). Welchem Gärtner soll der Dichter nachahmen? Es ist der Landschaftsgärtner ›englischer‹ Parks, dessen Ehrgeiz es war, die künstliche Parklandschaft unmerklich in die unbearbeitete Natur übergehen zu lassen (vgl. § 80 der »Vorschule«: »Poetische Landschaftsmalerei«). Der englische Park wollte programmatisch eine Konzentration all der weitverstreuten Elemente der Natur auf engem Raum sein, die sonst nur durch weiträumige Reisen erfahren werden

---

[2] Vgl. Burkhardt Lindner: Jean Paul. Scheiternde Aufklärung und Autorrolle. Darmstadt 1976, S. 136: das Genie produziert »Projektionen der inneren Unendlichkeit des Subjekts auf ein behauptetes Zentralsubjekt Gott hin«.

können. Der englische Park bietet Jean Paul insofern ein Modell für die Leistung der Kunst überhaupt: auf beschränktem Raum die Totalität der Natur nachzuahmen (vgl. IV,6).

Das Ziel des Dichters ist es, die »begrenzte Natur mit der Unendlichkeit der Idee« zu umgeben. Wie der englische Park, Vorbild der zahlreichen Parklandschaften in den ›hohen‹ Romanen Jean Pauls, in die ›alte‹ Natur übergeht, so stehen die ›begrenzte‹ Natur und die ›unendliche‹ Idee in der Poesie miteinander in einer untrennbaren Beziehung.

Jean Paul verweist in diesem Zusammenhang lapidar auf den »Artikel vom Genie«. Das Genie ist für Jean Paul, wie für Kant und die Romantiker, eine angeborene Naturgabe. Es wird bestimmt von der »Blindheit und Sicherheit des Instinktes«, eines Naturtriebs, der zur »Harmonie« des Ganzen führt (5,56). Das III. Programm »Über das Genie« ist geeignet, die Paradoxie des Dichters aufzulösen, der eine ›neue Natur‹ erschafft, welche die ›alte‹ Natur weiter enthüllt. Denn der Geist selbst wird von Jean Paul als eine Naturkraft begriffen, die imstande ist, a l s Teil der Natur die Natur zu transzendieren.

In der Konzeption der »Vorschule der Ästhetik« eignet dem Menschen in geringerem und dem Genie im höchsten Maße der »Instinkt des Göttlichen« (5,66). Den Menschen und den Dichter bestimmt das »Unbewußte«. »Ein unauslöschliches Gefühl stellet in uns etwas Dunkles, das nicht unser Geschöpf, sondern unser Schöpfer ist, über alle unsre Geschöpfe« (5,60). Der unbewußte Instinkt verweist nach der »Vorschule« auf die Unendlichkeit; er »macht es möglich, daß der Mensch nur die Worte I r d i s c h, W e l t l i c h, Z e i t l i c h usw. aussprechen und verstehen kann; denn nur jener Instinkt gibt ihnen durch die Gegensätze davon den Sinn« (5,61). Durch diesen Instinkt hat das poetische Genie Anteil an der ›zweiten Welt‹. Der Instinkt legt die sinnliche Endlichkeit aus und erkennt in ihr den waltenden Geist. Jacobi: Der »Glaube an einen Gott ist Instinkt. Er ist dem Menschen n a t ü r l i c h wie seine a u f g e r i c h t e t e S t e l l u n g.«[3]

Der Instinkt begründet in Jacobis Philosophie die Auslegung der Natur als einer beseelten und begeisteten. Die Physiognomik als spontane Auslegungskunst ist das entscheidende Paradigma in Jacobis Metaphysik des Instinkts: »Wie auf dem Angesichte des Menschen die verborgene, unsichtbare Seele, s i c h t b a r sich ausdrückt; hervordringt; unbegreiflich sich mittheilt, und durch diese geheimnißvolle Mittheilung Rede und Verständniß der Rede zuerst gebiert: so drücket auf dem Angesichte der Natur G o t t unmittelbar sich aus (...) Wer Gott nicht siehet, für den hat die Natur kein Angesicht«.[4]

---

[3] F. H. Jacobi: Über eine Weissagung Lichtenbergs (1801). In: F. H. Jacobi: Werke. Leipzig 1816, Bd. 3, S. 206.
[4] Ebd., S. 204f.

Jacobi vergleicht die physiognomische Auslegung der Gebärden mit der Natur-beseelung. Die unbewußte Gabe der Einfühlung vermittelt der Instinkt. »Durch Instinkt? fragest Du; durch ihn, den b l i n d e n, den u n v e r s t ä n d i g e n, den T h i e r g e i s t? Durch ihn! antworte ich, den allein wahrhaft sehenden; den allein aus der Quelle wissenden; den Geist der V o r s e h u n g; den Gottes-geist.«[5] Der Instinktbegriff Jacobis ist philosophisch nicht unproblematisch. Der Schluß auf die Objektivität und Realität dessen, was der Instinkt als Trieb ›weissagt‹, gründet sich nur auf die Subjektivität und die natürliche Verfassung des Menschen.[6] Jacobi beruft sich auf Herders Theorie der Sprachfindung und beschreibt den Instinkt als Ursprung aller menschlichen Fähigkeiten so: »Der Mensch lernte Sprache und Religion, wie er auch das Sehen und Hören lernte. Die Natur mußte für ihn »schon bereitet, geordnet; sie mußte zu ihm, eben so wie er zu ihr, schon organisirt seyn, wenn eine Leitung zwischen Beyden ent-stehen, e r m i t i h r s i c h a r t i k u l i r e n, wenn er empfinden, leben, denken, wollen und handeln sollte.«[7] Dem Instinkt kann vertraut werden, weil er als Naturgabe Teil der Schöpfung und diese selbst ›artikuliert‹ ist. Daher kann sich der Mensch in der Natur ohne die Gefahr der Täuschung auslegen.

Bevor wir die spezifische Ausformung des Instinktbegriffes in der Ästhetik betrachten, lohnt sich ein Blick auf die naturphilosophische Bedeutung des Instinkts. Bereits 1780 exzerpierte Jean Paul die »Betrachtungen über die Triebe der Thiere, hauptsächlich ihrer Kunsttriebe« von Hermann Samuel Reimarus. Es war für Reimarus ein Skandalon ersten Ranges, daß Descartes infolge der

---

[5] Ebd., S. 216.

[6] Derart skeptisch äußert sich O. F. Bollnow zu Jacobis Instinktbegriff: »Der Trieb kann immer nur die Gerichtetheit eines subjektiven Verhaltens auf etwas erweisen, nie aber die Realität dessen, auf das er gerichtet ist.« Jacobis »unmittelbares Wissen aus dem Gefühl sagt nur etwas über die Verfaßtheit des Subjekts aus (...) Das Problem der geistigen Realität, das eigentliche Glaubensproblem bei Jacobi, bleibt offen« (O. F. Bollnow: Die Lebensphilosophie F. H. Jacobis. Stuttgart 1933, S. 187). Bollnow, der die Bedeutung Jacobis für die Lebensphilosophie und die Existenzphilosophie wieder-entdeckt hat, schränkt dessen eigentliche Domäne, die Erkenntnis- und Religions-philosophie, stark ein.

[7] F. H. Jacobi: Über eine Weissagung Lichtenbergs (1801). In: F. H. Jacobi: Werke. Leipzig 1816, Bd. 3, S. 210. – Vgl. dazu Herders Theorie der Sprachentstehung, die auf der natürlichen Verfassung des Menschen beruht. Der Instinkt führt zur Personifi-kation und zum Anthropomorphismus und damit in einer begeisteten Natur zur Sprachfindung: »Indem der Mensch aber alles auf sich bezog: indem alles mit ihm zu sprechen schien, und würklich für oder gegen ihn handelte (...), wurde Alles Mensch-lich, zu Weib und Mann personificirt: überall Götter, Göttinnen, handelnde, bösar-tige oder gute Wesen!« (J. G. Herder: Abhandlung über den Ursprung der Sprache. In: Herders Sämmtliche Werke. Hrsg. v. B. Suphan, Bd. 5, S. 53f.) Im Gegensatz zu Jacobi leitet Herder allerdings nur die Urformen der Religion aus dem Instinkt ab. Jacobi gründet darauf die Offenbarung und den Glauben an einen persönlichen Gott.

Substanzentrennung und der Beschränkung der res cogitans auf das Selbstbewußtsein die Tiere als bloße automatische Mechanismen betrachtete. Reimarus erkennt den Tieren nicht nur einen Geist zu, sondern auch ein der menschlichen Vernunft analoges Vermögen. Durch den Instinkt richten die Tiere »gewisser Maßen durch ihre ganz undeutliche und verworrene Vorstellung eben dasselbe aus, und erreichen damit denselben Zweck und Nutzen, welchen wir Menschen durch unser Denken, durch Begriffe, Urtheile und Schlüsse, durch Witz, Verstand und Vernunft, ja sogar durch überlegte Wahl und Freiheit erhalten«.[8] Der Instinkt erfüllt im Tier also dieselbe Funktion wie das Denken im Menschen. Insofern ist der Instinkt geistiger Natur – und das Leben des Tiers also keineswegs mechanisch-automatisch allein von der Organisation seines Körpers bestimmt; äußert sich doch auch im Menschen der Geist in einem beträchtlichen Maße in Form von dunklen und verworrenen Vorstellungen, die ihn, ohne daß er sich dessen bewußt ist, stets begleiten, und ihn zu unbewußt herbeigeführten Entscheidungen bringen.[9] Der Instinkt ist so für Reimarus nicht qualitativ vom Denken und vom Bewußtsein unterschieden, sondern nur graduell: vom einfachen Tier bis zum Menschen erstreckt sich eine ununterbrochene Stufenfolge des Geistes, verbunden mit einer Steigerung des Bewußtseins.

In der Abhandlung »Über das Entstehen der ersten Pflanzen, Tiere und Menschen« von 1812 stellt Jean Paul den Instinkt als eine Vorform menschlicher Vermögen dar. Der Instinkt verbürgt dem Tier eine Seele, denn er befähigt das Tier, sich auf zukünftige Ereignisse vorausschauend vorzubereiten, eine Fähigkeit, die nicht durch körperliche ›Einwirkung‹ veranlaßt werden kann. Der Instinkt ist ihm so eine Manifestation des Geistes, denn nur »im Geiste herrscht Ordnung und Zweck« – nicht in körperlichen Mechanismen (II,2,950).

In der »Selina« wird ebenso der Instinkt der Tiere von ihrer körperlichen Organisation abgekoppelt; so wenig wie die menschliche Seele abhängig ist von

---

[8] Hermann Samuel Reimarus: Allgemeine Betrachtungen über die Triebe der Thiere, hauptsächlich über ihre Kunsttriebe ... Wien 1790, Bd. 1, S. 26 (1. Aufl. 1760) Jean Paul exerpierte das Buch (Jean Pauls Nachlaß Fasc. 1b »Exzerpten. Achter Band. Hof 1780«, S. 180 – 188).

[9] Leibniz stellt die ›Petites Perceptions‹, die kaum merklichen, verworrenen und dunklen Vorstellungen, am Beispiel der ununterscheidbaren Einzelwahrnehmungen vor, die zusammen das ›Rauschen‹ des Meeres ausmachen. Nur das wesentliche Merkmal des ›Rauschens‹ werde wahrgenommen, nicht die einzelne Empfindung. Daraus ließe sich ableiten, daß schon auf der untersten Stufe der Wahrnehmung unbewußt die Vernunft synthetisierend wirke. Obgleich ›verworren‹, verursachten die ›petites perceptions‹ vernunftartige Entscheidungen: »zum Beispiel, wenn wir uns am Ausgang einer Allee eher zur rechten als zur linken Seite wenden«. Eine solche Entscheidung ist nach Leibniz unbewußt und doch frei, da die Seele aus der Unzahl von Impulsen die wesentlichen auswählt und die unwesentlichen vernachlässigt (G. W. Leibniz: Neue Abhandlungen über den menschlichen Verstand. In: Philosophische Schriften, Hrsg. v. H. H. Holz, Bd. 3, 1, Darmstadt 1959, S. XXIII und S. XXV).

der Einwirkung des Körpers, so wenig ist es der Instinkt der Tiere. Die »Tier-seele, welche man bisher bloß als die leidende Zuschauerin und als die mitge-triebne Maschine der treibenden Maschine gelten ließ«, wird sogar mit dem künstlerischen Genie in Verbindung gebracht. Im unbewußten Geist, in der ver-worrenen und dunklen Vorstellung, vereinigen sich so für Jean Paul der Instinkt und das Genie. Beide sind Zeugen für eine »empfangne und gebärende Fülle, und Schaffen nach Endabsichten«, eine geistige Kraft, die sich vorordnend »von den Instinkttaten an bis zu den menschlichen Ideenschöpfungen« bemerkbar macht (6,1186,1187).[10] Im Menschen zeigt sich das unbewußte Wirken des In-stinkts in der unbegreiflichen Schöpfung des Genies und – der Bestimmung Jacobis entsprechend – in einem stillen »Instinkt für die zweite Welt« (6,1190).

In der Konzeption der »Vorschule der Ästhetik« steht der Eingebung des Instinkts die Besonnenheit zur Seite. Mit dem klassischen, besonders platoni-schen Begriff der Sophrosyne verbindet die Besonnenheit in der Ästhetik Jean Pauls die Qualität der Mäßigung. »Die geniale Ruhe gleicht der sogenannten Unruhe, welche in der Uhr bloß für das M ä ß i g e n und dadurch für das Unterhalten der Bewegung arbeitet« (5,58). Die Unruhe im Uhrwerk bestimmt die Geschwindigkeit; sie äquilibriert die Bewegung des Antriebs durch brem-sende Regulation. Nach Jean Paul leistet die ›gemeine‹ Besonnenheit das »Äquilibrieren zwischen äußerer und innerer Welt; im Tier verschlingt die äußere die innere, im bewegten Menschen diese oft jene« (5,57).

Besonnenheit ist eine anthropologische Grundqualität. Jean Paul orientiert seinen Begriff der Besonnenheit an Herders Sprachtheorie. Besonnenheit ist für Herder die Voraussetzung der menschlichen Sprachfindung. Als eine Naturkraft gehört die Besonnenheit zur menschlichen Grundausstattung, zur artspezifischen Ausprägung seines Organismus. Sie vermittelt die »innere Freiheit«, die den Menschen vor dem Tier auszeichnet. Besonnenheit ist – im Gegensatz zum Instinkt – das Unterscheidungsmerkmal des Menschen, eine anthropologische Qualität, der alle Vernunft- und Verstandeskräfte entspringen. »Nicht mehr eine unfehlbare Maschine in den Händen der Natur, wird er sich selbst Zweck und Ziel der Bearbeitung.«[11] Herders typische Denkfigur wird hier deutlich: die Anlage der Natur selbst führt zur Transzendierung der Natur, zur Freiheit.

In ihrer einfachsten Form unterbricht die Besonnenheit den Strom der sinn-lich vermittelten Empfindungen und gewährt dadurch innere Freiheit gegenüber

---

[10] Vgl. unten Kap. II,3.
[11] J. G. Herder: Abhandlung über den Ursprung der Sprache (1772). In: Werke, a.a.O., Bd. 5, S. 28f. Zur anthropologischen Neubestimmung der »Besonnenheit« vgl. Bruno Liebrucks: Sprache und Bewußtsein. Frankfurt 1964, Bd. 1, S. 67. Liebrucks betont die Differenz von Herders Begriff zur platonischen Tradition. Vgl. auch E. Heintels Artikel »Besonnenheit« in: Historisches Wörterbuch der Philosophie. Hrsg. v. J. Ritter, Bd. 1, Sp. 850.

der andrängenden Umwelt. Das Tier hingegen wird von den Reizen der äußeren Welt unwiderstehlich gedrängt, innerlich zu ›reagieren‹ in einer von der Natur vorherbestimmten Weise. Herder: »Bei dem Menschen waltet offenbar e i n a n d e r e s   N a t u r g e s e t z   ü b e r   d i e   S u c c e ß i o n   s e i n e r   I d e e n, B e s o n n e n h e i t: sie waltet noch selbst im sinnlichsten Zustande, nur minder merklich.«[12] Besonnenheit zeichnet ein Gechöpf aus, »das abgetrennt und frei nicht bloß erkennet, will und würkt, sondern auch weiß, daß es erkenne, wolle und würke«. Besonnenheit ist so die Bedingung freien Handelns und der Anfang des Selbstbewußtseins. Menschliche Besonnenheit ist allererst »Mäßigung« aller Kräfte, die von innen und außen auf den Menschen einwirken.[13] »Der Mensch beweiset Reflexion, wenn die Kraft seiner Seele so frei würket, daß sie in dem ganzen Ocean von Empfindungen, der sie durch alle Sinne durchrauschet, Eine Welle, wenn ich so sagen darf, absondern, sie anhalten, die Aufmerksamkeit auf sie richten, und sich bewußt seyn kann, daß sie aufmerke. Er beweiset Reflexion, wenn er aus dem ganzen schwebenden Traum der Bilder, die seine Sinne vorbestreichen, sich in ein Moment des Wachens sammlen, auf Einem Bilde freiwillig verweilen, es in helle ruhigere Obacht nehmen, und sich Merkmale absondern kann, daß dies der Gegenstand und kein andrer sey«.[14]

Diese Freiheit, seine Aufmerksamkeit auf eine bestimmte Empfindung zu richten, gebührt von Natur aus nur dem Menschen. Der hungrige Wolf, so Herder drastisch, wird sogleich von seinen vorgeordneten Trieben überwältigt: ›der Instinkt wirft ihn darüber her‹. Die gemeine Besonnenheit als Erbteil des Menschen distanziert vom Augenblick, von der gegenwärtigen Situation. Damit ist dem Menschen die Möglichkeit gegeben, die Gegenwart auf das Zukünftige oder das Vergangene hin zu transzendieren. Durch die Besonnenheit auch in »ihrem gemeinsten Grade, der den Menschen vom Tier, und den Wachen vom Schläfer absondert« (5,57) kann, so Jean Paul, sich der Mensch vom Hier und Jetzt (als Grundbestimmung des ›Irdischen‹) lösen. Nicht nur der Dichter, sondern der Mensch überhaupt kann »auf dem Sklavenmarkte des Augenblicks jede Minute verkauft werden und doch dichtend sich sanft und frei erheben« (5,58).

Von der allgemein anthropologischen Version des Begriffs der Besonnenheit bei Herder unterscheidet Jean Paul die höhere, ja göttliche Besonnenheit des Dichters. Während sich die gemeine Besonnenheit auf die Freiheit gegenüber der sinnlichen Affizierung durch die Außenwelt bezieht, ist die höhere Besonnenheit nach innen gerichtet. Das Genie kann nicht nur die innere Welt von der äußeren frei absondern, sondern auch den inneren Strom der Vorstellungen zur

---

[12] Herder, a.a.O., S. 97f.
[13] Herder, S. 30, S. 31.
[14] Herder, S. 34f.

Form und damit zur objektiven Äußerung erziehen und befähigen. »Nun gibt es eine höhere Besonnenheit, die, welche die innere Welt selbst entzweit und entzweiteilt in ein Ich und in dessen Reich, in einen Schöpfer und dessen Welt. Diese göttliche Besonnenheit ist so weit von der gemeinen unterschieden wie Vernunft von Verstand, eben die Eltern von beiden« (5,57). Die Besonnenheit befähigt das Genie, die ihm unbewußt zukommenden Vorstellungen aus der Dunkelheit und Verworrenheit in die Klarheit und Ordnung zu führen.

Den ›passiven Genies‹ fehlt die Besonnenheit. Sie sind bloß empfangend, weswegen sie, wenn sie sich aussprechen wollen, »mit gebrochnen, verworrenen Sprachorganen sich quälen und etwas anderes sagen, als sie wollen« (5,52). In seinem letzten, unvollendeten Roman mit dem Titel »Der Komet« hat Jean Paul einen solchen »S t u m m e n des Himmels« (5,52) gestaltet; es ist kein um Sprache und Form ringender Dichter, sondern ein Maler, der im Tagtraum Bilder vor sich sieht, die er nie wirklich malen kann. Der müßige Träumer sieht alle Gemälde, die, von anderen erschaffen, vor seine Augen kommen, als matte Kopien der Urbilder an, die er im Zustand des Unbewußten erschaut. Er ist ein »frohwahnsinniger Raphael« ohne Hände (6,981).[15]

---

[15] Daß es sich keineswegs um ein ›entlarvendes‹ Motiv handelt, zeigt sich bei E. T. A. Hoffmann in der Novelle »Die Jesuiterkirche in G.« aus dem ersten Teil der »Nachtstücke«. Dort wird die tragische Geschichte des Malers Berthold erzählt, der keinen Strich mehr zeichnen kann: »Nur in süßen Träumen war ich glücklich – selig. (…) Ich lag von zauberischen Düften umspielt im grünen Gebüsch, und die Stimme der Natur ging vernehmbar im melodisch klingenden Wehen durch den Wald. – ›Horch – horch auf – Geweihter! – Vernimm die Urtöne der Schöpfung, die sich gestalten zu Wesen deinem Sinn empfänglich.‹« Berthold wird ebenso zum ›Raphael ohne Hände‹ wie der Maler in Jean Pauls »Komet«. Er erkennt im Traum die Urbilder und kann sie im Wachen nicht wiedergeben. »Wie in seltsamen Hieroglyphen zeichnete ich das mir aufgeschlossene Geheimnis mit Flammenzügen in die Lüfte« – und nicht auf die Leinwand. Der platonische Hintergrund ist unverkennbar. Der Maler soll nicht »Abschreiber« der Natur sein; der »Geweihte vernimmt die Stimme der Natur (…); dann kommt, wie der Geist Gottes selbst, die Gabe über ihn, diese Ahnung sichtlich in seine Werke zu übertragen.« (E. T. A. Hoffmann: Fantasie- und Nachtstücke. Hrsg. v. W. Müller-Seidel. München o.J., S. 430 und S. 429). – E. T. A. Hoffmann verbindet das Motiv ›Raffael ohne Hände‹ mit der Inspirationsthese; das ist nicht eine notwendige Verbindung. Vor Hoffmann und Jean Paul findet sich das Motiv in Lessings »Emilia Galotti« I,4. Der Maler Conti sagt zum Prinzen: »Ha! daß wir nicht unmittelbar mit den Augen malen! Auf dem langen Wege, aus dem Auge durch den Arm in den Pinsel, wie viel geht da verloren! – Aber, wie ich sage, daß ich es weiß, was hier verloren gegangen, und wie es verloren gegangen, und warum es verloren gehen müssen: darauf bin ich stolz, und stolzer, als ich auf alles bin, was ich nicht verloren gehen lassen. Denn aus jenem erkenne ich, mehr als aus diesem, daß ich wirklich ein großer Maler bin; daß es aber meine Hand nicht immer ist. – Oder meinen Sie, Prinz, daß Raphael nicht das größte malerische Genie gewesen wäre, wenn er unglücklicherweise ohne Hände wäre geboren worden?«

Die »Blindheit und Sicherheit« (5,56) verbindet den tierischen Instinkt mit der Schöpfung des Genies. Jean Paul kann im Blick auf diese Strukturverwandtschaft von tierischem, menschlichem und genialem Instinkt mit »Platos und Jacobis Musenpferden pflügen« (5,60). Plato formulierte das Wechselverhältnis von Enthusiasmus einerseits, in welchem Zustand der Dichter und der Philosoph den Stoff empfangen, und der formgebenden Besonnenheit andererseits. Jean Paul bezieht sich auf die Darstellung der Liebe im »Phädrus« (5,58) und auf die platonische Allegorie der schwarzen und weißen Pferde in diesem Dialog (5,63).[16] Sokrates' »Hymnus auf die Liebe« wird genannt, in dem nicht nur der Enthusiasmus des Ergriffenseins vom Eros gepriesen wird, sondern auch die Besonnenheit, die das Empfangene ordnet (5,58). Sokrates zergliedert, wie es im »Phaidros« ausdrücklich heißt, seinen begeisterten Hymnus selbst durch eine »besonnene spielende Kritik«.[17] Im »Phaidros« verspottet Sokrates auch die Rhetorik; er wirft ihr vor, sie sei bloß Techne mit dem Ziel, die Affekte des Publikums zu lenken, eine Methode, das Ergriffensein von der Wahrheit vorzutäuschen. Jean Pauls Anmerkungen über die ›sündige Besonnenheit‹ nehmen diese Kritik der Rhetorik auf; die Besonnenheit steht in der Gefahr, »immer nachzuahmen und mit Willkür und Heucheln göttliche Eingebung und Empfindung nachzuspielen« (5,59).

2. Das Wunderbare und die Mechanik

Es ist eine Merkwürdigkeit der »Vorschule der Ästhetik«, daß in ihr das Schöne explizit gar nicht definiert wird. Der Leser erfährt in § 4 »Nähere Bestimmung der schönen Nachahmung der Natur« zu seiner Verblüffung: »Übrigens gehört einer Poetik darum die Erklärung der Schönheit schwerlich voran, weil diese Göttin der Dichtkunst ja auch andere Götter neben sich hat, das Erhabene, das Rührende, das Komische etc.« (5,41).

Eine eigene Definition des Schönen folgt freilich auch nicht nach den Bestimmungen des Erhabenen oder des Komischen. Im vierten Paragraphen beschäftigt sich Jean Paul damit, die historisch vorherlaufenden Definitionen von Kant, Delbrück oder Hemsterhuis zu zitieren und zu zerpflücken. Im Übrigen findet sich ein Verweis auf den »Artikel vom Genie« (5,43). Nicht das Schöne, traditionell in der Ästhetik als sinnliche Einheit des Mannigfaltigen definiert, führt Jean Pauls »Vorrede« an; die substantiellen Bestimmungen der Poesie überhaupt finden sich in den Artikeln über das Genie, wie wir gesehen haben, und in dem Paragraphen über den »Gebrauch des Wunderbaren«, der im ersten Programm ein außerordentliches Gewicht hat.

---

[16] Vgl. Platons »Phaidros« 244a – 257b (in der Übersetzung Schleiermachers).
[17] »Phaidros« 245a; vgl. 262d.

Was zeichnet das Wunderbare in der Poesie aus? Der Dichter soll das Wunder »in die Seele« legen, »wo allein es neben Gott wohnen kann«. Auf diese Weise dient das Wunderbare der »organischen Gestalt« und der »poetischen Unendlichkeit« (5,44f.). Das Wunderbare wird falsch angewendet, wenn es ›materiell‹ aufgelöst wird durch die nachträgliche Erklärung der Ursachen. Damit wird, wie in Goethes »Wilhelm Meister« in die Geschichte von Mignon und dem Harfner, Kausalität in das gebracht, was zuvor kausal unerklärlich und also wunderbar erschien. »Gern hätte man z.B. Goethen das Aufsperren seines Maschinen-Kabinetts und das Aufgraben der Röhren erlassen, aus welchen das durchsichtige bunte Wasserwerk aufflatterte. Ein Taschenspieler ist kein Dichter, ja sogar jener selber ist nur so lange etwas wert und poetisch, als er seine Wunder noch nicht durch Auflösung getötet hat; kein Mensch wird erklärten Kunststücken zuschauen« (5,44).

Der Paragraph über den »Gebrauch des Wunderbaren« enthält eine interessante Dialektik von Mechanismus und Organismus. Poetisch ist die Unendlichkeit des Organischen, prosaisch-eng die Kausalität des Mechanischen. Der Organismus, die lebendige Totalität eines Wesens, ist für Jean Paul Vorbild der Poesie überhaupt (vgl. 5,39). Das organische Reich greift das mechanische Reich auf und bildet es um. Der Organismus ist mehr als die Summe seiner mechanisch-kausal erklärbaren Teile, er ist eine zweckhafte Einheit. Jean Pauls Gegnerschaft gegen die von Descartes begründete Theorie, Tiere und Menschen seien erklärbar als Maschinen von höchster mechanischer Kompliziertheit, kehrt wieder in den Betrachtungen über das Wunderbare in der Poesie. Gegen die Reduzierung des Organismus auf einen bloßen Mechanismus wandte sich der Vitalismus Georg Ernst Stahls mit dem Argument, daß die für den Organismus charakteristische Zweckmäßigkeit und Selbsttätigkeit auf mechanischem Wege nicht erklärt werden könne, weswegen der Organismus in seinen einzelnen Teilen zwar ein Mechanismus sei, aber ein solcher, der durch ein immaterielles Prinzip gesteuert werde. Auf diese Weise gelangte er zu seiner zwecksetzenden, ›körperbauenden‹ Seele, die als geistiges Prinzip aus der Materie und ihren Gesetzen erst einen organischen Körper macht. Für Jean Paul übt die »poetische Welt dieselbe Kraft an der wirklichen« aus wie »das Geisterreich am Körperreich«, wie das organische Reich am mechanischen: die Poesie, das Geisterreich und der Organismus beherrschen mit »romantischen Wundern« die kausalen Mechanismen der Körperwelt (vgl. 5,39, 44). Der Organismus und die Poesie bringen eine neue Qualität in das Körperreich. Dieser Umschwung hat für Jean Paul viel zu tun mit dem Wunderbaren in der Poesie. Georg Ernst Stahl, den Jean Paul als Wegweiser für die Erklärung der Phänomene des organischen Magnetismus heranzieht, konnte diesen Umschwung nicht erklären – nur konstatieren. Jean Paul bezeichnet diesen Umschwung als ein romantisches Wunder.

Eine Auflösung des Wunderbaren in der Poesie, das heißt eine Auflösung der unerklärbaren Ereignisse durch nachträgliche mechanistische Erklärungen, hält das Wunder in der »Körperwelt unnatürlich« fest wie ein »Taschenspieler« (5,44). Der Dichter kann indes ein »mechanisch zerlegbares Räderwerk von Gaukler-Wundern in Bewegung setzen«, wenn sein Geist dem materiellen Mechanismus kausaler Abläufe eine neue Qualität gibt: »denn durch den Geist erhält der Körper mimischen Sinn, und jede irdische Begebenheit wird in ihm eine überirdische« (5,45). Dann verändert die Geisterwelt die mechanische Körperwelt, wie sie der Organismus durch seine Zwecke verändert.

Jean Paul gibt einen interessanten Hinweis auf die Qualität des Wunderbaren. Der Dichter muß sich hüten, »das Wunder durch Wieglebs Magie zu entzaubern und aufzulösen in Prose. Dann findet freilich eine zweite Lesung an der Stelle der organischen Gestalt nur eine papierne, statt der poetischen Unendlichkeit dürftige Enge; und Ikarus liegt ohne Wachs mit den dürren Federkielen auf dem Boden« (5,44). Wieglebs Magie steht für die prosaische, der Poesie feindliche Entzauberung des Wunders. Es wurde bisher nicht geklärt, was es damit auf sich hat. Während Berends Kommentar auf nähere Angaben verzichtet, verzeichnet der Kommentar der Hanser-Ausgabe dürftig und mit ungenauer Angabe: »Joh. Nik. Martius' Unterricht in der natürlichen Magie ... umgearbeitet von Joh. Chr. Wiegleb« sei 1779 erschienen und dann bis 1805 in zweiter Auflage als ein riesiges Korpus von zwanzig Bänden ediert worden (5,1202). Über die Beschaffenheit dieses Werks und den Sinn seiner Erwähnung in der »Vorschule der Ästhetik« im Zusammenhang mit dem Wunderbaren erhält man keine Auskunft.

»Die natürliche Magie, aus allerhand belustigenden und nützlichen Kunststücken bestehend; zusammengetragen von Johann Christian Wiegleb« hat nämlich einen irreführenden Titel.[18] Es hat mit der vorwissenschaftlichen Magia Naturalis gar nichts zu tun. Wiegleb tritt im Gegensatz dazu mit dem Vorsatz an, zum Nutzen des aufzuklärenden Publikums endgültig mit dem Aberglauben in einem Buch aufzuräumen, das – dem Vorwort zufolge – vergriffen war und nach dem immerfort verlangt wurde, nämlich »Joh. Nikol. Martius Unterricht von der Magia naturali, und derselben medizinischen Gebrauch, auf magische Weise, wie auch bezauberte Dinge zu kurieren, gedruckt 1751«. Die erste Auflage erschien schon 1719. Wiegleb arbeitet das Buch nicht um, sondern ersetzt die natürliche Magie, deren später Anhänger Martius ist, durch physikalische, optische oder chemische Erklärungen auf der Höhe der Zeit. Um den magischen Praktiken und Anschuungen ein für alle Mal nicht nur durch die Naturwissenschaft, sondern auch durch die philosophische Reflexion ein Ende zu machen, stellt Wiegleb seinem Buch 1779 »Johann Peter Eberhards

---

[18] Berlin und Stettin 1779.

zu Halle Abhandlung von der Magie« voran, die Jean Paul schon 1788 oder 1789 exzerpierte.[19] Eberhard steht noch so sehr im Sog der Überlieferung, daß er »physikalische Kunstgriffe«, die dem »Pöbel« wunderbar erscheinen, als »natürliche Magie« bezeichnet, mit der Erklärung, es handle sich dabei um »physikalische Magie«. Diese entzauberte Magia naturalis wird abgesetzt von der schwarzen Magie der Geisterbeschwörung, die auf Suggestion der Zuschauer und auf optischen Tricks beruhe. »Chemische Magie« ist der Titel, unter dem die angeblichen Wunder der Magie durch die Kenntnis chemischer Prozesse abgelöst werden.[20]

Wiegleb entzaubert die Magia Naturalis des Johann Nikolaus Martius. Martius gehört zu den Autoren, welche die paracelsische Magie und die magnetische Sympathielehre, wie sie besonders bei dem Älteren van Helmont ausgeprägt ist, ans 18. Jahrhundert weitergeben. Unter Berufung auf den Renaissance-Neuplatoniker Marsilius Ficinus beschreibt Martius die Magia Naturalis ganz im tradierten Sinne: »Die Magia Naturalis ist, welche denen natürlichen Dingen, zum glücklichen und gesunden Wohlstande der Leiber, himmlische Wohltaten zuwege zu bringen trachtet. Oder, welche Materien, die auf wunderbare Weise formiret werden sollen, denen natürlichen Ursachen zu rechter Zeit unterwirfft.«[22] Obwohl der Naturkundige nicht leichtfertig zu den verborgenen Qualitäten seine Zuflucht nehmen soll, wenn physikalische Ursachen erforscht werden können, verteidigt Martius die occultae qualitates.[22] Unter dem Druck der empirischen Physik und der Cartesianer will er freilich magische Wirkungen »einiger Maassen durch Mechanische Leges« erklären, so »daß also die Cartesianer nicht nöthig haben, alle Magische Handlungen und Curen (…) als lauter abergläubische Dinge zu verwerffen.« Was Martius den Cartesianern zuliebe res extensa nennt, ist allerdings nicht bloße Materie, sondern ein »Compositum oder Mixtum aus Materie und Geist«. Der Körper hat keinen »eigenen Motum«; er ist ein ›Extensum‹, dessen ›Extendens‹ der Geist ist.[23] Dieses Compositum ist dem subtilen Seelenkörperchen Charles Bonnets, dem paracelsischen

---

[19] In: Jean Pauls Nachlaß Fasc. 2b »Geschichte. 15. Band 1788.89«, S. 155. Im selben Band exzerpiert Jean Paul auf S. 136 aus »Paracelsus de meteoris.«

[20] Die natürliche Magie ... von Joh. Chr. Wiegleb, Bd. 1, Berlin und Stettin 1779, S. 8 – 10.

[21] Johann Nikolaus Martius: Unterricht von der wunderbaren Magie und derselben medicinischen Gebrauch ..., Frankfurt, Leipzig 1719, S. 40.

[22] Jean Paul notierte sich im Exzerptenheft »Geschichte. Erster Band 1782«, S. 60f. den Titel und einige ›witzig‹ verwendbare Einzelheiten von Kräutermann: Das in der Medizin gebräuchliche Regnum animale oder Thier-Buch. Arnstadt und Leipzig 1728. Peuckert weist eine Beziehung Kräutermanns zu Martius wie auch zu Giambattista della Porta nach (Will-Erich Peuckert: Gabalia. Ein Versuch zur Geschichte der magia naturalis im 16. bis 18. Jahrhundert. Berlin 1967, S. 409; vgl. S. 367 – 371). Jean Paul exzerpiert im selben Heft Fasc. 2a den »Annulus Platonis«, Porta und Kräutermann.

[23] Martius, S. 64f. und S. 66; vgl. S. 68.

Archeus, der sensitiven Seele van Helmonts oder der körperbauenden Seele Stahls vergleichbar.[24]

Jean Pauls Hinweis auf Wiegleb, der die Magia naturalis von Martius durch genaue physikalische Erklärung ›entzaubert‹, ist vordergründig wirkungsästhetisch. Der Dichter soll nicht die poetischen Wunder nach und nach bis in die letzte Einzelheit entwirren. Er soll die Wunder in die Seele legen, denn »das große unzerstörliche Wunder ist der Menschen-Glaube an Wunder, und die größte Geistererscheinung ist die unsrer Geisterfurcht in einem hölzernen Leben voll Mechanik« (5,45f.). Der Glaube an Wunder ist zunächst nur eine Eigenheit der menschlichen Psychologie; in einer ironischen Volte nennt Jean Paul dann jedoch das ›hölzerne Leben voll Mechanik‹, das die Cartesianer und Aufklärer vom Schlage Eberhards oder Wieglebs als einzig gültige Naturansicht installieren wollen, eine Geistererscheinung, vor der Furcht zu haben verständlich und notwendig ist.

In seinen Abhandlungen über das Commercium mentis et corporis apostrophiert Jean Paul diejenigen, welche das Leben und den Geist mechanisch erklären wollen, als ›organische Maschinisten‹. Die Vorstellung einer »allgewaltigen blinden einsamen Maschine«, die den Menschen »mit keinem geistigen Ton anredet«, eine Vorstellung der Natur, wie sie von Descartes begünstigt wurde, ist für Jean Paul erschreckend; er sehnt sich nach Zwecken hinter aller Mechanik (5,96f.). Die physikalische Erklärung der Naturvorgänge allein befriedigt nicht die Hoffnungen des Menschen. Hingegen liegt die Vorstellung eines schaffenden, zwecksetzenden Geistes der Natur des Menschen nahe. Durch die Diskrepanz zwischen der Aufklärung des Verstandes und den Bedürfnissen des Herzens wird für Jean Paul das Wunderbare in der Poesie so wichtig, daß er es in die Bestimmung der »Poesie überhaupt« hineinnimmt.

Im Rahmen der romantischen Poesie widmet Jean Paul der »Poesie des Aberglaubens« einen eigenen Paragraphen. Eine Quelle dieser romantischen Poesie des Aberglaubens ist nicht nur die christliche »Dämonologie« (5,93), sondern auch das »ungeheure, fast hülflose Gefühl, womit der stille Geist gleichsam in der wilden Riesenmühle des Weltalls betäubt steht und einsam. Unzählige unüberwindliche Welträder sieht er in der seltsamen Mühle hintereinander kreisen« (5,96). Die Mühle ist die repräsentative Metapher der Aufklärung für

---

[24] Peuckert behauptet, die Magia Naturalis sei von Martius als »ein quasi mechanischer Prozeß begründet worden« (W.-E. P.: Gabalia. Berlin 1967, S. 414). Das ist nicht richtig. Martius gibt sich unter den Angriffen der Cartesianer nur den Anschein einer mechanischen Erklärungsweise. Im wesentlichen Punkt bleibt er der Tradition treu: der Körper hat keine eigene Bewegkraft, die Materie ist also den substantiellen Geist tot. Etwas später meint Peuckert denn auch, Martius stehe wie Fludd an einem Vereinigungspunkt von natürlicher Magie und Pansophie.

den Mechanismus. Gegen diese mechanistische Welterklärung empfiehlt Jean Paul die »Poesie des Aberglaubens«. Er verteidigt den Aberglauben nicht im Einzelnen, so wenig er ein Adept der Magia naturalis ist; er verteidigt den Aberglauben aufgrund des unabdingbaren Gefühls, das ihn hervorbringt: daß es eine Harmonie zwischen »Erden und Geistern« geben müsse (5,97).

Gegenüber der rationalistischen Poetik Gottscheds hat sich bei Jean Paul ein bedeutender Wandel vollzogen. Von vornherein gilt Gottsched das Wunderbare im antiken Epos als Frucht einer unwissenschaftlichen Zeit, in der die »Neugierigkeit« des Menschen durch seltsame und ungewohnte Erscheinungen leicht gereizt und befriedigt werden konnte. Die rhetorischen Ziele der attentio und admiratio könnten in wissenschaftlich aufgeklärten Zeiten nicht mehr so leicht erreicht werden. »Das Wunderbare muß noch allezeit in den Schranken der Natur bleiben, und nicht zu hoch steigen«. Gottsched entschuldigt die Alten (»Man verstand damals die Naturlehre sehr schlecht«), nicht aber die Neuen. Tasso und Milton verfallen der Rüge, das Wunderbare bis zur Lächerlichkeit getrieben zu haben.[25] Denn ihnen stand eine präzisere Naturansicht zur Verfügung als den in der Mythologie befangenen Alten. Das Wunderbare hat in der Poesie seinen Platz nur da, wo es, von der Wahrscheinlichkeit gebändigt, der Belehrung dient. Wenn das Wunderbare gänzlich gegen die aufgeklärte Naturlehre verstößt, kann es nicht zur Belehrung dienen. Es führt vielmehr zur Verwirrung der Geister und nährt den Aberglauben.

Bodmer setzt dem entgegen, der Poet bekümmere »sich nicht um das Wahre des Verstandes; da es ihm nur um die Besiegung der Phantasie zu thun ist, hat er genug an dem Wahrscheinlichen, (...) es ist wahres, so fern als die Sinnen und die Phantasie wahrhaft sind, es ist auf das Zeugniß derselben gebauet«.[26] Gegen die Einheit und die Ordnung der Vernunft wird sinnliche Einheit gesetzt. Die heidnische Mythologie oder die christliche Dämonologie der Engel und Teufel müssen poetisch wahr, d.h. sie müssen »nur den Sinnen und der Einbildung wahr scheinen, ob sie es gleich nach dem Urtheil des reinen Verstandes nicht sind.«[27] Durch eine psychologische Fassung der Wahrscheinlichkeit gewinnen Bodmer und Breitinger eine neue Lizenz für das Wunderbare, wobei vor allem Bodmer die Gefährdungen des Aberglaubens und des Wahns gering

---

[25] Johann Christoph Gottsched: Versuch einer Critischen Dichtkunst. 4. Aufl. Leipzig 1751, S. 170f., S. 190, S. 196. – Zum Streit über das Wunderbare in der Poesie vgl. die neueste umfassende Arbeit von Karl-Heinz Stahl: Das Wunderbare als Problem und Gegenstand der deutschen Poetik des 17. und 18. Jahrhunderts. Frankfurt 1975, S. 136, S. 140 und passim. Stahl beschreibt den Konflikt theologischer und rationaler Deutungen des Wunderbaren, der dann vorwiegend durch neue psychologische Erklärungen beigelegt wird.

[26] Johann Jacob Bodmer: Critische Abhandlung von dem Wunderbaren in der Poesie. Faksimiledruck nach der Ausgabe von 1740. Stuttgart 1966, S. 47.

[27] Bodmer, a.a.O., S. 151.

wertet. Der Poet hat nicht die Aufgabe, dem Irrglauben aufklärend Einhalt zu tun. »Bey welchem der Wahn und der Aberglauben den Verstand schon verdüstert haben, bey wem die Sinnen und die geringern Kräfte der Seele die Herrschaft führen, der wird die Erdichtungen der Poeten desto leichter annehmen, je weniger er im Stand ist, das betrügliche darinnen einzusehen.«[28] Der Dichter muß den Grad der Aufgeklärtheit und das Bewußtsein seines Publikums berücksichtigen, um das Wahrscheinliche nicht zu verfehlen. Folgerichtig werden Tasso und Milton gegenüber Gottscheds Verurteilung rehabilitiert, wobei Bodmer allenfalls den Einwand gelten läßt, sie hätten auf ihre Leser nicht genug geachtet. Der Trennung von Einbildungskraft und Verstand entspricht in der Ästhetik die Trennung von Poesie und Wissenschaft.

Jean Paul zeigt schon in der »Unsichtbaren Loge« von 1793, daß die rationale Erklärung nichts über den eingeborenen Glauben an Wunder und Geister vermag; »daher zieht Shakespeare in seinen Geisterszenen die Haare des Ungläubigen in der Frontloge zu Berge, offenbar vermittelst seiner aufgewiegelten Phantasie«. Die Geisterfurcht, heißt es da, schafft nicht der Mangel an Mut und nicht die Erziehung, sondern unsere »Natur« (1,175). Die Leugnung des Wunders durch den Verstand wird aufgehoben von der Einbildungskraft, die gleichsam naturhaft und archaisch regiert. Nahezu identisch mit Jean Paul ist der Satz Lessings: »Vor seinem Gespenste im ›Hamlet‹ richten sich die Haare zu Berge, sie mögen ein gläubiges oder ungläubiges Gehirn bedecken«.[29] Lichtenberg formuliert den Sachverhalt witzig, wenn er sagt, er glaube nicht an Gespenster, habe aber Furcht vor ihnen. Poetisch müsse daher, so Jean Paul, das Wunderbare in die Seele gelegt werden. Poetisch sei »eine Geisterfurcht besser als eine Geistererscheinung, ein Geisterseher besser als hundert Geistergeschichten; nicht das gemeine physische Wunder, sondern das Glauben daran malt das Nachtstück der Geisterwelt. Das Ich ist der fremde Geist, vor dem es schauert, der Abgrund, vor dem es zu stehen glaubt« (5,45). Die Betonung der Einbildungskraft des Subjekts bedeutet nicht schrankenlose Subjektivität oder bloße Illusion als Movens der Geisterfurcht. Diese Furcht ist »nicht sowohl der Schöpfer als das Geschöpf der Götter« − ihr Urgrund liegt in der Beschaffenheit der Schöpfung. Die von der Einbildungskraft getragene Furcht weist auf einen allgemeinen ›Willen‹, der »durch die mechanische Bestimmtheit greift (5,97).

Die Furcht als Schöpfer der Götter wurde von Thomas Hobbes exponiert. Unbekannt mit der Natur der wirklichen Ursachen, hätte sich die menschliche Seele eine unsichtbare Kraft vorgestellt. Dies gilt für die Götter der Heiden, in

---

[28] Bodmer, a.a.O., S. 171.

[29] G. E. Lessing: Hamburgische Dramaturgie, 11. Stück. In: Lessing, Werke. Hrsg. von J. Petersen und W. v. Ohlshausen. Bd. 5, S. 67. Vgl. dazu K.-H. Stahl: Das Wunderbare als Problem und Gegenstand der deutschen Poetik des 17. und 18. Jahrhunderts, Frankfurt 1975, S. 197.

eingeschränktem Maße aber auch für den Monotheismus. »This perpetual fear, always accompanying mankind in the ignorance of causes, as it were in the dark, must needs have for objekt something. And therefore when there is nothing to be seen, there is nothing to accuse, either of their good, or evil fortune, but some p o w e r, or against i n v i s i b l e: in which sense perhaps it was, that some of the old poets said, the gods were at first created by human fear«.[30] Hobbes schickt alle Götter zurück in die menschlichen Affekte, wo sie hergekommen seien. »Seeing there are no signs, nor fruit of r e l i g i o n, but in man only; there is no cause to doubt, but that the seed of r e l i g i o n, is only in man«.[31]

Wenn Jean Paul die Furcht und die innere Nacht als Schöpfer der Götter bezeichnet, so folgt er zunächst Hobbes (und Helvétius, der diese Formel aus dem »Leviathan« übernimmt).[32] Doch dies ist nur die eine Seite der Jean Paulschen Bestimmung; die Furcht ist nicht nur Schöpfer, sondern auch G e s c h ö p f der Götter. Zwar ist das Ich der fremde Geist, vor dem es erschauert; »aber da in unserm Ich sich eigentlich das anfängt, was sich von der Weltmaschine unterscheidet und was sich um und über diese mächtig herumzieht, so ist die innere Nacht zwar die Mutter der Götter, aber selber eine Göttin« (5,97).

Während Hobbes die Gottesvorstellungen radikal auf die Denk- und Affektstruktur des Menschen reduziert, schließt Jean Paul auf eine dieser Struktur des Menschen zugrundeliegende erste Ursache. Der Mensch als hervorgehobenes Wesen hat Anteil an den Zweckursachen, was ihn von der ›Weltmaschine‹ unterscheidet. Furcht und Hilflosigkeit als Urheber der Religion deuten so stets auf den geistigen Urheber im Universum. Damit wird die Einbildungskraft, von Hobbes als unzuverlässig qualifiziert, bedeutend aufgewertet.

In der »Vorschule« sind die Paragraphen über das Wunderbare und über die Poesie des Aberglaubens so wichtig und bedeutsam, weil in ihnen die weiterhin anstehenden Probleme Jean Pauls nicht naturphilosophisch, sondern im Rahmen der Ästhetik einer Lösung nähergebracht werden sollen. Furcht und Aberglauben des Menschen werden aufgewertet angesichts der aufgeklärten cartesischen Vorstellung einer Weltmaschine, die getrennt von der res cogitans und getrennt von der Personalität des Ich »mechanisch rauschet« und den Menschen »mit keinem geistigen Ton anredet«. Die Furcht wird bei Jean Paul zum Schöpfer der Götter, weil nicht zuletzt dieser Affekt und seine Wirkung

---

[30] Thomas Hobbes: Leviathan or the Matter, Form, and Power of a Commonwealth ecclesiastical and civil. In: The English Works of Thomas Hobbes. Hrsg. v. William Molesworth. London 1839, Bd. 3, S. 95 (Chapter XII: Of Religion).
[31] Hobbes, a.a.O., S. 94.
[32] Claude Adrien Helvétius: Vom Menschen, seinen geistigen Fähigkeiten und seiner Erziehung. Hrsg., übers. u. eingel. v. G. Mensching. Frankfurt 1972, S. 72, S. 155, S. 159.

auf die Einbildungskraft den Menschen von der ›Weltmaschine‹ unterscheidet. Der Affekt wird zum Anzeichen dafür, daß es Zwecke im Universum gibt und einen »Willen«, der durch »die mechanische Bestimmtheit greift« (5,96f.). Wenngleich das Ich Schöpfer der Götter ist, so schließt dieses Ich doch zurecht aus seiner Selbsterfahrung, daß Maschinen auch einen Hersteller haben müssen, der ihren Mechanismus zweckhaft bestimmt.

Leibniz beschreibt die Welt als eine Maschine, deren Feinheit und Ingeniosität alle menschlichen Erfindungen unendlich übertrifft.[33] Der Erfinder der Weltmaschine verfolgt wie der erfinderische Mensch in bescheidenem Maße Zwecke. In der »Vorschule« schreibt Jean Paul, der Geist des Menschen sehe sich »furchtsam nach den Riesen um, welche die wunderbare Maschine eingerichtet und zu Zwecken bestimmt haben und welche er als die Geister eines solchen zusammengebauten Körpers noch weit größer setzen muß, als ihr Werk ist« (5,97). Die zwecksetzende Ursache muß den Weltmechanismus übertreffen, ein zwecksetzender Produzent das mechanische Produkt durch seinen Willen und seine schöpferische Potenz dominieren. Das Ich unterscheidet sich von Weltmaschine in eben der Weise, in der sich Gott von seiner Schöpfung unterscheidet. »Jedes Körper- oder Welten-Reich wird endlich und enge und nichts, sobald ein Geisterreich gesetzt ist als dessen Träger und Meer« (5,97).

Die anthropomorphisierende Gottesvorstellung gewinnt so an Gewicht; die menschliche Selbsterfahrung, vom körperlichen Mechanismus unterschieden zu sein, wird zum Rechtsgrund dieser Analogie. Freilich reicht dieser Analogieschluß nicht zu deutlicher Erkenntnis hin. Zwar muß sich die »geistige Mimik des Universums« ebenso offenbaren wie »der Leib die Seele« mimisch offenbart; das »abergläubige Irren besteht nur darin«, daß wir diese Zeichenhaftigkeit glauben »deuten« zu können (5,97f.).

Das Bedürfnis nach Unendlichkeit macht sich für Jean Paul besonders im »Traum« geltend, »welchen wir als eine besondere f r e i e r e willkürliche Vereinigung der geistigen Welt mit der schweren« Körperwelt empfinden (5,97). Auch in Bezug auf den Traum zeigt sich eine interessante Umkehrung der Argumentation von Hobbes, der im »Leviathan« die Religion psychologisch auflöst. Die eingebildeten unsichtbaren Kräfte (»fancied« invisible agents) entsprächen dem, »which appeareth in a dream, to one that sleepeth; or in a looking-glass, to one that is awake; which, men not knowing that such apparitions are

---

[33] Leibniz, Monadologie § 64: »Ainsi chaque corps organique d'un vivant est un Espèce de Machine divine, ou d'un Automate Naturel, qui surpasse infiniment tous les Automates artificiels. (…) Mais les Machines de la Nature, c'est à dire les corps vivans, sont encor des machines dans leur moindre parties jusqu'à l'infini. C'est ce qui fait la difference entre la Nature et l'Art, c'est à dire entre l'art Divin et le Notre« (in: Leibniz, Philosophische Schriften. Hrsg. v. H. H. Holz, Bd. 1, S. 468).

nothing else but creatures of the fancy, think to be real, and external substances«.[34] Hobbes sieht in der Mißdeutung der Traum- und Spiegelbilder den Urheber der Vorstellung unkörperlicher Wesen. Jean Paul betrachtet den Traum als Paradigma einer freieren Verbindung von Geist und Körper.

Etwa gleichzeitig mit der »Vorschule« entstand der Roman »Flegeljahre«. In ihm findet sich ein Tischgespräch zwischen Klothar und dem Kirchenrat Glanz über den Aberglauben. Während der aufgeklärte Kirchenrat den verhängnisvollen Spiritualismus des Hexenglaubens als »Trug« und als endlich entlarvtes Werk einer mißgeleiteten Einbildungskraft erklärt, verteidigt Klothar den Realitätsgehalt der Einbildung. »Eine durch Völker und Zeiten reichende Einbildung festgehaltener, nuancierter Tatsachen ist so unmöglich als die Einbildung einer Nation, daß sie einen Krieg oder einen König habe, der nicht ist« (2,747). Klothar wünscht sich eine »Geschichte des Wunder-Glaubens oder vielmehr des Glaubens-Wunders – von den Orakeln, Gespenstern an bis zu den Hexen und sympathetischen Kuren«. Eine solche Geschichte könne Einsichten in die Subjektivität gewähren; anstatt diese merkwürdigen Bezirke der Seele als Verirrung der Einbildungskraft abzutun, sollte man versuchen, diese Phänomene als Geistererscheinungen in uns zu verstehen. Nicht ein »engsüchtiger Aufklärer« kann nach Klothars Meinung eine solche Geschichte des Aberglaubens verfassen – davon gibt es genug; nur eine »heilige dichterische Seele« ist dazu berufen, ein Dichter also, der »die höchsten Erscheinungen der Menschheit rein in sich und in ihr anschauet, nicht außer ihr in materiellen Zufälligkeiten sucht und findet«, ein Dichter, der »das erste Wunder aller Wunder versteht, nämlich Gott selber, diese erste Geistererscheinung in uns vor allen Geistererscheinungen auf dem engen Boden eines endlichen Menschen« (2,749).

In dem Vorschul-Paragraphen über den Gebrauch des Wunderbaren fordert Jean Paul, das Wunder in die Seele zu legen, ästhetisch innere Wunder zu bevorzugen, die nicht psychologisch oder gar technisch aufgelöst werden (vgl. 5,44f.). Die »Poesie des Aberglaubens« und ihre Wirkung verweist auf die Struktur der menschlichen Subjektivität, in der sich sowohl die Furcht vor einer unsichtbaren zweiten Welt als auch die Hoffnung auf ein geistig verfaßtes Universum manifestiert. Klothars Forderung in den »Flegeljahren«, nicht ein Aufklärer, sondern ein Dichter solle sich mit dem Wunderglauben (und dem Glaubens-Wunder) befassen, weist auf eine besondere Kompetenz des Künstlers in diesem prekären Bereich der Einbildungskraft hin. Nicht anders als der Paragraph 24 über die »Poesie des Aberglaubens« formuliert Klothar eine nicht unbeträchtliche Aufwertung der Einbildungskraft.

In der frühen Aufklärung führte der Kampf gegen das Hexenwesen zu einer vielfach ausgesprochenen Warnung vor der allzu leicht in die Irre führenden

---

[34] Hobbes: Leviathan (Anm. 13), S. 96.

Einbildungskraft. Noch der Streit zwischen Gottsched und den Schweizern kann als Spiegelung dieses Kampfs der Aufklärung mit dem Aberglauben in der Ästhetik begriffen werden; Gottsched führt die Übertreibung des Wunderbaren in der Poesie der Alten auf deren mangelnde Naturkenntnis zurück. Die Schweizer erweitern die Lizenz des Wunderbaren durch eine Trennung von Verstand und Phantasie; sie leiten die Verlegung des Wunderbaren in die Subjektivität ein.

Jean Paul läßt Klothar in den »Flegeljahren« ›feurig‹ den Satz aussprechen: »Was wir uns als höhere Wesen denken, sind wir selber, eben weil wir sie denken: wo unser Denken aufhört, fängt das Wesen an« (2,750). Der Anthropomorphismus der Gottesvorstellung, ihr Ursprung in der menschlichen Subjektivität und ihre Gestalt, die nach Hobbes der menschlichen Seele analog ist, bezeichnet für Jean Paul auch in der »Vorschule« n i c h t die endgültige Auflösung und Nichtigkeitserklärung, sondern den Ausgangspunkt einer nicht mehr rationalen Metaphysik. Im Bereich des Denkens bezeichnet die Vorstellung höherer Wesen vor allem den Menschen selbst, der nicht imstande ist, sich etwas gänzlich von ihm Unterschiedenes vorzustellen. Ludwig Feuerbach faßt einige Jahrzehnte später die Bedeutung des Anthropomorphismus der Gottesvorstellung in dieser Weise: aus den Bestimmungen der Transzendenz in der Geschichte der Religion und des Aberglaubens erhält der Mensch Aufschluß über sich selbst und seine Bedürfnisse. Während jedoch Feuerbach, darin seinen Vorläufern Hobbes und Helvétius nicht unähnlich, als Konsequenz zu einer materialistischen Anthropologie findet, leiten Jean Paul und Jacobi aus derselben Konstellation ein den Menschen trotz aller Aufklärungen unverändert durch seine Geschichte bestimmendes Bedürfnis nach einer geistig verfaßten Welt ab.[35]

Eine außerästhetische Würdigung des Aberglaubens findet sich an entlegener Stelle. 1815 schrieb Jean Paul eine Vorrede zu dem Buch »Des deutschen Mittelalters Volksglauben und Heroen-Sagen« von Friedrich Ludwig Ferdinand Dobeneck. Jean Paul war mit dem Regierungsrat Dobeneck in Bayreuth befreundet; die Vorrede ehrt die Freundschaft zu dem schon 1810 verstorbenen Liebhaber des Volksglaubens. Nach Jean Paul ist der Aberglaube eine »höhere Erscheinung im Menschengeiste als die gewöhnlichen Irrtümer, mit welchen man ihn vermengt«, denn er »irrt sich mehr im Ort als im Dasein der Wunderwelt, welche sich unserm Innern ohne Vermittlung des alltäglichen Außen, ja mit Widerspruch desselben ankündigt und aufschließt« (II,3,625). Die aus der

---

[35] Es kann kaum mit rechten Dingen zugehen, wenn Wolfgang Harich Jean Paul mit dem Sensualismus Feuerbachs gleichsetzt: »Das sensualistische Prinzip, das Feuerbach proklamiert, das von seinem Materialismus unablösbar ist, die ›Clavis Fichtiana‹ setzt es bereits voraus. Kurz, als Sprachdenker ist Jean Paul sogut wie Feuerbach Materialist (...) Was zu beweisen war« (W. Harich: Jean Pauls Kritik des philosophischen Egoismus. Frankfurt o.J. (1968), S. 88f.).

»Vorschule« inzwischen wohlbekannte Figur des inneren Wunders, das gleichwohl auf eine geistige Verfassung des Universums ›mimisch‹, wenn auch undeutbar, hinweist, kehrt 1815 wieder. Für Jean Paul gibt es »Kräfte, die unser Geist nur in sich ahnen, obwohl an Körpern nicht finden kann, wie er überhaupt diesen, als wirkenden, alle seine Ähnlichkeiten erst leihen muß« (II,3,625f.). Wiederum wird der Anthropomorphismus transzendenter Vorstellungen nicht als psychologische Reduktion derselben, sondern als Hinweis auf den Realismus der Gefühle begriffen, deren historische Konsistenz auf eine ihnen zugrundeliegende Realität verweist. In diesem Sinne ›geliehene‹, das heißt von einer Person oder von einer Sache auf die andere übertragene Vorstellungen spielen eine zentrale Rolle in der »Vorschule der Ästhetik« und schon zuvor in dem Aufsatz »Über die natürliche Magie der Einbildungskraft«.

Jean Paul geht aus von einer Stufenlehre des Seins, die sich nach oben ins Unendliche verliert. Höhere Bildungsstufen des Menschen als die gegenwärtige erscheinen so möglich wie andere Welten. »So groß die Welten sind, so sind sie doch nur Punkte (Differentialen) gegen den größeren Himmel, worin sie gehen; das Auge sieht nur jene, nur der Geist diesen. Dies gilt figürlich wie astronomisch« (II,3,626). Leibniz' Philosophem der Vielzahl möglicher Welten, aus denen Gott die hiesige ausgewählt habe, gab im 18. Jahrhundert Anlaß zu einer großräumigen Spekulation, der sich Fontenelle (»De la Pluralité des Mondes«) und der vorkritische Kant in der »Allgemeinen Naturgeschichte und Theorie des Himmels« widmeten. Naturwissenschaftler wie Huygens oder Haller sahen sich angesichts des Problems, Naturwissenschaft und Theologie miteinander zu vereinbaren, nach der kopernikanischen Revolution des Weltbilds zu solchen Überlegungen genötigt.[36] Die von Leibniz als denknotwendig eröffnete Möglichkeit neuer und anderer Welten führte generell zu einer »Naturalisierung der Begriffe des W u n d e r s und des W u n d e r b a r e n, die jetzt gerade eben jener Natur zugeschrieben werden, deren Durchbrechung und Übermächtigung zuvor die theologische Zeugnisqualität des Wunders ausmachte. (...) Die P h a n t a s i e wird zu einem Organ von ganz.unvorhergesehener Positivität, wenn im offenen Horizont des Nicht-Unmöglichen das Unerwartete gerade immer das zu Erwartende geworden ist.«[37]

Die Erweiterung der Natur und die Naturalisierung des Wunders durch das Konzept eines Plurals von ›Welt‹ ist Jean Paul geläufig: im »Kampaner Tal« wird die Möglichkeit eines zweiten Lebens auf fremden Planeten diskutiert. Zum Zeugen wird Kants »Naturgeschichte und Theorie des Himmels« aufgerufen (4,609f.). Die Vorstellung einer Vielzahl von Welten gilt so nicht nur »figürlich«,

---

[36] Hans Blumenberg: Paradigmen zu einer Metaphorologie. Bonn 1960, 63f. Anm. 93 (Sonderdruck aus dem Archiv für Begriffsgeschichte Bd. 6).
[37] Blumenberg, S. 62.

sondern auch »astronomisch«; die Entdeckung immer neuer Sterngebilde durch die Astronomie läßt das alte Theologumenon vom zweiten Leben geradezu naturalistisch erscheinen. Im Rahmen der Leibnizschen Metamorphose der Körper, die auf der Fülle des Seins und der nirgends ununterbrochenen Stetigkeit in der Natur basiert, wird eine Ausdehnung des Lebens in jeder Form im ganzen Universums denkbar. Jean Paul spielt auf die von Leibniz vervollkommnete Integralrechnung an, die Prozesse als unendlich kleine Schritte der Umwandlung mathematisch beschreibt (vgl. II,3,626). Das Wunder, zuvor theologisch eine Grenzüberschreitung des Natürlichen, kann so in die Natur selbst verlegt werden. Die Natur selbst beglaubigt eine »schöpferische Kraft in uns«, die, wenn sie ins »Unendliche gehoben und der körperlichen Räder- und Rindenwerke entledigt ist«, auf andere Welten als die hiesige hindeutet (II,3,626).

Allerdings überschreitet Jean Paul in seiner Begeisterung die Leistungsgrenze des Konzepts der möglichen Welten. Er akzeptiert als Hinweis auf eine nach Zwecken verfaßte Welt selbst den »Überglauben« – aus Angst vor einer allein mechanisch ablaufenden Welt. »Diese Welt ist geistig-menschlich; – daher der Überglauben in den Sympathien und Antipathien usw. überall Liebe und Haß statt der schweren kalten Körper spielen und in den Maschinen Herzen schlagen läßt. – Ferner ist sie grenzenlos, wie alles Geistige, und eben darum wundervoll« (II,3,626). Die Lehre der Sym- und Antipathien, derzufolge die ganze Natur nach Anziehung und Abstoßung, nach Feindschaft und Freundschaft, Verwandtschaft und Fremdheit aufgebaut ist, kehrt als ›Überglauben‹ aus der Versteckheit des Hermetismus und aus der insgeheim im Mesmerismus weiterwirkenden Magia Naturalis des Älteren van Helmont wieder.[38] Die romantischen Polaritätssysteme von Schelling oder Schubert griffen begeistert die alte Sympathienlehre auf; Jean Paul ist da vorsichtiger. Er nennt die Vorstellung einer nach Sympathien und Antipathien eingerichteten Natur einen ›Überglauben‹. Der Überglaube der magischen Sympathienlehre ist ihm ein Ausdruck des Bedürfnisses, eine dem Menschen und seinem Geist ähnliche Natur wiederzufinden.

Im Zeichen des Magnetismus, zu dem sich Jean Paul 1807 in dem zitierten Brief an Jacobi, seit 1812 in Abhandlungen über Geist und Körper öffentlich bekennt, läßt sich allerdings eine zunehmende Neigung zu Modellen der alten Magia Naturalis nicht verkennen. In einer Fußnote verweist er auf seine »Zweifel an den bisherigen Aufhellungen des Hexenwesens«, die er »in einen fremden

---

[38] Nach der Schrift »De magnetica vulnerum naturalis et legitima curatione« von Johann Baptist van Helmont beruht die Kur der Wunden und Krankheiten wie ihre Verursachung auf dem allen Körpern innewohnenden Lebensgeist, dem Archäus. Helmont folgt der Sym- und Antipathielehre; alle Dinge werden durch geistige Anziehung oder Abstoßung bewegt. Der Mensch kann den Dingen seinen Willen ›einprägen‹. Vgl. dazu Kap. II,3.

Mund gelegt im zweiten Bändchen der Flegeljahre« geäußert habe. Die »Flegeljahre« entstanden etwa zur gleichen Zeit wie die »Vorschule der Ästhetik«. Nach
den »Entdeckungen des Magnetismus« sollten wir endlich von der »Leicht-
gläubigkeit der Aufklärer« geheilt werden, die alle Erfahrungen früherer Jahrhunderte, die sich nicht klipp und klar erklären lassen, als Aberglauben denun-
zierten. »Kann es ein Feld des Wissens geben, worin nichts als Beete von Unkraut
blühten? Wenn Erfahrungen mit sogenannten sympathetischen Mitteln nicht
mit den versprochenen Erfolgen wiederholt werden: so kann man daraus nur
wenig mehr gegen jene schließen, als gegen die ganze Arzneimittellehre, worin
es vielleicht kein einziges Mittel gibt, welchem der angekündigte Heilgehalt nicht
von irgendeinem Versuche wäre wieder abgesprochen worden, noch bei jenen
nicht einmal gerechnet, daß uns der Mangel eines leitenden Grundgesetzes, also
der Bedingungen, eine reine Wiederholung der sympathetischen Erfahrungen
erschwert« (II,3,631). Die an Kautelen reiche Argumentation für den organischen Magnetismus und die in ihm wiedererstandene Magia naturalis hält die
Wirkung sympathetischer Mittel für nicht weniger wahrscheinlich als die
Wirkung irgendwelcher Arzneimittel.

Die Sympathielehre als Kerngebiet der Magie wird von Jean Paul mit einer
gewissen Zustimmung bedacht. Wie in den Abhandlungen über den Magnetismus neigt Jean Paul zur Unterstellung der Möglichkeit physikalisch unfaßbarer
Kräfte, die auf geheimnisvolle Weise mit dem Geist des Menschen in Verbindung
stehen.

3.   Über die natürliche Magie der Einbildungskraft

In der »Vorschule« folgt dem § 5 »Über den Gebrauch des Wunderbaren«, der
das Programm »Über die Poesie überhaupt« pointiert abschließt, das Programm
über die poetischen Kräfte. Poetische Kräfte sind die Einbildungskraft, die
Phantasie und das Genie. Über den Instinkt des Menschen und des Genies wurde
ebenso wie über die Besonnenheit bereits im Zusammenhang mit der poetischen
Nachahmung gehandelt.

Leistungen der Einbildungskraft sind nach Jean Paul die Erinnerung, der
Traum und die Zukunftserwartung. »Fieber, Nervenschwäche, Getränke« können die innere, eingebildete Welt zur äußeren Wirklichkeit ›verdicken‹ (5,47).
Der § 7 über »Bildungskraft und Phantasie« wiederholt im Wesentlichen die
kleine Abhandlung »Über die natürliche Magie der Einbildungskraft« aus den
Addenda zum »Quintus Fixlein« von 1796, auf die Jean Paul in der »Vorschule«
ausdrücklich verweist (5,49). Wir wollen uns aus diesem Grunde zunächst mit
dem Aufsatz beschäftigen.

Im Gegensatz zur »Vorschule« unterscheidet der Aufsatz nicht zwischen der

Einbildungskraft als ›Prosa‹ und der Phantasie und Bildungskraft als Quelle der Poesie. Abgesehen davon, entspricht die Leistung der Einbildungskraft der der Phantasie in ihrer Grundqualität: sie transzendiert die Endlichkeit des Hier und Jetzt und totalisiert Vergangenheit, Gegenwart und Zukunftserwartung zur Wirklichkeit des Menschen. Diese transzendierende Fähigkeit teilt die Einbildungskraft mit den Affekten überhaupt. »Alle unsere Affekten führen ein unvertilgbares Gefühl ihrer Ewigkeit und Überschwenglichkeit bei sich – jede Liebe und jeder Haß, jeder Schmerz und jede Freude fühlen sich ewig und unendlich. So gibt es auch eine Furcht vor etwas Unendlichem, wovon die Gespensterfurcht, wie ich anderswo bewiesen, eine Äußerung ist. Wir sind unvermögend, uns nur eine Glückseligkeit vorzuträumen, die uns ausfüllte und ewig befriedigte« (4,200). Die Affekte gehen auf Unendlichkeit aus, die Einbildungskraft ist der innere ›Sinn des Grenzenlosen‹.

Die totalisierende Kraft der Phantasie beruht auf dieser Struktur. Das »Unendliche«, womit die Poesie die endliche Wirklichkeit idealisierend umfaßt, vereinigt die »glücklichen Inseln der Vergangenheit« und das »gelobte Land der Zukunft« (4,197). Die Einbildungskraft vergegenwärtigt so die kindlichen Hoffnungen, wie sie das »Abwesende« und das Unbekannte vergegenwärtigt. Sie wird zum eigentlichen Schlüssel des Selbstverständnisses des Menschen und seiner Natur- und Wirklichkeitserfahrung, denn sie übersteigt die sinnlichen Grenzen, um in eine »wahre« Grenzenlosigkeit hinüberzuschauen (4,201).

Die Poesie verdankt der Einbildungskraft die rechte Form der Nachahmung der Natur. Sie vermittelt das, was »die Gebilde der Malerei und Plastik von andern K ö r p e r n absondert«. Nicht das Spiegelbild und nicht die Wachsfigur mit ihrer perfekten sinnlichen Ähnlichkeit sind ästhetisch befriedigend, sondern das Gemälde oder die Statue, die viel unähnlicher sind als die Kopien. Zur ästhetischen Darstellung ist »Unähnlichkeit« vonnöten: »diejenige, die in die Materie die Pantomime eines Geistes eindrückt, kurz das Idealische. Wir stellen uns am Christuskopfe nicht den gemalten, sondern den gedachten vor, der vor der Seele des Künstlers ruhte, kurz die Seele des Künstlers, eine Qualität, eine Kraft, etwas Unendliches« (4,203). Diese ›Unähnlichkeit‹ überschreitet die körperlich-endliche Darstellung durch den pantomimischen Ausdruck eines Geistes. Es ist zugleich eine Unähnlichkeit zwischen Körper und Geist, zwischen endlicher Quantität und unendlicher Qualität (oder Kraft), die sich hier in der Ästhetik bemerkbar macht. Für Jean Paul ist es die Einbildungskraft, welche die begrenzte Körperwelt mit der Unendlichkeit des Geistes erfüllt: »alle Q u a n t i t ä t e n sind für uns endlich, alle Q u a l i t ä t e n sind unendlich. Von jenen können wir durch die äußern Sinne Kenntnis haben, von diesen nur durch den innern. Folglich ist jede Qualität für uns eine geistige Eigenschaft. Geister und ihre Äußerungen stellen sich unserem Innern ebenso grenzenlos als dunkel dar« (4,202).

82

Erinnern wir uns: das Ziel von Jean Pauls Naturphilosophie ist es stets, die cartesische Substanzentrennung zwischen ›endlicher‹ res extensa und ›unendlicher‹ res cogitans zu überwinden. Er wehrt sich unablässig gegen die materialistischen Versuche, das Commercium physiologisch zu erklären, mit dem Argument, die Quantität der Bewegungen könne nicht überspringen in die Qualität der Empfindungen.

Eine ›Pantomime des Geistes‹ in der Körperwelt vermittelt hingegen im Leben wie in der Kunst auf unerklärliche Weise eine alltägliche Hermeneutik: die Physiognomik. Unsere Seele »zwingt uns, an fremde Ichs neben unserem zu glauben, da wir ewig nur Körper sehen – also unsere Seele in fremde Augen, Nasen, Lippen überzutragen« (4,203f.). Die Physiognomik wird als alltägliche Zeichendeutung begriffen, die aus der körperlichen Mimik und Gestik des ›innerlich‹ unbekannten Gegenübers Schlüsse auf dessen seelische und geistige Verfassung zieht. Aber auch die Metaphorik des Alltags, die etwa einen Milchtopf ›bauchig‹ nennt, beruht auf dieser physiognomischen Auslegung der Außenwelt, die Jean Paul zur Grundausstattung des Menschen zählt. Durch »Physiognomik und Pathognomik b e s e e l e n wir erstlich alle Leiber – später alle unorganisierte Körper. Dem Baume, dem Kirchturme, dem Milchtopfe teilen wir eine ferne Menschenbildung zu und mit dieser den Geist« (4,204). Von der alltäglichen Metaphorik als Basis der Sprache und der alltäglichen Kommunikation, die auf die außersprachliche Deutung des Gegenübers nicht verzichten kann, kommt Jean Paul in einer Steigerung dieser Zeichendeutung zu einer Neigung des Menschen, die Natur generell anthropomorph zu beseelen. Die Einbildungskraft als Mutter der dichterischen und der alltäglichen Metaphorik wird so zum Ursprung der Vorstellung einer begeisteten Natur. »Unser Unvermögen, uns etwas Lebloses existierend, d.h. lebend zu denken, verknüpft mit unserer Angewöhnung an ein ewiges Personifizieren der ganzen Schöpfung, macht, daß eine schöne Gegend uns ein malerischer oder poetischer Gedanke ist – daß große Massen uns anreden, als wohnte ein großer Geist in ihnen oder ein unendlicher – und daß ein gebildeter Apollos- und ein gemalter Johanneskopf nichts sind als die schöne echte Physiognomie der großen Seelen, die beide geschaffen, um in homogenern Körpern zu wohnen, als die eignen sind« (4,204). Lebendig ist nur eine begeistete Natur, welcher Geist ihr durch Personifikation beigelegt wird. Diese unwillkürliche Auslegung der materiellen Natur als Zeichen eines in ihr waltenden Zwecks ist von größter Bedeutung für die Empfindung des Erhabenen (›daß grosse Massen uns anreden‹) und für die idealisierende Produktion und Rezeption der Kunst. Wenn das Genie, wie die »Vorschule« sagt, eine »neue Natur« erschafft, »indem es die alte weiter enthüllet« (5,33), so liegt dieser Entzifferung des geistigen Sinns Objektivität zugrunde. Das Anthropomorphisieren des Menschen beruht dann auf dem die Welt bestimmenden Theomorphismus.

Jean Pauls erster größerer schriftstellerischer Versuch, die »Übungen im Denken«, greift schon um 1780 die von Lavater wiederentdeckte Kunst des Physiognomierens auf.[39] Jean Pauls Interesse an der Physiognomik steigerte sich, als er nicht nur deren anthropologische Bedeutung in bezug auf die Menschenkenntnis erkannte, sondern auch ihre ästhetische Bedeutung. Die Physiognomik wird zu einer wichtigen Grundlage für das Verständnis der Naturnachahmung, der Phantasie, der Metapher und des Erhabenen. Die physiognomische Deutung des Geistigen aus den körperlichen Zeichen bietet einen Weg, das Leib-Seele-Problem neu zu formulieren. Da die seelischen Regungen des fremden Ich unbekannt bleiben, müssen körperliche Zeichen gedeutet werden: der Körper hat einen geistigen Sinn. Diese Deutung bezeichnet Jean Paul als »Beseelung«, da die unbekannte Innerlichkeit des Anderen nur aktiv durch Übertragung der eigenen Subjektivität erschlossen werden kann.

Die Physiognomik Lavaters leitet aus den sichtbaren Körpermerkmalen eines Menschen Schlüsse auf dessen geistige und seelische Verfassung ab; es liegt nahe, wie Jean Paul in der Physiognomik eine universelle Methodik zu sehen, die Auskunft über das Verhältnis von Körper und Geist geben kann. In der langen Geschichte der Physiognomik formuliert der Renaissance-Gelehrte Giovanni Baptista della Porta erstmals deutlich die Wechselbeziehung zwischen Geist und Körper als Grundlage der Physiognomik. Um seine Lehre zu begründen, beruft sich Porta auf den Neuplatoniker Jamblichus: »Jamblichus erzählt, bei den Pythagoräern habe der Brauch geherrscht, die als Schüler Kommenden erst zuzulassen, wenn man Gestalt, Gang und Körperbewegungen genau betrachtet hatte, um lediglich aus den äußeren Zeichen der Natur zu erkennen, ob sie sich zur Lehre eigneten oder nicht, da ja die Natur der Seele den Körper baue und ihr geeignete Werkzeuge schaffe und im Körper uns das Bild der Seele zeige, durch das ihre Anlage erkannt werden könne.« Die Berufung Portas auf Jamblichus ist nicht zuletzt deswegen interessant, weil Jamblichus als Urheber der noch im 18. Jahrhundert weitgehend akzeptierten Beobachtung gilt, die Einbildungskraft der Mutter habe unmittelbaren Einfluß auf die Gestalt und Beschaffenheit des ungeborenen Kindes, ein Vorgang, bei dem in der Tat die Seele den Körper baut. Porta handelt, an Jamblichus anschließend, im ersten Kapitel seiner Physiognomik »Über die Wechselbeziehungen zwischen Körper und Seele«: »Es ergibt sich also die Folgerung, daß ein bestimmter Körper immer eine ganz bestimmte Seele haben muß.« Am Ende des theoretischen Teils seiner Physiognomik faßt Porta noch einmal ihre Grundlagen zusammen. »Wir haben bewiesen, daß Körper und Seele aneinander leiden und sich gegenseitig abwandeln, daß am Körper bestimmte Zeichen vorhanden sind, durch die man

---

[39] Jean Paul: Was algemeines über's Physiognomieren. In: Jean Pauls Sämtliche Werke. Hrsg. v. J. Berend, Abt. II, Bd. 1, S. 43–45.

die Charakteranlagen erkennen kann, und daß damit die Physiognomik wahr ist.«[40] Lavater, der alle seine Vorgänger in der Kunst der Physiognomik von Aristoteles bis Avicenna kritisiert, schätzt an Giovanni Baptista della Porta, daß er die ptolemäische Theorie, die Ableitung des Charakters aus den Sternbildern, wie auch die Ableitung des Charakters aus dem Klima etc. durch die Wechselbeziehung zwischen Seele und Leib ersetzt habe. Porta sei zwar noch unentschieden und zudem überaus abhängig von seinen Vorgängern, doch »urtheilet er auch selbst, und macht seine Urtheile durch Anführung weltbekannter Gesichter interessanter und anschaulicher als seine Vorgänger, ist nicht so ein dummer Planetarier wie diese, obgleich er von solchen Träumereyen auch nicht rein ist«.[41] Lavater lehnt den zuweilen bei Porta noch auftauchenden Planetarismus, die Ableitung des Charakters aus den Sternbildern, ab, nicht weniger als Portas Methode, aus dem Vergleich von Tier- und Menschenphysiognomien gemeinsame Charakterzüge zu erschließen.

Mit Porta, dem Meister der Signaturenlehre und dem Verfasser einer Magia naturalis, verbindet Lavater die Überzeugung, daß es die Seele ist, die den Körper baut, beherrscht und bestimmt. Sonst hätte er nicht zu dem seine Physiognomik fundierenden Schluß kommen können, daß die Schönheit oder Häßlichkeit des menschlichen Angesichts in einem genauen Verhältnis zu der Moralität eines Menschen steht und damit zu der Beschaffenheit seiner sich körperlich ausdrückenden Seele.[42]

In der »Vorschule der Ästhetik« erscheint die Physiognomik als wesentlicher Modus der Zeichendeutung im Blick auf das Commercium mentis et corporis. Zudem ist die Physiognomik ausgezeichnet ästhetisch; beruht doch die mimische oder gestische Darstellung der Affekte in der Malerei oder der Schauspielkunst auf der Erwartung, daß der Rezipient die körperlichen Zeichen angemessen und zutreffend deuten kann, daß er die ›Pantomime des Geistes‹ versteht.

Die Physiognomik erneuert im 18. Jahrhundert hermetische Grundpositionen. Der Titel von Jean Pauls Aufsatz »Über die natürliche Magie der Einbildungskraft« erinnert an die bedeutende Rolle der Einbildungskraft

---

[40] Die Physiognomie des Menschen. Vier Bücher von Johannes Baptista Porta aus Neapel. Zur Deutung von Art und Charakter des Menschen aus den äußerlich sichtbaren Körperzeichen. Mit vortrefflichen, nach der Natur gezeichneten Bildern. Für jedermann zu lesen nützlich und dankbar. Aus der lateinischen Ausgabe von 1593 ins Deutsche übertragen und mit Anmerkungen versehen von Will Rink. Radebeul/ Dresden 1931, S. 23, S. 30 und S. 64f.

[41] Johann Caspar Lavater: Physiognomische Fragmente zur Beförderung der Menschenkenntnis und Menschenliebe. Faksimiledruck der Ausgabe 1775 – 1778. Zürich 1968, Bd. 4, S. 466; vgl. Bd. 2, S. 192, S. 218 und Bd. 4, S. 57.

[42] J. C. Lavater: Physiognomische Fragmente, a.a.O., Bd. 1, S. 13, S. 15, S. 63.

in der Magia naturalis. Wie deutlich wurde, trägt in der Magia naturalis jeder Körper einen Geist in sich, der mit dem Geist anderer Körper in Beziehung steht. Der Kundige der Physiognomik wie der Kundige der Magia Naturalis erkennt den Geist, der in die Dinge eingeprägt, ›eingebildet‹ ist (vgl. II,3). Nicht anders als in der Physiognomik wird in der Metaphorik der »Körper zur Hülle von etwas Geistigem« (4,199). Was Jean Paul von der magischen Tradition und vom Pansymbolismus unterscheidet, ist die entschiedene Subjektivierung der Einbildungskraft. Die »geistige Mimik des Universums« kann wie die Physiognomik nur erahnt − und sie kann fehlgedeutet werden (vgl. 5,97f.).

IV. Zeichen und Sache

1. Witz, Scharfsinn, Tiefsinn

Neben der Abhandlung »Über die natürliche Magie der Einbildungskraft« ist es besonders das IX. Programm »Über den Witz«, von dem der Leser der »Vorschule« näheren Aufschluß über die Leistung der dichterischen Einbildungskraft erlangen kann. Wie im Begriffsgebrauch des 18. Jahrhunderts bedeutet ›Witz‹ bei Jean Paul prinzipiell nicht die lachenerregende Anekdote oder die ›witzige‹ Redewendung im heutigen Sprachgebrauch, sondern eine Kraft, vermöge derer neue Ähnlichkeiten zwischen den Dingen gefunden werden können.[1] Als Instinkt der Natur steht der Witz bei Jean Paul am Anfang allen Denkens. »Auf der untersten Stufe, wo der Mensch sich anfängt, ist das erste leichteste Vergleichen zweier Vorstellungen – deren Gegenstände seien nun Empfindungen, oder wieder Vorstellungen, oder gemischt aus Empfindung und Vorstellung – schon Witz, wiewohl im weitesten Sinn; denn die dritte Vorstellung, als der Exponent ihres Verhältnisses, ist nicht ein Schluß-Kind aus beiden Vorstellungen (sonst wäre sie deren Teil und Glied, nicht deren Kind), sondern die Wundergeburt unsers Schöpfer-Ich, zugleich sowohl frei erschaffen – denn wir wollten und strebten – als mit Notwendigkeit – denn sonst

---

[1] Die Vorgeschichte des Witzbegriffs im 18. Jahrhundert findet sich in der immer noch unübertroffenen Darstellung von Alfred Bäumler: Das Irrationalitätsproblem in der Ästhetik und Logik des 18. Jahrhunderts (1923). Neudruck Darmstadt 1967, S. 145 – 159 und S. 179 – 187. Bäumler zeigt vor allem die Bedeutung eines Denkens in Ähnlichkeiten (in Tropen, Allegorien und Metaphern) für die Begründung der Ästhetik und für das, was Bäumler wohl zu umfassend und zu unbestimmt unter ›Irrationalismus‹ versteht. Nach Bäumlers Untersuchung verbindet die innovative Entdeckung von Ähnlichkeiten »Witz, Metapher und Genie« (S. 156). Er beschreibt das Vermögen des erfindenden Witzes als Vorstufe des noch unentwickelten Geniebegriffs. – Im Gefolge Bäumlers untersucht Paul Böckmann die Begriffsgeschichte und den witzigen Stil der Aufklärungsliteratur (P. Böckmann: Das Formprinzip des Witzes in der Frühzeit der deutschen Aufklärung. In: Jahrbuch des Freien Deutschen Hochstifts 1932/33, S. 52 – 130). Wenig ergiebig ist dagegen die Wortgeschichte von Karl Otto Schütz in Wolfgang Schmidt-Hidding: Humor und Witz. München 1963, S. 162 – 174.

hätte der Schöpfer das Geschöpf früher gesehen als gemacht oder, was hier dasselbe ist, als gesehen« (5,171).

In der Frühgeschichte des Menschen bringt der Witz vor allem Denken im strengen Sinn Kombinationen einzelner Vorstellungen und Empfindungen hervor. Diese witzige Verbindung wird sogleich in der ersten Definition abgesetzt vom syllogistischen Schließen; der logische Schluß gewährt nicht die Neuheit der witzigen Erfindung, er ordnet nur das bereits hervorgebrachte Material der Verbindungen in logischer Weise. Der Witz im weitesten Sinn ist dem Menschen angeboren als ein Vermögen, sich schöpferisch in der Welt zu orientieren. Der Witz läuft allem Denken vor als Bedingung des logischen Denkens, dem er seine Erfindungen zur ›scharfsinnigen‹ Prüfung vorlegt. Der Witz ist bei Jean Paul die einfachste, gleichwohl alle anderen Formen des Denkens hervorbringende Form. In der antiken Rhetorik bezeichnet das ingenium die Fähigkeit zur inventio; die Erfindungskraft wird in der dispositio gebändigt vom iudicium.[2] In diesem Sinne nennt Jean Paul den Witz »Findkunst (Heuristik)« (5,202).

Zugleich hat sein Witzbegriff Anteil am Geniebegriff, in dem der Wortstamm von ingenium sichtbar ist. Addison definiert 1711 das Genie als Naturanlage, unabhängig von überkommenen Regeln Neues zu erfinden. Nach ihm bestimmte Alexander Gerard das Genie als universelle Fähigkeit zur Innovation auf allen Gebieten: »Genius is properly the faculty of i n v e n t i o n ; by means of which a man is qualified for making new discoveries in science, or for producing original works of art. We may ascribe taste, judgement, or knowledge, to a man who is incapable of invention; but we cannot reckon him a man of genius.«[3] Wie Jean Paul in bezug auf den Witz, unterscheidet Gerard das Vermögen der Erfindung von der Urteilsfähigkeit und die poetische Schöpfung vom urteilenden Geschmack. Der Geniebegriff bewahrt in veränderter Form immer noch die Unterscheidung von ingenium und iudicium. Witz, ingenium und Genie treffen sich in der Naturanlage, Neues zu erfinden. Das witzige Vergleichen ist ein Akt des »Schöpfer-Ich«: der »Witz allein daher erfindet, und zwar unvermittelt« (5,171). Jene ›dritte Vorstellung‹ als Ergebnis des Vergleichens von Empfindung und Vorstellung oder von Vorstellungen untereinander hat nicht den Charakter eines logischen Schlusses, der aus den ersten beiden Gliedern folgert, und auch nicht den einer unbewußten Assoziation. Das Resultat dieses Akts ist also völlig neu und originell.

Witz im weiteren Sinne bezieht sich wie der im engeren, ästhetischen Sinne

---

[2] Vgl. den Artikel »Ingenium« von H. Weinrich in: Historisches Wörterbuch der Philosophie. Hrsg. v. J. Ritter und K. Gründer, Bd. 4, Sp. 360ff.

[3] A. Gerard: An Essay on Genius (1774). Hrsg. v. B. Fabian. München 1966, S. 8. Der Essay wurde schon 1758/59 entworfen. Die erste englische Abhandlung über das Genie ist von Joseph Addison (»Spectator« No. 160, 1711). Vgl. dazu B. Fabian in: Historisches Wörterbuch der Philosophie, a.a.O., Bd. 3, Sp. 283.

auf Proportion, auf die Gleichheit des Verhältnisses ohne Rücksicht auf die äußere Gestalt eines Gegenstands. Jean Paul erläutert das am Beispiel einer Induktion: »Vom Feuer zum Brennholze daneben zu gelangen, ist derselbe Sprung vonnöten − wozu die Füße des Affen nicht hinreichen − der von den Funken des Katzenfells zu den Funken der Wetterwolke auffliegt« (5,171). Die vom Tier uneinholbare Fähigkeit, Ähnlichkeiten zwischen entfernten Gegenständen aufzuspüren, läßt den Menschen eine qualitative Beziehung zwischen dem Blitz und der Reibungselektrizität erkennen. Jean Pauls Beispiel macht deutlich, daß er den Witz als universelle Fähigkeit definiert, wobei er zwischen wissenschaftlicher und ästhetischer Erfindungskunst nicht unterscheidet. Der Witz kombiniert entfernte Gegenstände durch ›unvermittelte‹ Induktion.

Die Unterscheidung von Witz und Logik hat im 18. Jahrhundert eine lange Tradition. Ein Beispiel: Breitinger fordert als Ergänzung der Logik des Verstandes eine witzige Logik der Phantasie. Während die »Logik oder Vernunft-Lehre« Begriffe sammle, Sätze formuliere und nach Regeln daraus Schlüsse ziehe, müsse eine solche Logik der Phantasie die »Sinnen-Bilder« gegeneinander halten, miteinander vergleichen und das Übereinstimmende herauslesen. »Wenn die zusammenstimmenden miteinander verbunden werden, so entstehen in der Logik der Phantasie die Gleichniß-Bilder, wie in der Vernunft-Lehre aus der Verknüpfung der Begriffe, die sich gedencken lassen, die Sätze hervorwachsen«. Der »Witz oder Geist, Lateinisch ingenium, und Französisch Esprit« hat Anteil sowohl am Verstande wie auch an der Phantasie. Dominierend und vorherlaufend ist die Phantasie, die dem Verstande einen ›Bilder-Saal‹ zu seinem Gebrauche eröffnet und so »Ähnlichkeiten und Verwandtschaften der Dinge« erkennen läßt.[4] Die Spannweite des Witzes erstreckt sich von der wissenschaftlichen über die künstlerische geniale Erfindung bis hin zum ›esprit‹ als einer geselligen Begabung. Wie Breitinger betont der Baumgarten-Schüler G. F. Meier das »Spiel des Witzes (lusus ingenii)« als Vorbedingung der abstrakten, »allgemeinen Begriffe«. Sinne und Einbildungskraft liefern dem Witze die Materialien, dieser die Ähnlichkeiten, die der scharfsinnige Verstand prüfend ordnet. Wie Baumgarten nennt Meier diese Fähigkeit »schön und ästhetisch denken«, die umso stärker ausgebildet ist, »je verschiedener die Dinge sind« und je unerwarteter und wunderbarer demzufolge die Übereinstimmung wirkt.[5] Der Witz berührt dabei nur peripher den »Scherz«, der dem heutigen Witzbegriff entspricht.[6] Harlekins-Einfälle unzüchtiger Art,

---

[4] Johann Jacob Breitinger: Critische Abhandlungen von der Natur, den Absichten und dem Gebrauche der Gleichnisse. Faksimiledruck der Ausgabe von 1740. Stuttgart 1967, S. 6, S. 8, S. 9f.

[5] Georg Friedrich Meier: Anfangsgründe aller schönen Wissenschaften. 2. Teil, Halle 1755, S. 330 (§ 400), S. 335f. (§ 403); vgl. S. 388 (§ 418).

[6] Böckmann zitiert G. F. Meiers »Gedanken von Schertzen« (Halle 1744), in welchem

aber auch die schwülstige Metaphorik Lohensteins und Hoffmannswaldaus sind dem Witz abträglich. In der rationalistischen Ästhetik Meiers generiert der Witz eine Vielfalt poetischer Formen, vom Gleichnis, der Metapher, der Allegorie bis hin zum Wortspiel und dem Anagramm. Gehörig eingerichtet, dienen alle diese Formen dem Ausdruck schöner Gedanken. Der nächste Abschnitt von der »Scharfsinnigkeit« hebt, wie fünfzig Jahre später Jean Paul, hervor, daß die Logik des Verstandes die vom Witze gegebenen Ähnlichkeiten sondert und sichtet (vgl. 5,172).[7] Wenn Jean Paul unter Witz den »angeschaueten oder ästhetischen Verstand« versteht, so knüpft er unmittelbar an Alexander Gottlieb Baumgartens »Repraesentationes sensitivae« und an Georg Friedrich Meiers »sinnliche Erkenntnis« an. Ästhetik ist danach die Kunst, schön (d.h. sinnlich und anschaulich) zu denken.[8] Zurecht hat P. Böckmann die Fabel, die Satire und das Epigramm als die Formen hervorgehoben, in denen die Literatur der Aufklärung den witzigen, ›sinnreichen‹ Stil pflegt. Die häufig allegorische Einkleidung eines Gedankens in der Fabel (nach der Vorschrift Gottscheds) zeigt augenfällig jene Kunst des sinnlich-schönen Denkens; es überwiegen daher konsequent die kleinen Gattungen.[9]

Der § 43 unterscheidet Witz, Scharfsinn und Tiefsinn. In dieser Dreiergruppe ist die dritte Position, der Tiefsinn, ungewöhnlich. Üblich ist die Dreiergruppe Witz (ingenium), Urteilskraft (iudicium) und Scharfsinn (acumen). Witz, so die Definition in Kants »Anthropologie in pragmatischer Absicht«, ist das Vermögen, »die Identität des Mannigfaltigen z u m T e i l Verschiedenen« zu entdecken, Urteilskraft hebt die Unterschiede in dem »zum Teil Identischen«

Buche die lächerliche Nebenbedeutung des witzigen Vergleichs abgehandelt wird. Es ist aber ein Irrtum, daß darin die »Ausdrücke Witz und Scherz (...) fast gleichbedeutend« werden (Böckmann: Das Formprinzip des Witzes in der Frühzeit der deutschen Aufklärung, a.a.O., S. 101). Nach Meier beruht zwar auch der Scherz auf dem Vermögen, Dinge zu vergleichen und Ähnlichkeiten wahrzunehmen; der Scherz ist aber das Satyrspiel der ernsten Allegorien und Metaphern (Meier, Gedancken von Schertzen, a.a.O., § 21). Der lachenerregende Scherz wirkt durch den Vergleich des Disparaten, wobei die Unangemessenheit des Vergleichs (Meier, § 45) die erste Rolle spielt. Die »Verbindung und Vergleichung widerwärtiger Dinge« ist die »Quelle der Schertze« und der »Satirischen Schriften« (Meier, § 46, S. 63).

[7] Georg Friedrich Meier: Anfangsgründe aller schönen Wissenschaften. Halle 1754, 2. Teil, § 402 (Wortspiel), § 410 (Gleichnis), § 411 (Metapher), § 413 (Allegorie).

[8] Vgl. A. G. Baumgarten: Meditationes Philosophicae de Nonnullis ad Poema Pertinentibus. Halle 1735, § 3, § 65.

[9] P. Böckmann: Das Formprinzip des Witzes, a.a.O., S. 96 – 100. – Das Formprinzip des Witzes wird von Böckmann durchweg an komischen Beispielen gezeigt, an Gellerts Fabel »Das Kind und der Affe«, an frühen Lustspielen Lessings oder an der »Minna von Barnhelm«. Der ›ernste‹ bildliche Witz im Sprachgebrauch des 18. Jahrhunderts kommt so nicht zur Darstellung, wohl aber das, was sich dem modernen Witzbegriff nähert.

hervor; das Vermögen der Scharfsinnigkeit ist nicht, wie bei Jean Paul, Gegenpart des Witzes, sondern beiden gemeinsam. »Das vorzüglichste Talent in beiden ist, auch die kleinsten Ähnlichkeiten oder Unähnlichkeiten zu bemerken. Das Vermögen dazu ist S c h a r f s i n n i g k e i t«.[10] Jean Paul vereinfacht dieses überkommene Schema und rückt den Scharfsinn in die Position des iudicium. Der Scharfsinn findet nach Jean Paul »Unähnlichkeiten«, der »Tiefsinn«, eine neue Kategorie in diesem Zusammenhang, »findet trotz allem Scheine gänzliche Gleichheit« (5,172). Tiefsinn, so erfahren wir, ist »im Bunde mit der Vernunft«; er »trachtet nach Gleichheit und Einheit alles dessen, was der Witz a n s c h a u l i c h verbunden und der Scharfsinn v e r s t ä n d i g geschieden« hat (5,172). Das Vermögen des Tiefsinns steigert die anschauliche Ähnlichkeit zur Gleichheit und triumphiert so über die verständige Korrektur des Scharfsinns, der Unähnlichkeiten moniert.

Der Tiefsinn hat nach Jean Paul m e t a p h y s i s c h e Qualität: »er ist die ganze gegen die Unsichtbarkeit und gegen das Höchste gekehrte Seite« des Menschen (5,172). Die Fessel des Scharfsinns (bei Kant: der Urteilskraft) wird vom Tiefsinn eliminiert; er hebt »eine Verschiedenheit nach der andern« auf. Der Schlußsatz des § 43 bestätigt den Tiefsinn als ontologische Steigerung des Witzes. Der Tiefsinn muß »als ein höherer göttlicher Witz bei dem letzten Wesen der Wesen ankommen und, wie ins höchste W i s s e n der Scharfsinn, sich ins höchste S e i n verlieren« (5,173). Die Formulierung »göttlicher Witz« läßt aufhorchen; mit dieser Formulierung überschreitet Jean Paul das Potential des rationalistischen Witz-Begriffes, den er zunächst im Sinne der Baumgarten-Schule oder mit Breitinger exponierte. Ebenso überschreitet er entschieden die trationelle Ebene der Vermögenspsychologie in der Anthropologie Kants.

Mit der offensichtlich ontologischen Qualität des Tiefsinns bringt Jean Paul einen Widerspruch in sein Programm über den Witz. Was der Scharfsinn kritisch aus der Verknüpfung des Witzes ausscheidet, wird auf höherer Ebene vom Tiefsinn erneut behauptet. Vor allem Wölfel hat diese Doppeldeutigkeit des Witzes in der »Vorschule« hervorgehoben; ihm erscheint unentschieden, ob es bei Jean Paul eine »s e i n s - mäßige Verbindung der vom Witz verbundenen Dinge« gibt oder nicht.[11]

In der Tat macht es Jean Paul dem Leser nicht leicht, diese Frage zu entscheiden. Der »unbildliche Witz« vereinigt »durch den Verstand« Ähnlichkeiten und macht sie zu Gleichheiten, indem er für zwei Gegenstände ein Zeichen des Prädikats findet (5,174). Logisch gesehen, läßt er »Gattung für Unterart, Ganzes

---

[10] I. Kant: Anthropologie in pragmatischer Absicht, § 41. – Den Begriff des Tiefsinns kennt Kant nicht. Gehandelt wird in den Paragraphen »Von den Gemütskrankheiten« über die »Tiefsinnigkeit (melancholia)« (§ 47).
[11] Kurt Wölfel: »Ein Echo, das sich selber in das Unendliche nachhallt«. In: Jean Paul. Hrsg. v. U. Schweikert. Darmstadt 1974, S. 292.

für Teil, Ursache für Wirkung und alles dieses umgekehrt« erscheinen (ebd.). Die Verähnlichung des ›unbildlichen‹ Witzes wird von Jean Paul in den Schemata der Rhetorik beschrieben: die Kunstgriffe des unbildlichen Witzes entsprechen der Synekdoche (totum pro parte oder pars pro toto) und der Metonymie (Unterart: causa pro effectu). Diese Formen der Rhetorik widersprechen, was die Formulierung eines Satzes anbetrifft, den Gesetzen der Logik; sie sind jedoch jederzeit auf ihren logischen Gehalt zurückzuführen. Auch nach Jean Paul ist ihr Sinn, den Leser oder Hörer durch den ästhetischen Schein des Unverstands zu aktivieren. Der unbildliche Witz entspricht dem »sinnlichen Scharfsinn« (5,175). Die verblüffende Wirkung des unbildlichen Witzes besteht nicht in seiner der Logik des Verstandes widersprechenden Aussage, sondern in der Form dieser Aussage. Sie wird gekennzeichnet durch »Sprachkürze« (§ 45), »Verminderung der Zeichen«, rhetorisch gesprochen: durch Lakonismus.

Die »wortspielerische Geschwindigkeit der Sprache« (5,174) unterdrückt z.B. durch Gleichklang (Homonymie) von Wörtern aus verschiedenen semantischen Bereichen die Unähnlichkeiten der witzigen Identitätsbehauptung. Der Rezipient ist aufgerufen, den logischen Sprung nachzuvollziehen. Diese rhetorische Absicht des unbildlichen Witzes wird von Jean Paul bekräftigt: »Die Menschen hoffen, (in ihrem halben Lese-Schlafe) stets, im Vordersatze schon den Untersatz mitgedacht zu haben und mithin Zeit (...) zur Erholung verwenden zu dürfen, wir fahren sie auf (das kräftigt sie aber), wenn sie dann sehen, daß sie nichts errieten, sondern von Komma zu Komma wieder denken müssen!« (5,176) Einziges Ziel dieser Wirkung des unbildlichen Witzes ist die Aufmerksamkeit des Hörers, die Aktivierung der attentio, oder, negativ, die Vermeidung der Unaufmerksamkeit, die des Redners Bemühungen zu vereiteln droht.

Nach Jean Paul kommt der unbildliche Witz oder der »Reflexionswitz« (5,176) dem Epigramm (»Sinngedicht«) der Sparter, der römischen Stoiker oder der lakonischen Autoren der Gegenwart (z.B. Lessing, Hamann) nahe (5,176). Arbeitet der unbildliche Witz mit Kontrasten, so wird er entweder zu »Antithese«, die wie die Metonymie (Unterart: causa pro effectu) »meistens die Ursache der Wirkung und diese jener, entgegen« setzt (5,179); oder zum komischen Witz. Die Komik beruht auf dem »süßen Kitzel des erregten Verstandes« (5,174), der zur komischen Empfindung steigt. Auch im ›witzigen Zirkel‹ (§ 46) erfreut den Verstand eine gewisse Ersparung an Aufwand durch die Wiederholung derselben Idee oder besser desselben Wortstamms (Beispiel: »sich vom Erholen erholen). Der § 48 »Die Feinheit« umfaßt alle Formen und Tugenden des unbildlichen Witzes; er wird hier bestimmt als »Zeichen des Zeichens« oder gar als »Zeichen der Zeichen von Zeichen« (5,181).

Es wird vollends deutlich, daß die vom unbildlichen Witz gefundenen Ähnlichkeiten sich auf das Wortzeichen und den Wortkörper beziehen. Der unbildliche Witz verführt durch Homonymie zur Unterstellung von Synonymie.

Der unbildliche Witz interessiert sich nicht so sehr für Verhältnisse der Gegenstände untereinander, sondern für die Beziehung der Zeichen untereinander. Die klangliche Ähnlichkeit führt überraschend zu einer semantischen Ähnlichkeit der Zeichen. Der unbildliche Witz dient dem Spiel des Verstandes; von metaphysischen Qualitäten ist nicht die Rede. Da in der »Ursprache stets der Klang der Zeichen der Nachhall der Sachen war: so steht einige Ähnlichkeit der Sachen bei der Gleichheit ihres Widerhalls zu erwarten« (5,193). Jean Paul erklärt die Wirkungsweise des unbildlichen Witzes vor dem Hintergrund von Herders Theorie vom Ursprung der Sprache; nach Herder entstehen die ersten Sprachzeichen durch Nachahmung von Naturlauten.[12]

Diese Herkunft der Gewohnheit, den Klang des Zeichens mit dem Sinn des Zeichens oder eben mit der bezeichneten Sache zu verbinden, ist nicht mehr als eine anthropologische Erbschaft des Menschen aus der Zeit des Spracherwerbs. Zeichen und Sache sind auf diese Weise nicht fest verbunden. Am deutlichsten zeigt sich dies im »Buchstaben-Spiel (Anagramma)« als einer Form des unbildlichen Witzes, oder gar in der »anagrammatischen Charade«, einem Spiel mit den Klangzeichen der Wörter (5,195).

Der entscheidende Grund, den Witz in Jean Pauls »Vorschule der Ästhetik« und in seinem Werk als Zeugnis der universellen ›Disharmonie‹, der vermißten ›Einheit‹ (Rasch) zu bezeichnen, ist in Jean Pauls Ästhetik das Diktum, der Witz sei »das Anagramm der Natur«, er sei damit ein »Geister- und Götterleugner«, der »an keinem Wesen Anteil« nimmt, sondern »nur an dessen Verhältnissen«; spielend »ums Spiel«, »atomistisch, ohne wahre Verbindung« (5,201).[13]

Innerhalb der »Vorschule« ist jedoch der § 43 »Witz, Scharfsinn, Tiefsinn« nur dann aufrechtzuerhalten, wenn es auch eine Metaphorik gibt, die n i c h t Anagramm der Natur, sondern Nachvollzug des universellen ›göttlichen Witzes‹ ist. Der Widerspruch innerhalb des Witz-Programms klärt sich auf, wenn man den ›Tiefsinn‹ auf den bildlichen Witz und die Phantasie bezieht.

2. Der bildliche Witz und die Sprachtheorie Herders

Die »Zauberei« des Witzes vermag es, aus der »schweren Materie das leichte Feuer des Geistes zu entbinden«; dieselbe unbekannte Gewalt, die Leib und Geist des Menschen verschmolz und den Menschen als Mittelding beider schuf, hat in ihn das Vermögen gelegt, »aus dem Laut den Gedanken, aus Teilen und Zügen

---

[12] Vgl. Kap. IV,2.
[13] W. Rasch hebt in seiner Jean Paul – Interpretation vor allem Dissonanzen hervor. Das liegt sicherlich auch daran, daß er vor allem satirische Passagen z.B. aus dem »Siebenkäs« analysiert (vgl. W. Rasch: Die Erzählweise Jean Pauls. München 1961, S. 35, S. 40).

des Gesichts Kräfte und Bewegungen eines Geistes und so überall aus äußerer Bewegung innere« zu erschließen (5,182). Offensichtlich gibt es eine anthropologische Disposition, Sprache zu verstehen, vergleichbar der Fähigkeit, physiognomisch aus der Mimik und Gestik des fremden Gegenüber auf dessen innere Verfassung zu schließen, und verwandt der Gewohnheit, allgemein die ›Außenwelt‹ als Ausdruck einer inneren, unsichtbaren Konstellation zeichenhaft zu deuten. Jean Paul bezeichnet diese in Analogien fortschreitende Denkweise als bildlichen Witz. Die einfache Form dieser natürlichen Hermeneutik betrifft die Auslegung der Gesten. »Wie das Innere unseres Leibes das Innerste unsers geistigen Innern, Zorn und Liebe, nachbildet, und die Leidenschaften Krankheiten werden, so spiegelt das körperliche Äußere das geistige. Kein Volk schüttelt den Kopf zum Ja. Die Metaphern aller Völker (diese Sprachmenschwerdungen der Natur) gleichen sich, und keines nennt den Irrtum Licht und die Wahrheit Finsternis« (5,182). Die Semiotik der Affekte oder die Kenntnis der natürlichen Zeichen der Gemütsbewegungen wird im 18. Jahrhundert Pathognomik genannt, die Widerspiegelung des Inneren in der körperlichen Charakteristik insbesondere des Gesichts Physiognomik. Jean Paul überträgt diesen Sachverhalt auf die Metapher; als »Sprachmenschwerdungen der Natur« begründen sie eine allgemein verbreitete Naturauslegung durch die Sprache, eine in der Sprache verankerte Interdependenz zwischen dem Geist und der ›körperlichen‹ Natur.

Der Witz lehrt als »Instinkt der Natur«, inkommensurable Größen zu vergleichen und zwischen ihnen Ähnlichkeiten zu finden. Inkommensurabel sind in Jean Pauls Anthropologie Körper und Geist. »Der Witz im engern Sinne findet mehr die ähnlichen Verhältnisse i n k o m m e n s u r a b l e r (unanmeßbarer) Größen, d.h. die Ähnlichkeiten zwischen Körper- und Geisterwelt« (5,172). Wenn nun die Physiognomik aufgerufen wird als Zeuge einer solchen rätselhaften Verbindung, so sollte man diesen Bezug Jean Pauls ganz unmittelbar verstehen.

Es war Lavater, der bekanntlich im 18. Jahrhundert die Physiognomik erneuert hat. Physiognomik ist die Kunst (oder, nach Lavater, die Wissenschaft), durch das Äußere das Innere zu erkennen.[14] Physiognomik interessiert den Arzt, der Krankheiten als Ausfluß innerer Bewegungen der Seele versteht, sie interessiert den Theologen, der den Menschen mit der Bibel als Ebenbild Gottes

---

[14] Johann Caspar Lavater: Physiognomische Fragmente zur Beförderung der Menschenkenntnis und Menschenliebe. Faksimiledruck nach der Ausgabe 1775 – 1778. Zürich 1968, vgl. Bd. 1, S. 13f. – Nach Jean Paul macht die »Metapher einen Körper zur Hülle von etwas Geistigem« (4,199). In dieser Definition der Metapher verfährt Jean Paul wie die Physiognomik, die nach Lavater den Körper als ›Hülle und Bild der Seele‹ versteht. Das von Jean Paul an dieser Stelle zitierte Beispiel (»Blüte einer Wissenschaft«) ist allerdings nur eine einfache Allegorie.

interpretiert, sie interessiert den Maler, der die sichtbare Wirkung unsichtbarer Kräfte aufzeichnet. »Ist nicht die ganze Natur Physiognomie? Oberfläche und Inhalt? Leib und Geist? Aeußere Wirkung und innere Kraft? Unsichtbarer Anfang; sichtbare Endung? Welche Kenntnis, die der Mensch immer besitzen mag, gründet nicht auf Aeußerlichkeit, auf Charakter, auf das Verhältnis des Sichtbaren zum Unsichtbaren, des Wahrnehmlichen zum Unwahrnehmlichen?«.[15]

Ebenso wie Lavaters Physiognomik stellt Jean Paul zunächst einen Zusammenhang von Seele und Körper fest, dergestalt, daß der Körper seelische Affekte und Willensregungen sichtbar macht. Auf diese Grundlage baut er seine Sprach- und Metapherntheorie: die Sprache entsteht aus der metaphorischen Übertragung des Sinnlichen aufs Unsinnliche. Wie der Leib die Seele, so bildet in der Metaphorik das Sinnliche das Unsinnliche ab. Jean Paul versteht diese an sich klassisch-rhetorische Übertragungsqualität als Ergebnis einer natürlich-anthropologischen Anlage. Die Beschaffenheit der menschlichen Sinne ist Grundlage der Beschaffenheit der Metaphorik und damit der Sprache überhaupt. Als Beispiel werden der Geschmacks- und der Geruchssinn angeführt; zusammen konstituieren sie die »Bilder der Materie und Geistigkeit« (5,183). Geruchsempfindungen werden aufgrund der »unsichtbaren Gegenstände dieses Sinnes« (der Duft und sein Medium, die ›unsichtbare‹ Luft, sind gemeint) zu »Wappenbildern des Geistes«; Beispiele sind »Pneuma, Animus, Spiritus, Riechspiritus, saure Geister, Spiritus rector, Salz-, Salmiak- etc. Geist« (5,184). Umgekehrt bezeichnet die Sprache chemische Flüssigkeiten mit Attributen des Geistes, weil nach Jean Paul die Dämpfe dieser Flüssigkeiten den ›geistigen‹ Geruchssinn ansprechen. Die Sprache macht den Geruchssinn und seinen ›Auslöser‹, den Duft, zu sinnlichen Zeichen des Unsinnlichen und umgekehrt (Animus, Spiritus etc.). Demgegenüber ist der Geschmackssinn ›materiell‹; er kann jedoch nicht ohne den ›geistigen‹ Geruchssinn bestehen.

Diese anthropologische Einheit von Sinnlichkeit und Geist ist für Jean Paul Grundlage der Sprache. Aufgrund seiner sinnlich-geistigen Organisation fand der Mensch zur Sprache. Als das Selbstbewußtsein noch keine Trennung von Subjekt und Objekt hervorgebracht hatte, fielen das »tropische Beseelen und Beleiben zusammen«. »So wie sich der Mensch absondert von der Welt, die Unsichtbarkeit von der Sichtbarkeit: so muß der Witz b e s e e l e n«; in dieser Phase der Menschheitsgeschichte »leiht« der Mensch einfühlend sein Ich den Objekten. Da ihm jedoch »sein Ich selber nur in Gestalt eines sich regenden Leibes erscheint«, überträgt der Mensch die Besonderheiten seines Leibes auf die Gegenstände um ihn her (5,184f.). So erklärt Jean Paul anthropologisch die Entstehung der ›ersten poetischen Figur des Wilden‹, die »P e r s o n i f i - k a t i o n« (5,185). An der Schwelle zum Selbstbewußtsein sucht der Mensch

---

[15] Lavater, Bd. 1, S. 49.

nach Ähnlichkeiten seines nun von ihm abgesonderten Leibes; er findet durch personifizierende Übertragung seines Leibbewußtseins auf die Außenwelt dort beseelte »Glieder, Augen, Arme, Füße« (5,185). Jean Paul spielt auf Metaphern an wie ›der Fuß des Berges‹.

Der ›spätere‹ bildliche Witz steht unter dem Primat des Geistes; das Ich sucht im »Wechsel der bestimmten Gestalten« eine Gestalt, »welche mit Bestimmtheit einen Geist« ausspricht und zugleich die Gestalt des Ich (5,185). Aus dieser Bestimmung spricht ein Mangel, geschaffen durch die Individuation, durch den Prozeß der Absonderung des Menschen von der Welt. Geist und Körper sind auseinandergefallen; angestrengt sucht der Mensch nach Gestalten, deren Geist dem seinigen ähnlich ist, nach Gestalten, in denen er sich wiederfinden kann.

Eine Konsequenz der verlorenen Identität ist der bildliche Witz, der sich die Körperwelt passend zuschneidet. Die ›Einheit der Bilder‹ bei Homer und den Alten zerreißt, die Körperwelt dient funktionell den Relationen des Geistes, was zu einem schnellen Wechsel der Vergleichspunkte führt (5,187). Diese Willkür stellt Jean Paul am Beispiel des Dichters im Kornfeld vor, der sich fragt, zur Verkörperung welcher menschlicher Eigenschaften die nickenden Ähren sich denn wohl eignen könnten (5,186). Es ist dieser bildliche Witz, der, »kalt gegen das Verglichene und das Gleichende«, die Wechselbeziehung zwischen Körper und Geist auflöst in den »geistigen Extrakt ihres Verhältnisses« (5,187). Die höchste Form der Poesie soll jedoch, ganz im Gegensatz zu diesen ›Verfallser-scheinungen‹, den geistigen Sinn des Universums entziffern oder doch wenigstens erahnen (vgl. 5,447f.).

Jean Paul führt den Ursprung der Sprache auf die sinnliche Organisation des Menschen zurück. Wie die Blume zugleich den ›materiell‹ orientierten Sehsinn und den ›geistig‹ orientierten Geruchssinn anspricht, so verbindet die Metapher geistige und körperliche Elemente. »Wie schön, daß man nun Metaphern, diese Brotverwandlungen des Geistes, eben den Blumen gleich findet, welche so lieblich den Körper malen und so lieblich den Geist, gleichsam geistige Farben, blühende Geister« (5,184). Jean Paul, der Freund der Gleich-nisse, läßt es sich nicht entgehen, die ›Redeblumen‹ der Rhetorik, dort zum ornatus gehörig, mit der Entstehung ›der Metapher aus der Konstitution der Sinne in Verbindung zu bringen.

Diese Theorie hat Jean Paul schon einmal in der »Clavis Fichtiana« umrissen. »Unsere Sprache ist ursprünglich bloß eine Zeichenmeisterin der ä u ß e r n Wahrnehmungen; die spätern i n n e r n empfingen von ihr nur das Zeichen des frühern Zeichens; daher machen die Q u a n t i t ä t e n – diese einzigen physiognomischen Fragmente der Sinnenwelt – fast den ganzen Sprachschatz aus; die Q u a l i t ä t e n – mit andern Worten die Kräfte, die Monaden der Erscheinung, uns nur im Bewußtsein, nicht im Begriff gegeben – diese Seelen werden ›immer nur in jene Leiber der Quantitäten, d.h. in die Kleider der Kleider gehüllt« (3,1024). Die Sprache und damit das Denken beruht auf der zeichenhaften Deutung sinnlicher Wahrnehmungen; den Wörtern haftet diese sinnlichkörperliche Herkunft immer an, auch wenn sie ausschließlich geistige Qualitäten bezeichnen. Wiederum ist Jean Pauls Paradigma die Physiognomik – in deutlicher Anspielung auf Lavaters »Physiognomische Fragmente«. Nicht anders als die Metaphorik setzt die Physiognomik Quantitäten (Maßverhältnisse der Gesichtsbildung) in Qualitäten (z.B. moralischer Art) um.

Nicht nur die ursprüngliche, archaische Sprache unterliegt dieser Grundbedingung. Je nach Herkunft der Metaphorik aus dem optischen oder akustischen Bereich verrechnen Religion und Philosophie Qualitäten mit Quantitäten. »Wäre nur die Sprache z.B. mehr von der h ö r b a r e n als von der s i c h t - b a r e n Welt entlehnt: so hätten wir eine ganz andere Philosophie und wahrscheinlich eine mehr dynamische als atomistische« (3,1024).

Eine solche Ableitung der Sprache aus den sinnlichen Empfindungen konnte Jean Paul bei seinem verehrten Freund und Mentor Herder finden. Herders »Abhandlung über den Ursprung der Sprache« von 1772 setzt gegen »Süßmilchs Beweis, daß der Ursprung der Sprache göttlich sei«, die Ableitung der Sprache aus den sinnlichen Empfindungen.[16] In Herders berühmter Sprachtheorie spielt die Naturbeseelung eine bedeutende Rolle. Begriffe, die das Allgemeine bezeichnen wie Zeit, Raum, Wesen, Körper, Gerechtigkeit, Freiheit entstehen aus den sinnlichen Erfahrungen der Völker. Insbesondere die Religionen lassen diese sinnliche Herkunft der Abstrakta erkennen. »Der ganze Bau der Morgenländischen Sprachen zeugt, daß alle ihre Abstrakta voraus Sinnlichkeiten gewesen: der G e i s t war Wind, Hauch, Nachtsturm! H e i l i g hieß abgesondert, einsam: die S e e l e hieß der Othem: der Z o r n das Schnauben der Nase u.s.w. Die allgemeinen Begriffe wurden ihr also erst später durch Abstraktion, Witz, Phantasie, Gleichniß, Analogie u.s.w. angebildet – im tiefsten Abgrund der Sprache liegt keine Einzige!«[17] Jean Paul folgt getreu diesem Gedankengang;

---

[16] Jean Paul hat Herder bereits 1781 in seiner Leipziger Studentenzeit kennengelernt. Die Stationen der Herder-Kenntnis beschreibt Johannes Wirth: Jean Paul und Herder. In: Jean-Paul-Blätter 12. Jg. (1937) Heft 2, S. 17 – 39. Wirth zeigt allerdings nur die offenen Bezugnahmen auf Herder, so die große Lobrede in der »Vorschule«. Die Bedeutung der Sprachtheorie Herders für Jean Paul wurde bisher nur in der knappen Darstellung Irmgard Höfkens gewürdigt. Sie zeigt einige Übereinstimmungen in der »Vorschule« und in der »Levana« mit Herders Preisschrift (I. Höfken: Studien zur Wirkung Herders. Diss. (masch.) Köln 1950, S. 44f. und S. 52f.). Im II. Kap. ihrer Dissertation »Jean Pauls Sprachauffassung in ihrem Verhältnis zu seiner Ästhetik« (Marburg 1967) befaßt sich Gisela Wilkending mit dem Witz; die sprachtheoretisch systematisierende Darstellung legt keinen Wert auf historische Entwicklungen. Jean Pauls Sprachauffassung wird vorrangig mit modernen Konzeptionen (Cassirer, Biese, Derbolav oder Bühler) in Beziehung gesetzt.
[17] Herder: Abhandlung über den Ursprung der Sprache. In: Herders sämmtliche Werke. Hrsg. v. B. Suphan, Bd. 5, S. 78.

das »B e s e e l e n des Körperlichen« ist das »Frühere der bildlichen Vergleichung«. Der Mensch der frühen oder ›primitiven‹ Kulturen leiht »sein Leben der Materie um ihn her«. Ein Beispiel dieser magischen Naturbeseelung gibt Jean Paul der Glaube des Nordamerikaners, »daß der Seele des Verstorbenen die Seele seines Pfeils nachziehe« (5,185). Herder vergleicht mit Vorliebe Sprache und Religion der Griechen und Orientalen mit den ›Wilden‹ der Gegenwart. »Bei den Wilden in Nordamerika z.B. ist noch Alles belebt: jede Sache hat ihren Genius, ihren Geist, und daß es bei den Griechen und Morgenländern eben so gewesen, zeugt ihr ältestes Wörterbuch und Grammatik − sie sind wie die ganze Natur dem Erfinder war, ein Pantheon! ein Reich belebter, handelnder Wesen!«[18]

Herder erklärt die Entstehung der Sprache aus der menschlichen Freiheit. Im Gegensatz zu der instinktgebundenen Sinnlichkeit der Tiere eignet der menschlichen von vornherein Besonnenheit. Sie besteht darin, daß der Mensch Sinneseindrücke frei interpretieren kann. Die Töne der Natur zusammen mit ihrer sichtbaren und greifbaren Erscheinung können so, festgehalten und reflektiert von der Besonnenheit, miteinander verglichen werden. Innere Leidenschaften werden auf die Natur übertragen, innere Regungen der Seele und besondere Verhaltensweisen des Menschen der Natur ›geliehen‹. »Indem die ganze Natur tönt: so ist einem sinnlichen Menschen nichts natürlicher, als daß sie lebt, sie spricht, sie handelt. Jener Wilde sahe den hohen Baum mit seinem prächtigen Gipfel und bewunderte: der Gipfel rauschte! das ist die webende Gottheit! der Wilde fällt nieder und betet an!«[19] Herder sieht in der Anbetung und ihrer Versprachlichung eine Folge der menschlichen Fähigkeit, zu personifizieren und zu anthropomorphisieren. Es liegt in der natürlichen Organisation des Menschen, die äußere Natur zu beseelen und zu beleben in Analogie zur inneren Erfahrung. Diese Erfindungskunst der menschlichen Seele belebte besonders in der Frühzeit die ganze Natur, indem der Mensch »alles auf sich bezog: indem alles mit ihm zu sprechen schien, und würklich für oder gegen ihn handelte: indem er also mit oder dagegen Theil nahm, liebte oder haßte, und sich alles Menschlich vorstellte; a l l e d i e s e S p u r e n d e r M e n s c h l i c h k e i t d r ü c k t e n s i c h a u c h i n d i e e r s t e n N a m e n!«[20]

Herder hebt − ganz im Sinne der modernen Anthropologie − darauf ab, daß der Mensch von Anfang an nicht durch Instinkt einer bestimmten Lebenssphäre verbunden ist.[21] Das Tier meistert seine ihm vorbestimmte Sphäre

---

[18] Ebd., S. 53.
[19] Ebd., S. 53.
[20] Herder, Bd. 5, S. 53f.
[21] Vgl. dazu die berühmte Herder-Interpretation von Arnold Gehlen: Der Mensch. Seine Natur und seine Stellung in der Welt. 5. Aufl. Bonn 1955, S. 88ff. und passim. Gehlens

durch »angebohrne Kunstfähigkeiten«. Für die »L ü c k e n u n d M ä n g e l« des fehlenden Instinkts braucht der Mensch ›Ersatz‹. Die tierische Identität von Bedürfnis und Fähigkeit kompensiert die Erfindungskunst, die als Instinkt der Freiheit ebenso angeboren ist wie der vorgeordnete Instinkt des Tieres, den Menschen jedoch zur freien Reflexion disponiert. Die Erfindungskunst fügt der tierischen Empfindung »Witz« und Vernunft hinzu, durch welche Fähigkeiten die von der ›Besonnenheit‹ (Reflexion) festgehaltenen Merkmale der Empfindungen verglichen werden können.[22] Die Bildersprache ist nach dieser Sprach- und Menschheitsgeschichte der Modus, sich in der Welt auszulegen. Zunächst begreift das noch nicht deutlich von der Welt abgegrenzte Subjekt alles im Rahmen einer unmittelbaren Subjekt-Objekt-Identität. Herder hat diesen Akt ›Einfühlung‹ genannt. Erst später wird die Metapher zur ›uneigentlichen‹ Redeweise; im Anfang ist die Metapher Ursprung und Substanz der Sprache.

Nach Jean Paul war ursprünglich, »wo der Mensch noch mit der Welt auf e i n e m Stamme geimpft blühte«, die Metapher »das frühere Wort, welches sich erst allmählich zum eigentlichen Ausdruck entfärben mußte« (5,184). Diese gänzlich metaphorische Verfassung der ursprünglichen Sprache wird später nicht mehr empfunden. Herder beschreibt zu Beginn seines Aufsatzes »Vom Erkennen und Empfinden der menschlichen Seele« (1778) dieses Prinzip der Einfühlung und des Analogisierens so: »der empfindende Mensch fühlt sich in Alles, fühlt alles aus sich heraus, und drückt darauf ein Bild, sein Gepräge«.[23] Die Sprache besteht daher aus einem Geflecht von Ähnlichkeiten, das seinen Ursprung in der Analogie der Sinne hat. Synästhetisch fließen die Empfindungen der fünf Sinne ineinander, da die Bezeichnung für eine Empfindung auf andere und neue Empfindungen übertragen wird. Im Anfang war daher die Metapher Notwendigkeit, nicht poetische Besonderheit oder Kennzeichen der Kunst.

Interpretation wird heute von verschiedenen Seiten trotz häufig anderer Erkenntnisinteressen bestätigt. Vgl. Erich Heintel, der Herder im Blick auf Kant betrachtet und trotz aller Kritik an der Anthropologie Herders mit Gehlen den Ansatz der Preisschrift bewundert (Vorwort zu J. G. Herder: Sprachphilosophische Schriften. Hamburg 1960, S. XLVI und S. L – LII). Liebrucks würdigt Herders Sprachtheorie als philosophischen Fortschritt gegenüber Kant und widmet »Arnold Gehlens Antwort auf Herder« das II. Kap. seiner großangelegten Untersuchung. Nach Liebrucks ersetzt die Sprachlichkeit des Menschen das instinktgeleitete Handeln; die analogisierende Verfassung der Sprache führe, wie Liebrucks im Anschluß an Herder formuliert, zu einem archaischen Weltbild des »sympathetischen Zusammenhangs« aller Dinge, das von Herder wiederentdeckt und von Gehlen verallgemeinert worden sei (Bruno Liebrucks: Sprache und Bewußtsein. Frankfurt 1964, Bd. 1, S. 160 und S. 168). Im wesentlichen an Gehlens Herder-Interpretation orientiert sich auch das Nachwort von Hans Dietrich Irmscher in J. G. Herder: Abhandlung über den Ursprung der Sprache. Stuttgart 1966, vgl. bes. S. 152ff.

[22] Herder, Bd. 5, S. 22, S. 26f., S. 30.
[23] In: Herders Sämmtliche Werke. Hrsg. v. B. Suphan, Bd. 8, S. 170.

Die alten Dichtungen beweisen, daß »kühner, männlicher Witz« und nicht ›gesunde Vernunft‹ der Ursprung ihrer Größe ist.[24] Die metaphorische Übertragung und die analogische Welterfassung ist für Herder ein Akt, sich sprachlich der Welt zu versichern und sich in ihr zu orientieren. Die alten Sprachen entstünden durch Synästhesie und durch Personifikation. Die ersten Namen versetzten menschliche Affekte in die Natur hinaus. Sie »sprachen Liebe oder Haß, Fluch oder Segen«; da wurde »Alles Menschlich, zu Weib und Mann personificirt: überall Götter, Göttinnen, handelnde, bösartige oder gute Wesen!«[25] Sprache, Mythologie und Poesie sind so gleichursprünglich. Jean Paul nennt diesen schöpferischen Akt des ›Wilden‹ »Leihen«: »sein Ich leiht er dem All, sein Leben der Materie um ihn her; nur aber, daß er – da ihm sein Ich selber nur in Gestalt eines sich regenden Leibes erscheint – folglich auch an die fremde Welt nichts anders und Geistigeres auszuteilen hat als Glieder, Augen, Arme, Füße, doch aber lebendige, beseelte. P e r s o n i f i k a t i o n ist die erste poetische Figur, die der Winde macht, worauf die M e t a p h e r als die verkürzte Personifikation erscheint« (5,185). Nun personifiziert der ›Wilde‹ – und auch der frühe Grieche ist in diesem Sinne ein Wilder – nicht bewußt. Keineswegs darf man annehmen, daß der Mensch bei der Entstehung der Sprache »nach Adelung und Batteux stilisiere« (5,185), um die Kunst des schönen Denkens sinnenkräftig ins Werk zu setzen. »Das tropische Beseelen und Beleiben fiel noch in eins zusammen, weil noch Ich und Welt verschmolz« (5,184). Der Rhetorik als ein System des unterscheidenden Scharfsinns erscheint in der Lehre von den Tropen der notwendige Ursprung der Sprache als uneigentlicher, schmückender Ausdruck. Das Denken und Sprechen in Analogien faßt sein Tun als Identität der ausgesprochenen Verhältnisse auf. Wenn Jean Paul schreibt: »Jedes Bild ist hier ein wundertätiges Heiligenbild voll Gottheit; seine Worte sind Bilder-Statuen«, so verwendet er ›sein‹ nicht als Hilfsverb, sondern zur Bezeichnung der Identität. Sonst ließe sich das eigenartige letzte Teilstück des Satzes nicht erklären: »seine Worte sind Bilder-Statuen, seine Statuen sind Menschen, und Menschen sind er« (5,185). Die ursprüngliche Sprache begreift auch das ›Nicht-Ich‹ als Ich, das empfindende und mühsam erkennende Subjekt

---

[24] Herder, Bd. 5, S. 74. – Gewöhnlich weigert sich Herder für dieses frühe Stadium der menschlichen Entwicklung, die Kräfte der Vernunft voneinander und von der Sinnlichkeit zu unterscheiden. »Daß wir gewiße ihrer Verrichtungen unter gewiße Hauptnamen gebracht haben z.E. Witz, Scharfsinn, Phantasie, Vernunft, ist nicht, als wenn je eine einzige Handlung des Geistes möglich wäre, wo Witz oder die Vernunft allein würkt: sondern nur, weil wir in dieser Handlung am meisten von der Abstraktion entdecken, die wir Witz oder Vernunft nennen, z.E. Vergleichung oder Deutlichmachung der Ideen: überall aber würkt die ganze unabgetheilte Seele« (Bd. 5, S. 30). Trotz dieser Absage an die abstrahierenden Unterteilungen der Vermögenspsychologie gebraucht Herder, wie oben gezeigt, an wesentlichen Stellen den Witzbegriff.
[25] Herder, Bd. 5, S. 54.

begreift die ihn umgebende Natur als Teil seiner selbst. Die Natur handelt, empfindet, haßt und liebt wie er selbst. Die rein metaphorische Sprache ist daher magisch,[26] oder animistisch, wie der heute geläufige Ausdruck der Religionsethnologie lautet. Die Allgemeinbegriffe sind durch Analogie entstanden, durch Übertragung der inneren Verhältnisse des Menschen auf die der inneren Erfahrung nicht zugängliche ›Außenwelt‹. Zwischen der Betrachtung über die Gestik (»Kein Volk schüttelt den Kopf zum Ja«) und der bedeutungsvollen ›Abschweifung‹ über die Metaphorik des ›geistigen Geruchs‹ steht ein schwer zu entschlüsselnder Satz in der »Vorschule«: »Der Mensch wohnt hier auf einer Geisterinsel, nichts ist leblos und unbedeutend, Stimmen ohne Gestalten, Gestalten, welche schweigen, gehören vielleicht zusammen, und wir sollen ahnen; denn alles zeigt über die Geisterinsel hinüber, in ein fremdes Meer hinaus« (5,183). Folgt auch hier noch Jean Paul der Sprachtheorie Herders?

In Herders Argumentation spielen schweigende Gestalten und die Fähigkeit, sie zum Reden zu bringen, eine bedeutende Rolle; ebenso beschäftigen ihn Stimmen ohne sichtbare Gestalten. Herder formuliert nur scheinbar dunkel: »Wer kann Gestalten reden? wer kann Farben tönen?«[27] Wie bringt der Mensch die stumme oder ›schweigende‹ Gestalt zum Reden, wie findet er zu dieser bloß sichtbaren Gestalt einen Laut und ein Wortzeichen? Wie lernt ein Blinder, Wortzeichen und Töne mit unsichtbaren Gegenständen zu verbinden?

Herder fingiert einen blinden und stummen Menschen, der, auf einer Insel völlig isoliert, sich dennoch eine rudimentäre Sprache erfinden kann. »D e r M e n s c h   i s t   a l s o   e i n   h o r c h e n d e s,   m e r k e n d e s   G e s c h ö p f z u r   S p r a c h e   n a t ü r l i c h   g e b i l d e t, und selbst ein Blinder und Stummer, siehet man, müste Sprache erfinden, wenn er nur nicht fühllos und taub ist. Setzet ihn gemächlich und behaglich auf eine einsame Insel: die Natur wird sich ihm durchs Ohr offenbaren: tausend Geschöpfe, die er nicht sehen kann, werden doch mit ihm zu sprechen scheinen, und bliebe auch ewig sein Mund und sein Auge verschloßen, seine Seele bleibt nicht ganz ohne Sprache.«[28]

---

[26] Vgl. zu dieser Deutung der Metapher in der Rhetorik H. Lausberg: Handbuch der literarischen Rhetorik, § 588: »Die Erklärung der Metapher aus dem Vergleich (...) ist eine nachträgliche rationale Deutung der urtümlich magischen Gleichsetzung der metaphorischen Bezeichnung mit dem Bezeichneten ...« Lausberg beruft sich auf Wilhelm Havers: Handbuch der erklärenden Syntax, Heidelberg 1931. Havers knüpft mit seiner Erklärung an Claude Lévy-Bruhl an, der in seinen Büchern das primitive Denken der Naturvölker psychologisch untersuchte (S. 101f.). Die Rationalisierung des ›eigentlich‹ Irrationalen ist eine Grundthese Lévy-Bruhls, der sich häufig auf Herder und die deutsche Romantik beruft (vgl. Lucien Lévy-Bruhl: Das Denken der Naturvölker. Üb. v. Paul Friedländer, Hrsg. v. W. Jerusalem. Wien 1921).
[27] Herders Sämmtliche Werke. Hrsg. v. B. Suphan, Bd. 5, S. 48.
[28] Herder, a.a.O., Bd. 5, S. 49.

Blindheit, Stummheit, Taubheit, die natürliche Privation eines oder mehrerer Sinne war insbesondere der französischen Aufklärung wichtig, um die natürliche Entstehung der Bewußtseinsinhalte bis hin zu den Allgemeinbegriffen zu untersuchen.[29] Was bedeuten nun aber die »Gestalten, welche schweigen«? Da Herder die Entstehung der Sprache zunächst aus der Wahrnehmung der Stimmen der Natur durch das Gehör erklärte, ergab sich notwendig das Problem: »Wie hat der Mensch, seinen Kräften überlaßen, sich (...) e i n e S p r a c h e, w o i h m k e i n T o n v o r t ö n t e, erfinden können? Wie hängt Gesicht und Gehör, Farbe und Wort, Duft und Ton zusammen?«[30] ›Schweigende‹ Gestalten, wie Jean Paul nur sichtbare Gegenstände nennt, »t ö n e n a l l e, a l s o b m a n s f ü h l t e«; Herder geht davon aus, daß das nur Sichtbare oder Tastbare durch solche Töne nachgeahmt wird, die dem Ohr eine ähnliche Empfindung gibt wie der Gesichts- oder Tastsinn in bezug auf diesen Gegenstand. So wird der Blitz durch einen Laut nachgeahmt, der dem »Ohr die Empfindung des Urplötzlichschnellen gibt, die das Auge hatte«.[31] Die Verbindung und die harmonische Abstimmung der Sinne untereinander durch das Gefühl ermöglicht ein auf Analogien der Empfindungen aufgebautes Bild der Natur. »Wir sind Ein denkendes sensorium commune, nur von verschiedenen Seiten berührt«.[33]

Herder fährt in seiner Fiktion des auf einer Insel isolierten Menschen fort wie Buffon, der in seiner philosophischen Erzählung von Adams erstem Tag einen Menschen darstellt, der ohne jede vorhergehende Erfahrung zum Bewußtsein seiner selbst und seiner Umgebung erwacht. Ähnlich der berühmten Statue Bonnets eröffnet Herder dem auf der Insel einsam Lebenden allmählich alle fünf Sinne. »Nun laßet dem Menschen alle Sinne frei: er sehe und taste und fühle zugleich alle Wesen, die in sein Ohr reden − Himmel! Welch ein Lehrsaal der Ideen und der Sprache!«[34]

An Herders Sprachtheorie läßt sich zeigen, daß die Wendung »Stimmen ohne Gestalten, Gestalten welche schweigen« (5,183) nicht auf die Skepsis Jean Pauls

---

[29] Vgl. Etienne Bonnot de Condillac: Traité des sensations, London, Paris 1754. Charles Bonnet: Essay de psychologie, London 1755, Essai analytique sur les facultés de l'âme, Kopenhagen 1760. Dieser Aufzählung, der noch Diderots »Lettre sur les aveugles« hinzugefügt werden kann, soll nicht auf die Gleichheit der Resultate, sondern auf die Selbstverständlichkeit solcher Überlegungen in dieser Zeit hinweisen. Herder selbst nennt den Arzt Cheselden, der 1728 einen von Geburt blinden Knaben durch eine Operation heilte und damit zu einer Vielzahl erkenntnispsychologischer Überlegungen Anlaß gab. Vgl. Ernst Cassirer: die Philosophie der Aufklärung. Tübingen 1932², S. 151 − 160.

[30] Herder, Bd. 5, S. 60.

[31] Herder, Bd. 5, S. 63.

[33] Herder, Bd. 5, S. 61.

[34] Herder, Bd. 5, S. 50.

oder die »Zwiegesichtigkeit« seiner Metapherntheorie hinweist;[35] die nur scheinbar änigmatische Wendung verweist auf Jean Pauls Kenntnis der damals führenden Sprachtheorie Herders. Jean Pauls Metapherntheorie geht von ebenderselben Übertragung von Sinnesempfindungen auf ›innere‹ geistige Vorstellungen aus wie Herder. Seine identische Ausgangsfrage ist: wie hängen Geruch und Geschmack, wie hängen Seh- und Hörsinn zusammen? Wie wird ein Laut zum Zeichen, wie Materie zum Zeichen des Geistes? Wie kommen Farbe und Wort (Herder) zusammen, wie kommen »geistige Farben« (Jean Paul 5,184)

---

[35] Wölfel diskutiert und interpretiert den angeführten Satz (»Der Mensch wohnt hier auf einer Geisterinsel, nichts ist leblos und unbedeutend ...«) im Rahmen seiner These, die physiognomische Qualität der Metapher in der »Vorschule« sei fraglich. Dazu ist, wie Herders Sprachtheorie und ihre Adaption durch Jean Paul zeigt, dieser Satz nicht geeignet. Er bekräftigt die physiognomische Auslegung als anthropologischen Entstehungsgrund der Sprache; und er bekräftigt Herders Überzeugung, daß diese natürliche Neigung zum analogischen Denken ontologisch verankert sein müsse. – Ein anderes wesentliches Argument gegen die Zeichenhaftigkeit der Natur in Jean Pauls Ästhetik begründet Wölfel mit einer Briefstelle, in der es heißt: »Wir armen vom Fleisch-Panzer umklammerten Menschen, (...) wir müssen, wenn unser edles Ich seine Flügel aufschlägt, diese innere Bewegung durch eine äußere unseres Gehäuses offenbaren. Wie? ist denn z.B. die geringste Aehnlichkeit, das geringste Verhältnis zwischen dem Druk der Hand oder der Lippe und zwischen dem liebenden heissen Gefühle (...). Könnte das Schütteln des Kopfes, das bei allen Völkern N e i n bedeutet, nicht eben so gut ein Ja anzeigen? Also da unsere beklommene Seele keine Zunge und keine Farbe für ihre Bilder hat: so verschmähe niemand die Farben, die sie im Drange der Empfindung ergreift.« Nach Wölfel ist diese Briefstelle »eine expressis verbis formulierte Kontradiktion der ›Vorschule‹«. Das ist nicht richtig. Die Briefstelle besagt zunächst nur, daß es kein »absolutes Zeichen« gibt – wie die »Vorschule« (5,182). Die angesprochene Gestik (Nicken und Schütteln des Kopfes) k ö n n t e daher auch das Gegenteil des gewöhnlich so Bezeichneten bedeuten. Beide Male sagt Jean Paul, daß der körperliche Ausdruck des Inneren notwendig ist und daß er verstanden wird: ›Niemand verschmähe die Farben, die die Seele in der Empfindung ergreift‹. Eine sachliche Ähnlichkeit zwischen dem bezeichneten Inneren und dem körperlichen Zeichen besteht nicht – was Jean Paul in dem Brief beklagt. Eine solche Ähnlichkeit gibt es aber auch nicht in der »Vorschule«. Zwischen sinnlichem Zeichen und unsinnlichem Bezeichneten besteht ein qualitativer »Sprung« (5,107). Jean Paul baut seine Zeichenlehre ausschließlich auf die U n w i l l k ü r l i c h k e i t dieser Zeichen, die uns von Natur aus ›nötigen‹, »ohne Übergang aus der schweren Materie das leichte Feuer des Geistes zu entbinden« (5,182). Überspitzt formuliert: die physiognomische Hermeneutik ist ein Naturzwang. – Jean Paul argumentiert nicht anders als Platner in der »Neuen Anthropologie für Aerzte und Weltweise«: »Das Nicken des Kopfes, welches die bejahenden, und das Schütteln, welches die verneinenden Urtheile« begleitet, gehört »nicht zu den nachgeahmten, willkürlichen Zeichen«, sondern zur »natürlichen Geberdensprache« (Leipzig 1790, S. 220; vgl. dazu auch Kants Anthropologie in: I.K., Werke, hrsg. v. W. Weischedel, Bd. 6, S. 645). Der Unterschied: Jean Paul schließt von der Notwendigkeit der physiognomischen Hermeneutik – wie Herder – auf die Notwendigkeit einer zeichenhaft verfaßten Natur.

zustande? Beide finden den Ursprung der Metapher und der Sprache in der anthropologischen Disposition, in der Stellung des Menschen im Kosmos. Eingeordnet zwischen Natur und Geist, an der Nahtstelle zwischen Tier und Gott, bezeichnet der Mensch in der Analogienkette des Seins die Mitte. Diese Position innerhalb der Schöpfung befähigt ihn, das, was ihm zur Vollkommenheit des instinktgebundenen Tiers fehlt, durch seine genuine Fähigkeit zur Sprache zu kompensieren; und das, was ihm zur Vollkommenheit höherer Wesen fehlt, zu erkennen oder wenigstens zu ahnen.

Die theologische Seite der Metaphernbestimmung Jean Pauls liegt auf der Hand: Metaphern sind »Brotverwandlungen des Geistes« (5,184). Der Verweis auf die Eucharistie macht deutlich, daß die Metapher Jean Paul mehr bedeutet als eine Redezierde, die jederzeit wieder in ihre Bestandteile aufgelöst werden kann. Die tridentinische Abendmahlsformel verfügt, daß zwischen dem ›hoc‹ und dem ›corpus meum‹ Identität besteht. Nach dieser Festlegung handelt es sich keineswegs um eine metaphorische Beziehung zwischen Körper und Geist. Die tridentinische Formel verbietet ausdrücklich, das ›est‹ durch ›significat‹ zu ersetzen. Jean Pauls Formulierung bezieht sich auf die lutherische Auslegung, die bekanntlich das Brot als Zeichen und den Corpus Christi als Bezeichnetes unverwandelt nebeneinander bestehen läßt. Diese ›unverwandelte‹ Koexistenz von Zeichen und Sache entspricht Jean Pauls Metaphernkonzeption. »So wie es kein absolutes Zeichen gibt – denn jedes ist auch eine Sache – so gibt es im Endlichen keine absolute Sache, sondern jede bedeutet und bezeichnet; wie im Menschen das göttliche Ebenbild, so in der Natur das menschliche« (5,182f.). Die Sache bezeichnet, das Zeichen ist sachlich; beide sind aufeinander bezogen, doch nicht, wie in der tridentinischen Abendmahlsformel, identisch.

Ähnlichkeiten zwischen Tier, Mensch und Gott bilden für Herder, den Mentor Jean Pauls seit den achtziger Jahren, nicht nur für die Sprache, sondern auch für jede Erkenntnis die Basis und den Ausgangspunkt. »Aber wie? ist in dieser A n a l o g i e   z u m   M e n s c h e n auch Wahrheit? Menschliche Wahrheit gewiß, und von einer höheren habe ich, so lange ich Mensch bin, keine Kunde (...) Was wir wissen, wissen wir nur aus Analogie, von der Kreatur zu uns und von uns zum Schöpfer. Soll ich also dem nicht trauen, der mich in diesen Kreis von Empfindungen und Aehnlichkeit setzte, mir keinen andern Schlüssel, in das Innere der Dinge einzudringen, gab, als mein Gepräge oder vielmehr das wiederglänzende Bild seines in meinem Geiste; wem soll ich denn trauen und glauben? Syllogismen können mich nichts lehren, wo es aufs   e r s t e   E m - p f ä n g n i ß   der Wahrheit ankommt, die ja jene nur entwickeln, nach dem sie empfangen ist; mithin ist das Geschwätz von Worterklärungen und Beweisen meistens nur ein Brettspiel, das auf angenommenen Regeln und Hypothesen ruht. Die stille Aehnlichkeit, die ich im Ganzen meiner Schöpfung, meiner Seele und meines Lebens empfinde und ahnde: der große Geist, der mich anwehet und mir im Kleinen und Großen, in der sichtbaren und unsichtbaren Welt Einen Gang, Einerley Gesetze zeiget: der ist mein Siegel der Wahrheit.«[36]

Die Grundlage dieser Analogienlehre ist zugleich die Grundlage von Lavaters Physiognomik. Schon die Einleitung der »Physiognomischen Fragmente« zitiert, gemäß dem Motto des Werks: »Gott schuf den Menschen sich zum Bilde«, »Herders älteste Urkunde des Menschengeschlechtes, 1. Theil«. Der Mensch ist die »Gottheit in eine grobe Erdgestalt verschattet«. Das lange Zitat aus der ältesten Urkunde endet mit der Hoffnung auf Vervollkommnung des Menschen, auf eine Steigerung seiner Ebenbildlichkeit: »o Menschheit! was solltest du seyn, und was bist du geworden!«. Im 4. Band der Physiognomischen Fragmente, der 1778 erschienen ist, bezieht sich Lavater auf Herders Analogienlehre.[37] Herder wiederum bezeichnet in Briefen an Lavater sein der Vollendung harrendes Werk »Plastik« »als Gegenstück zu des Freundes Physiognomik«. Eine ›christliche‹ Physiognomik habe zu zeigen, »wie auch jetzt schon unter Irrthum und Krankheit jeder Zug des noch verschatteten, gebundenen Geistes nach Herrlichkeit und Offenbarung strebe«.[38] Die enge gegenseitige Beziehung zwischen Lavater und Herder in der Physiognomik steht außer Frage.

Herders Aufsatz »Vom Erkennen und Empfinden der menschlichen Seele«, der 1778 erschienen ist, argumentiert zunächst physiologisch und sensualistisch. Hallers Entdeckung der Irritabilität soll zur Psychologie erhoben werden. Herder verbindet die Irritabilität der Muskerfaser mit dem psychischen Phänomen der Empfindung; eine empfindende Materie scheint gefunden, geeignet, den cartesianischen Dualismus von Körper und Seele zu überbrücken. E i n e Kraft verbindet Bewegung und Vorstellung im Menschen. Sie ist analog der Kraft, die im Universum herrscht. Die Einfühlung in alles würde in einen psychologischen Relativismus führen, wenn nicht zwischen erkennendem Subjekt und dem Objekt der Erkenntnis eine Analogie bestünde. Die Seele erkennt durch Einfühlung und anthropomorphe Übertragung, weil in ihr ein Analogon zum Äußeren ist. Der Mensch als »kleine Welt« hat teil am Makrokosmos, er ist Teil der großen Kette des Seins.[39] Das Denken in Analogien beruht nach

---

[36] Herders Sämmtliche Werke, a.a.O., Bd. 8, S. 107f.

[37] J. C. Lavater: Physiognomische Fragmente, a.a.O., Bd. I, S. 4, s. 6 und Bd. IV, S. 98.

[38] Zitiert nach R. Haym: Herder nach seinem Leben und seinen Werken. Berlin 1880, Bd. 1, S. 683.

[39] Herder, Bd. 8, S. 193. – R. Ayrault zieht zur Interpretation von Herders Analogielehre die erste Enneade Plotins heran, »que généralise aussi son refus de penser que l'âme ›sente en dehors de soi quelque chose dont il n'a pas un analogue en elle et dans son corps‹« (Roger Ayrault: La Genèse du Romantisme Allemand. Situation spirituelle de l'Allemagne dans la deuxième moitié du XVIIIe siècle. Paris 1961, S. 240). Allerdings argumentiert Herder, bei aller Ähnlichkeit des Grundgedankens, nicht abstrakt und nicht metaphysisch, sondern empirisch-anthropologisch, wobei durchaus

Herder auf dem analogisch verfaßten Universum. Ähnliches kann nur von Ähnlichem erkannt werden. »Wäre in diesem Körper kein Licht, kein Schall: so hätten wir auf aller weiten Welt von nichts, was Schall und Licht ist, Empfindung«. Die Seele kann nichts denken, »wovon keine Analogon in ihr und ihrem Körper« ist.[40]

Die Geltung des analogischen Denkens hängt von dem Vertrauen auf Gott ab, der in den Menschen die Empfindung der Ähnlichkeit legte. Nach Herder ist ein Mißtrauen in diese ursprüngliche Empfindung ist sinnlos, denn sie bedingt durch die innovative Vergleichung von Ähnlichkeiten alles darüberhinauslegende Denken, vor allem das logische Schließen in Syllogismen.

Um seine Version der Analogie zwischen Körper und Geist metaphysisch abzusichern, rekurriert Herder auf die zeitgenössische Theologie. Der vom Deismus hart bedrängte Glaube an die Unsterblichkeit der Seele wurde von Peter Browne und Joseph Butler durch die Notwendigkeit des Denkens in Analogien verteidigt. Beide antworten auf Tindal und Toland, wobei sie den sinnlichen Aufbau der Ideen aus der Erfahrung akzeptieren. Von besonderer Bedeutung für Herders Sprachtheorie wurde das Buch Peter Brownes, auf das er ausdrücklich hinweist. »Die beste Abhandlung, da ich über diese Materie kenne, ist eines Engländers: things divine & supernatural conceived by analogy with things natural and human.«[41] Das Buch erschien 1733 anonym in London.

Browne geht davon aus, daß die von der sinnlichen Endlichkeit gesteckten Grenzen durch die Metapher und die Analogie erweitert werden. Für den Theologen Browne ergibt sich daraus die Aufgabe, die Reichweite und Geltung der analogischen Übertragung menschlicher Verhältnisse auf metaphysische Gegenstände zu untersuchen. Metapher und Analogie werden zu diesem Zweck unterschieden. Die Metapher setzt willkürlich die Wortvorstellung eines Dings an die Stelle eines anderen, »Without any real Resemblance and Correspondency; as when God is said to have H a n d s , and E y e s , and E a r s .« Hingegen ist die Analogie eine notwendige Methode des Denkens, durch welche

---

unsystematisch metaphysische Grundüberzeugungen wie die Chain of Being die Beobachtung leiten. Vgl. dazu Horst Thomé: Roman und Naturwissenschaft. Eine Studie zur Vorgeschichte der deutschen Klassik. Frankfurt 1978, S. 310ff.; sowie Hugh B. Nisbet: Herder and the Philosophy and History of Science. Cambridge 1970, S. 27–29. Nisbet zeigt alle die okkulten und hermetischen Denkmotive in der Analogienlehre Herders (S. 9–16); er betont aber auch, daß Herder z.B. in der vergleichenden Anatomie diese Analogie als Verbindungsglieder der Kette des Seins bestätigt findet (S. 30ff.). Er beschreibt so die Analogienlehre Herders als Mischung aus einer neuplatonischen ›Superstruktur‹ und aus Naturbeobachtungen (S. 31).

[40] Herders Sämmtliche Werke, a.a.O., Bd. 8, S. 193.

[41] Herders Sämmtliche Werke, Bd. 5, S. 81. – Vgl. Joseph Butler: The Analogy of Religion, natural and revealed, to the Constitution and Course of Nature. London 1736.

die wirkliche Ähnlichkeit und Entsprechung (»A c t u a l   S i m i l i t u d e   and a   R e a l   C o r r e s p o n d e n c y«) in der Natur der Dinge aufgedeckt wird.[42]

Auch in der ontologisch höherwertigen Analogie kann es sich nur um Ähnlichkeiten und Entsprechungen handeln, die als übertragene oder geliehene Ähnlichkeiten das Verhältnis, nicht die Sache selbst ausdrücken. Browne verwendet die Verben »to transfer« und »to borrow«, um den Akt des Analogisierens zu bezeichnen.

Als drittes führt Browne eine »D i v i n e   Analogy« ein. »The Comparison and Parity of Reason here is drawn between Things well known and familiar; and what is immaterial, supernatural and unconceivable to us A s   i t   i s   i n i t s   s e l f, and far removed out of the Direct Reach of all our Capacities.«[43] So kann die Macht, die Vollkommenheit und die Weisheit Gottes nur analog zu menschlichen Verhältnissen erfaßt werden. Für die wirkliche Beschaffenheit metaphysischer Gegenstände sind wir »blind«. So überträgt die Vorstellung Christi als eines Vermittlers analog die Funktion eines Menschen, der zwischen verschiedenen Positionen als Dritter für Versöhnung sorgt.

Moral und Religion müssen daher auf die Güte und Wahrhaftigkeit Gottes vertrauen, »who has made this Analogy N e c e s s a r y   to us in our Conceptions of himself«.[44] Die Analogie ist notwendig, um überhaupt über das Unendliche sprechen zu können. Aus ihrer Unersetzlichkeit schließt Browne auf die ihr innewohnende Vernunft. »Menschliche Analogien« im Bereich des Endlichen sind nicht notwendig; das Gemeinte kann auch durch das Verbum proprium benannt werden. Sie entsprechen der Metapher.

Obwohl der menschliche Ursprung aller Religionen deutlich ist, so muß doch im analogischen Denken Wahrheit liegen; sonst würde aller Glaube zur Selbsttäuschung. »If they were Types and Symbols A l o n e, or nothing more than bare A p p e a r a n c e s   without any C o r r e s p o n d e n t   R e a l i t i e s, then would all divine Revelation be one grand D e l u s i o n; our whole Faith of the Gospel no other than blind C r e d u l i t y   and our H o p e, a   V a i n E x p e c t a t i o n   of Things without B e i n g«.[45] Den Zeichen müssen

---

[42] P. Browne: Things Divine and Supernatural conceived by Analogy with Things Natural and Human. By the Author of The procedure, extent and limits of human understanding. London 1733, S. 3. – Peter Browne schrieb eine der bekanntesten kritischen Antworten auf Toland mit dem Titel »A Letter in Answer to a Book Entituled, ›Christianity not Mysterious‹, As also to all those who set up for Reason and Evidence in Opposition to Revelation and Mysteries« (Dublin 1769). Den Grundgedanken dieser Kritik an Toland verfolgt Browne in zwei weiteren Büchern: »Procedure, Extents and Limits of Human Understanding« (London 1728) und das von Herder herangezogene »Things divine ...« von 1733.

[43] Browne, a.a.O., S. 5f.

[44] Browne, S. 7.

[45] Browne, S. 59.

Objekte zugrundeliegen, von denen sie Realität erhalten, wenngleich der Mensch aufgrund seiner ›weakness of Sight‹ diese Realität nicht unmittelbar wahrnehmen kann. Die anthropomorphen Analogien liegen wie ein Schleier über dem, was sie bezeichnen und zugleich verhüllen.

Berkeley wirft im 4. Dialog des »Alciphron« Browne vor, er habe den auf Cajetan zurückgehenden Analogiebegriff der »analogia proprie facta« mißverstanden und verfälscht, wenn er aus der Analogie folgere, »that we cannot frame any direct or proper notion (...) of knowledge or wisdom, as they are in Deity; or understand any more of them than one born blind of light and colours«.[46] Berkeley wirft Browne damit vor, er habe jede vernünftige Gotteserkenntnis geleugnet, ja sein Analogiebegriff führe zum Atheismus.

In der Tat bleibt Browne – wie auch Herder – nichts anderes übrig, als die Frage der Gültigkeit der Analogie aufgrund der Notwendigkeit der Analogie für das menschliche Denken zu entscheiden. Da es keine Alternative zum Denken in Analogien gibt, muß es eine reale Grundlage desselben geben. Gott könnte nicht vorgestellt werden, wenn er nicht die analogische Vorstellung des Übersinnlichen im menschlichen Geist verankert hätte. »So that either our Creator has rendered human Ages utterly void of A n y   u s e f u l   K n o w l e d g e of him and his Attributes; or else there must be a R e a l   G r o u n d for this A n a l o g i c a l Conception of them in his N a t u r e and our own. We are entirely incapable of any D i r e c t Knowledge or Idea of them; and therefore must N e c e s s a r i l y conclude there is a S u r e   F o u n d a t i o n for this Method of proceeding«.[47]

Diese natürliche Begründung der analogischen Erkenntnis in der Theologie Brownes war für Herder vorbildlich. Dem geschwächten Glauben an eine einmalige Offenbarung wird die natürliche Verfassung des Menschen stützend zur Seite gestellt. Während Herder naturwissenschaftliche Erkenntnisse, Psychologie und Metaphysik in seiner Sprachtheorie zu vereinigen sucht, rekurriert Johann Georg Hamann unmittelbar auf das Theologumenom der sprachlichen Verfassung der Schöpfung durch Gottes Wort. In seiner Kritik der Herderschen Preisschrift beharrt er auf dem göttlichen Ursprung der Sprache, den Herder durch einen natürlichen Ursprung ersetzte. Hamann: »Jede Erscheinung der Natur war ein Wort, – das Zeichen, Sinnbild und Unterpfand einer neuen, geheimen, unaussprechlichen, aber desto innigern Vereinigung, Mittheilung und Gemeinschaft göttlicher Energien und Ideen. Alles, was der Mensch am Anfange hörte, mit Augen sah, beschaute und seine Hände betasteten, war lebendiges Wort. Mit diesem Worte im Mund und im Herzen war der Ursprung der Sprache so natürlich, so nahe und leicht, wie ein Kinderspiel«.[48] Der Mensch

---

[46] The Works of George Berkeley. Hrsg. v. A. C. Fraser. Oxford 1901, Bd. 3, S. 187.

[47] Browne, a.a.O., S. 54.

[48] J. G. Hamann: Des Ritters vom Rosencreutz letzte Willensmeynung über den

konnte Sprache erfinden nicht nur, weil seine sinnliche Organisation zur Sprache disponiert war, sondern auch und vor allem, weil die Natur schon Wort, Zeichen und Sinnbild des Geistes war von Anfang an, eine Zeichenhaftigkeit, die der Mensch als Ebenbild Gottes dechiffrieren kann. Das »Buch der Schöpfung«, der »Text der Natur« oder die »Sprache der Natur« – sie liegen fertig da; Sprache muß nicht erfunden werden vom Menschen. Sinne und Leidenschaften verstehen diese »Bilder«, diese »sinnliche Offenbarung« Gottes in der Natur.[49] Hamann entwickelt gegen Herder eine eigene Sprach- und Metapherntheorie mit metaphysischem Anspruch. In der Analogie zwischen Gott und Mensch und in der analogischen Auslegung der Natur zeigt sich eine Partizipation des Menschen am höchsten Sein.[50] Das Zeichen, die Metapher, die Analogie gewinnen bei Hamann erneut höchste theologische Verbindlichkeit. »Diese Analogie des Menschen zum Schöpfer erteilt allen Kreaturen ihr Gehalt und ihr Gepräge, von dem Treue und Glauben in der Ganzen Natur abhängt. Je lebhafter diese Idee, das Ebenbild des unsichtbaren Gottes in unserem Gemüth ist; desto fähiger sind wir Seine Leutseeligkeit in den Geschöpfen zu sehen und zu schmecken, zu beschauen und mit Händen zu greifen«.[51] Das Buch der Natur recht zu lesen, bedeutet, es sinnlich und zugleich zeichenhaft als Wort Gottes zu begreifen. Wie bei Herder ist die Analogie des Sinnlichen und Geistigen, die Vereinigung des Gleichen und Ungleichen, der Ursprung der Sprache. Gemeinsam ist beiden die Hochschätzung der Bildersprache als einer Sprache der Sinne.[52]

---

göttlichen und menschlichen Ursprung der Sprache (1772). In: J. G. Hamann: Sämtliche Werke. Hrsg. v. J. Nadler. Wien 1951, Bd. 3, S. 32.

[49] Hamann: Aesthetica in nuce (1762). In: J. G. H., Sämtliche Werke, a.a.O., Bd. 2, S. 204, S. 207, S. 211, S. 198.

[50] Gründer sieht die figurale oder typologische Interpretation Hamanns begründet durch den ontologischen Begriff der »analogia entis«. Die Kondeszenz Gottes zeige sich in der Bildersprache der Schöpfung und der Bildlichkeit der Bibelsprache, abgeschwächt auch in jeder Mythologie. Die Sprache Gottes durchzieht so als »analogia historia oder analogia factorum« die Welt. Hamanns Typologie will diese Verklammerung aller Gegenstände und aller Geschehnisse durch die Ähnlichkeit sichtbar machen und damit die Offenbarung Gottes in der Natur und in der Geschichte erweisen (Karlfried Gründer: Figur und Geschichte. Johann Georg Hamanns »Biblische Betrachtungen« als Ansatz einer Geschichtsphilosophie. Freiburg/München 1958, S. 153).

[51] J. G. Hamann: Aestetica in nuce. In: J. G. H., Sämtliche Werke, Hrsg. v. Nadler, Bd. 2, S. 206f.

[52] Der Differenzpunkt in der Sprachauffassung Herders und Hamanns wird unterschiedlich bewertet; es scheint, als neuerdings die Gemeinsamkeit stärker hervorgehoben wird. Elfriede Büchsel zitiert einen Brief Herders an Nicolai, in dem dieser Hamanns Kritik »Des Ritters vom Rosencreuz letzte Willensmeynung über den göttlichen und menschlichen Ursprung der Sprache« als Mißverständnis erklärt. »Was ich von Hamanns Schrift verstehe, ist dies, daß er zuvörderst die ganze Frage für Wortspiel hält: was menschlich ist, ist göttlich, und wenn Gott durch den Menschen wirkt, so

Hamann beklagt die Zerstörung der Natur durch die moderne Philosophie und Wissenschaft. Wir haben »an der Natur nichts als Turbatverse und d i s i e c-t a m e m b r a p o e t a e zu unserm Gebrauch übrig. Diese zu sammeln ist des Gelehrten; sie auszulegen des Philosophen; sie nachzuahmen – oder noch kühner! – sie in Geschick zu bringen, des Poeten bescheiden Theil.«[53] Der wahren Poesie wird die ausgezeichnete Stellung zugewiesen, die genuine Sprache der Natur wiederzuerlangen. Hamann rühmt die Mythologie und die morgenländische »Magie« als Vokabularium der Natur, ohne allerdings eine Wiederherstellung derselben für möglich zu halten. Selbst Klopstock, der »große Wiederhersteller des lyrischen Gesanges«, baut auf einen »Archaismus, welcher die rätzelhafte Mechanick der heiligen Poesie bey den Hebräern glücklich nachahmt«, ohne sie wiedererwecken zu können. Hamann fordert daher eine neue, nicht die alte Mythologie nachahmende Poesie, welche die »ausgestorbene Sprache der Natur von den Todten auferweckt«.[54] Eine neue Bildersprache soll durch Sinne und Leidenschaften die Natur und nicht die alten Vorbilder nachahmen. Die blind gewordene Natur soll, eingedenk der übergreifenden »Analogie des Menschen zum Schöpfer«, erneut zum Sprechen gebracht werden durch den natürlichen Gebrauch der Sinne, um den Menschen vermittels dieser Bilderschrift des Seins vom »unnatürlichen Gebrauch der Abstractionen zu läutern«.[55] Hamann sagt deutlich, wer die Urheber dieser Zerstückelung der

---

wirkt er menschlich. Sofern hat er recht, davon war aber auch die Frage nicht; als denn will er, daß Gott dem Menschen die Sprache habe mittheilen müssen, aber nicht mystisch, sondern d u r c h T h i e r e u n d d i e N a t u r. Darauf er nun nach seiner starken Sinnlichkeit den stärksten Ton legt; der Mensch habe in allem W o r t G o t t e s gehört, G o t t g e s e h e n (...) ich wüßte nicht, (...) was ich nicht, nur mit andern Worten und nicht mit der sinnlichen Intuition w e i s s a g e n d, gedacht, in meinem Aufsatz hingeworfen« (Zit. nach E. Büchsel: J. G. Hamanns Hauptschriften erklärt. Bd. 4 Über den Ursprung der Sprache. Gütersloh 1963, S. 69f.). – Eine vermittelnde Position nimmt auch Liebrucks ein: Hamanns Polemik sei überspitzt und häufig unberechtigt. »Herder hatte den göttlichen Ursprung der Sprache gegen Süssmilch abgelehnt, hatte dann aber ausdrücklich die Erfindung der Sprache an eine Erfahrung göttlicher Charaktere geknüpft.« Allerdings sei Herder nicht so weit gekommen, »die anthropomorphe Gottesvorstellung des Menschen als mit dem göttlichen Wesen verträglich zu begreifen« – worin Hamanns Grundidee liege. Herder habe statt dessen nach einer Gottesvorstellung gesucht, die »entanthropomorphisiert« ist (Bruno Liebrucks: Sprache und Bewußtsein. Bd. 1. Frankfurt 1964, S. 327 und S. 323).
[53] J. G. Hamann: Aesthetica in nuce. In: Sämtliche Werke. Hrsg. v. J. Nadler, Bd. 2, S. 198f.; vgl. S. 208: »Ihr macht die Natur blind«; die Natur erscheint Hamann von der modernen Philosophie und Naturwissenschaft durcheinandergeschüttelt wie die Turbatverse, die nach einer pädagogischen Übung der Zeit vom Schüler wieder in gehörige Ordnung gebracht werden müssen.
[54] Hamann, a.a.O., Bd. 2, S. 211 und S. 215.
[55] Ebd., S. 206f.

Natur sind. Es sind die Naturanschauungen der »Nieuwentyts, Newtons und Büffons«; ihre »mordlügnerische Philosophie hat die Natur aus dem Wege geräumt«.[56] Die philosophische und wissenschaftliche Entzauberung des Jahrhunderts hat die Natur zerstört, nun soll die Poesie die wahre Sprache der Natur wiederbringen.

Welche Position nimmt die »Vorschule der Ästhetik« dazu ein? Die abschließende III. Kantate-Vorlesung endet mit einem Hymnus auf Herder und Hamann (5,449 – 456). Jean Paul weist an dieser Stelle der Poesie die Aufgabe zu, den »göttlichen Sinn« der Wirklichkeit zu »entziffern« (5,447). Jean Paul verweist damit zurück auf den Satz, der Dichter lese im »Naturbuche«, anstatt (wie der Wissenschaftler) einzelne Seiten aus ihm zu reißen (5,47). Der »Tiefsinn« verliert sich ins »höchste Sein«; als »höherer göttlicher Witz« entschlüsselt er die nach Ähnlichkeiten geordnete Natur (5,172f.). Die physiognomische Naturansicht vermittelt zwischen Sinnlichem und Unsinnlichem. Ohne Zweifel sind Herder, Lavater und Hamann die Vorbilder von Jean Pauls Analogienlehre in der »Vorschule«. Dabei steht Jean Paul in jeder Hinsicht Herder näher als Hamann. Es ist die anthropologische Sprachtheorie, die Ableitung der Metapher aus der Sinnesempfindung, die Jean Paul mit Herder verbindet. Jean Paul teilt keineswegs die ontologische Apodiktik Hamanns. Wie Herder beruft sich Jean Paul stets auf die natürliche Konstitution des Menschen, der eine analoge Konstitution der Natur entsprechen m ü s s e. Wie weit Jean Paul von einer apodiktischen Seinsaussage entfernt ist, zeigt der zentrale Satz der »Vorschule«: »Ist eine Harmonie zwischen Leib und Seele, Erden und Geistern zugelassen: dann muß, ungeachtet oder mittelst der körperlichen Gesetze, der geistige Gesetzgeber ebenso am Weltall sich offenbaren, als der Leib die Seele und sich zugleich ausspricht; aber das abergläubige Irren besteht nur darin, daß wir diese geistige Mimik des Universums, wie ein Kind die elterliche«, zu verstehen wähnen (5,97f.). Der wegen seiner Bedeutsamkeit erneut ins Gedächtnis gerufene Satz formuliert die Harmonie von Leib und Seele im Modus der Potentialität. Über den Realitätsgehalt dieser Bedingung wird nichts ausgesagt. Wenn diese Bedingung freilich erfüllt ist, dann läßt sich Gott in der Natur entziffern, dann läßt der endliche Leib den unendlichen Geist erkennen. Dem steht entgegen, daß selbst dann, wenn diese Bedingungen erfüllt sind, eine sichere Deutung dieser Semiotik des Körperlichen nicht gewährleistet ist. »Eigentlich ist jede Begebenheit eine Weissagung und eine Geister-Erscheinung, aber nicht für uns allein, sondern für das All; wir können sie dann nicht deuten« (5,98). Und an anderer Stelle: »Wenn der gewöhnliche Mensch es gut meint mit seinen Gefühlen, so knüpfet er – wie sonst jeder Christ es tat – das feiste Leben geradezu einem zweiten ätherischen nach dem Tode glaubend an, welches eben

---

[56] Ebd., S. 205f.

zu jenem wie Geist zu Körper passet« (5,65). Die Harmonie von Geist und Körper wie die Existenz des zweiten Lebens werden problematisch formuliert. Vertraut wird auf die Gefühle, die derartige Annahmen fordern, auf den »Realismus der Gefühle« (5,446).

Ganz im Gegensatz zu Hamann macht Jean Paul keine metaphysischen Existenzaussagen. Von einer erstaunlichen Sicherheit und Bestimmtheit sind hingegen anthropologische Aussagen über die Verfassung der Sinne, der Affekte, der Leidenschaften, über die ›Gewohnheiten‹ des Physiognomierens und des Anthropomorphisierens. Im Bereich der psychischen und physischen Organisation des Menschen fühlt Jean Paul sich sicher, dort werden Beobachtungen und Erfahrungen zitiert. Diesen ›empirischen‹ Gestus teilt Jean Paul mit Herder.

Ein anderes Vorbild für diese Berufung Jean Pauls auf die Empfindung und das Gefühl ist Jacobi. Jacobi verteidigte den empirisch-skeptizistischen Dialog David Humes über die natürliche Religion. Hume setzt an die Stelle einer Vernunftreligion die unerschütterliche – irrationale – Überzeugung vom Dasein eines Welturhebers, eine Überzeugung von der Evidenz und Stärke einer sinnlichen Empfindung.[56a] Da nach Hume auch die sinnliche Erfahrung auf dem Glauben an die Verläßlichkeit der Sinne beruht, ist für Jacobi der Skeptizismus geradezu der Vater des Glaubens. Elementare Weltorientierung und religiöse Transzendenz stützen sich nach Hume auf dasselbe Fundament; Vertrauen auf die Sinne und Gefühle. Ohne das Vertrauen in ein vernünftig geordnetes Universum ist nicht einmal gesichert, ob ein Gegenstand außer oder in uns gegeben ist. In Erweiterung Humes führt Jacobi angesichts der drohenden Vernichtung jeder Realität im radikalen Skeptizismus einen umfassenden Glaubensbegriff ein.[57] Die subjektive Vernunft des Menschen wird von der objektiven Vernunft

---

[56a] Einleitung von Günter Gawlick zu David Hume: Dialoge über die natürliche Religion. Hamburg 1968, S. XXX Anm. 37. – Gawlick zeigt, daß bei Hume der »Schritt von der bloßen Weltursache zum intelligenten Welturheber in der Struktur des menschlichen Geistes angelegt ist, daß der Glaube an Plan und Absicht in der Welt (damit an einen planenden Verstand, der in der Welt am Werke ist) ein ›natürlicher Glaube‹ im gleichen Sinne ist, wie nach der Lehre des ›Treatise of Human Nature‹ der Glaube an die Außenwelt dem Menschen natürlich ist: beide sind universal und unabweisbar, aber durch Argumente nicht begründbar, geschweige denn beweisbar. Ein natürlicher Glaube ist nach Hume kein Resultat vernünftiger Argumentation, sondern eine Annahme, die in den unbekannten Kräften der menschlichen Natur wurzelt, in dem, was Hume gelegentlich I n s t i n k t nennt« (ebd., S. XXVIIf.). Jacobi, dessen Instinktbegriff Jean Paul in der »Vorschule« übernimmt, ist der Autor des Dialogs »David Hume über den Glauben, oder Idealismus und Realismus«, in dem er sich ganz mit Hume einverstanden zeigt (In: F. H. J.: Werke. Leipzig 1815, Bd. 2, vgl. S. 127ff.).

[57] Zum Verhältnis Jacobis zu Humes Glaubensbegriff vgl. A. Frank: F. H. Jacobis Lehre vom Glauben. Halle 1910; E. Kinder: Natürlicher Glaube und Offenbarungsglaube. München 1935; O. F. Bollnow: Die Lebensphilosophie F. H. Jacobis. Stuttgart 1933, bes. S. 81ff.

Gottes im Geleise gehalten. Begriffe wie Einheit und Vielheit, Tun und Leiden, Ausdehnung und Abfolge erhalten Gewißheit durch den Glauben an eine objektive Korrespondenz.[58] Der Anthropomorphismus gewinnt so bei Jacobi seine Legitimität aus dem Glauben an die theomorphe Verfassung der Welt.[59]

Herders Argumentationsweise verläuft ähnlich: die Analogienfolge der Kette des Seins beruht auf der Empfindung, daß es so sei. Die Empfindung der stillen Ähnlichkeit im Kleinen und im Großen nährt das Vertrauen auf die metaphysische Existenz. ›Was wir wissen, wissen wir nur aus Analogie, von der Kreatur zu uns und von uns zum Schöpfer‹. Es ist diese anthropologische Ableitung aus den Sinnesempfindungen, von der aus Jean Paul, nicht anders als Herder, den Sprung in die Metaphysik wagt.

3.   Die Phantasie als Hieroglyphenalphabet der Natur

»Wie im Schreiben Bilderschrift früher war als Buchstabenschrift, so war im Sprechen die Metapher, insofern sie Verhältnisse und nicht Gegenstände bezeichnet, das frühere Wort, welches sich erst allmählich zum eigentlichen Ausdruck entfärben mußte« (5,184). Jean Paul knüpft an die Entstehung der Sprache aus der Empfindung sinnlicher Ähnlichkeiten und der Beseelung der Natur nach Analogie des Menschen die Entstehung der Schrift aus der Bilderschrift. »Bei Individuen, wie bei Völkern, ist daher Abfärben früher als Abzeichnen B i l d e r s c h r i f t eher als B u c h s t a b e n s c h r i f t« (5,33). Die ersten Zeichen der Kinder wie der archaischen Völker sind also Bilder. Sie beruhen auf einer Identität von »Ich und Welt«, weswegen die sinnliche Verkörperung des Seelischen und die Beseelung der Natur zusammengehören (5,184). Diese frühe Sprache und diese Bilderschrift sind in ausgezeichneter Weise poetisch. Jean Paul spricht in der »Vorschule der Ästhetik« von der »Bilderschrift« der Phantasie (5,33,184). Er fordert und behauptet eine »geistige Mimik des Universums« (5,97f.), die eine unmittelbare Auslegung der Dinge möglich macht. Bewahrheitet sich dieser physiognomische Ausdruck des Geistigen im Körperlichen, so besteht nach Jean Paul die Hoffnung auf eine harmonische Schöpfung, in der Alles mit Allem verwandt ist. Die Zuversicht auf eine solche Harmonie bezieht Jean Paul aus unserer »Angewöhnung an ein ewiges Personifizieren der ganzen Schöpfung«, wodurch der Mensch unwillkürlich allen Dingen eine »ferne Menschenbildung« zuteilt (4,204). Voll »Zeichen steht ja schon die ganze Welt, die ganze Zeit; das Lesen dieser

[58] F. H. Jacobi: David Hume über den Glauben oder Idealismus und Realismus. In: Werke, Bd. 2, S. 261f. und S. 277.

[59] Vgl. Karl Homann: F. H. Jacobis Philosophie der Freiheit. Freiburg/München 1973, S. 169ff.

Buchstaben eben fehlt; wir wollen ein Wörterbuch und eine Sprachlehre der Zeichen. Die Poesie lehrt lesen« (5,250).

Alle diese Sätze aus der »Vorschule« verweisen auf die Zeichenhaftigkeit der Natur. Modell ist die Bilderschrift der Hieroglyphen. Die Phantasie als »H i e r o g l y p h e n a l p h a b e t« der Natur (5,47) gewährt Zugang zu dem Buch der Natur.

Warum ist die Phantasie das Hieroglyphen-Alphabet der Natur? In der »Aesthetica in nuce« formuliert Hamann: »Reden ist übersetzen – aus einer Engelssprache in eine Menschensprache, das heist, Gedanken in Worte, – Sachen in Namen, – Bilder in Zeichen; die poetisch oder kyriologisch, historisch, oder symbolisch oder hieroglyphisch – – und philosophisch oder charakteristisch seyn können«.[60] Unter den angegebenen Modi beruht allein die philosophische Sprache auf willkürlichen Setzungen. Alle anderen Formen des Sprachgebrauchs sind Übersetzungen oder Deutungen des in der Natur und in der Geschichte angelegten Sinns; sie machen das Faktum durchsichtig für die verborgene Signatur der Schöpfung.

Die seit Berend gewöhnlich herangezogene Hamann-Stelle ist ihrerseits in so hohem Maße interpretationsbedürftig,[61] daß ein Blick auf die Geschichte der Hieroglyphendeutung hilfreich erscheint. Woher kommt das ungewöhnlich rege Interesse am Sinn und an der Bedeutung der Hieroglyphen, woher kommt die Rede vom ›Hieroglyphenalphabet der Natur‹? Hamanns komplizierter Stil mischt die Überlieferungen; zudem liebt er es, sich in Rätseln zu erklären. Jean Paul kannte als Hamann-Verehrer dessen Vorliebe für die Hieroglyphen, daneben aber auch sicherlich die im 18. Jahrhundert heftige Diskussion um die Herkunft und den Sinn der Hieroglyphen als Zeichensprache. Diese Diskussion orientierte sich zunächst an antiken Vorbildern und an dem neuerwachten Interesse für die Hieroglyphendeutung in der Renaissance.

In Plutarchs Abhandlung über Isis und Osiris werden die Hieroglyphen als symbolische und okkulte Lehren bezeichnet und mit der allegorischen Methode der Pythagoreer verglichen.[62] Plutarch vermutet, daß in der Bilderschrift der

---

[60] Hamann: Aesthetica in nuce. In: Sämtliche Werke. Hrsg. v. Nadler, Bd. 2, S. 199.

[61] Die Erklärung dieser Stelle der »Aesthetica in nuce« macht seit Unger Schwierigkeiten. Zu den verschiedenen Versuchen vgl. Martin Lumpp: Philologia crucis. Zu Georg Hamanns Auffassung von der Dichtkunst. Mit einem Kommentar zur »Aesthetica in nuce«. Tübingen 1970, S. 56f. und J. G. Hamann: Sokratische Denkwürdigkeiten. Aesthetica in nuce. Mit einem Kommentar hrsg. von Sven-Aage Jørgensen. Stuttgart 1968, S. 88, Anm. 7.

[62] Zur Geschichte der Hieroglyphen-Deutung vgl. die berühmte Abhandlung von Karl Giehlow: Die Hieroglyphenkunde des Humanismus in der Allegorie der Renaissance. In: Jahrbuch der kunsthistorischen Sammlungen des allerhöchsten Kaiserhauses (1915) 32 Bd., S. 1 – 232. Walter Benjamin hat im Blick auf das barocke Trauerspiel und die Emblematik des Barock diese kunsthistorischen Forschungen weitergeführt und

Ägypter heilige Wissenschaften mitgeteilt werden. In Verkennung der wahren Sachlage deutete Plotin im 8. Buch der fünften Enneade (Kap. 6) die ägyptische Bilderschrift als Enthüllung der Substanz durch sinnlich-geistige Bilder, deren Sinn sich nur dem Eingeweihten oder Inspirierten erschließt. Diese neuplatonische Konzeption der allegorisch zu deutenden Natur der Dinge blieb bestimmend und setzte sich durch als hermetisches Wissen. Als im frühen 15. Jahrhundert die Hieroglyphen des Horapollo aufgefunden wurden, beschäftigten sich italienische Humanisten sogleich mit ihnen in der Erwartung, christliche und antike Philosophie nun aus einem Ursprung erklären zu können. Marsilio Ficino (1433 – 1499) versuchte das Christentum, die hermetischen Schriften, Plato und Plotinus aufgrund dieser Entdeckung zu vereinigen.[63] Er sprach die Vermutung aus, Hermes Trismegistos sei ein ägyptischer Weiser und ein Zeitgenosse oder Vorgänger Mose gewesen; Hermes Trismegistos habe die Weissagungen der hebräischen Propheten antizipiert.[64] Praefigurationen Christi und der Jungfrau Maria wurden in Isis und Osiris entdeckt. Kurzum, die Hieroglyphen waren beileibe nicht ein Verständigungsmittel in der Sicht der Humanisten, eine Schrift mit dem Zweck erweiterter Kommunikation. Bis ins 18. Jahrhundert blieben die Hieroglyphen eine göttlich inspirierte Bildersprache. Die Natur erschien in dieser Bildersprache als objektivierte Idee. Zu christlichen Emblemen wurden so die sich in den Schwanz beißende Schlange als Sinnbild der Ewigkeit und das Auge als Symbol der Gerechtigkeit Gottes. Die weitverbreiteten »Emblemata« des Andreas Alciato (Editio princeps 1531) schufen die Gattung der emblematischen Literatur, wobei von Anfang an ein spielender Witz in der Kombinatorik der Bilder und der Unterschriften herrschte.[65]

---

eine eigenwillige, ihrerseits interpretationsbedürftige Deutung der barocken Bildlichkeit gegeben (W. Benjamin: Ursprung des deutschen Trauerspiels. Frankfurt 1963). Einen informativen Abriß der Hieroglyphen-Deutung vermittelt Erik Iversen: The Myth of Egypt and its Hieroglyphics in European Tradition. Copenhagen 1961, bes. S. 60 – 64, S. 73, S. 97 und S. 103ff. Die erfreulich nüchterne Darstellung, geschrieben im Blick auf die endgültige Entzifferung der Hieroglyphen, bringt gegenüber Benjamins neuen Verrätselungen eine begrüßenswerte Klarheit in die Sache.

[63] Vgl. zu Ficinos Neuplatonismus allgemein die umfassende Darstellung von Paul Otto Kristeller: Die Philosophie des Marsilio Ficino, Frankfurt 1972 (1943[1]).

[64] Die Rolle des Plato-Übersetzers und Kommentators Ficino bis hin ins 18. Jahrhundert beschreibt H. J. Schings. Ficino wurde der Verfälschung Platos durch den ›ägyptischen‹ Neuplatonismus und des Aberglaubens bezichtigt. Schings belegt die Bedeutung Ficinos für die Lehre vom Enthusiasmus des Dichters und die religiöse und poetische Inspiration, ferner den Einfluß Ficinos auf Hamann, der die Plato-Übersetzung Ficinos und die »Theologia Platonica« desselben besaß (H. J. Schings: Melancholie und Aufklärung. Melancholiker und ihre Kritiker in Erfahrungsseelenkunde und Literatur des 18. Jahrhunderts. Stuttgart 1977, vgl. S. 169f., S. 259, S. 433 Anm. 47). Zu Ficino vgl. Gielow, Die Hieroglyphenkunde des Humanismus ..., a.a.O., S. 125, wonach Ficino in den Hieroglyphen das Abbild göttlicher Ideen sah.

[65] Die Beziehungen der »Renaissance-Hieroglyphik« zum Emblem zeigt A. Schöne, der

Zunächst vergeblich, doch letzten Endes erfolgreich, versuchte William Warburton Licht in die Dunkelheit der Bilderschrift zu bringen. Die moderne Hieroglyphen-Entzifferung betrachtet ihn als ihren fruchtbringenden Vorgänger. Sein Buch befaßt sich mit der göttlichen Sendung Moses; Warburton will die geläufige Verbindung Hermes Trismegistos − Moses abwerten; er entwickelt in dieser Absicht eine stimmige Bedeutungslehre der Hieroglyphen, die in wesentlichen Teilen von der endgültigen Entzifferung bestätigt wurde.[66] In unserem Zusammenhang und im Blick auf Jean Paul ist Warburtons Analyse wichtig.

Warburton bestreitet Kirchers Vorstellung, die Ägypter hätten in ihrer Schrift geheimes Wissen ausgedrückt, das nur dem Inspirierten zugänglich ist.[67] Er erklärt die Hieroglyphen als eine primitive Schrift, die mit den Grundmotiven der Metapher arbeitet. Die Techniken der Bilderschrift lassen sich so gut mit rhetorischen Formen vergleichen. Die einfachste Form der tropischen Hieroglyphe setzt nach Art der Synekdoche den Hauptumstand für das Ganze. Um eine Schlacht zu bezeichnen, wurden zwei Hände, die eine einen Bogen, die andere einen Schild haltend, gemalt. Die zweite Form verwendet einen wesentlichen Umstand, um den Urheber desselben oder die Tätigkeit zu bezeichnen. Warburton nennt das Auge Gottes als Signatur seiner Omnipräsenz. Die schwierigste Form ersetzt katachrestisch die Sache selbst durch eine andere, wobei die Ähnlichkeit entfernt und weithergeholt ist. Für diese enigmatischen Hieroglyphen zieht Warburton die berühmten Beispiele Horapollos heran: die sich in den Schwanz beißende Schlange als bildliche Repräsentation des Universums oder der Ewigkeit; der die Wasseroberfläche überragende Kopf des Krokodils als Zeichen der aufgehenden Sonne oder des Ostens.

Warburton erklärt die Ablösung der Hieroglyphen durch die Buchstabenschrift aus den »Inconveniencies of imperfect and obscure Information«.[68] Die Bedeutungsvielfalt der tropischen und besonders der enigmatischen Hieroglyphen, die mit katachrestischer Ersetzung oder radikaler Verkürzung arbeiteten, verursachte nach Warburton im Lauf der Jahrtausende eine

---

die Wirkung Alciatos bis hin zum Barock beschreibt (Albrecht Schöne: Emblematik und Drama im Zeitalter des Barock. München 1964, s. 32−40. Zu Alciato vgl. Gielow, a.a.O., S. 138, S. 149ff. Lehrreich sind auch die Vorbemerkungen zu: Emblemata. Handbuch zur Sinnbildkunst des XVI. und XVII. Jahrhunderts. Hrsg. v. A. Henkel und A. Schöne. Stuttgart 1967).

[66] Vgl. E. Iversen: The Myth of Egypt and its Hieroglyphics in European Tradition. Copenhagen 1961, S. 103.

[67] Vgl. Athenasius Kircher: Oedipus Aegyptiacus. Rom 1652−1655, 3 Bde. Zu Kircher vgl. Karl Brischar: P. A. Kircher. Würzburg 1877.

[68] William Warburton: The Divine Legation of Moses Demonstrated on the Principles of a Religious Deist, From the Omission of the Doctrine of a future State of Reward and Punishment in the Jewish Dispensation. 2. Aufl. London 1742, Bd. 2, S. 129.

116

Deutungsunsicherheit, wodurch die Kommunikation – nach ihm Hauptzweck der Bilderschrift – unerträglich erschwert wurde und zur Entstehung eines abstrusen Aberglaubens führte. Die Hieroglyphen sind danach keine Ausdrucksform höchsten Wissens, wie es besonders die neuplatonische Tradition wollte, sondern eine Schrift, die aus der Primitivität des frühen sinnlichen Denkens und aus der Roheit der zunächst einfachen Technik der Bilderschrift entsprang. »The Metapher arose as evidently from Rusticity of Conception, as the Pleonasm from the Want of Words. The first simple Ages, uncultivated and immerged in Sense, could express their rude Conceptions of abstract Ideas, and the reflex Operations of the Mind, only by material Images; which so applied, became Metaphors. This, and not the Warmth of Poetic Fancy, as is commonly supposed, was the true Original of figurative Expression. We see it even at this Day in the Style of the American Barbarians, tho' the coldest and most phlegmatic Complexions, such as the Iroquois of the northern Continent; of whom a learned Missionary says: ›They affect a lively close Expression like the Lacedemonians; yet for all their Style is figurative, and wholly metaphorical.‹« Warburtons Behauptung, die Metaphorik sei aus der Not, sich auszudrücken, und aus einer den Irokesen vergleichbaren Primitivität des Geistes geboren, widersprach nicht nur der neuplatonischen Tradition, sondern auch dem sich anbahnenden Gefühl für Natürlichkeit und Naivität. Warburton schließt: »Metaphors were from Necessity, not Choice«.[69] Erst die Griechen und die Römer hätten die Bildersprache auch aus freier Wahl gepflegt und darüberhinaus die Hieroglyphen der Ägypter wiederbelebt »for Ornament in Emblems und Devices« und so poetisch-spielerisch alles personifiziert ohne die Notwendigkeit, die die Ägypter zu diesem Verfahren brachte. Diese freigewählte »Invention of Wit« habe späterhin der Poesie dazu gedient, Geistiges zu verkörpern und die Materie zu beseelen. »All the Qualities of the Mind, all the Affections of the Body, all the Properties of Countries, Cities, Rivers, Mountains, became the Seeds of living things«.[70]

Die »Aelteste Urkunde des Menschengeschlechts« ist nach Herder das erste Kapitel des ersten Buches Mose. 1774 befaßt er sich mit der Verstümmelung dieser Urkunde durch die Theologie und kommt im Rahmen seiner Auslegung alsbald auf die Bildersprache und den möglichen Zusammenhang der Genesis mit der Hieroglyphenschrift. Das Kapitel »Aegyptische Symbolik« enthält Herders Antwort auf Warburton. »Was waren die H i e r o g l y p h e n ? S i n n - b i l d e r i h r e r G ö t t e r u n d N a t u r k r ä f t e ! sagt der Eine. Nichts als E l e m e n t e e i n e r r o h e n S c h r e i b k u n s t ! sagt der Andre, und da steht man. Ob beide nicht Einssagen könnten? O b S y m b o l e d e r

---

[69] Warburton, a.a.O., Bd. 2, S. 148f.
[70] Warburton, a.a.O., Bd. 2, S. 151f.

Götter und der Natur nicht eben zugleich »Versuche der ersten Schreibekunst gewesen?«[71]

Herders Synthese der alten und der neuen Auffassung ist genial. Er vereinigt Warburtons Beweiskette, wonach die Hieroglyphenschrift der »Rusticity of Conception« eines unzivilisierten, um Sprache und Schrift ringenden Menschen entsprungen ist, mit der Tradition der Antike und der Renaissance, wonach diese Schrift ein Medium der sinnlich ausgedrückten und objektivierten Ideen gewesen sei. Im Rahmen dieser Synthese interpretiert Herder die Genesis als eine Kosmogonie, die aus dem sinnbildlichen ›hieroglyphischen‹ Denken der Frühzeit entstanden ist. Im Rückgriff auf seine Theorie vom Ursprung der Sprache rückt Herder die Entstehung der Sprache und der Bilderschrift zusammen.[72] Die frühen Völker wie die Kinder lernten die abstrakten Dinge leichter aus Naturbildern. Der Mensch »als eigner Erfinder der Sprache« hat die Anlage, in Sinnbildern zu sprechen, zu denken und zu schreiben. »Receptivität« und »Besinnung« (in der Preisschrift: »Besonnenheit«) leitet den der vorgeordneten Kunsttriebe entbehrenden Menschen »nach Kräften von innen und Bedürfnissen von aussen – also allwaltender Unterricht Gottes für sein Bild, den Liebling seines Herzens! seine sichtbare Aehnlichkeit in der Natur!«[73]

Herder betont in dieser Frage wiederum die Autonomie des einmal zur Sprache disponierten Menschen als eines Freigelassenen der Schöpfung. Gott hat sich einmalig in der Natur geoffenbart, die Auslegung und Beherrschung der Natur und die Entwicklung seiner selbst ist des Menschen eigenes Werk.[74] Die Lehre konnte »einem sinnlichen kindlichen Menschengeschöpf nicht anders, nicht schöner und lehrreicher« erteilt werden als durch das Symbol, da es »auch im Bilde geschrieben, also Hieroglyphe« wird.[75] Herder betont die Gleichursprünglichkeit von Sprache, Naturlehre, Religion und Poesie. Das Bild Gottes sammeln die »Künstler und Dichter, wie Bienen«, aus der ganzen sichtbaren Natur. In der so poetisch ausgelegten Natur verbirgt sich der »Held«, der sie gemacht hat, handelnd »wie hinter der Decke,

---

[71] Herders Sämmtliche Werke. Hrsg. v. B. Suphan, Bd. 6, S. 387.

[72] Vgl. Herder, a.a.O., Bd. 6, S. 393.

[73] Herder, a.a.O., Bd. 6, S. 298ff.

[74] »Sprachlehre! Wovon konnte sie handeln, als – von Allem wozu dieses Götterbild bestimmt war? Gottes Bild zu seyn, und er muste den Gott kennen, wie er sich offenbaret! Also die Natur kennen von Himmel und Erde, von Erde zu Himmel! Sollte herrschen und walten – also alle sein Reich kennen von Himmel zu Erde. Religion und Naturlehre ward seine erste Sprache« (Herder, a.a.O., Bd. 6, S. 300). An dieser Stelle leitet Herder wie Hamann den Ursprung der Sprache aus der zeichenhaften Offenbarung Gottes in der Natur und der Gottesebenbildlichkeit des Menschen ab.

[75] Herder, a.a.O., Bd. 6, S. 318.

118

durch W u n d e r k r a f t und a l l e R ä d e r d e r S c h ö p f u n g! die er
auf die stilleste Weise i n G a n g b r i n g t, durch Einen Lichtstrahl, und
auf die würksamstillste Weise sie h ä l t u n d f o r t t r e i b e t, durch Wort
und That!«[76] Gott wird in der Kindheit des Menschen auf poetische Weise erschlossen aus der Natur. Die »Aelteste Urkunde des Menschengeschlechts« zeigt
an, daß der Schlüssel zum Hieroglyphenalphabet der Ägypter zugleich der
Schlüssel zu ihrer Dichtung und ihrer Naturlehre ist. Das höchste und simpelste
Ideal der Dichtung ist das göttliche Hieroglyphenalphabet der Natur.

Jean Paul gebraucht im Programm »Über das Genie« dasselbe mosaische
Bild wie Herder. Angesichts der damaligen Bibelkenntnis besagte dies wenig,
wenn nicht der Begriff der Besonnenheit den Zusammenhang herstellte. Im
Genie wie im Menschen spricht die unbewußte »Besonnenheit«, durch die
»etwas Dunkles, was nicht unser Geschöpf, sondern unser Schöpfer ist«,
deutlich wird. Besonnenheit ist in Herders Preisschrift die bestimmende Kraft,
durch die sich der Mensch selbständig in der Welt zu orientieren vermag.[77]
Jean Paul begreift sie wie Herder als eine Mitgift der Schöpfung. Jean Paul
schließt die Betrachtung über die Besonnenheit mit dem Satz: »So treten wir,
wie es Gott auf Sinai befahl, vor ihn mit einer Decke über den Augen« (5,60).
Beide spielen an auf das 2. Buch Mose 34. Jean Paul entwickelt an dieser Stelle
die Entstehung der transzendenten Vorstellungen, die aus dem »Gefühl der
Entbehrung« ex negativo erfahren werden. Dieses Gefühl ermöglicht die Worte
»Irdisch, Weltlich, Zeitlich« (5,61) als Gegensatz des Entbehrten. Jean Paul
schließt die Betrachtung mit einer Genealogie des Geistes: »Es gab zuerst
Religion – Todesfurcht – griechisches Schicksal – Aberglauben – und
Prophezeiung – und den Durst der Liebe – den Glauben an einen Teufel –
die Romantik, diese verkörperte Geisterwelt, so wie die griechische Mythologie,
diese vergötterte Körperwelt« (5,62). Der Mensch produziert in seiner Geschichte
verschiedene, für sich ephemere Konzeptionen der Transzendenz. Das religiöse
und poetische Genie erfährt den unsichtbaren Gott in Bildern. Nicht nur Gott
bleibt unsichtbar (2. Mose 39,20), auch sein inspirierter Prophet verhüllt den
Glanz seines Angesichts mit einer Decke, da sich sein Volk vor ihm fürchtet
(2. Mose 34,29 – 35). Die Anspielung auf die verhüllende Decke bezeichnet die
Uneigentlichkeit der Bilder.

Für Herder ist die Genesis eine der Frühzeit der Bildersprache und Bilderschrift entsprossenes Zeugnis der Bildungsgeschichte des Menschen. Er vergleicht Hermes Trismegistos und den gleichermaßen sagenhaften Vater der
griechischen Poesie, Orpheus, mit den Theogonien der Ägypter, der Chaldäer
oder der Religion des Zoroaster und begreift sie als Vorstufen des Christentums,

---

[76] Herder, a.a.O., Bd. 6, S. 322.
[77] Vgl. Kap. III,1.

als »Anschlingung an die christliche Religion«. Es war ein »a l l g e m e i n e r A e t h e r , in dem von P e r s i e n b i s G r i e c h e n l a n d u n d A e g y p - t e n damals W e i s h e i t , M o r a l und R e l i g i o n schwamm. Muß ich jeden widerlegen, i n d e s s e n S p r a c h e ich spreche?«[78] Am Ende des Buches über die »Aelteste Urkunde des Menschengeschlechts« steht die Rück- kehr zum Anfang. Alle »Schreibart, Kleinigkeiten, Namen« überblickend, soll der suchende Mensch den heiligen »A n b e g i n n d e r B i l d u n g u n s r e s G e s c h l e c h t s « anwenden und erläutern. Orpheus und Hermes sind Wegweiser durch die Gänge und Irrgänge der menschlichen Bildung.[79] Hermes' Säulen bezeichnen dem religiösen und dichterischen Genie bis dato den Weg: er führt unmittelbar sinnlich durch eine analogisch verglichene und geordnete Natur zur Ahnung des Unendlichen. Gemäß der »Vorschule der Ästhetik« spricht der Dichter in hieroglyphischen Bildern die Sehnsucht des Unendlichen aus.

Die von Herder vorgedachte Gleichursprünglichkeit von Sprache, Religion und Dichtung wird von Jean Paul an verschiedenen Stellen der »Vorschule« aufgenommen und fortgebildet. Der bildliche Witz der Phantasie war in der Frühzeit, als Mensch und Welt »auf e i n e m Stamme geimpft blühte« (5,184), naiv und objektiv. Die reflexive, selbstbewußte ›Absonderung‹ von der Welt führt zur Beseelung der außerhalb wahrgenommenen Wirklichkeit. Die »spätere Tätigkeit des bildlichen Witzes, das V e r k ö r p e r n des Geistigen«, führt hin zu einer Vorherrschaft der Subjektivität. Das Subjekt sucht im »eigensinnigen und spielenden Wechsel der bestimmten Gestalten« eine sinnliche Gestalt, die sich als Verkörperung des vom Ich Intendierten eignet, die seinen Geist aus- spricht, und in der sich das Ich wiederfinden kann (5,185). Jean Paul entwirft eine Geschichte der Bildung in drei Stufen. Beschrieben wird eine zunehmende Auflösung der Naivität durch die Reflexion; vorläufiger und bekämpfenswerter Endpunkt ist die moderne, vom transzendentalen Idealismus her zu verstehende Romantik, deren »Willkür der Ichsucht« (5,31) den Weg zum »ästhetischen Nichts« (5,23), zur Vernichtung der Poesie und der Wirklichkeit durch die ent- fesselte und selbstgenügsame Reflexion beschreitet.

---

[78] Herders Sämmtliche Werke, Hrsg. v. B. Suphan, Bd. 6, S. 474 und S. 479; vgl. S. 461 – 463.

[79] Herder, a.a.O., Bd. 6, S. 501. – Im Rückgriff auf die »Ägypter, Chaldäer und Celten« beschwört schon Alexander Baumgarten, der Begründer der philosophischen Ästhetik, die Vergangenheit und Herkunft des ›schönen Denkens‹ in Bildern. Die Ägypter »dachten sinnlich und teilten ihre Gedanken sinnlich mit in den hieroglyphischen Bildern«. Orpheus' älteste Philosophie sei »sinnlich schön« und Sokrates' Stil des Denkens sei »sehr ästhetisch«. Baumgarten begründete die Ästhetik als die Wissenschaft von der sinnlichen Erkenntnis (Bernhard Poppe: Alexander Gottlieb Baumgarten. Seine Bedeutung und Stellung in der Leibniz-Wolffischen Philosophie und seine Beziehungen zu Kant. Nebst Veröffentlichung einer bisher unbekannten Handschrift der Ästhetik. Borna/Leipzig 1907, S. 67, S. 81).

Gleichwohl ist eine Rückkehr zu einer ›künstlichen Naivität‹ verwehrt durch die fortschreitende Geschichte der Bildung; der »trauende Naturglaube« der Frühzeit kann nicht durch die Verordnung eines romantischen ›Köhlerglaubens‹ (5,73) wiedererlangt werden. Die Objektivität der Dichtung hängt offensichtlich zusammen mit dem Glauben. Den stärksten Ausdruck dieses Objektivität und Verbindlichkeit gewährenden Glaubens stellt Jean Paul dar am Beispiel der Griechen. Die Griechen kamen, die Sklaverei ausgenommen, in ihrer Lebensform der Schönheit nahe wie kein anderes Volk. Das »Plastische und Objektive ihrer Poesie« (5,71) war eine Folge ihrer »heitern Religion«; sie bewirkte, daß »auf der von lauter Gottheiten bewohnten oder verdoppelten Natur in jedem Haine ein Gott oder sein Tempel war« und »das Irdische überall das Überirdische umgab (5,70). Die griechische Poesie ruht auf der »Mythologie«, die den Griechen eine »vergötterte Natur, eine poetische Gottesstadt« (5,74) gab; Mythologie, Religion und Poesie fallen ineins wie bei Herder. Diese ursprüngliche Einheit ist für Jean Paul unwiderruflich zerrissen. Mit Hegel zu sprechen: die heiligen Haine wurden zu Holz.

Nach dem Ende der Mythologie und der Entmächtigung der Religion im 18. Jahrhundert, kann allein die reiche Subjektivität des Dichters die Natur als ein »Wörterbuch und eine Sprachlehre der Zeichen« entziffern (5,250). In einer eigenwilligen Umdeutung von Schillers Unterscheidung zwischen naiver und sentimentalischer Dichtung legt Jean Paul das ganze Gewicht in die Subjektivität des Dichters, »da jede Natur erst durch den Dichter dichterisch wird« (5, 86 Anm.).[80]

In der zum Anhang der »Vorschule der Ästhetik« gehörenden »Kantate-Vorlesung« wiederholt Jean Paul diesen Anspruch der Poesie, das verwaiste Amt der positiven Religion zu verwalten. »Ist einst keine Religion mehr und jeder Tempel der Gottheit verfallen und ausgeleert − möge nie das Kind eines guten Vaters diese Zeit erleben! − : dann wird noch im Musentempel der Gottdienst gehalten werden. Denn dies ist eben das Große, daß, wenn Philosophie und Gelehrsamkeit sich im Zeitenlaufe zerreiben und verlieren, gleichwohl das älteste Dichterwerk noch wie sein Apollo ein Jüngling bleibt, bloß weil das letzte Herz dem ersten gleicht, nicht aber so die Köpfe« (5,448). Über alle Philosophie und Gelehrsamkeit eines aufgeklärten Zeitalters wird, so Jean Pauls Überzeugung, da H e r z triumphieren, das im Gegensatz zum Verstand auf einem begeisteten Universum beharrt. Das ganze Reichtum der Subjektivität mit ihren Bedürfnissen, Wünschen, Hoffnungen und Ahnungen wird zum Quell einer poetischen Religiosität nach dem Ende der positiven Religion, einer poetischen Metaphysik nach dem Ende der philosophischen Metaphysik. Von hier

---

[80] Es kann hier nicht diskutiert werden, ob Jean Pauls Kritik Schiller gerecht wird. Die Nähe und Distanz zu Schiller ist so komplex, daß in dieser Frage eine Beschränkung auf Jean Pauls Begriffsgebrauch angezeigt ist.

aus wird die Neigung Jean Pauls zu Jacobis Philosophie des Gefühls plausibel; in ihr konnte er eine wesentliche Aufwertung der Subjektivität finden aufgrund eben dieser Zeitdiagnose.

4. Theomorphismus und Anthropomorphismus: Das Vorbild Jacobi

In je verschiedener Weise leisteten der späte Herder, Jacobi und Jean Paul Widerstand gegen den siegreichen Idealismus. Diese Opposition hatte wenig Glück bei den Zeitgenossen in der literarischen und gelehrten Welt. Der Grundzug dieser Kritik geht zurück auf empirische Beobachtungen der Bewußtseinstätigkeit, des Affekthaushalts und der Antriebe des Menschen, wie sie in der Aufklärung üblich waren. Jacobi leitet in seinem Dialog »David Hume über den Glauben, oder Idealismus und Skeptizismus« aus Humes empirischem Verfahren die Notwendigkeit eines Glaubens an die Realität ab, wenn anders die Orientierung in der Welt nicht unmöglich werden soll. Jacobi zitiert triumphierend Passagen aus Humes »Inquiry concerning Human Understanding«, worin der Glauben an die Realität auf das sichere »Gefühl, das nicht von unserem Willen abhängt«, zurückgeführt wird. »Wenn dieser oder jener Gegenstand sich den Sinnen oder dem Gedächtnis darstellt, so wird, durch die Macht der Gewohnheit, die Einbildungskraft unmittelbar auf die Vorstellung geleitet, welche gewöhnlich mit diesen Gegenstande verknüpft ist; und diese Vorstellung ist begleitet von einem Gefühl, welches sie von den leeren Träumereyen der Phantasie unterscheidet. H i e r i n   b e s t e h t   d i e   g a n z e   N a t u r   d e s   G l a u b e n s .«[81] Jacobi steigert freilich dieses Realitätsgefühl des empirischen Skeptizismus außerordentlich, wenn er es auf den Glauben an eine metaphysische und umfassende Offenbarung überträgt. Das Realitätsgefühl bei Hume scheidet Einbildung und Erdichtung von der tatsächlichen Affizierung der Sinne durch einen Gegenstand. Dieses spontane Gefühl ist für Hume das Unterscheidungsmerkmal zwischen Erdichtung und Realität und das herrschende Prinzip unserer Handlungen in der Lebenswelt, der sichere Leitfaden der Orientierung. Humes psychologische Auflösung des Streits zwischen Idealismus und Realismus wurde für Jacobi zur Möglichkeit, beide zugleich zu kritisieren. Jacobi nennt den Glauben an die Realität eine » O f f e n b a r u n g «, die eine » w a h r h a f t   w u n d e r b a r e   genannt zu werden verdiene«, denn allein dieser natürliche Glaube entscheide, ob das Ding vor uns auf dem Tisch ein »in uns selbst befindliches Wesen« oder ein »von unserer Vorstellung unabhängiges Wesen außer uns sey, das von uns nur   w a h r g e n o m m e n   wird«.[82] Schon

---

[81] Friedrich Heinrich Jacobi: Werke. Hrsg. von Friedrich Roth und Friedrich Köppen. Leipzig 1815, Bd. 2, S. 160.
[82] Jacobi, Werke, a.a.O., Bd. 2, S. 166f.

auf der Ebene der sinnlichen Vorstellungen errettet also der Glaube vor der Unsicherheit eines totalen Skeptizismus oder gar Solipsismus. Beweisbar ist freilich dieser Realismus nicht, er ist ein Realismus aufgrund des sicheren Gefühls. Jacobi verallgemeinert dieses Gefühl in bezug auf die Metaphysik. Das Realitätsgefühl wird übertragen auf das Gefühl einer ›Offenbarung‹, die auf die Zuordnung des Menschen zu einer vernünftig geordneten Schöpfung hinweist. Diese Ordnung ist nicht erkennbar, aber durch das Gefühl ihrer Realität verbürgt. Als Rettung aus dem Zweifel wird also ein Irrationalismus akzeptiert, der eingestandenermaßen weder erkenntnistheoretische noch metaphysische Aussagen apodiktischer Art wagen kann und sich auch nicht zu treffen anmaßt.[83] Jacobis Philosophie ist eine Philosophie der Bescheidenheit.

In der Aphorismensammlung »Fliegende Blätter« formuliert Jacobi die Gewißheit dieses Glaubens als einen Akt instinktmäßiger Auslegung der Welt. »Wie der Mensch instinktmäßig die Gesichtszüge, die Gebärden und Laute seiner Mitmenschen auslegt und so zur Sprache gelangt; eben so instinktmäßig legt er auch die Natur aus. Wie die Menschen sich einander durch, von der Natur e i n g e s e t z t e, nicht durch sie selbst erst erfundene Ausdrücke ihres Innern ursprünglich mittheilen, so theilt Gott sich dem Menschengeschlecht mit, durch die Schöpfung.«[84] Die Verbindung physiognomischer Auslegung mit der Entstehung der Sprache, der Zusammenhang der äußerlich-körperlichen Gebärden mit dem Ausdruck des Inneren einerseits und der Auslegung der Natur als Schöpfung Gottes andererseits, ist für Jacobi mehr als ein beiläufiger Vergleich. Der wesentliche Modus der Verständigung unter den Menschen, die entscheidende Denkform der Naturauslegung und der Konzeption Gottes ist für Jacobi die Analogie. Eine positive Kenntnis Gottes gibt es nicht; alle Kenntnis beruht auf der anthropomorphisierenden Übertragung auf fremde Gestalten und Gegenstände. An wesentlichen Punkten seiner Philosophie spricht Jacobi in Analogien, generell hebt er die Bedeutung des Gleichnisses hervor. »In G l e i c h n i s s e n allein siehet und erkennt der Mensch. Das U n v e r - g l e i c h b a r e siehet und erkennt er nicht: sich selbst nicht, d e n e i g e n e n G e i s t; und so auch Gott nicht, den allerhöchsten.«[85] Selbsterkenntnis ist unmöglich ohne Analogisieren. Nur so erkennt die eigentlich unvergleichbare Individualität sich selbst im Anderen, bezeugt sich dem Subjekt das

[83] Zur Konstitution von Jacobis Philosophie vgl. O. F. Bollnow: Die Lebensphilosophie F. H. Jacobis. Stuttgart 1933, Kap. V und VI; die Aufsätze von Günther Baum und Valerio Verra in: F. H. Jacobi. Philosoph und Literat der Goethezeit. Hrsg. von Klaus Hammacher. Frankfurt 1971, S. 7ff. und S. 259ff.; K. Hammacher: Die Philosophie F. H. Jacobis. München 1969; Karl Homann: F. H. Jacobis Philosophie der Freiheit. Freiburg/München 1973. Das Verhältnis Jean Pauls zu Jacobi beleuchtet neuerdings W. Schmidt-Biggemann: Maschine und Teufel, Freiburg/München 1975, S. 260–277.

[84] Jacobi, Werke, Bd. 6, S. 155.

[85] Jacobi, Werke, Bd. 3, S. 233f.

»unabhängige Dasein anderer ihm ähnlicher und unähnlicher Wesen außer, neben und vor ihm, mit derselben Kraft, womit er das eigene Daseyn sich bezeuget.«[86] So wie das Subjekt sich selbst und den Anderen analogisch versteht, so versteht es Gott und die Natur im Vergleich mit sich selbst.

Wenn schon die einfachste sinnliche Wahrnehmung von dem Vertrauen auf die Realität des wahrgenommenen Dings abhängt, wenn schon das Verstehen des anderen Menschen von der Unsicherheit physiognomischer und sprachlicher Auslegung abhängt, so gilt dies nur in gesteigertem Maße von der Erkenntnis Gottes, der sich in derselben Weise unsicher, doch unumgänglich zu erkennen gibt in der Schöpfung. Jacobi nimmt in Kauf, daß alle Erkenntnis so in den Sog nicht nur des Anthropomorphismus, sondern auch der Individualität gerät. Jacobis ›Subjektivismus‹ ist unvergleichbar mit dem Kants. Subjektivität bei Jacobi ist fern der Verbindlichkeit kantischer Transzendentalität. Es ist ein Merkmal der Opposition Herders, Jacobis und Jean Pauls, den Begriff der Transzendentalität nicht zu akzeptieren. Bei Jacobi nimmt jede Erkenntnis ihren Anfang beim Individuum und hat keine andere Verbindlichkeit als die Evidenz des Gefühls in diesem Individuum. Alle Beziehungen zu anderen Menschen unterliegen der Unsicherheit der Deutung der Absichten und Wollungen des unbekannten Anderen. Eine begrenzte Sicherheit läßt sich herstellen im Dialog mit dem ›Du‹. Allein der ›Instinkt‹ als naturgegebene Fähigkeit, Ähnlichkeiten zu entdecken, vermittelt die Konsistenz der Dialoge. Das philosophische Grundproblem der Beziehung von Körper und Geist löst lebensweltlich die physiognomische Auslegung. Immer wieder findet sich bei Jacobi die von Jean Paul her wohlbekannte Figur: »Wie auf dem Angesichte des Menschen die verborgene, unsichtbare Seele, s i c h t b a r sich ausdrückt; hervordrängt; unbegreiflich sich mittheilt, und durch diese geheimnißvolle Mittheilung Rede und Verständniß der Rede zuerst gebiert: so drücket auf dem Angesichte der Natur G o t t unmittelbar sich aus; theilet sich, durch in A n d a c h t verwandelte Empfindung, dem Menschen unbegreiflich mit«.[87] Was Jacobi hier philosophisch geltend macht, ist bei Jean Paul eine Leistung des bildlichen Witzes und der ›natürlichen Magie der Einbildungskraft‹.

Der bildliche Witz der Phantasie teilt dem anderen Menschen Ähnlichkeit mit der eigenen Innerlichkeit und der Natur Menschenähnlichkeit mit, wie es in der »natürlichen Magie der Einbildungskraft« und in dem Programm über den Witz heißt. Die Beziehungen dieser Hermeneutik zu Herders Sprachtheorie wurden gezeigt. Lavaters Physiognomik als Lehre des Verstehens zur ›Beförderung der Menschenkenntnis‹ spielt eine gewichtige Rolle in diesen Entwürfen. Jacobi wagt den Sprung von der physiognomischen Auslegung des Körperlichen

---

[86] Jacobi, Werke, Bd. 3, S. 235.
[87] Jacobi, Werke, Bd. 3, s. 204.

als Ausdruck des Geistigen zur analogisierenden Erkenntnis Gottes aus der Natur. »Wer Gott nicht siehet, für den hat die Natur kein Angesicht; dem ist sie ein Vernunftloses, Herz- und Willenloses Unding (...), eine gräßliche, von Ewigkeit zu Ewigkeit nur Schein und Schattenleben brütende Mutter Nacht – Tod und Vernichtung, Mord und Lüge wo es taget.«[88] Jean Paul beklagt vielerorts eine Natur, die im Rahmen der empirischen Naturwissenschaft und der auf sie reagierenden Philosophie als Mechanismus interpretiert wurde, eine Natur, die nur nach gesetzmäßig vorauszubestimmenden Notwendigkeiten funktioniert. Bei Jean Paul wird dieses Argument geltend gemacht innerhalb der Ästhetik, einer Ästhetik, die auf das empfindende und fühlende Verhältnis des Menschen zu Natur baut, das in der Kunst höchsten Ausdruck findet. Die »Poesie des Aberglaubens«, das »Wunderbare«, die »natürliche Magie der Einbildungskraft« sind Zeugen eines Naturverhältnisses, das auf dem Innesein des Menschen in der Natur beruht.[89] Was Jean Paul im Rahmen einer Ästhetik, der seit Baumgarten die Differenz zur Wissenschaft eigen ist, ausdrückt, hat bei Jacobi philosophischen Anspruch. Wie in Jean Pauls Zeichenlehre ist für Jacobi das Sinnliche Ausdruck eines verborgenen Wesens. »Immer ist etwas zwischen uns und dem wahren Wesen: Gefühl, Bild, oder Wort. Wir sehen überall nur ein Verborgenes; aber, als ein Verborgenes, sehen wir und s p ü r e n wir dasselbe. Dem Gesehenen, Gespürten, setzen wir das Wort zum Zeichen, das lebendige (...) Selbst offenbaret es nicht; aber es beweiset Offenbarung«.[90] Offenbarung ist für Jacobi die ganze Natur, die Natur des Menschen, der darauf angelegt ist, die Natur unmittelbar zu verstehen, und die Natur, die als Offenbarung den Willen und die Weisheit Gottes ausdrückt. Jean Paul sieht die Dichtung als Entschlüsselung oder Entzifferung der »Bilderschrift« der Natur (5,89); daher ist Dichten »Weissagen« und Offenbarung des verborgenen geistigen Sinns im Universum (vgl. 5,96).

Repräsentativ und beherrschend ist in der Zeichenlehre Jean Pauls das Erhabene »als sinnliches Zeichen (in oder außer uns)« (5,105). Die Poesie deutet das Unendliche, das die Sinne nicht festhalten können. Besonders im Erhabenen, das den »Sprung vom Sinnlichen als Zeichen ins Unsinnliche als Bezeichnetes« (5,107) vollzieht, wird die Kunst zum Gegner einer Philosophie und Naturwissenschaft, die diesen Zeichencharakter der Natur leugnet.

Für Jacobi sind die Ausdrucksgebärden der Lust und Unlust, des Schreckens und der Freude, der körperlichen Gesten wie der Worte Z e i c h e n, die nicht absolut, aber doch notwendig dem Menschen als zeichendeutendem und sprachbegabtem Wesen zugehören. »Nur wer auszulegen weiß verstehet«.[91]

---

[88] Jacobi, Werke, Bd. 3, S. 205.
[89] Vgl. »Vorschule der Ästhetik«, §§ 5 und 24 und 4, 195 ff.
[90] Jacobi, Werke, Bd. 3, S. 209.
[91] Jacobi, Werke, Bd. 3, s. 209.

Alle wesentliche Erkenntnis jenseits des bloß ordnenden Verstandes kommt so zustande.

Jacobi beschreibt im hohen Stil des Erhabenen begeistert diese Anschauung seiner selbst in der Natur: »Mit dem Menschen, Seinem Gleichnisse, e i n A n s c h a u e n S e i n e r a u ß e r I h m; ein sterbliches Leben mit dem Saamen der Unsterblichkeit: die vernünftige Seele, den Geist den e r s c h a f - f e n e n.[92] Solche Sätze, von den Figuren der Hypallage und des Anakoluth in die Höhe des erhabenen Stils gerückt, bezeichnen die Stelle, wo Jacobi entscheidende Aussagen macht. Die Dunkelheit des Stils verweist auf die klassischen Mittel, das Erhabene auszudrücken, aber auch auf Hamann und den frühen Herder. Von natur aus ist der Mensch nach Jacobi angelegt zur Empfindung des Gefühls der Einheit durch die »Gabe des Ausdrucks«, die Gabe der »Mitempfindung, das Verständniß. Ohne diese Gabe unmittelbarer Offenbarung und Auslegung wäre der Gebrauch der Rede unter den Menschen nie entstanden.« Die Gabe des Menschen von Natur aus besteht wesentlich darin, »Inneres aus dem Äußeren, aus dem dem Offenbaren Verborgenes, Unsichtbares aus dem Sichtbaren zu verstehen, zu erkennen«.[93] In der Lebenswelt bedeutet dies, die Ausdrucksgebärden des Anderen, die sichtbaren und die tönenden der Sprache, zu verstehen. Im großen und ganzen bedeutet dies, die Natur als Ausdruck des Schöpfers verstehen zu können – durch Instinkt, eine naturgegebene Anlage des Menschen. Offenbarung vermittelt bei Jacobi der Instinkt, der »Thiergeist«. Wo das Tier durch Instinkt sucht, was es begehrt, die noch unsichtbare Quelle der Nahrung, so sucht und findet der Mensch, was er von Natur aus »begehret und nicht kennt«. Wissend nur das »Bedürfniß« und die Entbehrung der Befriedigung, wissend nur, »daß er nicht sein Leben in ihm selber hat«, strebt der Mensch nach dem Innesein Gottes.[94] Jean Paul verwendet eben diese Figur in dem Programm über das Genie.[95]

Jacobi plädiert für die Entscheidung zwischen ›Nihilismus‹ und dem Glauben an einen persönlichen Gott. Der Instinkt als unbewußter Führer des Menschen erleichtert diese Entscheidung. »Der Mensch hat nur diese Wahl: entweder, alles aus E i n e m, oder, alles aus N i c h t s herzuleiten. Dem Nichts ziehen wir das E i n e vor, und geben ihm den Nahmen G o t t, weil dies E i n e nothwendig E i n e r seyn muß, oder es wäre, unter einem andern Nahmen, wieder nur dasselbe eine allgemeine Nichts«.[96] Diese dezisionistische Wahl beruht nicht auf Gründen des Verstands, sondern allein auf dem Bedürfnis nach einer metaphysischen Einbindung des Menschen, nach einem Universum, in dem

---

[92] Jacobi, Werke, Bd. 3, S. 213.
[93] Jacobi, Werke, Bd. 3, S. 215.
[94] Jacobi, Werke, Bd. 3, S. 216.
[95] Vgl. oben III,1.
[96] Jacobi, Werke, Bd. 3, S. 233.

sich der Mensch zu Hause fühlen kann. Einerseits beherrscht Jacobis Denken eine allgemeine Skepsis, andererseits charakterisiert ihn der Sprung in den Glauben angesichts des drohenden Nihilismus, den er sowohl in der spinozistischen Gottesvorstellung als auch im subjektiven Idealismus drohen sieht. Jean Pauls Vernichtungsvisionen eines in der Welt alleingelassenen Menschen, die Träume eines drohenden Nihilismus, werden, wie in der berühmten »Rede des toten Christus vom Weltgebäude herab, daß kein Gott sei«, aufgelöst durch den Anblick der erhabenen Natur. Aus dem schrecklichen Traum einer dissonanten, dem Nichts verfallenen Welt erwacht der von Vernichtungsvisionen gepeinigte Träumer in der gefühlsmäßigen Gewißheit, auf das Dasein Gottes vertrauen zu können. Die Natur wird zum erhabenen Zeichen dieser instinktiven Gewißheit.

Das »Erhabene als das a n g e w a n d t e U n e n d l i c h e« (5,106) vermittelt angesichts der großen Natur das Gefühl eines geordneten Universums. Es füllt die Lücke, die von der destruierten Metaphysik hinterlassen wurde. Jean Paul bezeugt das Vertrauen auf einen persönlichen Gott nach der Schreckensvision eines dissonanten Universums in der »Rede des toten Christus« ausschließlich durch Bilder einer befriedeten, in sich ruhenden Natur. »Meine Seele weinte vor Freude, daß sie wieder Gott anbeten konnte – und die Freude und das Weinen und der Glaube an ihn waren das Gebet. Und als ich aufstand, glimmte die Sonne tief hinter den vollen purpurnen Kornähren und warf friedlich den Widerschein ihres Abendrotes dem kleinen Monde zu, der ohne eine Aurora im Morgen aufstieg; und zwischen dem Himmel und der Erde streckte eine frohe vergängliche Welt ihre kurzen Flügel aus und lebte, wie ich, vor dem unendlichen Vater; und von der ganzen Natur um mich flossen friedliche Töne aus, wie von fernen Abendglocken« (2,275). Die Rettung aus der nihilistischen Skepsis ist allein das Werk der spontanen Naturanschauung und des aus ihr entspringenden Vertrauens auf Gott.

Nicht anders wird das dissonante Streitgespräch über die Unsterblichkeit im »Kampaner Tal« beendet – und letzten Endes harmonisiert. Nicht die rationale Diskussion der gegensätzlichen Philosopheme führt zu einem Konsensus, sondern der Anblick der großen Natur. Der Skeptizismus, der ›triste Glaube‹, bringt einen »ewig schreienden Mißton« in die Welt. Der Zweifler wird durch eine Meditation über die erhabene Natur besänftigt. »Sehen Sie, wie sanft und gerührt der Tag geht, wie erhaben die Nacht kömmt – o dachten Sie nicht daran, daß unser Geist glänzend einmal ebenso aus der Grube voll Asche steigen werde, da Sie einmal den milden und lichten Mond groß aus dem K r a t e r des Vesuvs aufgehen sahen? ...‹ – Die Sonne stand schon rot auf den Gebürgen, um sich ins Meer zu stürzen und in die neue Welt zu schwimmen« (4,622). Der Dialog über Glaube und Skepsis endet mit einer Apotheose der grandiosen Natur zwischen Pyrenäen und Mittelmeer. Ein gemeinsamer Aufstieg mit der Montgolfière beendet das »Kampaner Tal«; der Aufschwung zum Erhabenen wird gewissermaßen technisch unterstützt.[97] Das Herz fühlt sich von der Erdenschwere befreit, die zuvor unlösbaren Probleme scheinen gelöst durch die Spontaneität der Gefühle:»Und nun zogen uns die Sonnen empor. Die schwere Erde sank wie eine Vergangenheit zurück – Flügel, wie der Mensch in glücklichen Träumen bewegt, wiegten uns aufwärts – die erhabene Leere und Stille der Meere ruhte vor uns bis an die Sterne hin – wir stiegen (...) und dann wurd' es dem leichtern Herz, das hoch über dem schweren Dunstkreis schlug, als flatter' es im Äther und sei aus der Erde gezogen, ohne die Hülle zurückzuwerfen« (4,625).

Aus dem Skeptizismus rettet die Poesie. Schaltet die Wissenschaft und die an ihr orientierte Philosophie der Aufklärung die Empfindung methodisch aus, so ruft der Dichter ein fühlendes Verhältnis zur Natur wach.

In Jacobi fand Jean Paul einen verwandten Geist. Auch Jacobi betont immer wieder den Gegensatz toter, von Zweifel und Objektivität vernichteter Natur mit einer beseelten, ganzheitlichen Naturansicht. Ein auffallendes Beispiel dafür ist eine Anekdote von Matthias Claudius, die Jacobi an entscheidender Stelle seiner Schrift»Von den göttlichen Dingen und ihrer Offenbarung« einrückt. Claudius erzählt von einem Europäer,»der war in Amerika, und wollte den berühmten Wasserfall eines gewissen Stroms sehen. Zu dem Ende handelte er mit einem Wilden, daß er ihn hinführte.«»Als die beiden ihren Weg vollendet hatten, und an den Wasserfall hinkamen – machte der Europäer große Augen und u n t e r s u c h t e; und der Wilde legte sich, so lang er war, auf sein Angesicht nieder, und blieb so eine Zeitlang liegen. Ihn fragte sein Reisegefährte: Wozu und für wen er das thue? Und der Wilde gab zur Antwort: F ü r d e n g r o ß e n G e i s t.« Jacobi erzählt die Anekdote, um sein Gottesgefühl zu demonstrieren. Der Europäer, der Wissenschafter, der Philosoph untersuchen, welche Haltung die warme Empfindung niederschlägt und verflüchtigt. Die Objektivität des reinen Begriffs oder die Objektivität der Empirie läßt methodisch das Subjekt verschwinden und damit die Sphäre seiner metaphysischen Bedürfnisse, seiner Lebensinteressen und seiner unmittelbaren Affekte. Jacobi stellt neben den Wilden einen Philosophen»mit seinem bloßen reinen Begriff von Gott. Dieser wettet nicht auf seinen Begriff (...) Also fällt er auch nicht vor diesem zweideutigen Gegenstande, den er nur seyn läßt aus Ursachen, ohne ihm

---

[97] In der Physikotheologie und in der ihr verwandten Dichtung spielt die Erweiterung des Blicks durch technische Mittel wie Fernrohr und Mikroskop eine entscheidende Rolle. Die Verschränkung von»mikro- und makroskopischer Perspektive« beschreibt Karl Richter an Brockes und Klopstock. Die neue Perspektive führt zu einer»Aktivierung und Bereicherung der ›Imagination‹« (K. Richter: Literatur und Naturwissenschaft. Eine Studie zur Lyrik der Aufklärung. München 1972, S. 199). Der Aufstieg mit der Montgolfière vermittelt nicht anders als der Blick durch das Fernrohr den Anlaß zu metaphysisch-poetischen Überlegungen über die Stellung des Menschen im Kosmos.

das Daseyn wirklich und in vollem Ernste einzuräumen – er fällt nicht vor diesem seinen eigenen ungewissen Gedanken nieder auf sein Angesicht. – Es wäre zu lächerlich. So beugt er auch nicht gefühlvoll vor ihm die Knie: die Empfindung und die Stellung verletzten seine Würde. Er bleibt bei kaltem Blute«.[98] Jacobi stützt das Dasein Gottes hier auf das Gefühl des Erhabenen, das zu empfinden der Philosoph verlernt hat. Die Auslegung, der Usus dieses predigtnahen Exempels, ist mit Claudius die Empfindung der überragenden Größe der Schöpfung: »Wir sind nicht groß, und unser Glück ist, daß wir an etwas größeres und besseres glauben können«.[99] Der Satz entspricht nahezu der Begründung des erhabenen Gefühls in der Seele des Menschen, die der erste Poetiker des Erhabenen, Pseudo-Longinus, gibt: die Natur hat »unseren Seelen sogleich ein unzähmbares Verlangen eingepflanzt nach allem jeweils Großen und nach dem, was göttlicher ist als wir selbst (...) Wenn man rings unsere Umwelt betrachtet und sieht, in welchem Ausmaß das Ungewöhnliche, das Große, das Schöne in allem überwiegt, so wird man rasch erkennen, wozu wir geboren sind. Von der Natur irgendwie geleitet, bewundern wir darum nicht die kleinen Bäche, beim Zeus, wenn sie auch durchsichtig und nützlich sind, sondern den Nil und die Donau oder den Rhein und noch viel mehr als sie den Ozean.«[100] Das Bedürfnis nach etwas, das größer ist als der Mensch und als die Sphäre der seiner Nutzung verfügbaren Natur, gehört von Anfang an zum Gefühl des Erhabenen. Schon bei Pseudo-Longin und noch bei Jean Paul ist der feuerspeiende »Krater des Ätna« oder der unbezähmbare Ozean Topos des Erhabenen.[101]

Die von Jacobi mitgeteilte Anekdote und ihre Auslegung ist für ihn bedeutsam, weil in ihr die Entzauberung der Natur durch die Wissenschaft gegen die spontane Empfindung steht. Der heute gängige Begriff der ›entzauberten Natur‹ wurde von Jacobi geprägt: »Selbst die Herrlichkeit und Majestät des Himmels, die den noch kindlichen Menschen anbetend auf die Knie wirft, überwältigt nicht mehr das Gemüth des Kenners der Mechanik, welche diese Körper bewegt, in ihren Bewegungen erhält, ja sie selbst auch bildet. Nicht vor dem Gegenstande erstaunt er mehr, ist dieser gleich unendlich, sondern allein vor dem menschlichen Verstande, der in einem Copernicus, Gassendi, Kepler, Newton und Laplace, über den Gegenstand sich zu erheben, durch Wissenschaft dem Wunder ein Ende zu machen, den Himmel seiner Götter zu berauben, das Weltall zu entzaubern vermochte«. Jacobis Anspielung auf die Transzendentalphilosophie ist unüberhörbar; nach der wissenschaftlichen Entzauberung der Natur richtet sich die Philosophie darauf, das Wunderwerk des menschlichen

[98] Jacobi, Bd. 3, S. 302f.
[99] Jacobi, Bd. 3, S. 304.
[100] Pseudo-Longinos: Vom Erhabenen. Griechisch und Deutsch. Von Reinhard Brandt. Darmstadt 1966, S. 99.
[101] Ebd.

Verstandes zu entzaubern, der so deutlich den Mechanismus der Natur zerlegt hat.[102] Auch der Verstand und der Mensch selbst wird so den Mechanismen zugeordnet. Jacobi zeigt drastisch die Folgen der Transzendentalphilosophie für das Individuum. Da er Begriffe, Deduktionen und Beweise ablehnt, stellt er rhetorisch und poetisch den Leser vor die Wahl, auf das Nichts oder den Einen zu bauen.

Jean Pauls Verfahren in Texten wie dem »Kampaner Tal« ist ähnlich. Dialogisch wird um Positionen gerungen, werden philosophische Argumente gegeneinandergesetzt; doch zuletzt entscheidet der erhabene Aufschwung angesichts der großen Natur. Der Schreckenstraum einer mechanisch verfaßten Welt in der »Rede des toten Christus vom Weltgebäude herab« löst sich durch das tröstliche Gefühl des Erwachenden, die lebendige Natur als Ausdruck eines persönlichen Gottes anbeten zu können. Die gedrückten Schulmeister und Pfarrer seiner Romane finden zu sich selbst bei einsamen Wanderungen. Und Albano im »Titan« faßt seine großen Entschlüsse in erhabenen italienischen Landschaften.

5.   Das Erhabene

»Aber worin besteht denn die ideale Erhabenheit? – Kant und n a c h ihm Schiller antworten: in einem Unendlichen, das Sinne und Phantasie zu geben und zu fassen verzagen, indes die Vernunft es erschafft und festhält« (5,105). An den Einwänden, die Jean Paul gegen diese Bestimmung der idealistischen Ästhetik erhebt, zeigt sich sogleich, daß er eine andere Richtung verfolgt. Er deutet Kant um, wenn er sagt: »Aber das Erhabene, z.B. ein Meer, ein hohes Gebirge, kann ja schon darum nicht unfaßbar für die Sinnen sein, weil sie das umspannen, w o r i n jenes Erhabene erst wohnt« (5,105). Sinnlich faßbar muß danach der erhaben auf das anschauende Subjekt wirkende Gegenstand sein, weil er sich als »sinnliches Z e i c h e n« des Unendlichen nur dann bewähren kann, wenn das Materielle oder Körperliche des Zeichens überschaubar bleibt. Jean Paul begreift das Erhabene im Rahmen seiner Zeichentheorie, die er in den Paragraphen über den bildlichen Witz und über die Phantasie entfaltet. Um seine These der Faßbarkeit zu erhärten, sucht Jean Paul Beispiele für ein »sinnliches Zeichen (in oder außer uns)«, das als Zeichen Sinne und Phantasie nicht überwältigt und niederschlägt (5,106). Leises Wehen kann so erhaben sein wie der Sturm, Stille so erhaben wie der Donner, oder wenigstens die Stille in Erwartung des Donners, die Windstille in Erwartung des Sturms (5,106f.). Nun liegt der Einwand nahe, daß Stille ohne Erwartung ihres Gegenteils, die

---

[102] Jacobi, Bd. 2, S. 52; vgl. S. 52ff.

Bewegung von »Jupiters Augenbrauen« ohne das Wissen seiner Macht, nicht erhaben wirken können. Doch ist dies kein ernsthafter Einwand gegen Jean Paul. »Allein die Bedingungen müssen zu finden sein, unter welchen ein sinnlicher Gegenstand zum geistigen Zeichen wird vorzugsweise vor einem andern« (5,107). Diese Bedingungen sind anthropologische, näherhin sinnes-psychologische. Jean Paul geht ins Einzelne, um zu erweisen, was wie wirkt, welche optische, welche akustische Sinnesempfindung sich als Zeichen des Unendlichen eignet, welchen ungewöhnlichen Sinneseindruck der Mensch geneigt ist, in ein Zeichen des Unendlichen zu verwandeln. Die Neigung, etwas Körperlichem Zeichencharakter anzuempfinden, hängt von der Konstitution der Sinne ab. Jean Paul nennt das Erhabene das auf bestimmte Sinne angewandte Unendliche. Er erörtert die Frage, welche Sinne sich zur Anwendung auf Ideen eignen.

Die Theorie der Metapher in § 49 nennt die Geruchsempfindung geistig, weswegen der metaphorische »Sprachwechsel gerade entweder die unsichtbaren Gegenstände dieses Sinnes oder deren nahes und unsichtbares Element«, die Luft ›anwendet‹, um das Geistige zu bezeichnen. Der Geist verwandelt die Empfindungen dieses Sinns in Metaphern seiner selbst: »Pneuma, Animus, Spiritus« (5,184).

Die Sinnesempfindung des ins Weite und Unbestimmte schweifenden Auges eignet sich als Analogie eines Gefühls, das entsteht, wenn die Vernunft das Unendliche denkt. »Die Ewigkeit ist für die Phantasie ein mathematisches oder optisches Erhabene; oder so: die Zeit ist die unendliche Linie, die Ewigkeit die unendliche Fläche, die Gottheit die dynamische Fülle« (5,106 Anm. 2). Optische Eindrücke, die die Fassungskraft des Auges quantitativ übersteigen, eignen sich zur Darstellung, zum Zeichen, zur Metapher für Zeit und Ewigkeit.

Ein akustischer Eindruck, der »qualitativ« den ›inneren‹ Sinn des Gehörs stark erschüttert, eignet sich zur analogischen Darstellung der dynamischen Fülle Gottes. Die Phantasie muß »die Unendlichkeit wiederum auf ihre eigene quantitative und qualitative Sinnlichkeit beziehen, als Unermeßlichkeit und als Gottheit« (5,106). Das Subjekt stellt eine Analogie zwischen seiner sinnlichen Erfahrung der Unendlichkeit und der Vorstellung der übersinnlichen Idee her. Sämtliche Bestimmungen in bezug auf die Ähnlichkeit treten damit in Kraft. Ähnlichkeit ist »teilweise Gleichheit, unter größere Ungleichheit versteckt«. Ähnlichkeiten zwischen »Körper- und Geisterwelt« beziehen im Grunde unanmeßbare Größen aufeinander. Die Notwendigkeit, Analogien dieser extreme Art herzustellen, »erzwingt ein Instinkt der Natur«. Analogien stellen sich selbst hinter dem Rücken des Subjekts her, ohne daß dieses bewußt nach ihnen sucht (5,171f.).

In der Theorie des Erhabenen lautet der entsprechende Satz: »Den ungeheuren Sprung vom Sinnlichen als Zeichen ins Unsinnliche als Bezeichnetes –

welchen die Pathognomik und Physiognomik jede Minute tun muß – vermittelt nur die Natur, aber keine Zwischen-Idee; zwischen dem mimischen Ausdruck des Hasses z.B. und zwischen diesem selber, ja zwischen Wort und Idee gibt es keine Gleichung« (5,107). So wie die physiognomische Deutung fremder Gebärden die innere Erfahrung des Ich dem Seelenzustand des Anderen beilegt, um ihn zu verstehen, so leiht die Metapher einem Wortzeichen aus dem Bereich der sinnlichen Erfahrung eine übersinnliche Bedeutung. Das Erhabene schließlich vergleicht geeignete sinnliche Erfahrungen mit dem inneren Gefühl, das entsteht, wenn die Vernunft ohne Anschauung das Unendliche denkt.

Wiederum erweist sich, daß das 10. Programm »Über den Witz« ganz ins Zentrum der Ästhetik Jean Pauls gehört und als angehängte 2. Abteilung der ›Vorschule‹ fehl am Platze ist. Denn alle Bestimmungen werden vom Licht der dort entfalteten Sprach- und Zeichentheorie erhellt. Der »Instinkt« des Menschen und in ausgezeichneter Weise der des Genies vermittelt unbewußt hinter dem Rücken des Subjekts ein Verhältnis zwischen Endlichem und Unendlichem (5,62f.). Poesie überhaupt ist »Darstellung der Ideen durch Naturnachahmung«; ihre Aufgabe liegt darin, die »begrenzte Natur mit der Unendlichkeit der Idee« zu umgeben (5,43). Durch »den Geist erhält der Körper mimischen Sinn, und jede irdische Begebenheit wird in ihm eine überirdische« (5,45).

Diese Bestimmung des Wunderbaren in der Poesie nähert sich dem Erhabenen.[103] Das Erhabene ist das auf Grenzempfindungen der Sinnesorgane angewandte Unendliche der Phantasie. Die Phantasie bezieht ihre Unendlichkeit auf Sensationen der Sinne, die analogisch jenes Gefühl auszudrücken imstande sind, das durch das Denken des Unendlichen hervorgerufen wird. Die unbewußte Natur des Menschen vermittelt v o r aller bewußten Leistung des analysierenden Verstandes und ohne »Zwischen-Idee« die Analogie zwischen Sinnlichem und Übersinnlichem.

Was dem Menschen im Erhabenen begegnet, ist eine Kraft, die er analog der seinen anschaut, wenngleich sie diese unermeßlich übersteigt. »Da wir keine Kraft anschauend kennen als unsere; und da Stimme gleichsam die Parole des Lebens ist: so ists begreiflicher, warum gerade das Ohr das Erhabene der Kraft bezeichnet« (5,107). Eine sinnliche Empfindung wird zum geistigen Zeichen von etwas ganz anderem. Die Übertragung sinnlicher Empfindungen aus dem Grenzbereich ihrer Fassungskraft auf Ideen der Vernunft bleibt eine notwendige und zugleich mangelhafte Analogie.

---

[103] Von Bodmer und Breitinger wird das Wunderbare und das Erhabene häufig in einem Atemzug genannt. Vgl. dazu Karl-Heinz Stahl: Das Wunderbare als Problem und Gegenstand der deutschen Poetik des 17. und 18. Jahrhunderts. Frankfurt 1975, S. 134, S. 177.

Wie wir gesehen haben, plädiert Jean Paul gegen die Mehrzahl der Theoretiker des Erhabenen für die sinnliche Faßbarkeit und Überschaubarkeit dessen, was als Zeichen des Unendlichen dient. Das ist ungewöhnlich, weil gerade die sinnliche Unermeßlichkeit als Auslöser des erhabenen Gefühls begriffen wurde. Eng damit verbunden sind gewöhnlich die Beispiele menschlicher Ohnmacht angesichts einer übermächtigen, häufig chaotischen Natur. »Kühne überhangende gleichsam drohende Felsen, am Himmel sich auftürmende Donnerwolken, mit Blitzen und Krachen einherziehend, Vulkane in ihrer ganzen zerstörerischen Gewalt, Orkane mit ihrer zurückgelassenen Verwüstung, der grenzenlose Ozean, in Empörung gesetzt, ein hoher Wasserfall eines mächtigen Flusses u.d.gl. machen unser Vermögen zu widerstehen, in Vergleichung mit ihrer Macht, zur unbedeutenden Kleinigkeit.«[104] Diese Aufzählung Kants und ihr Ergebnis sind durchaus im Sinne der Tradition des Erhabenen der Natur im 18. Jahrhundert. Der Schmerz über die menschliche Ohnmacht und Winzigkeit führt zum lustbetonten Gefühl eines ›übersinnlichen Vermögens in uns‹[105]

Jean Paul kennt nicht diesen Umschwung von Unlust in Lust, der bei John Dennis (delightful Horror, terrible Joy), bei Edmund Burke oder Kant unabdingbarer Bestandteil des Erhabenen ist. Er wendet sich ausdrücklich »gegen den kantischen ›Schmerz bei jedem Erhabenen‹«, gegen jene Unlust als Vorbedingung der Lust, die durch das Überbieten und Zurückschlagen der Sinnlichkeit empfunden wird (5,108).[106] Sein Argument: Gott als das Erhabenste und Größte müßte dann den größten Schmerz geben. Damit hat Jean Paul Kants Struktur des Erhabenen sicherlich mißverstanden. Auffällig bleibt jedoch, daß im Gegensatz zur ganzen Tradition das Grauen, der Schrecken, der Schmerz, die Unlust ebenso wie der Umschlag in Lust bei Jean Paul fehlen.

Zum zweiten ist auffällig, daß das ganze, von Kant aus der praktischen Vernunft in die Ästhetik überführte begriffliche Instrumentarium fehlt. Die Achtung vor dem Sittengesetz, die Pflicht, es zu befolgen im Widerstand gegen das Interesse der Sinne, all diese Verbindungen des Rigorismus mit dem Gefühl des Erhabenen werden nicht einmal negativ erwähnt.

Zum dritten wird – gerade durch den fehlenden Rigorismus der Vernunftmoral – der Abstand zwischen dem Schönen und Erhabenen gering. Die erhabene Natur birgt nicht die Schrecken der Übermächtigkeit, die den Menschen und seine Bestrebungen vernichtend klein erscheinen lassen. Selbst die erhabene Natur erweckt das beruhigende Gefühl, daß der Mensch in eine

---

[104] Kant: Kritik der ästhetischen Urteilskraft, § 28. In: I.K., Werke. Hrsg. v. W. Weischedel, Bd. 5, S. 349.

[105] Kant: Kritik der ästhetischen Urteilskraft, § 25. In: Werke. Bd. 5, S. 336.

[106] Vgl. Marjorie Hope Nicolson: Mountain Gloom and Mountain Glory: The Development of the Aesthetics of the Infinite. New York 1959, S. 277; und Kant: Kritik der ästhetischen Urteilskraft, § 29.

vom Schöpfer in väterlicher Sorge bereitete Natur passt. Dafür zeugt eine zentrale Stelle im »Titan«. Anspielend auf die Topographie des Lago Maggiore, preist der Erzähler den glücklichen Albano »auf dem Schoße der s c h ö n e n Natur, die dich wie eine Mutter liebkoset und hält, und vor dem Angesicht der e r h a b n e n, die wie ein Vater in der Ferne steht« (3,23f.). Die schreckenerregende Natur ist fern, die schöne Natur als Landschaft steht im Vordergrund.

Das Erhabene und das Schöne nähern sich einander im Zeichen des Romantischen. »Das Romantische ist das Schöne ohne Begrenzung, oder das s c h ö n e Unendliche, so wie es ein e r h a b e n e s gibt« (5,88). Nun stellt ein Schönes ohne Begrenzung vom Standpunkt der Ästhetik im 18. Jahrhundert einen Widerspruch in sich dar. Das Schöne braucht Umriß und Bestimmtheit, eine ›unbefriedete‹ oder ›unbefriedigte‹ Offenheit liegt nicht in ihm. Ob es sich nun durch ontologische »Vollkommenheit« oder später durch die je verschiedenen Weisen der »Harmonie« auszeichnet – das Schöne leidet nicht unter Entbehrung, ist nicht Ahnung von etwas, was außerhalb seiner selbst liegt. Einheit kann als der allgemeinste Begriff des Schönen gelten, ob nun Einheit des Mannigfaltigen oder Einheit der spielenden Erkenntnisvermögen bei Kant.

Jean Paul verbannt das Schöne in diesem Sinne ganz aus seiner Ästhetik. Er hält es historisch für angemessen, das Erhabene zum Stellvertreter des Schönen zu machen, wobei dem Erhabenen so weit als nur möglich der Widerstand und der Schmerz genommen werden. Daher wird – so steht zu vermuten – das sittlich Erhabene als Widerstand gegen die Sinnlichkeit nur beiläufig erwähnt (5,106f.). Das Erhabene des Subjekts, das Tragische, wird nirgends näher beleuchtet, was durch die Zeitgenossenschaft mit Schiller besonders auffällig wirkt. Das Erhabene in der »Vorschule« ist eine Erhebung ohne Widerstand, ohne Schmerz und ohne Kampf.

Dem entspricht die berühmte Eingangsszene des »Titan«, die zurecht als geradezu inszenierter Naturgenuß ohne jede Trübung interpretiert wurde.[107] Dem entspricht die Szene Albano auf dem Vesuv, der ein friedlicher Vesuv ist. Albano schreibt in die Hütte des Einsiedlers einen Brief über die erhabene Wirkung des Vesuvs: »Warum liegt nicht der Mensch auf den Knien und betet die Welt an, die Berge, das Meer, das All? Wie erhebt es den Geist, daß er ist und daß er die ungeheuere Welt denkt und sich?« (3,645). Die Natur ist ein ›Sprungbrett‹ der Erhebung, nicht eine drohende Macht, gegen die der Mensch seine Widerstandskraft und seine Selbsterhaltung mobilisieren muß. Den Dampf der Feuerschlucht zerstreut ein leichter Wind: »wilder gehen die Donner ineinander, heißer raucht die schwere Höllen-Wolke – plötzlich fährt Morgenluft herein und schleppt den flammenden Vorhang den Berg hinab – – Da stand

---

[107] Vgl. R. R. Wuthenow: Allegorie-Probleme bei Jean Paul. Eine Vorstudie. In: Jb der Jean-Paul-Gesellschaft 1970, S. 62 – 85.

die helle gütige Sonne auf dem Appennin, und der Somma und Ottayano und Vesuv blühten im Friedens-Glanz (...) Der Ring der Schöpfung lag auf dem Meere vergoldet vor mir« (3,647). Die »erhabene Hölle« gewährt Gefühle der »Entzückung« und der Liebe (3,646).

Diese harmonische Erhebung des Geistes, der angesichts der großen Natur die ungeheure Welt denkt und sich, verweist auf Herders Konzeption des Erhabenen in der »Kalligone«: »Das erhabenste Selbstgefühl ist nur das Gefühl der Harmonie mit sich und der Regel des Weltalls, mithin das höchste Schöne«.[108] Vor Jean Paul widerspricht damit Herder der Tradition des Erhabenen im 18. Jahrhundert, und er widerspricht vor allem Kant. Herder nimmt der Natur das Chaotische und Ungeordnete als Voraussetzung der kantischen Definition des Erhabenen. Das Erhabene ist für ihn ein Gefühl der unvermischten Erhebung ohne Widerstand. Es ist die Empfindung des Menschen in einer sinnvoll geordneten Natur: »Unser Geist, nicht unser Auge will jetzt nur fassen das Weltall; d.i. er denkt dem Weltordner nach, Gottesgedanken«.[109]

Herder entwickelt das Erhabene aus seiner Theorie der sinnlichen Empfindung und aus dem Zusammenhang von Empfinden und Erkennen. Jean Paul folgt ihm darin, wenn er auf der Endlichkeit der Sinnesempfindung besteht. Der sinnliche Eindruck muß endlich sein, um auf das Unendliche ›angewandt‹ werden, um als Zeichen des Unendlichen dienen zu können. Den Sprung vom Sinnlichen ins Unsinnliche vermittelt die Natur – die Zeichenhaftigkeit des Sinnlichen selbst, nicht anders als die Physiognomik und Pathognomik. Ebenso, als Erkenntnis des Unsinnlichen im Sinnlichen, hatte Lavater das Geschäft der Physiognomik definiert. Grundlage dieser Überzeugungen, dem Sinnlichen selbst sei zeichenhaft das Unsinnliche immanent, ist die Überzeugung einer sinnvoll nach Zwecken geordneten Natur, in welcher der Geist im Körper sich manifestiert. Es bietet sich das seltsame Schauspiel dar, daß Jean Paul, der an anderer Stelle so sehr auf der Dissonanz zwischen Körper und Geist zu bestehen scheint, ausgerechnet das Erhabene als eine natürliche Physiognomik interpretiert.[110]

---

[108] Herders Sämmtliche Werke, a.a.O., Bd. 22, S. 239f.

[109] Ebd., S. 233.

[110] Böschenstein sieht selbst in der Beschreibung Capris die Zerstörung der Natur durch eine aufs Unendliche gerichtete Metaphernbildung Jean Pauls, ohne zu erkennen, daß gerade diese Metaphernbildung typisch für die ›Aesthetics of the Infinite‹ ist. Das Erhabene bei Jean Paul entspringt ihm gemäß dem »Urfrevel des Titanismus, Unendlichkeit in die Endlichkeit hineinziehen zu wollen«. Die Ruine des Kolosseums suggeriert ihm Hybris und Bestrafung der Überheblichkeit, Geschichte machen zu wollen (Bernhard Böschenstein: Grundzüge von Jean Pauls dichterischem Verfahren, dargestellt am »Titan«. In: Jb. der Jean-Paul-Gesellschaft 1968, S. 43ff.). Dieses Urteil ist rundweg falsch. Die Ruine vereinigt für Addison alle Bestandteile des Erhabenen: Übergröße, Unregelmäßigkeit, Schrecken und Entzücken als angemessene Wirkung. Auch der Gedanke der vergänglichen Größe der Erbauer ist schon vorgebildet in

6. Poetische Landschaftsmalerei

»Die Landschaften der Alten sind mehr plastisch; die der Neuern mehr musikalisch, oder, was am besten ist, beides. Goethens beide Landschaften im Werther werden als ein Doppelstern und Doppelchor durch alle Zeiten glänzen und klingen. Es gibt Gefühle der Menschenbrust, welche unaussprechlich bleiben, bis man die ganze körperliche Nachbarschaft der Natur, worin sie wie Düfte entstanden, als Wörter zu ihrer Beschreibung gebraucht; und so findet man es in Goethe, Jacobi und Herder« (5,290). Diese inhaltsreichen Sätze aus dem Paragraphen über »Poetische Landschaftsmalerei« versprechen weiteren Aufschluß über die Beziehung von Zeichen und Sache, von Sinnlichem und Unsinnlichen, von Körper und Geist in Jean Pauls Ästhetik. Landschaften in der Dichtung können »plastisch (besser optisch)« oder »musikalisch (durch Gemütsstimmung)« dargestellt werden (5,291); werden beide Formen vereinigt, wie es Jean Paul empfiehlt, so wird die »körperliche Nachbarschaft der Natur« zum Ausdruck von Gefühlen, die anders nicht ausgesprochen werden könnten. Die Körperlichkeit der Natur wird dann zum Wortzeichen des Unsinnlichen, zur Verkörperung der Seele. Die Natur bietet also die Wörter zur Beschreibung der Innerlichkeit. Die ›poetische Landschaftsmalerei‹ vermittelt so ein sinnliches Zeichen für das, was die Sinne übersteigt. Landschaft in der Poesie erscheint daher als das Feld des bildlichen Witzes, der das Körperliche beseelt und die Seele verkörpert. Jean Pauls Anspielung auf die »Düfte« verweist unmittelbar auf den bildlichen Witz; Metaphern aus dem Gebiet des Geruchsinns werden nach Jean Paul aufgrund der »unsichtbaren Gegenstände dieses Sinnes« in der Sprache häufig zu »Wappenbildern des Geistes« (5,184).

John Dyer's »Ruins of Rome«: »Fall'n, fall'n, silent heap; her heroes all / Sunk in their urns; behold the pride of pomp, / The throne of nations fall'n; obscur'd in dust; / Ev'n yet majestical: the solemn scene / Elates the soul.« Albanos Gefühle, Gedanken und Entschlüsse entsprechen nicht dem ›Urfrevel des Titanismus‹, sondern der Rolle, die das Kolosseum in der Poesie des 18. Jahrhunderts hat. ›Unendlichkeit in die Endlichkeit hineinziehen zu wollen‹, ist schlechterdings Tradition des Erhabenen. M. H. Nicolson interpretiert eine wesentliche Stelle von Edward Youngs »Night Thoughts« so: »The discontent is ›divine‹, implanted by God in man, who has a ›previous sense of objects great‹. This is God's way of leading man on from limitation to infinite perfection« (Nicolson: Mountain Gloom and Mountain Glory, a.a.O., S. 318, S. 336f. und S. 364).

Die neueren Interpreten Jean Pauls neigen dazu, das Erhabene als Heimstatt der Metapher unterzubewerten. Lindner wirft Jean Paul vor − indem er Böschensteins Position ins Negative umwendet − »die physischen Dinge als uneigentliche Jenseitsreflexe« zu mißbrauchen und so mystisch aus der Welt zu flüchten − oder, was immerhin ein Gegensatz ist, eine »magische Unmittelbarkeit zu suggerieren (der wir inzwischen fremd gegenüberstehen)« (B. Lindner: Satire und Allegorie in Jean Pauls Werk. Zur Konstitution des Allegorischen. In: Jb der Jean-Paul-Gesellschaft 1970, S. 52, S. 57).

Die größte Meisterschaft in der poetischen Landschaftsmalerei findet Jean Paul in Goethes »Werther«. Die Bewunderung für diesen Kardinalroman des Sturm und Drang geht zurück auf seine Leipziger Studentenzeit. Sein erster schriftstellerischer Versuch »Abelard und Heloise« steht ganz im Zeichen des »Werther«. In einer Selbstkritik hat dies Jean Paul selbst erkannt: die Sprache des kleinen Briefromans ist ihm eine »schlechte Nachahmung der g ö t e s i a n i - s c h e n«; dem steht sein Urteil gegenüber, die »Sprache des Herzens« und die »Schilderungen von Szenen aus der Natur« seien nicht gänzlich mißraten (II,1,172).

Der vom Autor selbst skeptisch beurteilte Erstling wäre keiner näheren Betrachtung wert, läge nicht in ihm der Keim für die Landschaftsdarstellung in der reifen Dichtung Jean Pauls. Er spricht pro domo, wenn er in der »Vorschule« die › b e i d e n ‹ Landschaften Goethes rühmt. »Abelard und Heloise« paraphrasiert zwei poetische Landschaften Goethes: es sind die Werther-Briefe vom 10. Mai und vom 18. August. Jean Paul hat sie ein wenig umdatiert. Am 6. Mai schreibt Abelard: »Ich sperre mich nicht ein – sondern Gottes milde Natur ist mein Aufenthalt (...). Hier empfang' ich die Natur mit ofnen Armen, mit heitern Sinnen. Alles belebt mich. Alles reist mich hin zum Dank gegen den Urheber meines Lebens. Wenn die Sonne langsam am roten Horizont heraufsteigt und ihre Erde zur Freude befeuert – wenn die Nachtigal mit traurigen Tönen die Sele in Wonne schmilzt, wenn tausend Blümchen duften, tausend Vögel dem Gütigen singen, tausend und tausend Würmchen zur Freude geschaffen, unbemerkt hinschleichen – wenn ieder Tautropfen eine blinkende Sonne, und iede Sonne ein Spiegel der götlichen Lieb' ist – wenn ich Gottes Gegenwart (...) so lebhaft füle – – dan dan sink' ich, ich beuge die Knie und falte die Hände, und seh' hoch hinauf zu ihm, zu diesem Guten, diesem Vater« (II,1,118f.). Es ist die Stufenfolge der Vollkommenheit vom Geringsten bis zum Höchsten, die Jean Paul besingt. Er folgt Goethe bis in den Satzbau: »Wenn das liebe Tal um mich dampft, und die hohe Sonne an der Oberfläche der undurchdringlichen Finsternis meines Waldes ruht, und nur einzelne Strahlen sich in das innere Heiligtum stehlen, ich dann im hohen Grase am fallenden Bache liege, und näher an der Erde tausend mannigfaltige Gräschen mir merkwürdig werden; wenn ich das Wimmeln der kleinen Welt zwischen den Halmen, die unzähligen, unergründlichen Gestalten der Würmchen, der Mückchen näher an meinem Herzen fühle, und fühle die Gegenwart des Allmächtigen, der uns nach seinem Bilde schuf, das Wehen des Alliebenden, der uns in ewiger Wonne schwebend trägt und erhält; mein Freund! wenn's dann um meine Augen dämmert, und die Welt um mich her und der Himmel ganz in meiner Seele ruhn wie die Gestalt einer Geliebten – dann sehne ich mich oft und denke: Ach könntest du das wieder ausdrücken, könntest du dem Papiere das einhauchen, was so voll, so warm in dir lebt, daß es würde der Spiegel deiner Seele, wie deine Seele ist der Spiegel des unendlichen Gottes!«[111] Die Unsagbarkeit des Empfindens enthüllt sich angesichts der Fülle des Ausdrucks als Topos in diesem berühmten Brief Werthers. Die epochemachende Konstruktion des Satzes weist unmittelbar auf die innige Beziehung zwischen Seele und Natur, zwischen Innen und Außen. Das iterative ›wenn‹ leitet einen Konditionalsatz ein, der als notwendige innerlich-seelische Folge die Bedingung äußerlich-körperlicher Naturanschauung nennt. Durch eine mehrfache Spiegelung findet sich die Seele in der Natur wieder; der Grundgedanke: der Mensch als Ebenbild Gottes erkennt die ganze Natur in ihrem inneren Zusammenhang, er erkennt die Allgegenwart des Geistes in der Körperwelt. Die Betonung des Kleinen und Geringen läßt ästhetisch den Aufschwung zum Göttlichen besonders eindrucksvoll erscheinen. Die große Kette des Seins verbindet alle Wesen.

Jean Pauls jugendliche Werther-Nachahmung greift auch den radikalen Umschwung auf, der sich in dem Brief vom 18. August in Werther vollzieht. Durch die Aussichtslosigkeit seiner Liebe in tiefe Melancholie verfallen, verwandelt sich die Natur für Werther in »den Abgrund des ewig offenen Grabes«. Vernichtung alles Lebendigen, Zerstörung alles Endlichen, das ist ihm nun das Signum einer Natur, die nichts zu sein scheint als »ein ewig verschlingendes, ewig wiederkäuendes Ungeheuer«.[112] Goethe wählt als Bild der zerstörerischen Natur die Gewalt der Überschwemmung, die alles hinwegreißt und vernichtet.[113]

Der junge Jean Paul klammert diese Naturbilder der Aggression aus, er beschränkt sich auf Bilder der herbstlich-sterbenden Natur, um die Seelenzustände seines Helden auszudrücken. Im September schreibt Abelard: »Meine Phantasie malt mir iezt nichts anders als schwarze Bilder, Zerstörung, Unglük. Täglich schwebt mir mein Scheiden von al den Bekanten, al den Liebenden, al den Guten vor. Und noch dazu gerade diese Jarzeit − Einsam geh’ ich umher in meinem Gram. Wenn ich höre das heilige Brausen des Zerstörens (…) wenn ich sehe das Vergehen der Natur so algemein um mich her − wenn ich iedes Geschöpf der unbelebten Natur zükkend ersterbe sehe − (…) wenn ich überal Tod füle, überal Untergang merke − − und dan in meinem Herzen al das Wüten der Unglüksstürme, (…) dan glaubt der arme Endliche vergehen zu müssen in dem Sturm des Todes um ihn her, dan glaub’ ich zu fallen, wie das gelbe Blat, das vom Baum herabwelkt« (II,1,143). Es ist deutlich: die Natur liefert ›Wörter‹ zur Beschreibung der hochgestimmten Seele nicht weniger als zur Beschreibung der niedergeschlagenen Seele. Das Skandalon des ewigen Wechsels von

---

[111] J. W. Goethe: Die Leiden des jungen Werther. In: Goethes Werke. Hrsg. v. E. Trunz, Bd. 6, S. 9.
[112] Goethe, Werke Bd. 6, S. 52f.
[113] Goethe, Werke Bd. 6, S.98f.

Zerstörung und Neuschöpfung in der Natur ist dem Menschen ein Spiegel seiner Existenz, nicht anders als die hoffnungsverheißende Vorstellung der Kette des Seins, in welchem Bild die Welt als eine sinnvolle Organisation erscheint.

In dem Erstling »Abelard und Heloise« ahmt Jean Paul diesen Gedanken im Stil Goethes nach. In der »Vorschule« wiederholt er immer noch die Figur des jungen Goethe: »Wir sehen die ganze Natur nur mit den Augen der epischen Spieler. Dieselbe Sonne geht mit einem andern Rote vor der Mutter unter, welche der Dichter auf den Grab-Hügel eines Kindes stellt, und mit einem andern vor der Braut, welche auf einem schönen Hügel dem Geliebten entgegensieht oder zur Seite steht. Für beide Abende hat der Dichter ganz verschiedene Sterne, Blumen, Wolken und Schmetterlinge auszulesen« (5,289). Die Naturbilder entsprechen dem zu verkörpernden Seelenzustand. Nach diesem Prinzip, an Goethes »Werther« entwickelt, entwirft Jean Paul die Naturgemälde in seinen Romanen. »Wunderlich fingen die Farbgestirne über sein Herz zu regieren an und machten es so wehmütig, als säh' er droben sein halbfarbiges, bleiches, zerstücktes Leben nachgespielt oder nachgespiegelt. Denn dem bewegten Menschen ist die Natur stets ein großer Spiegel voll Bewegungen; nur dem satten und ausruhenden ist sie bloß ein kaltes totes Fenster für das Äußere« (2,325). Diese Sätze aus dem »Siebenkäs« sind geeignet, Jean Pauls poetische Landschaftsmalerei und ihr Prinzip zu repräsentieren: die empfindsame Spiegelung des Subjekts in der Natur. Das ›Herz‹ hört auf, mit der Außenwelt zu kommunizieren, wenn in ihm die Bewegung stockt. Das Extrem dieser Stockung ist die Melancholie. Die Empfindung des unglücklichen Subjekts kreist in sich selbst, das ›Herz‹ wird unfähig, sich nach außen zu wenden.

Der locus classicus für die Melancholie des Empfindsamen ist wiederum Goethes »Werther«: mein »Herz ist jetzt tot, aus ihm fließen keine Entzückungen mehr (...) ich habe verloren, was meines Lebens einzige Wonne war, die heilige, belebende Kraft, mit der ich Welten um mich schuf; sie ist dahin! (...) o! wenn da diese herrliche Natur so starr vor mir steht wie ein lackiertes Bildchen, und alle die Wonne keinen Tropfen Seligkeit aus meinem Herzen herauf in das Gehirn pumpen kann, und der ganze Kerl vor Gottes Angesicht steht wie ein versiegter Brunnen, wie ein verlechter Eimer.«[114] Trockenheit als Kennzeichen der Melancholie verweist ebenso wie die belebende Feuchtigkeit auf die antike Temperamentenlehre.[115] Typisch empfindsam ist das Zusammenspiel von Empfindung und Naturansicht; je nach der Empfänglichkeit des Subjekts erscheint die Natur allbelebend oder tot. Diese Struktur teilt Jean Paul

---

[114] Goethe, Werke Bd. 6, S. 84f.

[115] Der Melancholie wurde bis ins 18. Jahrhundert als Ursache schwarzes, dickes, klebriges Blut zugeschrieben, was zu einer Stockung im Umlauf der Säfte führt. (Vgl. dazu H.-J. Schings: Melancholie und Aufklärung. Stuttgart 1977, S. 63ff.; zu »Werther« vgl. S. 273ff.)

mit dem jungen Goethe; der große Naturhymnus im »Hesperus« kann das Vorbild »Werther« nicht verleugnen. Viktors Fußreise zu Emanuel, Vorspiel zu einem Höhepunkt des Romans, wird von Jean Paul in einem Stil gestaltet, der Goethes Metaphorik und Syntax verpflichtet ist:

»Aber wenn er so einige Stunden mit schöpfendem Auge und saugendem Herzen gewandelt war durch Perlenschnüre betaueter Gewebe, durch sumsende Tiere, über singende Hügel, (…) wenn die Natur alle Röhren des Lebensstromes öffnete, und wenn alle ihre Springbrunnen aufstiegen und brennend ineinander spielten, von der Sonne übermalt: dann wurde Viktor, der mit einem steigenden und trinkenden Herzen durch diese fliegenden Ströme ging, von ihnen gehoben und erweicht; dann schwamm sein Herz bebend wie das Sonnenbild im unendlichen Ozean, wie der schlagende Punkt des Rädertiers im flatternden Wasserkügelchen des Bergstroms schwimmt. – –

Dann lösete sich in eine dunkle Unermeßlichkeit die Blume auf, die Aue und der Wald; und die Farbenkörner der Natur zergingen in eine einzige weite Flut, und ü b e r der dämmernden Flut stand der Unendliche als Sonne, und i n ihr das Menschenherz als z u r ü c k g e s p i e g e l t e Sonne« (1,617).

Es ist ein Naturhymnus in einem einzigen großen Bedingungssatz. Man könnte ihn d i e empfindsame Satzform überhaupt nennen. Die empfangsbereiten Sinne ›saugen‹ den ›Lebensstrom‹ der Natur auf: das die Bedingung. Das ›Herz‹ schwimmt dann inmitten dieses Lebensstroms: das ist die Folge. Die Bedingung ist einzig Empfänglichkeit und Aufnahmebereitschaft, die Folge Einheit von Körperwelt und Seele.[116] Im Lebensstrom der Natur schwimmt der Mensch wie ein ›Rädertier‹: die kontinuierliche Kette des Seins wird durch kontrastierende Wendepunkte markiert; vom Tier auf der niedersten Stufe bis zum Menschen, in dem die dunklen Perzeptionen zum Selbstbewußtsein erwachen, zieht sich ein einziges Band. Die Mücke, der Wurm, der Polyp (vgl. 5,65 Z. 30), das Rädertier werden als Nachbarn empfunden.

Der zweite Bildbereich ist der des Spiegels. Wie die Sonne in der Flut, so spiegelt sich Gott in der Natur; das Herz ist ebenfalls ein Spiegel, der diese erste Spiegelung des Unendlichen im Endlichen reflektiert, ›zurückspiegelt‹. Erinnert sei an die Monade als ›miroir vivant‹ und an die Stufenfolge der Perzeption der Monaden, die Jean Paul in seinen Abhandlungen zum Commercium mentis et corporis immer wieder herbeizitiert. Alle Monaden sind lebende Spiegel des Universums, alle sind auf die oberste Monade Gott bezogen.

Der große empfindsame Konditionalsatz mündet in eine Betrachtung des

---

[116] Nach Thomé vollzieht sich die Einfühlung Werthers in die Natur »getreu den Denkformen« Herders durch »Verinnerung der Realität mittels der Sinne«. Allerdings kommt im Roman diese Struktur der Einheit erheblich in die Krise — was in den Landschaftsgemälden Jean Pauls nicht der Fall ist (Horst Thomé: Roman und Naturwissenschaft. Eine Studie zur Vorgeschichte der deutschen Klassik. Frankfurt 1978, S. 383).

Ganzen: »Alles ward eins – alle Herzen wurden ein größtes – ein einziges Leben schlug – die grünenden Bilder, die wachsenden Bildsäulen, der Staubklumpe des Erdballs und die unendliche blaue Wölbung wurden das anblickende Angesicht e i n e r unermeßlichen Seele – – « (1,617). Unverkennbar erscheint nun die uns wohlbekannte physiognomische Naturanschauung als weiteres Deutungsmodell der Einheit von Seele und Körper. ›Grünende Bilder‹, ›wachsende Bildsäulen‹ verweisen auf den Zeichencharakter der Natur. Die Körperwelt ist für Viktor »blühende Unendlichkeit«; »blühende Geister« werden in der »Vorschule« die Metaphern genannt (5,184).

Jean Pauls Vorliebe für die Spiegelmetapher deutet auf Leibniz; die Metaphorik des ›Lebensstroms‹ deutet auf Herder. »Überhaupt ist in der Natur nichts geschieden, alles fließt durch unmerkliche Übergänge auf- und ineinander; und gewiß, was Leben in der Schöpfung ist, ist in allen Gestalten, Formen und Kanälen nur ein Geist, eine Flamme.« Fülle und Kontinuität des Seins werden im Bilde des Stroms begriffen. Alles ist ein Leben, ein Geist. »Alles fließt, wie Farbe des Sonnenstrahls in einander, fängt vom Mindsten an und bereitet sich zum Höhern vor. Vom mindsten aber bis zum höchsten herrscht nur ein Gesetz, das All zu repräsentieren, von Dunkelheit zu Klarheit, vom Empfinden zum Erkennen zu steigen, die beide auch Eins sind, und wo sich in Allem eine Gottheit spiegelt«.[117] Herder vereinigt in diesen Sätzen die Stufenfolge der Monaden mit dem Erkennen und Empfinden der menschlichen Seele durch die Metapher des ›fließenden‹ Lebens, das alles umfaßt. Die Bildbereiche Fluß, Farben, Sonne und Spiegel greifen ineinander, nicht anders als in Jean Pauls Naturhymnus und – nicht zu vergessen – in Werthers Brief vom 10. Mai. Unmittelbar auf diesen Brief deutet die abschließende Gebärde; Viktor »tauchte das glühende Angesicht in die Wolke der Blütenstauden und wollte sich verlieren in die sumsende Welt zwischen den Blättern – er drückte das zerritzte Angesicht ins hohe kühlende Gras« (1,618). Es ist die Gebärde Werthers, der, im Grase liegend, das »Wimmeln der kleinen Welt« nahe am Herzen fühlt.[118]

Jean Pauls Landschaftsdarstellung im »Hesperus« beweist eine große Nähe zum Sturm und Drang. Einfühlung ist das Stichwort, mit dem ihr Verfahren am klarsten umrissen werden kann. Der empfindende Mensch »fühlt sich in

---

[117] Herders Sämmtliche Werke, Bd. 8, S. 247.
[118] Goethe, Werke Bd. 6, S. 51. – Wiethölter, die diese Landschaftsdarstellung aus dem »Hesperus« interpretiert, erkennt nicht die äußerst enge Beziehung zum »Werther«. Diese Beziehung betrifft Bilder und Satzstil; die »für Jean Paul in solchen Zusammenhängen typischen ›wenn‹-Perioden« sind »Werther«-Perioden, die Bildlichkeit ist die Bildlichkeit Werthers. Der gedankliche Hintergrund wird von Wiethölter nicht bei Goethe und Herder gesucht, sondern in der »unio mystica« oder einer »repraesentatio dei« (W. Wiethölter: Witzige Illumination. Studien zur Ästhetik Jean Pauls. Tübingen 1969, S. 136, S. 138, S. 186).

Alles, fühlt Alles aus sich heraus, und drückt darauf sein Bild, sein Gepräge«.[119] Der Vorwurf hemmungsloser Subjektivität liegt nahe; er trifft jedoch dann nicht, wenn man mit Herder die Einfühlung durch eine substantielle Analogie zwischen Mensch und Natur metaphysisch fundiert. In der Herder eigentümlichen Verknüpfung von Empfinden und Erkennen gibt es die Instanz einer unmittelbaren Sympathie und Antipathie der menschlichen Empfindung, die von Natur aus eine einfühlende Orientierung in der Welt ermöglicht: »Der Schöpfer muß ein geistiges Band geknüpft haben, daß gewisse Dinge diesem empfindenden Teil ähnlich, andre widrig sind; ein Band, das von keiner Mechanik abhängt, das sich nicht weiter erklären läßt«, sondern aufgrund der Erfahrung geglaubt werden muß.[120] Diese anthropologisch begründete Erfahrung ist jeder Verstandeserkenntnis vorgeordnet. Die subjektive Einfühlung korrespondiert mit ihrem Objekt, weil Subjekt und Objekt derselben, nach dem Prinzip der Analogie organisierten Natur angehören. Die einfühlende Empfindung repräsentiert ein auf den Menschen zugeschnittenes und von ihm geprägtes Bild der Natur, das als Ausschnitt der Totalität gleichwohl wahr und objektiv ist.[121]

Jean Paul teilt diesen metaphysischen Hintergrund der Analogienlehre Herders, wie die »Vorschule« hinreichend zeigt. Er teilt die Betonung der Empfindung, der Physiognomik und der Zeichenhaftigkeit des Universums. Die rechte Poesie verbindet auf diese Weise das Allgemeine und das Besondere, so daß »jedes Individuum sich in ihr wiederfindet« (5,46); der rechte Dichter umgibt die »begrenzte Natur mit der Unendlichkeit der Idee«. Doch wie stellt er das an? Jean Paul findet ein für moderne Ohren merkwürdiges Beispiel. Der Poet ahmt dem »Parkgärtner« nach, »welcher seinem Kunstgarten die Naturumgebungen gleichsam als schrankenlose Fortsetzung derselben anzuweben weiß« (5,43). Dieses merkwürdige Beispiel am Ende des Programms über die »Poesie überhaupt« ist keineswegs zufällig.

Ein zentraler Ort der Einheit von Mensch und Natur ist im »Hesperus« der Park. Es ist ein Park, der kunstvoll seine Künstlichkeit verleugnet. »Der Garten der Begeisterung sollte in dem Tale nur das Blumenbeet einer Wiese sein und nicht durch grelle Schranken an der Natur zurückprallen, sondern sanft wie ein Traum ins Wachen durch blühende, belaubte Grenzen in sie überhängen (...).

---

[119] Herders Sämmtliche Werke, Bd. 8, S. 170.
[120] Herders Sämmtliche Werke, Bd. 8, S. 174.
[121] Vgl. Thomé (Anm. 116), S. 309ff. Nach Thomé kehrt beim frühen Herder »in der physiologischen Umformung eine Leibnizsche Denkform wieder, nach der die Monade, gebrochen durch den Stand ihres Bewußtseins, die Totalität des Universums widerspiegelt« (S. 309). Es fragt sich allerdings, ob durch die physiologische Umformung, die auch im Begriff der Kraft stattfindet, die Leibnizsche Konstruktion nicht allzusehr verändert wird, um noch von ›seinem‹ Denkmodell zu sprechen.

Der nördliche Berg richtete sich dem Parke gegenüber wie eine Terasse empor und führte das Eden scheinbar über ungesehene Täler fort« (1,1040). Jean Paul kehrt die Maßnahmen des Landschaftsgärtners hervor, die Illusion der Unbegrenztheit des Begrenzten zu erwecken: grüne Hecken, Wälle oder Gräben, kunstvoll arrangierte Perspektiven und Durchblicke lenken diese Illusion. War der Rokokopark eine Fortsetzung des Hauses, so wird nun alles getan, um die Gestaltung des Menschen vergessen zu lassen. Jean Paul wählt diese idealisierte Natur als Schauplatz empfindsamer Freundschaft und Liebe. Hier trifft Viktor Klothilde und Emanuel. Emanuel, der Eremit, der indische Weise, hat durchaus einen angemessenen Ort im Park; Eremitagen und selbst leibhafte Eremiten hatten ihren Platz im empfindsamen Garten.[122]

Ohne jede Distanzierung oder Ironie läßt Jean Paul Viktor eine »Post- und Reisekarte zu den schönsten Stellen für die Nachmittag-Spaziergänge mit Klothilden« im voraus entwerfen, »weil nachmittags die Entzückungen vielleicht die Wahl der Entzückungen verfälschen! – Und so schuf die Natur in seinem Geiste ihren Morgen und ihren Frühling noch einmal aus dem Erdenkloß des ersten Frühlings, d.h. aus der heißen Sonne, aus dem kühlen Bache, aus dem Schmetterling, den der Mai aus der Hülse schälte, aus den bunten Mücken, welche die gebärende Erde aus dem Larvensamen wie fliegende Blümchen hervortrieb« (1,1048). Empfindungen vorwegnehmend zu imaginieren ist eine Übung und eine Gefahr der Empfindsamkeit, die Jean Paul selbst in der Figur Roquairol im »Titan« verurteilt; hier ist diese reflektierte Empfindung durchaus positiv.[123]

Jean Paul erörtert mögliche Empfindungen, ihre Bedingungen und Auswirkungen. Die Antizipation von Empfindungen und ihren möglichen Folgen wird von Jean Paul angemessen im Modus des Konjunktivs dargestellt: »aber dann wäre sein Herz erdrückt worden von der Schöpfungsflut, die über dasselbe ging aus allen Röhren und Betten und Mündungen des Lebens um ihn, aus dem verstrickten Geäder des Lebensstroms, der zugleich durch Blumenrinnen, durch Baumgossen, durch weiße Mückenadern, durch rote Blutröhren und durch Menschennerven schießt … er wäre Freuden-ohnmächtig ertrunken im tiefen weiten Lebens-Ozean, den die Lebensströme durchkreuzen und nachfüllen, hätt' er nicht wie jener Ertrunkene ein Glockengeläute in die Wellen hinunter gehört …« (1,1049).

---

[122] Vgl. das Kapitel »Der sentimentale Garten. Johann Heinrich Merck und die ›Darmstädter Empfindsamen‹« in Sigmar Gerndt: Idealisierte Natur. Die literarische Kontroverse um den Landschaftsgarten des 18. und frühen 19. Jahrhunderts in Deutschland. Stuttgart 1981, S. 71 – 80.

[123] Bekanntlich nimmt Roquairol im »Titan« Empfindungen vorweg. Außerdem schwärmt er für den »Werther« (Vgl. dazu W. Rehm: Eine Studie zur Geschichte des Bösen. In: W. R., Begegnungen und Probleme. Studien zur deutschen Literaturgeschichte. Bern 1957, bes. S. 197f.).

Die idealisierte Natur des Parks erweckt dieselben Empfindungen wie die freie in dem am »Werther« orientierten Naturhymnus zuvor (vgl. 1,617f.). Das Herz im ›Lebensstrom‹, der gemeinsame Lebensgeist in allen Formen der Natur vom Insekt bis zum Menschen: es ist wiederum das e i n e Leben, in dem e i n Geist herrscht. Neue Bildbereiche liefert die Physiologie: die hydraulischen Röhrensysteme des Blutumlaufs und des Nervengeistes werden verbunden mit dem universellen Lebensstrom der Schöpfung. Was in Jean Pauls Abhandlungen zum Commercium mentis et corporis eine kaum überwindbare Klippe bildet, der Zusammenhang von Geist und Bewegung, wird hier metaphorisch umschifft. Die Metaphorik verbindet das Sinnliche und das Unsinnliche, sie schafft in diesem Bereich des Erhabenen den Sprung von der Bewegung cartesischer Röhrensysteme zur res cogitans. Jeder Dualismus zwischen Körper und Geist wird so in den Metaphern des Strömens aufgehoben. Wie bei Herder beseelt eine gemeinsame Kraft, ein gemeinsamer Lebensgeist das Universum.

Jean Pauls poetische Landschaftsmalerei geht im »Hesperus« unmittelbar auf die Angebote der künstlerischen Landschaftsgestaltung ein. Man weiß, daß die Landschaftsmalerei von Claude Lorrain, Poussin und Constable unmittelbar auf den gärtnerischen Landschaftbau wirkte.[124] Wie das Gemälde des Malers, so zielte die Kunst des Landschaftsgärtners auf ästhetische Wirkung. Die Kunst des Gärtners bei der Anlage eines sentimentalen Parks bestand darin, eine Vielfalt von Empfindungen durch die Lenkung der Schritte des Besuchers, und damit durch die Lenkung eines Blicks, hervorzurufen. Henry Home nennt in den von Jean Paul exzerpierten »Elements of Criticism« als Ziele der Gartenkunst die Erregung von »emotions of grandeur, of sweetness, of gaiety, of melancholy«.[125] Nicht anders als das Gemälde des Landschaftsmalers hat der Park durch seine künstlerisch gestaltete Physiognomik der Natur das Ziel, Geist und Körper, Naturansicht und Empfindung unmittelbar aneinander zu binden. Der empfindsame Park vereinigt Naturschönheiten, die sonst weit auseinanderliegen: schroffe Felsen, Höhlen und Wasserfälle, aber auch liebliche Bäche und sanfte Auen; ein Konzentrat der Schöpfung auf engstem Raum und damit ein Konzentrat der Empfindungen. Der zentrale Schauplatz von Jean Pauls »Hesperus« ist diese idealisierte, auf Wirkung hin komponierte Natur.

Ein verehrungswürdiges Vorbild poetischer Landschaftsmalerei ist für Jean Paul F. H. Jacobi. In Jacobis »Woldemar« von 1779 sind empfindsame

---

[124] Vgl. Joachim Ritter: Landschaft. Die Funktion des Ästhetischen in der modernen Gesellschaft. In: J. R., Subjektivität. Sechs Aufsätze. Frankfurt 1974, S. 187: die englischen Parks wurden ›malerisch‹ komponiert »unter dem Einfluß von Claude Lorrain, Poussin und Constable«; »an der Stelle der Malerei« übernimmt es die »Gartenkunst«, »Natur in ästhetischer Vermittlung als Landschaft darzustellen« (186f.).

[125] Zitiert nach Ritter, a.a.O., S. 188.

Freundschaft und Liebe untrennbar mit dem Schauplatz des Parks verbunden. Eine Passage aus Woldemars Briefen läßt die Nähe Jean Pauls zu diesem Vorbild erkennen. Woldemar: »Wir hatten am Abend dieses schwülen Tages am Wasserfall gesessen, und den schönsten Sonnen-Untergang betrachtet. Nun zogen wir, durch leuchtende Schatten, am Ufer des Baches her (...). Wunderbar ergrif einen das Gerege umher in allen Blättern. Uns wurde als schwebten wir im Hauch der Lüfte, die zwischen den Aesten lispelten und auf sanften Wellen über den kleinen Fluß gleiteten, und mit der ganzen Natur sich ergötzten. – Da kamen die Sterne hernieder. Der blaue Himmel schwamm zu unseren Füßen«. Die ruhige Beschreibung eines Abends im Park wird nach und nach dynamisiert durch Bewegungen des Schwebens, Gleitens und Schwimmens. »Wasser der Himmel – in Wassern die Erde! ... Leben – in Leben hinübergestralt! – ... Kraft – mit Kraft sich begattend!« Die optische Spiegelung des Himmels im Wasser führt hinüber zu der metaphysischen Überzeugung, die ganze Welt sei von e i n e r Kraft beseelt. Die abendliche Parklandschaft mit ihren Bäumen und Gewässern wird zum Zeichen des Unsinnlichen. In einem erhabenen Aufschwung fühlt der Mensch sich in Einheit mit der Schöpfung. »Hohe Ahndungen ergriffen meinen Geist. Meine S e e l e wähnte den Unbegreiflichen in etwa zu fassen. S i e, die einst nicht E i n e r Vorstellung sich bewußt war, nun so voll Empfindung und Gedanke! E i g e n e s, g e f ü h l t e s D a s e y n – a u s d e m N i c h t s! – S c h ö p f u n g!«[126] Die Fülle des eigenen Daseins wird hier im empfindsamen Park erfahren; die Erkenntniszweifel zerstieben.

Bekanntlich distanzierte sich Goethe vom »Woldemar«; er nagelte das Buch vor der weimarer Hofgesellschaft an eine Eiche im Park zu Ettersburg und feierte ironisch diese Kreuzeserhöhung. Aber auch zum »Werther« hielt Goethe in späterer Zeit deutlich Abstand. Die Parodie »Triumpf der Empfindsamkeit« zeigt, wie sich Goethe von dieser Gemütserregungskunst entfernte.[127]

Die beherrschenden Szenen des »Hesperus« stehen ungebrochen in der Tradition der Empfindsamkeit und des Sturm und Drang. Gleichsam als ein Spätling, entwickelt Jean Paul den Stil des jungen Goethe und des »Woldemar« weiter. Selbst in »Dr. Katzenberges Badereise« findet die große Liebesszene im Naturtheater einer Höhle statt, deren Wirkung auf das Gemüt künstlich erhöht wird.[128]

---

[126] Friedrich Heinrich Jacobi: Woldemar. Faksimiledruck nach der Ausgabe von 1779. Mit einem Nachwort von H. Nicolai. Stuttgart 1969, S. 109f.
[127] Vgl. dazu Siegmar Gerndt: Idealisierte Natur (Anm. 122), S. 85ff.
[128] Theoda glaubt, »sie erblicke nur ihr innres Entzücken in das äußere Glänzen ausgebrochen«, als »der Fürst eine heimliche, nach dem Abendhimmel gerichtete Eichenpforte des Höhlen-Bergs aufreißen« läßt (6,285). Die künstliche Inszenierung des Naturschauspiels tut der Erhabenheit der Szene keinen Abbruch. Der Park im Titan

Der empfindsame Park, eine zentrale Schöpfung des 18. Jahrhunderts, war der Versuch, eine Einheit von Mensch und Natur gegenwärtig zu machen. Nicht nur die ›freie‹, besonders auch die ›künstliche‹ Natur gibt Anlaß zur metaphysischen Betrachtung des Ganzen.

Eine »dichterische Landschaft muß ein malerisches Ganzes machen«; sie muß arrangiert sein wie ein Landschaftsgemälde der Malerei – oder, so könnte man hinzufügen, wie ein empfindsamer Park. »Aus den Landschaften der Reisebeschreiber kann der Dichter lernen, was er in den seinigen – auszulassen habe« (5,289). Oder, gegen die Nachahmung der ›poetischen Materialisten‹ gewandt: »zwischen den Landschaftsgemälden des Dichters und zwischen den Auen- und Höhen-Vermessungen des Reisebeschreibers« ist ein bedeutender Unterschied (5,35).

Landschaft, so hat Joachim Ritter hervorgehoben, ist Natur, die der Mensch ohne praktischen Zweck genießt, »um als er selbst in der Natur zu sein«.[129] Landschaft entsteht als Qualität erst dann, wenn der pragmatische (und wissenschaftliche) Umgang mit der Natur eine gewisse Intensität erreicht hat. Insofern wäre die empfindsame Einfühlung ein Korrelat zur ›aufgeklärten‹ Entzauberung der Natur. Dem pragmatischen Interesse steht ein ästhetisches Interesse gegenüber.[130]

7. Vollkommene Charaktere

Die wissenschaftliche Entzauberung der Natur macht die Welt zur toten Materie. Die poetische Einbildungskraft ahmt die Natur als Ganzes nach. Der ›Instinkt des Göttlichen‹ im Menschen und im Genie, die Physiognomik, die Struktur

---

ist mit zahlreichen mechanischen Raffinessen ausgestattet (z.B. der »verkehrte Regen«, 3,384); der Park hat sein »Elysium« und seinen »Tartarus«, einen Eremiten und eine ›heilige Familie‹, die in einer Idylle lebt. Dennoch ist dieser typisch sentimentale Garten für Jean Paul kein »toter Landschafts-Figurant und Vexier- und Miniaturpark«, kein »abgegriffenes Schaugericht von Ruinen, Wildnissen und Waldhäusern: sondern Lilar ist das Naturspiel und bukolische Gedicht der romantischen und zuweilen gaukelhaften Phantasie des alten Fürsten« (3,202). Der Park Lilar ist für sich poetisch, die kunstvoll arrangierte Natur kommt dem Inneren entgegen. – Daneben gibt es die Satire auf Neupeters Park in den »Flegeljahren«; an den Bäume hängen Gebrauchszettel herab, die verordnen, »wie man schöne Natur einzunehmen habe, in welchen Löffeln und Stunden«. Walt gefällt die »Gefühlsanstalt« (2,753). Man sollte allerdings nicht verkennen, daß damit nicht der empfindsame Garten, sondern der beschränkte Kaufmann Neupeter verspottet wird.

[129] Ritter (Anm. 124), S. 151.

[130] Zum Gegensatz von wissenschaftlich-pragmatischer und ästhetischer Einstellung bei Jean Paul vgl. Kap. VII,7: NATURBESEELUNG UND WISSENSCHAFT: DER ANATOM DR. KATZENBERGER.

der Sprache, aber auch die Geisterfurcht, der Traum und schließlich der Magnetismus sind Jean Paul Zeugen einer die mechanistische Weltauffassung durchbrechenden Kraft.

In den Programmen »Über Charaktere« und über die »Geschichtsfabel des Drama und Epos« ist es Jean Pauls Hauptsorge, den poetischen Charakter und die poetische Fabel aus dem Mechanismus der Kausalität herauszuhalten. Die Dichtkunst führt »ins geistige Reich Notwendigkeit und nur ins körperliche Freiheit« ein; der wahre Dichter verschmäht die »geistigen Zufälligkeiten eines Porträts«; die hohe Dichtung ist gänzlich von der Seele bestimmt, nur die niedrige nähert sich dem »Natur-Mechanismus« (5,221). Freiheit kommt ins ›körperliche Reich‹ dadurch, daß der Charakter so wenig wie möglich durch äußere Umstände bestimmt wird.

Die Handlungsarmut der hohen, italienischen Romane Jean Pauls, insbesondere aber die geringe Motivierung der Charaktere durch Umstände und Handlungen, wird von der »Vorschule« indirekt verteidigt. »Der Charakter als solcher läßt sich darum nicht motivieren, weil etwas Freies und Festes im Menschen früher sein muß als jeder Eindruck darauf durch mechanische Notwendigkeit, sobald man nicht unendliche Passivität, d.h. die Gegentätigkeit eines Nichts annehmen will. Manche Schreiber machen die Wiege eines Helden zu dessen Ätzwiege und Gießgrube – die Erziehung will die Erzeugung motivieren und erklären – die Nahrung die Verdauungskraft – –; aber in dieser Rücksicht ist das ganze Leben unsere I m p f s c h u l e; inzwischen setzt diese ja eben die S a m e n s c h u l e voraus« (5,248). Jean Paul nennt keinen der angesprochenen Autoren beim Namen; der Zeitgenosse Johann Carl Wezel gehört zu denen, die ihre Charaktere durch mechanische Kausalität motivieren und ihnen so jede Autonomie rauben. Von der Wiege bis zur Bahre werden klimatische Bedingungen, physiologische Abhängigkeiten und so letzten Endes zufällige Umstände als einwirkende Faktoren für die Entstehung und Entwicklung des Charakters namhaft gemacht. Wezel: »Gewiß ist es, daß die Gegenstände, an welchen wir unsre ersten Erfahrungen machen, die Art, wie sie auf uns wirken, – daß die Personen, von welchen wir die ersten Elemente der Sprache und zugleich auch der menschlichen Erkenntniß lernen, ihr Betragen gegen uns und andre, so gar ihre Geberden, ihre Minen – daß endlich der Fluß, in welchen unsre Lebensgeister zufälliger Weise und durch die äußerlichen Ursachen der Luft, der Witterung, u.s.f. oder durch die innern Bewegungen der Maschine, durch die Wirkungen der Speisen in den ersten Jahren gesezt werden – daß alle diese Umstände z u s a m m e n g e n o m m e n« – also dieses Konglomerat von äußeren, in ihrem Zusammentreffen durchaus zufälligen Ursachen – »der erste Boden und folglich auch der ersten Nahrungsstoff für unsern Charakter sind.«[131] In

---

[131] Johann Carl Wezel: Lebensgeschichte Tobias Knauts, des Weisen, sonst Stammler genannt. Faksimiledruck nach der Ausgabe 1773. Mit einem Nachwort von Victor Lange. Stuttgart 1971, Bd. 1, S. 45f.

seinem Roman »Lebensgeschichte Tobias Knauts, des Weisen, sonst der Stammler genannt« von 1773 führt Wezel poetisch (für Jean Paul unpoetisch) vor, wie sich der Charakter Knauts aus durchweg zufälligen Umständen bildet. Wezel macht sich anheischig, die Moralität seines Helden und seine ganze innere Verfassung aus solchen äußeren Umständen zu erklären; er macht diese materialistische Erklärung zum Formprinzip seines Romans, in dem nach Kräften jede Handlung und jede Reaktionsweise seines Helden mechanisch hergeleitet wird.

Unter den Philosophen war es Helvétius, der ein Jean Paul wohlbekanntes System entwickelte, worin zunächst zufällig, doch dann mit unerbittlicher Notwendigkeit der Charakter von den Umständen bestimmt wird. Nach Helvétius führte der Zufall Milton, Shakespeare oder Corneille zu ihren Dichtungen. »So sind oft alle Ideen eines Menschen, sein ganzer Ruhm und sein Mißgeschick durch die unsichtbare Mächte eines ersten Ereignisses verkettet. Rousseau und eine Unzahl anderer berühmter Männer kann man daher als Meisterwerke des Zufalls ansehen.«[132] Wenngleich die erste Ursache zufällig und irrational ist, figuriert sie als erstes Glied einer langen Kette kausaler Verknüpfungen, die erklärbar von Zeit und Ort hervorgebracht werden. Der gesellschaftliche Stand ist wie die Moralität oder die Religion zunächst abhängig von der zufälligen Geburt und Auferziehung in einem beispielsweise katholischen Milieu unter armen oder einem protestantischen Milieu unter gesellschaftlich einflußreichen Leuten. Da nach Helvétius sinnliche Erfahrung und, diese regulierend, Lust und Unlust den Werdegang eines Menschen bestimmen, hängt sein Schicksal ab von der gesellschaftlichen, religiösen und politischen Konstellation, in die er zufällig hineingeboren wurde.

Jean Paul faßt alle Abhängigkeiten der Person, ob dies nun physiologische oder soziologische Abhängigkeiten betrifft, unter dem Begriff ›Mechanismus‹ zusammen. Die Aufgabe der Poesie ist es, diese materielle Endlichkeit zu vernichten oder nur als Materialien zur Darstellung der zweckbestimmten Idee zu gebrauchen. Die Poesie ist die Gegenwelt zu dieser vom Zufall und vom Mechanismus bestimmten Weltauffassung. Der Charakter als solcher läßt sich nicht motivieren, denn er wird ästhetisch »erbärmlich und formlos«, »wenn er neben den Begebenheiten keuchend herlaufen und das Erforderliche dabei teils zu empfinden, teils zu sagen, teils zu beschließen hat« (5,229). Nur »durch Geister kommt Bestimmung ins Unbestimmte des Mechanischen. Die tote Materie des Zufalls ist der ganzen Willkür des Dichters unter die bildende Hand gegeben« (5,230). Die Einbildungskraft des Dichters setzt so zweckbestimmte Kräfte gegen kausale Abhängigkeit.

---

[132] Claude Adrien Helvétius: Vom Menschen, seinen geistigen Fähigkeiten und seiner Erziehung. Hrsg., übersetzt und eingel. von G. Mensching. Frankfurt 1972, S. 60.

Die Charaktertheorie Blanckenburgs teilt mit Jean Paul die Bevorzugung des Charakters in einem Romantypus, in dem »die Begebenheiten bloß der Personen wegen da« sind. So könne man sich Wielands »Agathon« leicht an einem anderen Ort als in Tarent denken; eine Veränderung seines Charakters hingegen, seiner »Art zu denken, zu handeln«, sei unmöglich. Doch damit hat die Übereinstimmung mit Jean Paul ein Ende. Dem Vorbild Wieland folgend, muß nach Blanckenburg der Dichter das innere Sein seines Helden darstellen, »indem er durch Gegenstände Wirkungen« a u f den Charakter hervorbringen läßt, wodurch sein Inneres in Bewegung gesetzt wird.[133] Bei Jean Paul ist die Richtung gegenläufig. Die Seele des Charakters wird nicht wie im Entwicklungsroman, welche Gattung Blanckenburg nach dem Muster Wielands auf den Begriff brachte, entwickelt, motiviert und ›gebildet‹ von den Wirkungen des Milieus und der ›Lehrer‹, auf die der Held nach und nach trifft. Der Gang der Motivation wird von Jean Paul umgekehrt: nicht die Wirkungen der Gegenstände auf den Charakter motivieren, sondern die »lebendige Willens-Kraft« (5,226) der Person wirkt auf die Gegenstände. Nicht nur im hohen Roman herrschen Kraft und Idealität vor, sondern auch im mittleren und niederen überstrahlt der Charakter die Ereignisse. Obwohl niedrige Charaktere stärker unter dem »Satze des Grundes« (5,246) stehen, so triumphiert auch im Felde der Komik nicht die ›mechanische‹ Relation von Ursache und Wirkung. Generell gilt, daß im Kunstwerk »der W i l l e (als die poetische Notwendigkeit) nicht früh genug erscheinen kann, hingegen die K ö r p e r w e l t auch spät und überall«; Jean Paul empfiehlt dem »Romanschreiber«, lieber »Knoten des Willens als Knoten des Zufalls« zu suchen (5,264). An zwei Stellen spielt Jean Paul auf Leibniz' Monadenlehre an. Der Charakter verknüpfte beseelend die Begebenheiten zur Einheit wie »ein leibnizisches vinculum substantiale, das die Monaden mit Gewalt zusammenhält« (5,224). In diesem Vergleich wird nochmals die Grundstimmung deutlich, von der die Programme über Charakter, Fabel und Roman getragen werden. In Leibniz' Philosophie gibt es keine tote Materie, sondern nur Monaden in abgestuften Zuständen der Bewußtheit, von den schlafenden, die bloß materiell erscheinen, bis zu den wachend-bewußten, in denen sich der Geist reflektiert. »Die Geschichte ist nur der Leib, der Charakter des Helden die Seele darin, welche jenen gebraucht, obwohl von ihm leidend und empfangend. Nebencharaktere können oft als bloße historische

---

[133] Friedrich von Blanckenburg: Versuch über den Roman. Faksimiledruck der Originalausgabe von 1774. Mit einem Nachwort von E. Lämmert. Stuttgart 1965, S. 256 und S. 271. Vgl. zu Charakter und Motivation bei Blanckenburg Kurt Wölfel: F. von Blanckenburgs »Versuch über den Roman«. In: Deutsche Romantheorien. Hrsg. v. R. Grimm. Frankfurt/Bonn 1968, S. 45 – 54. – Heinrich Bosse hebt den Unterschied zwischen Blanckenburg und Jean Paul nur unzureichend hervor (vgl. H. Bosse: Theorie und Praxis bei Jean Paul. Bonn 1970, S. 32).

Zufälle, also nach dem vorigen Gleichnis als Körperteile den seelenvollen Helden umgeben, wie nach Leibniz die schlafenden Monaden (als Leib) die wachende, den Geist. Der unendlichen Weite der Zufälligkeiten sind Charaktere unentbehrlich, welche ihnen Einheit durch ihren Geister- und Zauberkreis verleihen, der aber hier nur Körper, nicht Geister ausbannt« (5,268). Jean Paul vergleicht das Verhältnis von Charakter und Fabel mit dem Verhältnis von Körper und Geist bei Leibniz. Der Charakter, so das Gleichnis, muß die Körperwelt der Ereignisse mit seinem Willen und seinem Geist durchdringen.[134] Auch in diesen poetisch-technisch anmutenden Programmen prägt der Gegensatz einer ›ausgestorbenen Welt ohne Geister‹ und einer begeisteten Welt das Denken Jean Pauls. Die Poesie wird zur Statthalterin der Naturphilosophie und der Metaphysik.

Jean Paul widmet in dem Programm »Über Charaktere« keiner Frage so viel Aufmerksamkeit und Raum wie dem vollkommenen Charakter. »Die Gipfel der Sittlichkeit und der Gipfel der Dichtkunst verlieren sich in e i n e Himmels-Höhe; nur der höhere Dichter-Genius kann das höhere Herzens-Ideal erschaffen« (5,215). Einen ›rein‹ vollkommenen Charakter zu erfinden und durchzuführen gilt als die höchste Aufgabe des Dichters. Jean Paul wendet sich damit gegen die hererschende Meinung in der Ästhetik. Selbst ein führender Theoretiker des französischen Klassizismus beklagt die Unglaubwürdigkeit des vollkommenen Charakters und seine mangelnde Wirkung. Sittliche Vollkommenheit widerspreche den Gesetzen der ästhetischen Wirksamkeit; um einnehmend zu sein, bedürfe auch der höchste Charakter einiger sittlicher Unvollkommenheit.[135]

---

[134] H.-J. Schings hat den Gegensatz zwischen Jean Pauls Charakter- und Fabellehre und dem Motivationsgebot in Wielands »Agathon« und in Blanckenburgs »Versuch« herausgearbeitet. Er interpretiert insbesondere Jean Pauls Anspielungen auf die »Monadologie« in der »Vorschule« (Hans-Jürgen Schings: Der anthropologische Roman. Seine Entstehung und Krise im Zeitalter der Spätaufklärung. In: Studien zum 18. Jahrhundert Bd. 3: Die Neubestimmung des Menschen. Wandlungen des anthropologischen Konzepts im 18. Jahrhundert. Hrsg. v. F. Fabian u.a. München 1980, S. 260ff.).

[135] »Im Homer ist kein einziger Held zu finden, der von Natur oder aus Grundsätzen böse oder lasterhaft wäre; und doch findet man bey ihm keinen einzigen, der nicht Fehler hätte. Diese Fehler bestehen freylich nur in einer Ausschweifung, in Übertreibung der herrschenden Eigenschaften seiner Helden, die allemal von moralischer Güte sind; indessen sind es doch immerhin Fehler. Ja vielleicht macht eben dieses seine Helden für uns noch einnehmender. Virgil hat aus seinem Helden einen vollkommenen Mann gemacht (...) Aber dieser Mensch ist mehr ein Wunder als ein Mensch; sein Bildniß scheint eine zur Lust gemachte Phantasie zu seyn. Man bewundert ihn mit einer kalten Bewunderung, wie man gegen solche Sachen hat, die allezeit von uns entfernt sind« (Einleitung in die Schönen Wissenschaften. Nach dem Französischen des Herrn Batteux, mit Zusätzen vermehrt von Karl Wilhelm Ramler. 4. und verb. Aufl. Leipzig 1774, Bd. 2, S. 100f.).

Im Anschluß an Shaftesbury entzündete sich eine Debatte um den vollkommenen Charakter. Hatte er doch verkündet, die natürliche Schönheit sei sittliche Wahrheit, wobei nicht die Kopie der Wirklichkeit, sondern die selbständige Schöpfung des Künstlers diese Wahrheit des Ganzen wiedergebe. Vielen Lesern Shaftesburys schien damit der platonisierenden Idealisierung das Wort geredet. Die besten Dichtungen schöpfen nach Shaftesbury die Wahrheit ihrer Charaktere nicht aus ›Histories‹, sondern aus der Kenntnis der inneren Verhältnismäßigkeit des Schönen und Sittlichen.[136] Das Schaffen des tugendschönen Virtuoso habe die »Idea of Perfection« und die »Beauty of Nature« vor Augen. Tatsächlich scheint Shaftesbury die Darstellung des vollkommenen Charakters zu fordern, welche Fähigkeit dem mit einem schlechten Geschmack behafteten Dichter abgehe. »Such a Designer who has so little Feeling of these Proportions, so little Consciousness of this Excellence, or these Perfections, will never be able to describe a p e r f e c t C h a r a c t e r ; o r , what is more according to Art, ›express the Effect and Force of this P e r f e c t i o n , from the Result of various and mixed Characters of Life‹.«[137] Für Shaftesbury bedeutet die Darstellung des vollkommenen Charakters die Darstellung der Idee des harmonischen Ganzen, die durch den Blick auf einzelne historische Übel nicht verdunkelt werden darf. Trotz dieser Voraussetzungen hat Shaftesbury vier Jahre nach diesem Lob des vollkommenen Charakters seine poetische Geltung eingeschränkt mit Argumenten, die von Mendelssohn in den »Briefen, die neueste Literatur betreffend« und von Blanckenburg im »Versuch über den Roman« wiederholt werden. Da der vollkommene Charakter zwar möglich, aber poetisch unwahrscheinlich sei, errege er weder die Aufmerksamkeit noch die Leidenschaften des Zuschauers oder Lesers. Die alten rhetorischen Ziele der attentio und des movere werden gegen den vollkommenen Charakter geltend gemacht; seine Wirkung trägt nichts zur Besserung des Rezipienten bei. Daher gibt ein Dichter wie Homer, obgleich er »seine Charaktere nach den Regeln der Sittenlehre« aufbaut, »jeder hohen Gesinnung, den ihr eigenen Überschwung« und läßt sie nach dem Hang der Natur »zu weit gehen«. Aus dieser »Übertreibung« des Sittlichen entspringe die Reinigung der Leidenschaften.[138]

---

[136] Anthony Earl of Shaftesbury: Sensus Communis: an Essay on the Freedom of Wit and Humour (1710). In: Characteristics of Men, Manners, Opinions, Times. 4. Aufl. 1727, Bd. 1, S. 142 – 146.

[137] Shaftesbury: Soliloquy: or, Advice to an Author (1710). In: Characteristics, a.a.O., Bd. 1, S. 337.

[138] Shaftesbury: Miscellanious Reflections on the preceeding Treatises, and other Critical Subjects (1714). In: Characteristics, a.a.O., Bd. 3, S. 260 – 262. Zitiert wird die Übersetzung in: Briefe, die neueste Literatur betreffend. Berlin 1763, 7. Teil, S. 116 – 188. Dort wird Shaftesburys Einschränkung des vollkommenen Charakters mit großer Genugtuung angeführt, wobei Mendelssohn triumphiert: »Sehen Sie! so strenge ist Shaftesbury gegen die volkommen tugendhaften Charaktere in der Poesie. Wer hätte

Jean Paul kannte die Diskussion um Shaftesbury und dessen abschließendes Urteil. Schon 1786 notiert er in sein Exzerptenbuch: »Shaftesbury: in ied(em) Gedicht ist e(in) volkomner Karakt.(er) d(a)s gröste Ungeheuer«.[139] Wie läßt sich Jean Pauls uneingeschränkte Forderung nach der poetischen »Darstellung eines sittlichen Ideals« (5,217) erklären?

Innerhalb der Romanformen gehört der vollkommene Charakter zum hohen Roman der ›italienischen Schule‹; je höher der Charakter, desto weniger wird er durch »mechanische Notwendigkeit« getrieben, desto mehr setzt sich in ihm der »Wille« und der ›Geist‹ gegen die Körperwelt durch (5,248). In den vollkommenen Charakteren konvergieren die »Gipfel der Sittlichkeit« mit der »Dichtkunst« (5,215). Der »sittlich-ideale Charakter« lebt in der »Stadt Gottes, in welche jedes Herz begehrt« (5,219). Jean Paul spielt wiederum auf die »Monadologie« an, in der Leibniz die Seelen als lebendige Spiegel oder Abbilder des Universums, die Geister (Esprits) darüberhinaus als »images de la Divinité même« erscheinen läßt; sie stehen zu Gott in ähnlicher Beziehung wie ein Untertan zu seinem Fürsten, sind in ihrem Bereich »comme une petite divinité« und bilden zusammen »la Cité de Dieu« auf Erden. Die Esprits sind der vollkommenen Harmonie zwischen den Wirk- und Zweckursachen näher als die Seelen im allgemeinen, denn sie haben teil an der Harmonie zwischen dem »Regne physique de la Nature et le Regne Moral de la Grace, c'est à dire entre Dieu, consideré comme Architecte de la Machine de l'univers, et Dieu consideré comme Monarque de la Cité divine des Esprits.«[140]

Wenn der vollkommene Charakter derart in der ›Stadt Gottes‹ lebt und so Natur und Moral, Wirk- und Zweckursachen nicht nur in sich vereinigt, sondern auch als zumindest sektorales Ebenbild Gottes auf Erden realisiert, so darf man gespannt sein, wie Jean Paul einen solchen vollkommenen Charakter gestaltet. Jean Paul nennt in der »Vorschule« nicht ausdrücklich Beispiele aus seinem

---

das geglaubt? Shaftesbury! der unsern süßen Schwätzern allezeit Gewähr leisten muß, wenn sie uns erweisen wollen, daß sie das sittliche Ideal besser zu treffen wissen, als Homer, weil ihre Helden tugendhafter sind, als die Helden der Iliade und der Odysee, weil ihre Achilles gelassener, ihre Agamemnons demüthiger, und ihre Ulysses aufrichtiger sind« (S. 121f.). Blanckenburg hält den vollkommenen Charakter im Roman wie im Drama für »undichterisch«, einförmig und unfruchtbar. »Ich bin ganz der Meinung des Lords, that in a poem (whether epic or dramatick) a compleat and perfect character is the greatest Monster, and of all poetick fictions not only the least engaging, but the least moral and improving« (Friedrich von Blanckenburg: Versuch über den Roman. Faksimiledruck der Originalausgabe von 1774. Stuttgart 1965, S. 46, 47). – Bosse weist auf diese wirkungsästhetische Einschränkung Shaftesburys hin, ohne die vorhergehende Affirmation der Sache selbst zu erwähnen (Heinrich Bosse: Theorie und Praxis bei Jean Paul. Bonn 1970, S. 26f.).

[139] Jean Pauls Nachlaß Fasc. 5, »03. 1786«, S. 17.

[140] G. W. Leibniz: Philosophische Schriften. Hrsg. v. H. H. Holz. Darmstadt 1965, Bd. 1, S. 478 (»Monadologie« §§ 83 – 87).

Werk. In seinem Kommentar entschlüsselt Berend Liane im »Titan« und Emanuel im »Hesperus« als vollkommene Charaktere.[141] Auf Liane weist Jean Paul in der »Vorschule« hin; sie ist das »Götterbild« der Minerva, das dem Kopfe des Dichters »schon belebt« entspringt. Hat der Dichter einmal »z.B. eine Liane, wie der uns bekannte Verfasser, aus sich geschöpft, so schaue er, wie dieser, überall in der gemeinen Erfahrung nach Locken, Blicken, Worten umher, welche ihr anstehen.« Wie stattet Jean Paul »sein ideales Geschöpf mit den individualisierenden Habseligkeiten der Wirklichkeit« (5,211) aus?

Liane ist ein junges Mädchen aus vornehmem Hause; sie ist außerordentlich reizbar, empfindsam und neigt zu Krankheiten. Albano und der Leser erblicken sie zumeist weiß gekleidet als lebendes Bild unbeweglich aus einiger Entfernung. »Liane stand droben im Mondenschimmer hinter dem flatternden Wasser. Welche Erscheinung!« Ihre Stirn erinnert an Maria, ihre Gestalt an »griechische Götter«. Ihre Seele erscheint abgelöst von aller Erdenschwere, »gleichsam als schwebe die Psyche nur über die Lilienglocke des Körpers und erschüttere und beuge sie nie« (3,178f.). Jean Paul mildert die hohe Idealität Lianes, indem er sie dem Leser durch die Subjektivität Albanos vermittelt. Doch diese Darstellung ist typisch und wiederkehrend, es gibt keine andere. »Sonderbar erschien sie in der nächsten Minute dem Grafen«; Liane stand »mit halbverwandtem, vom Monde ein wenig entfärbten Gesicht neben einer weißen Statue der heiligen Jungfrau und blickte in die Nacht. Auf einmal schauete und lächelte sie an, gleichsam als erschien' ihr ein lebendiges Wesen im Äther-Abgrund, und die Lippe wollte reden. Erhabner und rührender war ihm noch keine Erdengestalt begegnet« (3,286). Die Nacht und die Beleuchtung des Mondes sind ihr angemessen. Jene »ätherischen platonischen Charaktere, welche, wie die Götter die Tugend als Schönheit, so die rauhe erste Welt als eine zweite, den Tag als Mondlicht anschauen«, sind in der »Vorschule« Gipfel der Sittlichkeit und Dichtkunst (5,215, Anm. 1). Ihr Signum ist die platonische Abwendung der Seele von der Sinnlichkeit. Einen Hinweis auf die Beschaffenheit dieser schönen Seele gibt Jean Paul durch ihre bevorzugte Lektüre: die »Oeuvres spirituelles« von François de Salignac de la Mothe Fénelon; aus den Werken des Erzbischofs läßt sie sich von »reiner Liebe (sur l'amour pur de Dieu)« vorlesen (3,469, vgl. 334). Ihr Mentor, der alte Eremit Spener, dessen Name auf den berühmten Pietisten hinweist, predigt in der »sonderbaren, halb theologischen, halb französischen« Sprache des »Schwärmers« von Liebe und Gegenliebe »ohne Grenze, ohne allen Eigennutz«, die sich zur Gottesliebe steigert (3,343). Jede Liebe müsse sich »in die uneigennützige, unbegrenzte All-Liebe senken und darin zergehen und aufleben, selig im Wechsel des Zusammenziehens und Ausdehnens«. Obwohl

---

[141] Jean Pauls sämtliche Werke. Hrsg. v. E. Berend, I. Abt., Bd. 11, S. 458 (Anm. zu S. 199).

Albano »aller mystischen Vernichtung« zu widerstreben scheint, ist es dieser amour pur, dem im »Titan« der höchste Rang gilt (3,344).[142]

Fénelon versieht die platonische Dialektik der Liebe im »Symposion« mit mystischen Akzenten. Der amour pur ist uneigennützig durch seine Abwendung vom Gegenstand der Liebe und durch den Verzicht, ihn besitzen zu wollen. Fénelons Stichwörter sind ›amour désintéressé‹, ›abandon total‹ und ›oubli de soi-même‹.[143]

Die Uneigennützigkeit der Liebe Lianes gipfelt darin, daß sie Albano eine ihm gemäßere Partnerin empfiehlt (3,372). Entsagung und Verzicht kennzeichnen ihre selbstlose Liebe, die eine an der eigenen Person desinteressierte Liebe ist (vgl. 3,449 – 454).

Fénelons amour pur definiert sich nicht nur durch den ›oubli de soi-même‹, sondern auch durch ein Desinteresse an Gegenliebe. Albano, begeistert und irritiert zugleich, beklagt sich darüber und sucht »Beweise zusammen, daß Liane heilige Reize, göttlichen Sinn, alle Tugenden habe, besonders allgemeine Menschenliebe, Mutterliebe, Bruderliebe, Freundesliebe – nur aber nicht die glühende Einzigen-Liebe, wenigstens nicht gegen ihn« (3,374). Liane glänzt durch Wohltätigkeit, verzeihende Liebe gegen ihren Bruder Roquairol und durch Gehorsam trotz heftigen inneren Widerstrebens gegen ihre Eltern. Sie begehrt nicht glücklich zu sein und fragt nur, »w i e sie sich opfern sollte, ob für den Geliebten oder für die Eltern«; ihr Entschluß: »Ich will leiden, (...) damit er nicht leide« (3,410). Ihre totale Abwendung von der Körperwelt bezeichnet ihr Merkwort: »Je ne suis qu'un songe« (3,434, 535).

Auch Linda kennt durchaus die Liebesmystik, von der Liane und Idoine bestimmt werden. In der Einsamkeit der Alpen liest sie »das Leben der herrlichen Guyon«. Die »heilige Therese« und der »heilige Fenelon« sind in einem Brief an Albano Vorbilder für das »Selbst-Verlieren in Gott« (3,649). Doch letzten Endes ist der französische Quietismus ihre Sache nicht: »Ich bin krank, Albano, sonst weiß ich nicht, wie ich zu diesen tristen Ideen komme« (3,651, vgl. 717). Linda ist keineswegs dazu bereit, sinnliche und übersinnliche Liebe zu trennen. Sie mißtraut der Ehe; mit beträchtlicher Mühe wird sie dazu bekehrt, Liebe und Ehe nicht mehr als Gegensätze zu empfinden (3,720 – 723). Die merkwürdig verschlungene Fabel des »Titan« berichtet, daß Roquairol in der Maske Albanos die nachtblinde Linda im Park von Lilar verführt. Roquairol will damit auch

---

[142] Die Bedeutung Fénelons für die Frauengestalten im »Titan« hat Robert Spaemann ans Licht gehoben im Anhang seines Buchs über Fénelons Theologie und Mystik (R. Spaemann: Reflexion und Spontaneität. Studien über Fénelon. Stuttgart 1963, S. 254 – 277).

[143] Vgl. Spaemann (Anm. 142), S. 35, S. 108, S. 142.

Albano treffen – was ihm gänzlich gelingt. Nach seinem auf dem Theater inszenierten Selbstmord erkennt Linda die Täuschung Roquairols – und steht dazu: ›ich bin s e i n e Witwe‹ (3,759). Während sie, die Getäuschte, heroisch hinnimmt, was ihr unwissend und unschuldig widerfahren ist, wendet sich Albano von ihr ab, weil sie »nicht wie eine Liane gehandelt hatte«, weil sie »den Irrtum der Verwechslung durch ihren Grundsatz, der Liebe alles zu vergeben, selber mit verschuldete« (3,761). Ihre Schuld ist also die Unbedingtheit ihrer Liebe, die durchaus Sinnlichkeit und Körperlichkeit einschließt. Ihr Fehler ist, keine Liane zu sein, keine vom amour pur geheiligte Frau. Auch die schwangere Linda gibt ihren Widerstand gegen die Liebesmystik nicht auf; nach wie vor empfindet sie diese »Prüderie« als »groß und unsittlich« (3,771).

Das ist ihr Verhängnis. Jean Paul läßt sie, die emanzipierte, selbstbewußte und im Unglück wahrhaft heroische Frau, ungerührt von der Bildfläche verschwinden. Albano erscheint Idoine, »als wenn es Liane aus dem Himmel sei, mit Unsterblichkeit gerüstet, auf überirdische Kräfte stolzer und kühner, nichts von der vorigen Erde mehr tragend als die Güte und den Reiz« (3,823). Eindeutig erweist sich Liane als der Prototyp des vollkommenen Charakters; Idoine ist die Wiederkehr der Verstorbenen, wie schon zuvor eine von ihr inszenierte Geistererscheinung zu therapeutischen Zwecken andeutete (3,548). Noch vor der Verführung durch Roquairol, wird Idoine zum Kontrapunkt der sinnlichen Linda (3,722 f.). Als gesteigerte Liane entspricht sie, wie Spaemann gezeigt hat, dem Vollkommenheitsideal Fénelons – und Jean Pauls.[144].

Die »nichts begehrende Idoine«, »klagenlos und hoffnungslos«, unterscheidet sich von Liane nur durch eine gewisse Heiterkeit, wodurch sie dem irdischen Leben besser standhält als die kranke und ätherische Liane (3,724). Zudem bewirtschaftet sie mit einiger Tatkraft ein kleines Mustergut und erzieht Bauerntöchter, was allerdings nur berichtet und nicht dargestellt wird. Albano hat in ihr gefunden, was er verlor: »Jetzt erkannt' er es, es war die rechte unendliche und göttliche Liebe, welche schweigen kann und leiden, weil sie nur e i n Glück kennt, aber nicht das eigne« (3,794). Idoine ist lebensfähiger und insofern eine Steigerung Lianes. Andererseits ist sie eine Wiederholung, gleichsam die Erinnerung Albanos an die einmal geschaute Idee reinster Liebe.

Liane ist krank in besonderer Weise. Ihre Krankheit ist verehrungswürdig. Albano sieht gerührt »Lianens Bild in ihrem Leidenskelche zittern; denn die Dornenkrone veredelt leicht zum Christuskopfe, und das Blut der unverdienten Wunde ist Wangenrot am innern Menschen, und die Seele, die zu viel gelitten, wird leicht zu viel geliebt« (3,166). Es sei daran erinnert, daß der Gottmensch Jesus als »Charakter von höchster Kraft und höchster Liebe« für den Dichter der »vollkommenste Charakter« ist (5,215). In zahlreichen

---

[144] Spaemann (Anm. 142), S. 257.

Metaphern wird Liane Ähnlichkeit mit Christus zugestanden. Worunter leidet Liane?

Als vor der Leiche des Fürsten ihr Bruder, der Höfling Roquairol, zynisch von der Sektion spricht, reagiert sie auf bemerkenswerte Weise. »Diese tyrannische Erinnerung an die Leichenöffnung wirkte fürchterlich auf die kranke Liane, und sie mußte die Augen von der zugedeckten Brust abwenden, weil der Schmerz mit einem Lungenkrampfe den Atem sperrte«. Als Roquairol fortfährt, sie zu quälen durch seine materialistische Auffassung vom Menschen, schlägt »dicke Nacht tiefe Wurzeln in den wunden Augen, und die erschrockne Seele konnte nur sagen: ›Ach Bruder, ich bin blind‹« (3,156). Lianes Erblindung ist eine Abwendung von der Sinnlichkeit und Körperlichkeit. Sie ist eine körperliche Reaktion darauf, daß die nackte Körperlichkeit des Toten, der ›ausgeweidet‹ wurde »wie ein großes Tier« (3,154), ihr brutal vor die Augen gerückt wird. Wie die Anima Stahlii, der Jean Paul besondere Beachtung schenkte, wirkt die aufgewühlte Seele bestimmend und verändernd auf den Körper ein.

Lianes Erblindung ist – wie ihre Neigung zu Krankheiten des Körpers überhaupt – ein Signum des vollkommenen Charakters und zugleich ein Merkzeichen im Blick auf Jean Pauls Problem des commercium mentis et corporis. Das Ziel aller Schriften Jean Pauls über das Commercium über mehr als vierzig Jahre ist es, die Unabhängigkeit der Seele vom Körper, die ›Allmacht des Geistes‹, die Vorherrschaft des ›Willens‹ zu erweisen.

Kontrapunkt zu dieser Auffassung ist Dr. Sphex, ein Anatom und Physiologe, dessen Charakter nach Jean Pauls Meinung eigentlich nicht in den ›hohen‹ Roman paßt (5,255). Um seine Theorie der Fettzellen zu belegen, schließt der Mediziner mit einem dicken Menschen namens Malz einen Vertrag, »daß er sich zerlegen ließe, wenn er verstorben wäre« (3,145). Zum Mißvergnügen des Doktors nimmt der Gegenstand seiner künftigen Untersuchungen täglich ab. »Sphex machte sich für seine Person aus einer Fett-Zelle Malzens mehr als aus dem ganzen Zell- und Florgewebe einer oder seiner Frau« (3,160). In derselben Richtung charakterisiert Sphex ein anderes Experiment: er lacht Tränen, um ihren Gehalt an »Laugensalz« zu überprüfen (3,159). Liebe, Mitleid und Tränen, wesentliche Tugenden und Affekte der Empfindsamkeit, sind ihm gänzlich fremd.

Ganz im Sinne seiner materialistischen Naturauffassung erklärt Dr. Sphex (und Schoppe, der ihn parodiert) die Erblindung Lianes als eine physiologische Wirkung des Körpers (3,162).

Das Verehrungswürdige an Lianes Erblindung ist jedoch deutlich genug die Abwendung der Seele von der Sinnlichkeit und Körperlichkeit. So spontan es verschwunden ist, so spontan kehrt einige Zeit später das Augenlicht wieder. Als der von den Eltern zum Ehemann designierte Höfling Bouverot sich der blinden Liane, die Stimme Albanos nachahmend, nähern will, wird sie durch entschiedene Willensanstrengung wieder sehend. Liane ruft aus: »O Gott, lasse mich sehen!« – und sie sieht (3,471). Bouverot erklärt die Blindheit als »Verstellung«, der zwielichtige Bruder Roquairol die Heilung als eine Wirkung von Schreck und Furcht (3,472).

In seinem Aufsatz über den Magnetismus begreift Jean Paul die Seele als die »höchste Kraft«, als das »stärkste Verbind- und Zersetzmittel« aller körperlichen Stoffe, auch der feinsten. »Überhaupt entziehen Kräfte nach dem Maße ihrer geistigen Annäherung sich allen Rechnungen mechanischer Körper« (II,2,895). Die physikalisch-optische Erklärung des Sehens war für Jean Paul ein Stein des Anstoßes. Nur zu gern glaubte er an eine »Seh-Empfindung des Geistes«, die unabhängig sein sollte von körperlich-mechanischen Ursachen (II,2,886). Die spontane Erblindung und die ebenso spontane Wiedergewinnung des Sehvermögens weist in diese Richtung.

Hier ist der Punkt, wo die mystische Abwendung der Seele von der Sinnlichkeit, der ›abandon total‹ und der ›oubli de soi-même‹ im Sinne Fénelons, durch empirisch-medizinische Beobachtungen und Erfahrungen bestätigt erscheint. Das Interesse Jean Pauls an Lösungen des Commerciums jenseits mechanischer Ableitungen verbindet sich mit dem Interesse an Fénelons ›amour pur‹. Der vollkommene Charakter Liane definiert sich durch die Unabhängigkeit der Seele von Sinnlichkeit und Körperlichkeit.

Emanuel im »Hesperus« gilt als Vorgänger Lianes im Werk Jean Pauls. Der Freund und Mentor des Helden Viktor vereinigt Schönheit und Tugend auf besondere Weise. Seine »Seele schien, wie ein Brahmin, von poetischen Blumen zu leben, und seine Sprache war oft, wie seine Sitten, indisch, d.h. poetisch. So war überall, wie bei mehren Menschen-Magnaten, eine auffallende vorherbestimmte Harmonie zwischen der äußeren Natur und seinem Herzen – er fand im Körperlichen leicht die Physiognomie des Geistigen und umgekehrt – er sagte: die Materie ist als Gedanke ebenso edel und geistig als irgendein anderer Gedanke, und wir stellen uns in ihr doch nur die göttlichen Vorstellungen von ihr vor« (1,681). Diese Charakterisierung vereinigt mehrere Lieblingsgedanken Jean Pauls aus der »Vorschule« und aus den Abhandlungen über das Commercium. Emanuel eignet die Qualität der Poesie, physiognomisch den Geist Gottes in der Natur zu entziffern. Der »Vorschule« gilt die ›poetische Blume‹, die Metapher, als ›Brotverwandlung‹ des Geistes. Der Charakter Emanuels verbindet wie die Ästhetik diese Qualität der Poesie mit der prästabilierten Harmonie von Leibniz. Es genügt ein Rückverweis auf die Kapitel über den bildlichen Witz, auf die Phantasie als Hieroglyphenalphabet der Natur und auf Jean Pauls Zeichenlehre im allgemeinen, um zu erkennen, daß Emanuel die höchsten Werte Jean Pauls vereinigt. In Emanuel nimmt Jean Paul diese Positionen der »Vorschule« vorweg. Der indische Weisheitslehrer verfügt über jene poetische Sprache und über jene poetischen Sitten, die Herder an der archaischen Dichtung rühmte und die er in Beziehung setzte zum Ursprung der Sprache. Die physiognomische Auslegung der Wirklichkeit beruht auf einer allumfassenden Beseelung der Natur, einer Natur, in der der Mensch sich wiederfindet. Für Emanuel ist die Harmonie des Ganzen erahnte Gewißheit: »›Es muß‹ – sagte er – ›irgendeine Harmonie zwischen diesem Wasserstäubchen und meinem Geiste zusammenklingen, wie zwischen der Tugend und mir, weil beide mich sonst nicht entzücken könnten. Und ist denn dieser Einklang, den der Mensch mit der ganzen Schöpfung (nur in verschiedenen Oktaven) macht, nur ein Spiel des Ewigen und kein Nachhall einer nähern, größern Harmonie?« (1,681) Nahezu dieselbe Konstellation kehrt später wieder in der »Vorschule der Ästhetik« als Signum der Poesie überhaupt und als Frucht des »romantischen Geistes « (5,94). Dort wird aufgrund des Gefühls der Entzweiung und der Entbehrung der Harmonie, das den Glauben wie den Aberglauben und besonders die Poesie bestimmt, postuliert, daß diesem Gefühl eine freilich undeutbare Harmonie zugrunde liegen müsse (vgl. 5,97f.).

Mit Emanuel erschafft Jean Paul einen Charakter, den dieses Gefühl einer Harmonie des Ganzen beseelt um den Preis einer völligen Abkehr von der Welt. Durchaus abergläubisch im Sinne der »Vorschule«, glaubt er das Datum seines nahen Todes zu kennen; er richtet alle Gedanken auf die »glückliche Insel der zweiten Welt« (1,604). Seine Sprache ist erhaben, und diese Erhabenheit ist ganz auf seine schöne Seele gegründet und angesiedelt in der Sphäre der Verklärung und der Heiligkeit.

Die Ebene, auf der diese Identität sich darstellt, ist nicht mehr naiv. Stets wird sentimentalisch und reflektiert, auch von dem vollkommenen Charakter Emanuel selbst, der Gedanke der zweiten Welt ausgesprochen. »›O der Mensch wäre auf der Erde eitel und Asche und Spielwerk und Dunst, wenn er nicht fühlte, daß ers wäre – – o Gott, dieses Gefühl ist unsere Unsterblichkeit!‹« (1,1090) Die komplizierte Gefühlsphilosophie Jacobis, die nichts weniger ist als naiv und spontan, spricht aus diesen Worten des indischen Weisheitslehrers. Das Gefühl überwindet den Skeptizismus und verweist nach Jacobi auf die Existenz Gottes und auf die Unsterblichkeit. Eigentlich ist Emanuel trotz seines Exotismus und seiner so ganz anderen Wesensart ein moderner Charakter des ausgehenden 18. Jahrhunderts.[145] Seine Individualität freilich verweist auf

---

[145] Hans Bach hat 1929 in seinem Buch über den »Hesperus« anhand von Briefen und Notizen Jean Pauls nachgewiesen, daß die Gestalt des Emanuel im Gedanken an Karl Philipp Moritz entstanden ist (H. B., Jean Pauls Hesperus. Leizpig 1929, S. 29 – 42). Man sollte in diesem Zusammenhang jedoch nicht nur an die Person von Moritz denken, sondern auch an die literarische Figur des Elias im »Andreas Hartknopf«. Auch Elias ist der ehemalige Lehrer, Mentor und verehrte Freund des Helden; auch er ist verbunden mit der großen Natur, liebt die Einsamkeit und zeigt Züge von

Archaisches. Er lebt als Einsiedler auf einem Berge, er sucht die Einsamkeit wie die Anachoreten und er trennt sich vom Gewimmel der Welt wie ein biblischer Prophet. Sich auf die Heiligkeit dieses vollkommenen Charakters vorzubereiten in der rechten Weise, ersteigt Victor den Berg und kniet nieder. Wie auf den Landschaftsbildern Caspar David Friedrichs malt Jean Paul ein Panorama mit einer im Vordergrund knieenden Figur. »Da kniete er einsam auf dem Gebirge, auf dieser Thronstufe, nieder und sah in den glühenden Westen und über die ganze stille Erde und in den Himmel und machte seinen Geist groß, um an Gott zu denken ...« (1,674). Alle Voraussetzungen empfindsamer Naturanschauung sind versammelt: das Gebirge, der Sonnenuntergang und die Einsamkeit. Dieses ›romantische‹ Schöne, das ins Erhabne übergeht – es fehlt gegenüber Kant und Schiller der Schrecken und der Widerstand gegen die Sinnlichkeit – wird sogleich benannt.[146] »Als er kniete: war alles so erhaben und so mild – « (1,674). Es zeigt sich die enge Verbindung des vollkommenen Charakters mit der erhabenen Natur. Der Anstieg auf den Gipfel des Berges bereitet vor auf den hohen Menschen, dessen Vollkommenheit nicht zuletzt darin besteht, die Natur ›physiognomisch‹ zu verstehen.

Der Preis der Erhebung ist die Askese. Der Firnis des »bürgerlichen Lebens« springt von Viktor ab, der »ganze pöbelhafte Teil seiner Natur« verkriecht sich und macht Platz für die »Verklärung« des Ichs (1,683). Das Zusammentreffen zwischen Viktor und Emanuel vollzieht sich in den abgemessenen und feierlichen Schritten einer rituellen Initiation. Der Adept Viktor verhält sich zu Emanuels Visionen ambivalent: »Viktor lehnte sich nie gegen die erhabnen Irrtümer seines Lehrers auf; so stellte er z.B. niemals die Gründe, die er hatte und die ich im nächsten Schalttage anzeigen will, dem unschuldigen Wahn entgegen: ›aus dem Traume und aus der Unabhängigkeit des Ich vom Körper könne man auf die künftige nach dem Tode schließen – im Traume stäube sich der innere Demant ab und sauge Licht aus einer schönern Sonne ein‹ « (1,1079). Emanuels neuplatonische Emanationslehre, wonach die Seele im Traume das göttliche Licht anschaut, gehört zu der Wendung, die Synesius der plotinischen Philosophie

---

›Schwärmerei‹. Unmittelbar vor dem Kapitel, in dem sich Hartknopf an Elias erinnert, erklärt der Herr von G... seinen Unwillen über eine »Schrift wider die Schwärmerey«, in der es heißt: »Wer es auch sey, der euch von einem innern Worte, von höhern Offenbarungen spricht – hütet euch vor ihm, wie vor der Pest«. Nach dem Gespräch über die Schwärmerei werden die »göttlichen Lehren« des ehemaligen Mentors Elias vorgestellt. Sie handeln von einer mystischen Vereinigung mit der Natur (K. Ph. Moritz: Andreas Hartknopf. Eine Allegorie. 1786 / Andreas Hartknopfs Predigerjahre. 1790 / Fragmente aus dem Tagebuche eines Geistersehers. 1787. Faksimiledruck der Originalausgaben. Hrsg. v. H. J. Schrimpf. Stuttgart 1968, S. 63 und S. 69f.).

[146] Vgl. dazu den EXKURS.

gegeben hat.[147] Obwohl Victor in seinem Aufsatz über das »Verhältnis des Ich zu den Organen« weit entfernt ist von dieser hermetischen Lehre, so lehnt er sich doch nie gegen Emanuels ›erhabene Irrtümer‹ auf. Die nächtliche Kommunikation der Seele mit Gott vermittelt das alles durchdringende Pneuma oder der Äther. Der junge Jean Paul notiert sich dieses ›Besessenheitsmodell‹ und verwendet es in seinen Satiren.[148]

Die Reibung zwischen den beiden Anschauungen bringt interessante Erscheinungen hervor. Emanuel bereitet sich auf seinen vorhergesagten Tod vor; Viktor steht ihm trotz ›größten Unglaubens‹ (1,1126) einfühlsam bei. Emanuels Visionen gelten als poetisch. »Auch der Dichter philosophiert, wenigstens für Dichtung und gegen Philosophie. – Viktor dachte: ›Du Guter! mir, nicht dir macht' ich diese Einwürfe‹« (1,1127). Emanuels Gewißheit einer Zukunft nach dem Tode ist visionär und dichterisch; Viktors Einwürfe sind philosophisch und rational. Er schreibt den Aufsatz eigens, um sich mit einer Argumentation auf der Höhe des philosophischen 18. Jahrhunderts über das Thema der Unsterblichkeit und über das Verhältnis von Körper und Seele klar zu werden.

Unmittelbar nach diesem Gespräch tritt ein Wahnsinniger auf, der die »fixe Idee herumtrug, der Tod setze ihm nach und woll' ihn an der linken Hand, die er deswegen verdeckte, ergreifen und wegziehen«. Viktor erinnert sich an einen ähnlichen Fall aus »Moritz' Erfahrungsseelenkunde«, welche Quelle in einer Fußnote säuberlich zitiert wird (1,1128). Gegen den dichterischen Wahnsinn des hohen Charakters Emanuel steht der gräßliche Wahnsinn. Die Spiele der Einbildungskraft werden mit Sachkenntnis ausgebreitet. Der Begriff der

---

[147] Vgl. dazu Robert Klein: »La spéculation sur les ›véhicules‹ de l'âme, – celui qui la fait descendre du ciel lors de la naissance et celui qui le transporte, avec la semence, du père au fils futur, – a été généralement indépendante de la théorie de l'imagination, bien que Synésius n'ait pas été le premier à établir ce rapport. Astrologues, mages, gnostiques et hermétistes s'accordent à insister plutôt sur la nature, l'origine et le destin de ce pneuma: il est de la substance des cieux – l'éther, la cinquième élement, – brillant, incorruptible. Il a reçu, en descendant par les sept cieux planétaires, des dons qui constituent son karma; il est l'organe de perception des rêves et des inspirations divines; il constitue la substance des démons, – such stuff as dreams are made on« (Robert Klein: L'imagination comme vêtement de l'âme chez Marsile Ficin et Giordano Bruno. In: R. K., La Forme et l'Intelligible. Écrits sur la Renaissance et l'Art moderne. Paris 1970, S. 70). Es wurde in II,3 gezeigt, daß sowohl die Magia Naturalis als auch die verschiedenen Theorien des Magnetismus auf diesem neuplatonischen Hintergrund an Deutlichkeit gewinnen, so etwa Mesmers unsichtbare Ströme, die von den Planeten oder vom Magnetiseur ausgehen.

[148] Zu Jean Pauls Beschäftigung mit der Engelsphysik, dem Besessenheitsmodell und der Einwirkung des Geistigen in der Dämonologie vgl. Wilhelm Schmidt-Biggemann: Maschine und Teufel. Jean Pauls Jugendsatiren nach ihrer Modellgeschichte. Freiburg/ München 1975, S. 166 – 169.

Krankheit ist doppeldeutig; der Wahnsinn ist für Emanuel Verheißung, vielleicht ein Blick in die ›zweite Welt‹, für den anderen ist er Qual und Schrecken. Als der eine dem anderen den Tod vorhersagt, ist Emanuel erfüllt von banger Erwartung. »Die Worte der Wahnsinnigen sind dem Menschen, der an der Pforte der unsichtbaren Welt horcht, merkwürdiger als die des Weisen, so wie er aufmerksamer den Schlafenden als den Wachenden, den Kranken als den Gesunden zuhört« (1,1128f.).

Die Szene entwickelt sich nach und nach zu einer ›folie à deux‹, wenn man darunter die Beistimmung eines Gesunden zu den Wahnbegriffen eines Kranken versteht. »Viktor durfte seine dichterischen Hoffnungen durch keine Gründe stören; vielmehr wurd' er selber von Stunde zu Stunde tiefer in den Glauben an seinen Tod hineingezogen« (1,1132). Der scharfsinnige Autor der Abhandlung über das Verhältnis des Ichs zu den Organen nähert sich immer weiter den Vorstellungen Emanuels und folgt ihm schließlich bedingungslos.

Als die vorhergesagte Todesstunde heranrückt, verfinstert sich die mitleidende Natur zu einem Gewittersturm. Der Autor unterstützt nach Kräften die Szene mit erhabenen Bildern. Emanuels Phantasie trägt so weit, daß er sich für gestorben und wieder auferstanden hält. In der typischen Haltung des Somnambulen – entzückten Gesichtes, schlafwandelnd mit offenen Augen – schwelgt Emanuel in den Freuden der ›zweiten Welt‹. Jean Paul ruft alle Schönheiten auf, um die Szene in erhabener Größe zu gestalten; er unterbricht den ›elysischen Wahnsinn‹ mit der bezeichnenden Leseanrede: »Du, der du mich hier liesest, leugne Gott nicht, wenn du in den Morgen trittst oder unter den Sternenhimmel, oder wenn du gut oder wenn du glücklich bist!« (1,1141). Die Ambivalenz wird auf die Spitze getrieben, wenn Emanuel, dessen Visionen so hoch erhoben und mit einer Ermahnung an den Leser bekräftigt werden, zugleich als »unglücklicher Emanuel« bezeichnet wird. Der »Genius der Träume« bringt als magischer Genius Ahnungen der Lichtwelt vor den Menschen, die freilich trügerisch sein können. Jean Paul gebraucht wieder Topoi der neuplatonischen Emanationslehre, wenn er die Hoffnung auf übersinnliche Erkenntnisse ausspricht. »Magischer Genius! tritt in diese heilige Nacht vor einen Menschen, der nicht schläft, und wende deinen ü b e r f l o r t e n Spiegel auf mein offnes Auge, damit ich darin die elysische Lichtwelt, die mit unserm E r d s c h a t t e n kämpft, in der doppelten Verfinsterung als eine blasse Luna sehe und male!« (1,1138).

Emanuel wird kurz vor seinem wirklichen Tode noch einmal ›vernünftig‹ durch einen erschreckenden Anblick. Ein Wahnsinniger, von der fixen Idee besessen, der Tod greife nach seiner linken Hand, springt heulend »vor Schmerz, grinsend vor freudiger Wut« hervor, in der Rechten die »abgehauene blutige Hand«, Blut aus dem Stumpfe verspritzend, und schreit jubelnd: »Der Tod erschnappte mich daran, ich hab' sie aber abgezwickt« (1,1142). Dieses schauderhafte Ereignis erweckt Emanuel aus seiner somnambulen Verzückung. Der »eine Wahnsinnige war der Arzneigott des andern gewesen; sein Traum vom Elysium war ausgeträumt, kurz v o r h e r , eh' er erfüllet zu werden schien, und er war wieder vernünftig« (1,1142). Die Heilung eines Wahnsinnigen durch einen Schock war geläufiges Wissen der zeitgenössischen Psychiatrie. Reil, den Jean Paul ausführlich rezipierte, empfiehlt zahlreiche kunstvoll-grausame Machinationen, um den Wahnsinnigen aus seiner fixen Idee herauszutreiben. So sollten Lebensgefahr oder andere Formen des totalen Schreckens den Verrückten aus seiner Neigung erwecken.[149] Emanuel kommt zu Bewußtsein, er gesteht, daß er »die edlern Teile seines innern Menschen auf Kosten der niedern vollblütig gemacht – daß seine Todes-Hoffnung zu groß gewesen, wie seine dichterischen Flügelfedern« (1,1143). Durch dieses Geständnis wird der Gedanke der »Wiedererkennung« in der ›zweiten Welt‹ keineswegs diskreditiert; er wird vielmehr mit poetischen Mitteln bestärkt durch den »Traum Emanuels, daß alle Seelen e i n e Wonne vernichte« (1,1145). Schließlich stirbt Emanuel erhaben. Seine Größe und Vollkommenheit werden durch eine ununterbrochene hohe Stillage vom Dichter hervorgehoben; Somnambulismus und Wahn bestärken so seine Vollkommenheit.

Viktors Aufsatz und Emanuels Vision stehen einander gleichberechtigt gegenüber. Viktor widerlegt den Materialismus, der den Geist zur »Spielwelle« eines mechanischen Orchestrions mache, und spricht für die regelnde Kraft des Geistes, »ohne welche die S y m m e t r i e d e s M i k r o k o s m u s s o w e n i g w i e d e s M a k r o k o s m u s , d e r v o r g e s t e l l t e n W e l t

---

[149] Emanuel wird durch den Schrecken geheilt; neben die Androhung oder Ausführung unschädlicher »Torturen«, wie etwa die, den Wahnsinnigen solange unterzutauchen, bis er zu ertrinken glaubt, stellt Reil den Schock durch theatralische Mittel. Reil will ein regelrechtes Theater in der Heilanstalt errichten, das »mit allen nöthigen Apparaten, Masquen, Maschinerien und Decorationen versehen wäre. Auf demselben müßten die Hausofficianten hinlänglich eingespielt seyn, damit sie jede Rolle eines Richters, Scharfrichters, Arztes, vom Himmel kommender Engel, und aus den Gräbern wiederkehrender Todten, nach den jedesmaligen Bedürfnissen des Kranken, bis zum höchsten Grad der Täuschung vorstellen könnten. Ein solches Theater könnte zu Gefängnissen und Löwengruben, zu Richtplätzen und Operationssälen formirt werden. (...) Kurz, der Arzt würde (...) die Phantasie mit Nachdruck und dem jedesmaligen Zwecke gemäss erregen, die Besonnenheit wecken, entgegengesetzte Leidenschaften hervorrufen, Furcht, Schreck, Staunen, Angst, Seelenruhe u.s.w. erregen und der fixen Idee des Wahnsinns begegnen können.« Unter den Beispielen dominiert die Heilung durch den Schrecken, durch den grauenvollen Anblick (J. C. Reil: Rhapsodien über die Anwendung der psychischen Kurmethode auf Geisterzerrüttungen. Unveränderter Nachdruck der Ausgabe Halle 1803. Amsterdam 1966, S. 192f. und S. 209f.). Durch eine freundliche Geistererscheinung wird Albano im »Titan« von seiner Melancholie nach dem Tode Lianes geheilt. Die Geistererescheinung wird von Idoine als Therapie inszeniert (vgl. 3,548).

s o   w e n i g   w i e   d e r   w i r k l i c h e n   zu erklären steht« (1,1103). Der
Argumentationsgang unterscheidet sich in nichts von Jean Pauls Naturphilosophie der neunziger Jahre, weswegen er auch im Rahmen dieser Naturphilosophie betrachtet wurde.[150] Freilich bekommt diese philosophisch-
diskursive Abhandlung durch ihren Ort, durch den Kontext des »Hesperus«,
eine ganz andere Wertigkeit als Jean Pauls Essays zu diesem Thema. Die Vorstellung einer Einheit zwischen Zweck- und Wirkursachen, zwischen vorge-
stellter und ›wirklicher‹ Welt, zwischen Mikro- und Makrokosmos, vermittelt
durch einen übergreifenden Geist, übersteigt die Möglichkeiten der Empirie und
des strikt rationalen Denkens, in dessen Rahmen Viktors Abhandlung bleibt.
Durch die Kontrastierung der Abhandlung mit den inspirierten Visionen
Emanuels am Rande des Wahnsinns verweist Jean Paul als Autor auf diese
Grenze.

Das bedeutet aber keineswegs, daß Emanuels Lehren diskreditiert würden.
Es ist Emanuel, der den zweifelnden und verzweifelnden Lord Horion zu be-
kehren versucht in einem Brief über Gott. Er stellt die Schöpfung dar als
»Schleier, der aus Sonnen und Geistern gewebt ist, (...) die Ewigkeiten gehen
vor dem Schleier vorbei und ziehen ihn nicht weg von dem Glanze, den er
verhüllet«. Wie im Neuplatonismus die Dinge ein schwaches Abbild des göttlichen Urbilds sind, so verhüllt der Schleier der Schöpfung den Glanz der Fülle
des Seins. Die Gedanken Gottes werden von diesem Schleier der Natur verborgen; das Gefühl des Unendlichen im Menschen ist der »Widerschein« Gottes
(1,891). Der Erzähler beschreibt die Wirkung dieses Briefs mit den Worten: »Der
kleine Erden-Kummer, die kleinen Erdengedanken waren jetzt aus Horions Seele
geflohen, und er ging, nach einem betenden Blick in den geöffneten Sternenhimmel, an der Hand des Schlafs in das Reich der Träume hinein. – Lasset
uns ihn nachahmen und heute auf nichts weiter kommen. – « (1,892). So schließt
eindrucksvoll das zweite Heftlein des »Hesperus«. Der Erzähler bekräftigt die
Lehre des Weisen Emanuel und ermahnt, wie ein Prediger seine Gemeinde, den
Leser zur Nachfolge.

Scheinbar widersprechend endet der Roman nicht mit einer Apotheose dieser
Naturphilosophie, sondern mit dem Selbstmord Lord Horions. Schon in der
Mitte des vierten und letzten Heftleins wird vom Erzähler die verhängnisvolle
Philosophie des Lords hervorgehoben. »Hart klingt jetzt das sonderbare Blatt
vom Lord, das kein Brief, sondern eine kalte Schutzrede seines künftigen
Betragens zu sein scheint«. Dieses Künftige, der Selbstmord, wird erklärt aus
Horions Naturanschauung. Wie ist diese beschaffen? Sie erscheint als materia-
listisches Pendant zum Spiritualismus Emanuels und als Verachtung alles
Erhabenen in der Natur. Horion: »Darum gibt es weder in noch außer uns etwas

---

[150] Vgl. oben II,1 und II,3.

Bewundernswertes. Die Sonne ist in der Nähe ein Erdball, ein Erdball ist bloß die öftere Wiederholung der Erdscholle. – Was nicht an und für sich erhaben ist, kanns durch die öftere Setzung so wenig werden als der Floh durchs Mikroskop, höchstens kleiner. Warum soll das Gewitter erhabner sein als ein elektrischer Versuch, ein Regenbogen größer als eine Seifenblase? Lös' ich eine große Schweizergegend in ihre Bestandteile auf: so hab' ich Tannennadeln, Eiszapfen, Gräser, Tropfen und Gries. – Die Zeit zergeht in Augenblicke, die Völker in Einzelwesen, das Genie in Gedanken, die Unermeßlichkeit in Punkte; es ist nichts groß« (1,1179f.). Horion, der in diese Schmähung der Schöpfung ausbricht, wird vom Erzähler sogleich als fürchterlicher Mensch apostrophiert, der »unzugänglich und betäubt in seiner Laube aus philosophischen Giftbäumen liegt« (1,1181).

Horion reduziert die Natur mit den Mitteln der Physik und der Taxonomie: der Blitz übertrifft den Lichtbogen im Labor nur durch eine Steigerung der Dimension; die Seifenblase demonstriert die Brechung des Lichts in Spektralfarben so gut wie der Regenbogen. Die Erde umkreist die Sonne ohne jedes Geheimnis. Alles ist meßbar; was unendlich erscheint, kann so aufgelöst werden in Punkte und Distanzen. Die künstliche Optik entzaubert die Natur. Ganz anders als in der Physikotheologie, die naturwissenschaftliche Erkenntnisse metaphysisch zu integrieren versuchte, vernichtet hier die Erkenntnis die Größe des Universums. Da das Große funktioniert wie das Kleine, erscheint das ehemals Erhabene der Natur bloß wie die Vergrößerung eines Flohs unter dem Mikroskop. Nicht anders ergeht es den Alpen, die durch eine Katalogisierung in der Art Linnés zum Sammelsurium des Vereinzelten werden. Die Größe und Erhabenheit schwindet, wenn man, wie Horion, die Pflanzen und Gesteine sortiert. Übrig bleibt die ›öftere Wiederholung‹. Ebenso wird die Zeit zu einer öfteren Wiederholung von Augenblicken und so fort.

Horion hat im »Hesperus« die Position des Aufklärers. Sein Plan, die illegitimen Fürstensöhne insgeheim durch eine Erziehung fern vom Hofe zu einer besseren Regierung in bürgerlichem Sinne tauglich zu machen, trägt die Fabel des »Hesperus«. Während Jean Paul diese Lieblingsidee der Aufklärung übernimmt, kritisiert er an Horion die Naturverachtung der aufgeklärten Wissenschaft.[151]

Der Erzähler verteidigt dagegen mit Entschiedenheit die große Natur: »Das Erhabene wohnt nur in den Gedanken, es sei des Ewigen, der sie ausdrückt durch Buchstaben aus Welten, oder des Menschen, der sie nachlieset!« (1,1181)

---

[151] Vgl. W. Wiethölter: Nach Jean Pauls Hinweis sei der »Hesperus« zur »Widerlegung des Lords«, »der Roman gegen die Figur geschrieben, die am Ende sich selber und stellvertretend die Ideologie der Aufklärung richtet. Zum Schluß steht nichts Geringeres zu Gericht als die Philosophie des bedingungslosen Fortschritts« (W. W., Witzige Illumination. Studien zur Ästhetik Jean Pauls. Tübingen 1979, S. 248).

Die für Jean Paul entscheidende Analogie göttlicher und menschlicher Gedanken dient, wie später in der »Vorschule«, als Gegenpol zu der ›giftigen‹ Philosophie des Materialismus. Trotz seines Wahns liest Emanuel das Buch der Natur getreuer als der aufgeklärte Lord Horion. Viktor nimmt eine mittlere Position ein. Emanuels Wahn und sein Geisterglaube werden nur insoweit kritisiert, als seine »dichterischen Flügelfedern« zu groß gewesen sind (1,1143). Selbst Emanuels Irrtümer sind so ›erhabene Irrtümer‹.

V. Zwischenkapitel:
Jean Pauls Naturanschauungen im Widerstreit

1. Bilder der Harmonie

In der ersten Version seiner Abhandlung »Uebers Erkennen und Empfinden der Menschlichen Seele« von 1774 nennt Herder den Körper ein »Werkzeug der Seele«. »Der Körper ist in Absicht der Seele kein Körper: ist ihr Reich: ein Aggregat vieler dunkel vorstellenden Kräfte, aus denen sie ihr Bild, den deutlichen Gedanken sammlet. (...) Kurz, der Körper ist Symbol, Phänomenon der Seele in Beziehung aufs Universum.«[1] Herder orientiert sich an Leibniz' Monadologie; die Körperwelt ist Erscheinung, Phänomenon, in der Vorstellung der Monaden. Wenn Jean Paul in seinen frühen naturphilosophischen Versuchen formuliert, die Materie selbst sei immateriell, so stützt er sich ebenso auf die Monadologie und die ununterbrochene Reihe der dunklen Vorstellungen, die aufsteigend auf der Stufenleiter des Seins je und je klarer werden.

In der »Selina« – nach seiner Hinwendung zu Stahl und in Verbindung damit zum organischen Magnetismus – bezeichnet Jean Paul den Körper als »Handwerkszeug« der Seele (6,1184). Ungeachtet der prinzipiellen Kontroverse zwischen Leibniz und Stahl, vermischt Jean Paul die Modelle des Commercium mentis et corporis, wenn er versucht, selbst den Magnetismus noch mit der Monadologie zu vereinbaren. Ziel der über fünfundvierzig Jahre fortgeführten Vesuche Jean Pauls zum Commercium bleibt es immer, die Unabhängigkeit des Geistes vom Körper zu erweisen. So läßt sich erklären, daß Jean Paul in der gänzlich vom Magnetismus geprägten »Selina« dieselbe Formel (Körper als Werkzeug der Seele) gebraucht wie vor ihm Herder in seiner Version der Monadologie.

In der Metapherntheorie des bildlichen Witzes erscheint der Körper als ›Hülle‹ des Geistes. Der Witz legt die »geistige Mimik des Universums« (5,97f.), die Phantasie das Hieroglyphenalphabet der Natur aus. Der Körper wird zum Zeichen des Geistes, das Sichtbare zum Symbol des Unsichtbaren. Herder findet den Ursprung der Sprache in der Fähigkeit des Menschen, sich in der Natur auszulegen und in ihr durch Projektion der eigenen Affekt- und Denkstruktur

---

[1] Herders Sämmtliche Werke. Hrsg. v. B. Suphan, Bd. 8, S. 250.

einen höheren Geist zu erkennen. Das endliche Geschöpf, so Herder in der Abhandlung »Uebers Erkennen und Empfinden«, faßt das Unendliche, »denn in ihm liegt ein lebendiger Spiegel des Universums, d.i. die Kraft seines Wesens ist der Kraft der Gottheit ähnlich, was sie sich vorstellt kann sie nur unter dem Bilde der Wahrheit und Güte fassen. Also strebt sie immer, sich nach ihrer Analogie ein Weltall zu bilden, und kann, so fern sie jede Formel treu empfängt und richtig berechnet, nicht irren, und wo sie irrt, rückt sie, wenn der Irrthum überwunden ist, weiter.«[2] Garant der Analogie ist die Ähnlichkeit zwischen Gott und Mensch; was die Seele als wahr und gut erkennt, muß in der Schöpfung ein Äquivalent haben. Jean Paul nennt die witzigen Metaphern »Sprachmenschwerdungen der Natur« (5,182). Das Denken in Analogien zwischen Körper und Geist bliebe auf der Stufe subjektiver Projektion stehen, wenn nicht das Universum sprachlich verfaßt wäre. Die Natur selbst liefert die Organe, die Zeichensprache des Universums zu verstehen: Sinne und Leidenschaften, oder, wie es Jean Paul mit Jacobi nennt: Instinkt.

Auf welche Weise kann der verborgene Sinn des Sichtbaren entziffert werden? Jean Paul beruft sich an prominenten Stellen auf die Physiognomik; sie ist eine natürliche und eine notwendige Hermeneutik. Die Seele »zwingt uns, an fremde Ichs neben unserem zu glauben, da wir ewig nur Körper sehen – also unsere Seele in fremde Augen, Nasen, Lippen überzutragen« (4,203f.). Jean Paul steigert diese Signaturenlehre bis zum »Personifizieren der ganzen Schöpfung« (4,204). Das witzige Beseelen und Verkörpern ist für Herder wie für Jean Paul Urgrund der Sprache. Im Gegensatz zu Hamann, der auf dem göttlichen Ursprung der Sprache besteht, begründet Jean Paul mit Herder den Ursprung und die Struktur der Sprache durch natürliche Fähigkeiten des Menschen.

Die Physiognomik Lavaters machte sich anheischig, aus den körperlichsichtbaren Zeichen die verborgene Innerlichkeit, sei es des Verbrechers oder des Heiligen, zu erkennen. Wie wir gesehen haben, war Jean Paul von dieser Zeichenlehre sehr beeindruckt. Das hermetische Potential im Denken Lavaters wurde neuerdings von einem intimen Kenner der hermetischen Tradition hervorgehoben.[3] In der Tat verbindet Lavater mit Giovanni Baptista della Porta, dem Verfasser einer Physiognomik und einer Magia naturalis, die Überzeugung, daß es der Geist ist, der sich den Körper baut und der also an ihm sichtbar wird.

---

[2] Herder, Bd. 8, S. 246f.

[3] »Physiognomik gehört also zum Kernbereich der hermetischen Tradition« (Rolf Christian Zimmermann: Das Weltbild des jungen Goethe. Bd. 2: Interpretation und Dokumentation. München 1979, S. 214). Zimmermann verweist auf die Herkunft der Physiognomik aus der Sympathie-, Magnetismus- und Signaturenlehre und betont das naturmystisch motivierte Interesse Goethes an der Erneuerung dieser Kunst durch Lavater (vgl. 218).

Der Geist schreibt eine lesbare Handschrift. Obwohl Lavater die auch bei Porta spürbare Tradition des Planetarismus in der Physiognomik kritisiert, ist für ihn Porta ein bedeutender Vorläufer seiner Bemühungen.[4]

Nach Lavater basiert das Denken in Analogien, worin alles Endliche zum Zeichen des Unendlichen wird, auf der »Ahnung eines Verhältnisses zu etwas mir Analogem, von mir verschiedenem Kraftreicherm, ohne welche Ahnung mir alles zerstückt, zerrüttet, widersprechend, ungenießbar, halb genießbar wird – durch dessen Ahnung sich mir alles harmonisirt«.[5] Parallelen zu Jean Pauls Ästhetik fallen ins Auge. Das Genie harmonisiert und totalisiert die Natur durch seinen göttlichen Instinkt, indem es die Körperwelt in Beziehung setzt zur Geisterwelt. Wie Jean Paul wendet sich Lavater gegen die Vorstellung der Natur als eines mechanischen Gebildes; die Natur hat den Menschen so ›organisiert‹, daß er »kein immer gebärendes, allverzehrendes Ungeheuer ertragen kann – Ich, Person, muß alles personifizieren! ich muß, Kraft meiner Natur, alles Mannigfaltige vereinfachen – alles Zerstreute unter Ein Haupt zusammenbringen – alles Extreme in ein einfach belebtes, harmonisches Ganzes vereinigen. – Ich Mensch muß alles humanisiren. Meine Natur bringt das mit sich«.[6] Empfindung und Subjektivität haben Wahrheit vor dem Hintergrund der Gottesebenbildlichkeit des Menschen. So ist es möglich, daß der Mensch zum »Maßstab aller Dinge« wird; alles Denken beruht auf dem » V e r g l e i c h e n aller Dinge m i t uns«.[7]

Herder, Hamann und Jacobi kennen diese Physiognomik der Empfindung. Erinnert sei an die prägnante Formulierung Jacobis, die alle Momente dieser physiognomischen Hermeneutik vereinigt: »Wie auf dem Angesichte des Menschen die verborgene, unsichtbare Seele, s i c h t b a r sich ausdrückt; hervordrängt; unbegreiflich sich mittheilt, und durch diese geheimnißvolle Mittheilung Rede und Verständnis der Rede zuerst gebiert: so drücket auf dem Angesichte der Natur G o t t unmittelbar sich aus«.[8] Eine gemeinsame Struktur vereinigt die Physiognomik, die Entstehung der Sprache und die göttliche Verfassung der Natur.

---

[4] Vgl. dazu Kap. IV, 1 und 2.

[5] Brief Lavaters an Jacobi vom 5.9.1787. In: Friedrich Heinrich Jacobi's auserlesener Briefwechsel. Hrsg. v. Friedrich Roth. Leipzig 1825 – 27, Bd. 1, S. 424.

[6] Vgl. dazu das 8. Kap. »Magie« in Christian Janentzky: J. C. Lavaters Sturm und Drang im Zusammenhang seines religiösen Bewußtseins. Halle 1916. Zu Lavaters Interesse an Gaßner und Mesmer vgl. Hans Graßl: Aufbruch zur Romantik. Bayerns Beitrag zur deutschen Geistesgeschichte 1765 – 1785. München 1968, S. 165 – 171. Lavaters steigende Neigung zum Irrationalismus und Wunderglauben war der Grund dafür, daß sich Herder und Jacobi allmählich von Lavater distanzierten.

[7] Brief Lavaters an Jacobi vom 5.9.1787. In: Jacobi's auserlesener Briefwechsel (Anm. 5), Bd. 1, S. 425f.

[8] Friedrich Heinrich Jacobi: Werke. Hrsg. v. F. Roth und F. Köppen. Leipzig 1816, Bd. 3, S. 204.

Wenn der bildliche Witz entfernte Ähnlichkeiten miteinander vereinigt, wenn der ›Wilde‹ sein Ich dem All leiht, wenn der Grieche überall eine vergötterte Natur sieht und der Dichter anthropomorphisierend witzige Ähnlichkeiten findet, so geschieht dies im Vertrauen auf einen geheimen Sinn hinter den sichtbaren Phänomenen. Die Übertragung menschlicher Strukturen auf die Natur im Erhabenen hat nur dann Wahrheit, wenn Mensch und Natur einander ähnlich sind. Der Anthropomorphismus dieser Auslegung muß sich mit einer theomorphen Natur zusammenfinden. Der Mensch ist eingebunden in das Netzwerk der Natur durch das Unbewußte (mit Blick auf Leibniz), durch den Instinkt, durch die Verfassung der Sinne und der Leidenschaften. In allen diesen Positionen stimmen bei zahlreichen Unterschieden im Einzelnen Jean Paul, Herder, Jacobi und Lavater miteinander überein. Es ist die Gedankenwelt des Sturm und Drang, in deren Mitte Jean Pauls Bilder der Einheit angesiedelt sind.

Daneben gibt es andere Bilder der Einheit, die Jean Paul an den genannten Komplex anknüpft. Ein Beispiel: um Albano in die Philosophie einzuführen, leitet ihn sein Mentor Dian nicht »auf den Zimmerplatz der Metaphysik, sondern sogleich in das damit fertig gemachte schöne Bethaus, sonst natürliche Theologie genannt. Er ließ ihn keine eiserne Schlußkette Ring um Ring schmieden und löten, sondern er zeigte sie ihm als hinunterreichende Brunnenkette, woran die auf dem Boden sitzende Wahrheit herauf, oder eine vom Himmel hängende Kette, woran von den Untergöttern (den Philosophen) Jupiter heruntergezogen werden soll. Kurz das S k e l e t t und M u s k e l n p r ä p a r a t der Metaphysik versteckt er in den G o t t m e n s c h der Religion« (3,132).

Das komplizierte Satzgebilde läßt sich nur Schritt für Schritt auflösen und erklären. In der natürlichen Theologie ist die Metaphysik enthalten. Diese Theologie zeigt die Metaphysik als eine vom Himmel herunterreichende Kette, an deren beiden Enden gezogen wird: Gott zieht die Wahrheit von unten herauf, die Menschen wollen sie von oben herunterziehen. In der Theologia naturalis führt der Weg zu Gott über das Buch der Natur, wenn auch die Natur nicht ohne das Buch der Bücher, ohne die Offenbarung der Bibel, richtig gelesen werden kann. Die gespannte Kette ist für diese Beziehung von Natur und Transzendenz ein Sinnenbild. Als ›Kette des Seins‹ reicht jedoch ihre Bedeutung weit über den Bereich der Theologia naturalis hinaus.[9]

Unmittelbar adaptiert Jean Paul an dieser Stelle die Vorstellung der Aurea

---

[9] Vgl. dazu allgemein Arthur O. Lovejoy: The great Chain of Being. A Study of the History of an Idea. Cambridge (Mass.) 1936 and 1964. Lovejoy beschreibt die Herkunft der Kette des Seins in der griechischen Philosophie und legt besonderes Gewicht auf die Erneuerung dieses metaphysischen Konzepts durch Pope, Leibniz und die Naturphilosophie des 18. Jahrhunderts. – Zur literarischen Wirkung der Chain of Being vgl. Emil Wolff: Die Goldene Kette. Die Aurea Catena Homeri in der englischen Literatur von Chaucer bis Wordsworth. Hamburg 1947.

Catena Homeri. In der von dem Rosenkreuzer Knorr von Rosenroth übersetzten und kommentierten »Magia Naturalis« della Portas, die von Jean Paul schon in den achtziger Jahren exzerpiert wurde, kann man unter Berufung auf den Neuplatoniker Henry More lesen, eine magnetische Kraft des Geistes verknüpfe alle Erscheinungen miteinander »gleich wie / wann ein ausgespannter Strick an einem Orte gerühret wird / derselbe gantz durch erzittert / und das Übrige sich beweget. Und dieses Band kann man wol mit an einander hängenden Ringen / und einer Kette vergleichen / und hieher die Ringe Platonis und die goldene Kette Homeri ziehen«. Die hermetischen Metaphern für die Sympathie von Mikro- und Makrokosmos sind ineinanderhängende Ringe, sich anziehende Magneten, das Seil oder die Kette, die Himmel und Erde verbinden, zuweilen auch die zitternde Saite, die von Gott angerührt wird. Porta: es ist von »der ersten Ursach gleichsam ein großes Seil gezogen (...) vom Himmel herunter«, eine »güldene Kette Homeri«. Die Referenzstelle bei Homer ist die Ilias (8, Vers 18).[10]

Es ist nicht die Physikotheologie, wie vermutet wurde,[11] sondern dieser Bildbereich der Kette des Seins, der immer wieder bei Jean Paul an pointierter Stelle auftaucht. Ein Beispiel aus dem »Quintus Fixlein«: als der Erzähler nach gelungener Heilung des Helden in die Nacht hinauswandert, »fing die Äols-Harfe der Schöpfung an zu zittern und zu klingen, von oben herunter angeweht, und meine unsterbliche Seele war eine Saite auf dieser Laute. − Das Herz des verwandten ewigen Menschen schwoll unter dem ewigen Himmel, wie die Meere schwellen unter der Sonne und unter dem Mond«. Gedanken an die Schrecken des Todes werden gebändigt durch den Aufblick zum »Sternenhimmel, und eine ewige Reihe zieht sich hinauf und hinüber und hinunter, und alles ist Leben und Glut und Licht und alles ist göttlich oder Gott ...« (4,191). Die Saiten der Harfe verbinden die Seele, die Schöpfung und Gott. Die Äolsharfe ist eine Jean Paul häufig gebrauchte Umformung der Kette des Seins zwischen Mikro- und

---

[10] Des vortrefflichen Herren Johann Baptista Porta von Neapolis Magia Naturalis, Oder: Haus − Kunst und Wunder − Buch (...) herausgegeben durch Christian Peganium, sonst Rautner genannt. Nürnberg 1713, Bd. 1, S. 24. Hinter dem doppelten Pseudonym verbirgt sich Knorr von Rosenroth. Jean Paul exzerpierte 1784 die »Magia Naturalis« von Porta (vgl. Jean Pauls Nachlaß Fasc. 2a »Geschichte. Siebenter Band, 1785«, S. 50 und S. 59; Fasc. 2a »Geschichte. Achter Band 1784«, S. 8). Die sinnlich-allegorische Version der Aurea Catena Homeri ist Jean Paul also seit seiner Jugend bekannt. Auf die Auslegungsgeschichte der Aurea Catena geht Wolff (Anm. 9, S. 10ff.) ein.

[11] Ursula Naumann stellt, ausgehend von der hier zitierten »Titan«-Passage, Jean Pauls Metapherntheorie in den Rahmen der Physikotheologie. Nun wird, wie Naumann selbst zeigt, die Physikotheologie von Jean Paul seit den frühen Satiren parodiert. Die Passage im »Titan« scheint die einzige Stelle zu sein, wo von der ›Theologia Naturalis‹ ernsthaft die Rede ist − in Verbindung mit der Aurea Catena Homeri (U. Naumann: Predigende Poesie. Zur Bedeutung von Predigt, geistlicher Rede und Predigertums für das Werk Jean Pauls. Nürnberg 1976, S. 67 − 74).

Makrokosmos. Traditionell ist aber auch die Verbindung des Herzens mit dem Anschwellen der Meere. Es war Alexander Pope in seiner Übersetzung der »Ilias«, der erstmals Newtons Gravitationstheorie mit der Kette Homers in Verbindung brachte. Pope interpretierte Jupiter als die Sonne und die Kette als Gravitationskraft, die die Planeten auf ihrer Bahn hält. Flut und Ebbe sind Phänomene der Gravitation. Die »Anziehung der Elemente« und die »Anziehung der Liebe« gehören in der Theosophie des jungen Schiller zusammen,[12] nicht anders als das Anschwellen des Herzens und das Anschwellen der Meere bei Jean Paul. Es lag nahe, die Gravitation nach hermetischen Mustern zu erklären: Anziehung und Abstoßung konnten so mit Liebe und Haß, mit Sympathie und Antipathie in einen Zusammenhang gebracht werden. Auf diese Weise lebt das hermetische Potential bei Pope, dem jungen Schiller und bei Jean Paul weiter.[13]

Im »Hesperus« sind die klingenden Saiten der Äolsharfe wiederum ein Bild allumfassender Harmonie. »Da es nur wenige Seelen gibt, die wissen, wie weit die Harmonie der äußern Natur mit unserer reicht, und wie sehr das ganze All nur e i n e Äolsharfe ist, mit längern und kürzern Saiten, mit langsamern und schnellern Bebungen vor einem göttlichen Hauche ruhend: so fodre ich nicht, daß jeder diesem Emanuel vergebe« (1,680). Was soll ihm vergeben, was soll verstanden werden? Emanuels Hoffnungen auf eine allumfassende Harmonie der Seele mit Gott gehen zu weit. Er wird ein »Schwärmer« genannt – und ein »Pythagoräer«, der sich mit Himmelskunde befaßt (1,548,550). Der Pythagoräer Emanuel liebt die Musik und die Sterne. Das Bild der Äolsharfe vereinigt musikalische und kosmische Harmonien: »Da klang die vom Ewigen gestimmte Erde mit tausend Saiten; da bewegte dieselbe Harmonie den in Gold und Nacht zerstückten Strom und den sumsenden Blumenkelch und die bewohnte Luft und den durchwehten Busch« (1,673). Der Schwärmer und Pythagoräer Emanuel folgt damit in der Tat der pythagoräischen Lehre: die Harmonien der Musik beruhen danach auf dem Zahlenverhältnis der Saitenlänge, analog zu den harmonisch abgestimmten Himmelskörpern, die sich wie an Saiten um einen gemeinsamen Mittelpunkt bewegen. Jean Paul nimmt hier im Bilde der Äolsharfe die phantastisch-poetische Version der pythagoräischen Sphärenharmonie auf. In diesem Bild werden die drei Hauptinteressen Emanuels vereinigt: Musik, Sternkunde und Metaphysik.

Jean Pauls Bilder der Harmonie nähren sich also aus verschiedenen Quellen, wobei eine gewisse hermetische Unterströmung nicht zu verkennen ist.

---

[12] Friedrich Schiller: Theosophie des Julius. In: F. Schiller, Sämtliche Werke. Hrsg. v. G. Fricke und H. G. Göpfert, Bd. 5, S. 353.

[13] Vgl. zu Popes Interpretation der Chain of Being im Blick auf Newtons Gravitationslehre Bernhard Fabian: Pope und die Goldene Kette Homers. In: Anglia 82 (1964) S. 154–159).

Wir finden den liber creaturum, Varianten der Aurea Catena Homeri, die pythagoräische Sphärenharmonie, Lavaters Physiognomik und ihre Erweiterungen und Umformungen bei Herder und Jacobi, aber auch die prästabilierte Harmonie. Eine alle diese Bilder und Philosopheme verbindende Vorstellung ist zweifellos die ›Kette des Seins‹.[14] Als Modell hat die Kette des Seins zudem den Vorzug, auch in der biologisch, am Commercium interessierten Literatur Jean Pauls eine bedeutende Rolle zu spielen. Vor allem Bonnet wurde durch mikroskopische Entdeckungen in der Vorstellung bestärkt, das Universum sei eine Kette vom kleinsten Lebewesen bis zu Gott – ohne ein missing link.[15] Ebenso wurde Jean Paul durch Popes »Essay on Man« auf die Kette des Seins als Erklärungsmodell verwiesen:

> »Vast chain of being! which from God began,
> Natures aethereal, human, angel, man,
> Beast, bird, fish, insect, what no eye can see,
> No glass can reach; from Infinite to thee,
> From thee to nothing. – On superior pow'rs
> Were we to press, inferior might on ours;
> Or in full creation leave a void,
> Where, one step broken, the great scale's destroy'd;
> From Nature's chain whatever link you strike,
> Tenth, or ten thousandth, breaks the chain alike.«[16]

Die Kette oder Stufenfolge reicht vom Unendlichen bis zum Nichts, der Mensch steht zwischen Geist und Körper in der Mitte, alle Wesen haben ihren festen Platz im Ganzen. Fehlt ein Wesen, so wird die Fülle des Seins zerstört. In der »Vorschule« spielt Jean Paul dieses Stufenmodell gegen die Anmaßung des transzendentalen Idealismus aus, wenn er sagt: »Wir sind nicht gemacht, alles gemacht zu haben und auf dem ätherischen Throngipfel des Universums zu sitzen, sondern auf den steigenden Stufen unter dem Gott und neben Göttern« (5,445).

Das im 18. Jahrhundert weitverbreitete Modell der Chain of Being ist allerdings zu allgemein, um im Detail Jean Pauls Ästhetik zu erklären, etwa seine Instinkt- oder seine Zeichenlehre.

---

[14] Philosophisch gesehen ist das metaphysische Modell der Kette des Seins gerade dadurch, daß so viele prominente und unterschiedliche Autoren es verwendet haben, recht unbestimmt. Im Blick auf Jean Paul hat das Modell den Vorzug, daß es als Bildlichkeit der Einheit in Jean Pauls Landschaften große Variabilität beweist.

[15] Zur biologischen Stufenleiter der Wesen vgl. Wilhelm Schmidt-Biggemann: Maschine und Teufel. Jean Pauls Jugendsatiren nach ihrer Modellgeschichte. Freiburg/München 1975, S. 87ff. und Kap. II dieser Arbeit.

[16] In: The Poems of Alexander Pope. Hrsg. v. John Butt. London 1963, S. 513 (»An Essay on Man. Epistle I, Vers 237ff.).

2. Der Körper als Gefängnis des Geistes

Den Bildern der Harmonie stehen im Werke Jean Pauls Bilder der Fremdheit und Distanz zwischen Körper und Geist gegenüber. Vor allem Kommerell hat diese Fremdheit in den Mittelpunkt seiner Interpretation gestellt. Wir wollen zwei seiner Textbeispiele analysieren.[17]

In der »Unsichtbaren Loge« heißt es: »Fleisch- und Bein-Gitter stehen zwischen den Menschen-Seelen, und doch kann der Mensch wähnen, es gebe auf der Erde eine Umarmung, da nur Gitter zusammenstoßen und hinter ihnen die eine Seele die andere nur d e n k t ?« (1,321). Der Satz behauptet zunächst, der Körper sei eine hinderliche, verdeckende Hülle der Seele. Der zweite Teil äußert problematisch die Vermutung, eine liebende Vereinigung der Seelen sei vielleicht möglich, wenn trotz der hinderlichen Körperlichkeit die Seelen sich im Denken vereinen. Es ist deutlich, daß ein solcher Satz die naturphysiognomische Zeichenlehre Jean Pauls gefährdet. Wenn nach der »Vorschule« das »Ich nur in Gestalt eines sich regenden Leibes erscheint« (5,184), so wird diese Entwertung des Leibes problematisch für eine Hermeneutik, die Jean Paul auf Gestik und Mimik aufbaut.

Kommerell bezeichnet immer wieder die Fremdheit des Körpers als Grundgefühl Jean Pauls. Sicherlich war dieses Gefühl der Fremdheit die Motivation Jean Pauls, sich so anhaltend mit dem Commercium mentis et corporis zu befassen. Die zahlreichen poetischen Formen dieses Gefühls haben in den Aufsätzen zum Commercium ihre Entsprechung auf theoretischer Ebene. Hypothesen, Ahnungen, Mutmaßungen werden vorgetragen, um den Zusammenhang von Ich und Körper zu erklären.

Die Bildlichkeit des fremden Körpers hat wiederkehrende Bestandteile. Der Körper ist ein Gefängnis, ein Gitter, er gleicht dem Schlamm, dem Kot. Die Seele wird mit dem Gesicht voran in diesen Unflat gedrückt. Auffällig ist, daß es sich stets um den menschlichen Körper handelt; die Natur insgesamt, die Natur als Landschaft und Lebensraum, wird nicht entwertet, obwohl sie, in Jean Pauls Terminologie, zur ›Körperwelt‹ gehört.

Ein frühes Zeugnis dieser Entwertung des Körpers ist ein Hymnus auf Plato, der inmitten einer Teufelssatire steht.[18] In dieser Reverenz vor Plato ist all das konzentriert, was in der »Unsichtbaren Loge« und im »Hesperus« zum Tragen kommt. Wegen ihrer Bedeutung sei die Textstelle vollständig zitiert: »Überhaupt, Plato, war dein Leben, nicht wie bei den meisten ein dummer dicker m i t t e r-n ä c h t l i c h e r Traum, nicht wie bei einigen ein heller M o r g e n traum,

---

[17] Max Kommerell: Jean Paul. Frankfurt 1933, S. 302f.

[18] Köpke zitiert diesen Plato-Hymnus, ohne auf die Übernahme des platonischen Vokabulars durch Jean Paul hinzuweisen (Wulf Köpke: Erfolglosigkeit. Zum Frühwerk Jean Pauls. München 1977, S. 332f.).

sondern wie bei den besten eine noch hellere S c h l a f t r u n k e n h e i t, und mit deinem Z u g e nach oben, der zwar auch die Füsse sich in den K o t h verirren lässet, allein der auch ihre Heraushebung erleichtert, komst du mir wie einer in den Steinsalzbergwerken vor, der wie seine Mitarbeiter geboren und erzogen u n t e r der Erde, zwar auch i n den Himmel, der a u f derselben liegt, nie gewandelt, allein doch an der Ein- und Ausfarth Strahlen eines reinern Lichtes aufgefangen. Nothwendig wird dieser Man gewisse Ausdehnungen in seinem Busen fühlen, die ihm sein Salzbergwerk zu enge machen und ihn a u s der Erde auferstehen heissen. Wie gesagt, so komst du mir vor, lieber Plato! Ich versage dir mit allen Alten den Namen des Göttlichen nicht, aber blos, weil noch niemand als du in deiner Republik so gut von der Tugend geschrieben, die allein götlich ist, und weil noch niemand so gut als du gezeiget, daß unser Körper, in welchem unser Ich wie in einer beweglichen Bildsäule stekt, ein Geistesgefängnis ist, das ich iedoch meiner Allegorie zufolge besser ein W e i s e l g e f ä n g n i s nenne, und daß die düstre, unreine und dikke Erdenathmosphäre, die uns belastet und in der wir uns müde waten, das h e i l i g e Grab ist, das edle Thaten eine Zeitlang einschliesset« (II,1,944f.).

Das lange Zitat hat den Vorzug, daß hier schon in der Frühzeit seines Werks eine Vielzahl von Metaphern und Bildbereichen versammelt sind, die Jean Paul immer wieder für die Entferntheit von Körper und Geist wählt. Das bekannte Höhlengleichnis Platos bildet den Rahmen, umgewandelt nur unwesentlich durch die neue Situation eines Bergmanns, der zum ersten Mal das oberirdische Licht erblickt. Die Topographie entspricht dem Höhlengleichnis, es fehlt nur die Anfesselung der von Kindheit an in der Höhle wohnenden Menschen. Die Bilder des Aufstieg und die Unvergeßlichkeit des geschauten ›reineren Lichts‹ sind identisch; in Platos Auslegung ist »die durch das Gesicht uns erscheinende Region der Wohnung in dem Gefängnisse gleichzusetzen« und das »Hinaufsteigen« dem »Aufschwung der Seele in die Region der Erkenntnis«. Der Aufstieg aus dem Gefängnis der Sinnenwelt führt zum Anblick der »Idee des Guten« als »Ursache alles Richtigen und Schönen« (Politeia 517b – c).[19] Der tugendhafte und philosophisch geläuterte Staatslenker soll nach Plato »wie in den Bienenstöcken die Weisel und die Könige erzogen und besser und vollständiger als die übrigen ausgebildet« werden. Weisel sind Bienenköniginnen, denen die ganze Sorge des Stocks gilt. Wie die Weisel genießen die künftigen Lenker des Staats besondere Obhut; wenn sie durch ihre philosophische Läuterung das Licht der Wahrheit und des Guten gesehen haben, sollen sie wieder »herabsteigen« und zurückkehren zu den anderen in das Gefängnis der Körperwelt. Durch ihren Aufstieg zum Licht können sie besser als die Einwohner des Gefängnisses, die es

---

[19] Plato wird in der Übersetzung Schleiermachers zitiert.

174

nie verlassen haben, »jedes Schattenbild erkennen, was es ist und wovon«. Denn einmal haben sie das »Schöne, Gute und Gerechte in der Wahrheit« unverhüllt erblickt (Politeia 520 b – c).

Jean Pauls einleitende Worte zu dem Hymnus auf Plato sprechen von der ›helleren Schlaftrunkenheit‹, in welchem Zustand die Seele ihre Auffahrt angetreten habe. Auch dieses Bild ist platonisch; zur Erkenntnis des Guten bedarf es einer »Umlenkung der Seele, welche aus einem gleichsam nächtlichen Tage zu dem wahren Tage des Seienden jene Auffahrt antritt, welche wir eben die wahre Philosophie nennen wollen«. Wenn dieses Erwachen nicht stattfindet, verbringt der Mensch sein Leben »träumend und schlummernd« (Politeia 521 c, 534 c).

Jean Paul bezeichnet die hiesige Welt als Schattenwelt, den Körper als Geistesgefängnis, in dem der Mensch schmachtet mit den Füßen im Kot. D. Sölle hat den Bildbereich Schlamm, Kot, Morast etc. als das »manichäische Element in der eschatologischen Grunderfahrung« Jean Pauls ausgemacht, wobei sie freilich den philologischen Beweis schuldig bleibt.[20] Sprengel, der neben Köpke das Verdienst hat, überhaupt Plato ins Spiel zu bringen, schließt vom Ekel über den Kot mit S. Freud auf die Lust und Qual des Gelderwerbs.[21] Wir wollen bescheidener bleiben und sagen, daß Schlamm und Kot als Bilder des Körpers und der Sinnlichkeit zunächst einmal platonische Bilder sind – ganz, wie es Jean Paul selbst sagt. Das in »barbarischem Schlamm vergrabene Auge der Seele« zieht die Philosophie »gelinde hervor und führt es aufwärts« (Politeia 533 c – d). Nach Plato kann die Seele ›dialektisch umgelenkt‹ werden, wenn »das dem Werden und der Zeitlichkeit Verwandte ihr ausgeschnitten worden wäre, was sich wie Bleikugeln an die Gaumenlust und andere Lüste und Weichlichkeiten anhängt und das Gesicht nach unten wendet« (Politeia 519 a – b).

Genuin platonisch sind auch die Bildbereiche, die den Körper als Sparr-werk, Gitter und als Grab der Seele vorstellen. Die platonische Philosophie erkennt die Seele als »gebunden im Leibe und ihm anklebend und gezwungen, wie durch ein Gitter das Sein zu betrachten«; die »Gewalt dieses Kerkers« ist die sinnliche Begierde. Die Philosophie erlöst die Seele, »indem sie zeigt, daß alle Betrachtung durch die Augen voll Betrug ist, voll Betrug auch durch die Ohren und die übrigen Sinne«. Die Philosophie lehrt, die sinnliche Schattenwelt für nichts Wahres zu halten, denn die von den Sinnen

---

[20] Dorothea Sölle: Realisation. Studien zum Verhältnis von Theologie und Dichtung nach der Aufklärung. Darmstadt/Neuwied 1973, S. 182ff. – Sölle nennt ›christliche Versöhnung‹ als Grundlage der Bilder der Einheit.

[21] Peter Sprengel: Innerlichkeit. Jean Paul oder Das Leiden an der Gesellschaft. München 1977, S. 187 – 193.

befreite Seele sieht allein »das Denkbare und Unsichtbare« (Phaidon 82e, 83a, b).[22]

Jean Paul hat nach diesem Plato-Hymnus aus der Satirenzeit das Thema wiederaufgenommen an prominenter Stelle der »Unsichtbaren Loge«, im »Extrablatt von hohen Menschen – und Beweis, daß die Leidenschaften ins zweite Leben und Stoizismus in dieses gehören«. Das »Gefühl der Geringfügigkeit alles irdischen Tuns« beherrscht den ›hohen Menschen‹. Die Menschen liegen in einem Meer, das von »schwimmendem Kot« verfinstert wird, im »morastigen Boden«, ja sie werden »l i e g e n d« durch den »Kot« gezogen. Allein die ›hohen Menschen‹ gehen aufrecht und lechzen, umstrickt vom »Schlamm ihres Fußbodens«, »nach einem Atemzuge aus dem weiten Äther über ihnen« (1,221f.). Die ganze platonische Bildlichkeit kehrt wieder.

Die Leidenschaft der ›hohen Menschen‹, von der im Titel des »Extrablatts« die Rede ist, gilt nicht der »sinnlichen«, sondern der »intellektuellen« Welt der Ideen (1,223). Auch hier folgt Jean Paul Plato, der die ›dialektische Umwendung‹ als Umwendung der Lust von der Sinnlichkeit zur »reinen Lust« am Wahren und Guten beschreibt (Politeia 586a – c). Leidenschaften, so Jean Paul im Titel, gehören in die ›zweite Welt‹. Gemeint ist der Enthusiasmus für die Idee des Guten. Jean Paul rühmt als Vorbild des ›hohen Menschen‹ das Gemälde, das »Plato in seiner Republik vom tugendhaften Manne aus seinem Herzen auf die Leinwand trug« (1,222); die »göttlichen Menschen« in Platos »Politeia« sind imstande, »das Auge der Seele aufwärts richtend in das allen Licht Bringende hineinzuschauen, und wenn sie das Gute selbst gesehen haben, dieses als Urbild gebrauchend, den Staat, ihre Mitbürger und sich selbst ihr übriges Leben hindurch in Ordnung zu halten« (541b – c).

Unter den Alten sind für Jean Paul hohe Menschen Pythagoras, Plato, Sokrates, Antonin, Kato und Epiktet. Emanuel im »Titan« ist ein Pythagoräer. Platonische Charaktere sind die ›vollkommenen Charaktere‹ in der »Vorschule«. Antonin, der Kaiser Marc Aurel, ist ein Schüler Epiktets. Hohe Menschen unter den Alten sind also neben den Erstgenannten vor allem die Stoiker. Jean Pauls

---

[22] Selbst das Bild der im Schlamm des Meeresgrundes lebenden Menschen, die »gedrückt von der Wassersäule über ihrem Haupte, (...) sich durch die Wellen drängten und lechzeten nach einem Atemzuge aus dem weiten Äther über ihnen« (1,222) hat ein Vorbild im platonischen Mythos. »Wir nun merkten es nicht, daß wir nur in diesen Höhlungen der Erde wohnten, und glaubten, oben auf der Erde zu wohnen, wie wenn ein mitten im Grunde der See Wohnender glaubte, oben an dem Meere zu wohnen, und, weil er durch das Wasser die Sonne und die andern Sterne sähe, das Meer für den Himmel hielte (...); geradeso erginge es auch uns. (...) Denn wenn jemand zur Grenze der Luft gelangte oder Flügel bekäme und hinaufflöge: so würde er dann hervortauchen und sehen, wie hier die Fische, wenn sie einmal aus dem Meer heraustauchen, was hier ist, sehen« (Phaidon 109c – e).

Interesse an der Stoa bezieht sich auf ihre Lebenslehre: Abwendung von der sinnlichen Gegenwart des körperlichen und bürgerlichen Lebens als Schutzwall gegen die niederen Leidenschaften und vor allem gegen den Schmerz. Diese Abwendung und Umlenkung hat die Stoa mit dem Platonismus gemeinsam.

Freilich hat Jean Paul mit dem Versuch einer Synthese der Stoa mit dem Platonismus Probleme: »Ich fühle Einwürfe und Schwierigkeiten voraus«. Diese Schwierigkeiten beziehen sich auf den schlechten Ruf des Stoizismus als einer politischen Klugheits- und Verhaltenslehre für den ›egoistischen‹ Hofmann. Der Hofmann unterdrückt seine Leidenschaften, um nicht seine wahren Absichten und Emotionen nach außen dringen zu lassen. Der Stoiker dämpft die Leidenschaften, um sich gegen das bürgerliche und physische Leben zu wappnen. Das Problem Jean Pauls: »einen, den das nahe Feuer der sinnlichen Welt nicht entzünde, flamme das weite Fixsternlicht der intellektuellen noch viel weniger an« (1,223). Die angestrebte Lösung: höchste Leidenschaft für die intellektuelle Welt der Ideen »außerhalb des Körpers«; Dämpfung der Leidenschaft, stoische Apathie gegenüber der sinnlichen Welt. Jean Pauls letzter Satz im »Extrablatt« von »hohen Menschen« plädiert dafür, daß »uns nichts gegen die äußern Stürme einbauen und bedecken kann, als das Besänftigen der innern«; er plädiert für den Stoizismus (1,224). Dennoch ist für Jean Paul der Widerspruch nicht ganz ausgeräumt: die Modelle des Platonismus und des Stoizismus erscheinen ihm jeweils in den Punkten, die er herausgreift, gleich wahr.[23]

Wie kommt Jean Paul am Ende des 18. Jahrhunderts zu seiner platonisch inspirierten Bildlichkeit? Wichtig zu diesem Zusammenhang waren für ihn zwei Autoren: Jacobi und Fénelon. Jacobi schätzte Fénelons Interpretation des platonischen Gastmahls. Die uneigennützige, reine Liebe zur Schönheit und Tugend gründet sich danach auf die Neigung der Seele, den Körper und die Sinnlichkeit zu überwinden: »pour sortir de ses bornes étroites«. Diese ursprüngliche Neigung besteht darin, »de sortir de soi par l'amour, de s'oublier, de se perdre«.[24] Mit Fénelon und Jacobi kann Jean Paul die Sehnsucht nach Transzendenz als einen »empirisch aufweisbaren Trieb« festmachen, denn reine Transzendenz höbe sich selbst auf.[25] Ein solcher Trieb, körperlich und unkörperlich zugleich, ist Jacobis Instinkt oder Jean Pauls ›Sinn des Grenzenlosen‹. Es ist die natürliche Tendenz des Menschen zur Freiheit als »Unabhängigkeit von der Begierde«.[26] Dieses ursprüngliche Verlangen nach

---

[23] Eine andere Variation des Stoizismus bei Jean Paul wird in Kap. VI,3 diskutiert.

[24] Friedrich Heinrich Jacobi: An Schlosser über dessen Fortsetzung des platonischen Gastmahles. In: Jacobi, Werke Bd. 6, S. 73f. – Vgl. dazu R. Spaemann: Reflexion und Spontaneität. Studien über Fénelon. Stuttgart 1963, S. 270.

[25] Spaemann (Anm. 24), S. 271.

[26] Jacobi, Werke Bd. 4/1, S. 27.

Transzendenz ist nicht ohne eine dunkle Vorstellung des Verlangten möglich. Aus dem Bedürfnis spricht die »g ö t t l i c h wahrsagende Seele«.[27]

Eben diese Figur übernimmt Jean Paul, wenn er in der »Vorschule« den Instinkt für das Göttliche als Gefühl der Entbehrung beschreibt, das »seinen Gegenstand fordert«. Mit »Platos und Jacobis Musenpferden« pflügend, faßt er diesen Trieb nach Transzendenz als unbewußte »Anschauung und Voraussetzung des G a n z e n« (5,60ff.).

In der Ethik führt Jean Paul gegen den Kantianismus diesen empirisch aufweisbaren Trieb an als Movens zur Tugend. Er verspottet die Ausschaltung aller natürlichen Antriebe in Kants Ethik: der »reine Wille« sei eine »Form ohne alle Materie«, er bestehe »sozusagen im W o l l e n des W o l l e n s« (4,26).[28] Der Instinkt für die platonisch gedachte ›zweite Welt‹ gewährleistet für Jean Paul einen Antrieb zum Guten, der dem kritizistischen und idealistischen Formalismus überlegen ist. Es ist eine natürliche Leidenschaft für die Transzendenz.

Jean Pauls Platonismus entmächtigt die Körperwelt und braucht sie doch. So schattenhaft, schmutzig und trübe die Sinnenwelt auch sein mag, sie ist doch ein Widerschein des Lichts, zu dem der Mensch durch Vervollkommnung aufzusteigen vermag. Die Transzendenz braucht nicht nur natürliche Antriebe, sie wird auch erst erahnbar durch das Ungenügen an der trüben, schattenhaften Sinnenwelt. Trotz seiner Körperverachtung bleibt in Jean Pauls Platonismus eine substantielle Beziehung zwischen Urbild und Abbild bestehen. Eine radikale Dissoziation von Körper und Geist ist in der platonisch inspirierten Bildlichkeit nicht gegeben.

3. Die Dissoziation von Körper und Geist

Der Humorist Schoppe im »Titan« haßt seinen Körper. Das Gesicht ist ihm nicht physiognomischer Spiegel der Seele, sondern eine Maske des Ich. Auf einem Maskenball, der ihm als rechter Ausdruck falscher Verkörperung erscheint, schreitet er zur Demaskierung. Er nimmt eine Maske ab, »aber eine Unterzieh-Maske saß darunter – er zog diese aus – eine Unterzieh-Maske der Unterzieh-Maske erschien – er triebs fort bis zur fünften Potenz – endlich fuhr sein eigens höckeriges Gesicht hervor, aber mit Goldschlägergold bronziert und sich gegen

---

[27] Jacobi, Werke Bd. 3, S. 440. – Jacobi leitet aus der platonischen Phänomenologie der Begierde die Wahrheit dessen ab, was die Seele sucht und entbehrt und schließlich findet. In dem Bedürfnis als Leere (Kenosis) ist bei Plato das Erwartete enthalten infolge der Wiedererinnerung (Anamnesis). Das Bedürfnis bedeutet das Getriebensein zur ›Füllung‹ (Plerosis). Vgl. Plato: Philebos 33d – 36e.

[28] Vgl. zur Kritik der kantianischen Ethik den EXKURS: JEAN PAUL UND HERDER ALS OPPONENTEN DES TRANSZENDENTALEN IDEALISMUS.

Bouverot fast fürchterlich-gleißend und lächelnd verziehend« (3,245). Der Körpermasken ist kein Ende in dieser berühmten Szene. Die Physiognomik, die auf der Zeichenhaftigkeit des Gesichts beruht, wird von Schoppe dementiert. Weder die fünffache Folge der Masken noch das schließlich zum Vorschein kommende Gesicht lassen Rückschlüsse auf die Signatur des Geistes zu. Im »Titan« vergleicht Jean Paul Schoppe mit Jonathan Swift (3,698). Nach der »Vorschule« steht der Humorist und Satiriker Swift »hoch auf dem tarpejischen Felsen, von welchem dieser Geist das Menschengeschlecht hinunterwirft« (5,126). Swift haßte seinen Körper und die Körperlichkeit überhaupt. Im »Gulliver« zieht er den häßlichen und unreinlichen Menschen edle Pferde vor.

Jean Paul rühmt in der »Vorschule« Lichtenbergs »weltverachtende Idee«, die seiner »astronomischen Ansicht des Welttreibens« entspringe (5,128). Der Humorist Georg Christoph Lichtenberg ist vielleicht der brillanteste Kritiker der Physiognomik Lavaters. Verwachsen und mißgestaltet, fühlte sich Lichtenberg geradezu persönlich betroffen von Lavaters These, in einem schönen Körper wohne ein schöner und sittlicher Geist. In seinen Vorlesungen über Experimentalphysik schrieb er mit dem Rücken zur Tafel, nur, um seinen Studenten nicht den Anblick seines Buckels bieten zu müssen. Lichtenberg, auf seine Weise ein Ritter des Geistes und ein Mann von trauriger Gestalt, schrieb über Lavaters These empört: »Allein, ruft der Physiognome, Was? Newtons Seele sollte in dem Kopf eines Negers sitzen können? Eine Engels-Seele in einem scheußlichen Körper? der Schöpfer sollte die Tugend und das Verdienst so zeichnen? das ist unmöglich. Diesen seichten Strom jugendlicher Deklamation kann man mit einem einzigen U n d w a r u m n i c h t ? auf immer hemmen. Bist du Elender, denn der Richter von Gottes Werken? Sage mir erst, warum der Tugendhafte so oft sein ganzes Leben in einem siechen Körper jammert, oder ist immerwährendes Kränkeln vielleicht erträglicher als gesunde Häßlichkeit? Willst du entscheiden, ob nicht ein verzerrter Körper, so gut als ein kränklicher, (und was ist Kränklichkeit anders als innere Verzerrung?) mit unter die Leiden gehört, denen der Gerechte hier, der bloßen Vernunft unerklärlich, ausgesetzt ist?«

Was Lichtenberg gegen Lavater setzt, ist das Leiden an der Dissonanz zwischen Körper und Geist. Die Physiognomen seien Anhänger des (Stahlschen!) Grundsatzes: die »Seele baut aber doch ihren Körper«.[29] Lichtenberg setzt dagegen die Monadologie; die Seele repräsentiert den Körper, ohne mit ihm unmittelbar verbunden oder ihm ähnlich zu sein. »Niemand wird leugnen, daß

---

[29] Georg Christoph Lichtenberg: Über Physiognomik; wider die Physiognomen. Zu Beförderung der Menschenliebe und Menschenkenntnis. In: G.Ch.L., Schriften und Briefe. Hrsg. v. Wolfgang Promies. München 1972, Bd. 3, S. 274.

einer Welt, in welcher sich alles durch Ursache und Wirkung verwandt ist, und wo nichts durch Wunderwerke geschieht, jeder Teil ein Spiegel des Ganzen ist.« Für Leibniz ist jede Monade ein Spiegel der Welt, abgestuft nach dem Grad ihrer Bewußtheit; auch die menschliche Monade ist kein vollkommener Spiegel der Welt. Lichtenberg stellt sich auf den Standpunkt der prästabilierten Harmonie, wonach die Vorstellungsreihe der Seele und die kausale Kette der Natur in einem Abbildungsverhältnis zueinander stehen. »An dieser absoluten Lesbarkeit von allem in allem zweifelt niemand«; wohl aber an Lavaters Methode, aus der Physiognomie der Gesichtszüge und der Pathognomie der Bewegungen und Gesten des Körpers unmittelbar den unsichtbaren Geist herauszulesen. Lichtenbergs Antwort auf Lavater: »Obgleich die objektive Lesbarkeit von allem in allem statt finden mag, so ist sie es deswegen nicht für uns, die wir so wenig vom Ganzen übersehen, daß wir selbst die Absicht unsers Körpers nur zum Teil kennen. Daher so viel scheinbare Widersprüche für uns überall«.[30]

Ein zweiter Vorwurf kommt hinzu. Lichtenberg wirft Lavater vor, er habe seine »Physiognomik aus Christusköpfen« hergeleitet, aus künstlerischen Darstellungen des Neuen Testaments. Das ist in der Tat der Fall. An Christus, an den Jüngern, an Darstellungen des Verräters Judas, wird die Physiognomik nicht nur beiläufig demonstriert.[31] Lavaters These der Kongruenz von Körper und Geist wird durch die Kritik der künstlerischen Physiognomik von Lichtenberg stark erschüttert. Die stummen Gestalten der Malerei und der Plastik gewinnen geistige Signifikanz erst durch den körperlich-geistigen Ausdruck, den ihnen der Künstler verleiht. Die Vollkommenheit Christi wird — zumindest in den Bildbeispielen Lavaters — durch eine edle Physiognomie verbildlicht, die Verwerflichkeit des Judas durch eine häßliche Physiognomie. Lichtenberg kann so durchaus Lavaters These, in einem vollkommenen Körper wohne ein vollkommener Geist, der logischen Todsünde bezichtigen, ihre Voraussetzungen zu erschleichen.

Jean Paul argumentiert als Freund der Physiognomik wesentlich vorsichtiger und gewitzter als Lavater. Die Physiognomik und Pathognomik als unabdingbare Semiotik der bildenden Kunst spricht Jean Paul an, wenn er in dem Aufsatz über die Einbildungskraft bemerkt, daß »ein gebildeter Apollos- und ein gemalter Johannes-Kopf nichts sind als die schöne echte Physiognomie der großen Seelen, die beide geschaffen, um in homogenern Körpern zu wohnen, als die eignen sind« (4,204). Jean Paul betont das utopische Moment, das der Physiognomik in der bildenden Kunst anhaftet. In den gemalten oder gebildeten Gestalten verkörpert sich eine unmittelbar sinnlich-sichtbare H a r m o n i e

---

[30] Lichtenberg (Anm. 29), Bd. 3, S. 264 und S. 290.

[31] Lichtenberg, Bd. 3, S. 273. Lavater ›physiognomiert‹ Christusbilder von Van Dyck, Chodowiecki, Mengs, Raphael u.a. Vgl. J. C. Lavater: Physiognomische Fragmente, Bd. 4, S. 433—456.

zwischen Körper und Geist, wie sie in der Wirklichkeit nie augenfällig wird. Der Künstler gestaltet eine Harmonie, die er sich erhofft und sehnlich wünscht. Jean Paul wird nicht müde, in seinen Schriften zur Ästhetik die Notwendigkeit sowohl als auch die Unzulänglichkeit körperlicher Zeichen zu betonen. »Wie die Schauspieler nur die Lettern (...) sind, womit der Theaterdichter seine Ideale auf das Theater malet«, so sind die Piktogramme des Malers, die Skulpturen des Bildhauers der Versuch, dem Geist körperliche Gestalt zu verleihen. Die Entzifferungskunst des Dichters baut sicherlich darauf, daß sich der Geist körperlich manifestiert. Die Bilder bleiben jedoch ›inkommensurabel‹: »Die typographische Pracht dieser Lettern vermenge man nicht mit dem erhabenen Sinn, dessen u n w i l l k ü r l i c h e Zeichen sie sind« (4,203). Die naive Sicherheit Lavaterscher Interpretationen kennt Jean Paul nicht.

Die einfachste Konfrontation mit der eigenen Physiognomie ist der Blick in den Spiegel. Man hat seit jeher die Unheimlichkeit des Spiegels in Jean Pauls Romanen bemerkt. Schoppe zerschlägt im Wahnsinn alle Spiegel; er kann seinen Anblick nicht ertragen. Wie die Lavatersche Physiognomik dringt er auf Verkörperung des Geistes. Da sich diese verlangte Kongruenz nicht einstellt, haßt er sein Spiegelbild. Man könnte Schoppe als einen enttäuschten Adepten Lavaters bezeichnen. Er verlangt zuviel.

Jeder Jean Paul – Leser kennt die merkwürdige Haßliebe des Autors zu täuschend ähnlichen Nachbildungen des Körpers. In zahlreichen Werken werden Wachsbilder angefertigt, mitgeführt oder gefunden. Ein Beispiel genügt, um Jean Pauls Ambivalenz gegenüber diesen Körpernachbildungen zu zeigen. Viktor, so heißt es im »Hesperus«, »ließ sich und den Kaplan in Wachs nachbacken, um erstlich diesem, der alle Abgüsse, Puppen und Marionetten kindisch liebte, und zweitens um der Familie, die gern in sein erledigtes Zimmer den wächsernen Nach-Viktor einquartieren wollte, einen größern Gefallen zu tun als sich selbst. Denn ihn schauerte vor diesem fleischfarbenen Schatten seines Ich. Schon in der Kindheit streiften unter allen Gespenstergeschichten solche von Leuten, die sich selber gesehen, mit der kältesten Hand über seine Brust. Oft besah er abends vor dem Bettegehen seinen bebenden Körper so lange, daß er ihn von sich abtrennte und ihn als eine fremde Gestalt so allein neben seinem Ich stehen und gestikulieren sah« (1,711f.). Dennoch läßt sich Viktor in Wachs verewigen, und den Abdruck stellvertretend seinen Platz einnehmen. Es scheint, als wollte Viktor seine Furcht vor einem Doppelgänger durch einen selbstgemachten Totem besiegen.

Der Doppelgänger, das Spiegel- und das Wachsbild, sie werden unheimlich durch den Schein, das ewige Leben, die eigene Existenz perfekt reproduziert zu sehen. Die Körperlichkeit scheint auch ohne die Vorstellungsreihe des Ich zu funktionieren. Der betroffene Mensch fühlt sich depossediert, seiner Identität beraubt.

Der Humorist Schoppe haßt seinen Körper. Er nimmt diesen Körper nicht als seinen Körper an. Der ungeliebte Körper gehorcht seinen eigenen Gesetzen, der Geist erkennt sich nicht wieder in dem, was dieser Körper tut. Schoppe drückt diese Fremdheit des mechanischen, geistfremden Körpers so aus: »Man sieht das am besten auf Reisen, wenn man seine Beine anschauet und sie schreiten sieht und hört und dann fragt: wer marschiert doch da unten so mit?« (3,767) Der Körper erscheint Schoppe als Maschine, die nichts mit seinem Ich zu tun hat. Schoppes Befremden ist die unheimliche Version dessen, was der Schüler Jean Paul als Defizit der prästabilierten Harmonie, als Defizit der Leibnizschen Lösung des Commercium, empfand: wenn ich »z.B. denke, mit meinem Körper nach Schwarzenbach zu gehen, der Kauz das leztere wirklich thut ohne daß beide von einander wissen und leiden« (II,2,651). Die Fremdheit von Körper und Geist wird auf die cartesische Substanzentrennung in res cogitans und res extensa zurückgeführt. Freiheit und Zwecke des Geistes sind nach dieser Trennung nur schwer mit dem Mechanismus des Körpers zusammen zu denken; Leibniz' prästabilierte Harmonie überzeugte Jean Paul als intellektuell brillante Lösung. Obwohl Jean Paul nie gänzlich dieses Modell verlassen hat, zeigen sich von Anfang an Zweifel, und nicht nur das. Ständig werden andere, neue, häufig widersprechende Modelle erprobt. Eine tiefe Irritation durch den körperlichen Mechanismus – eine Irritation, die Leibniz nicht kannte – bleibt bestehen. Schoppe demonstriert auf dem schon erwähnten Maskenball im »Titan« diese Beunruhigung. Er tritt dort mit »einem großen Glaskasten auf dem Bauche« auf, in dem eine künstlich-mechanische Puppenwelt parallel zur Masken-Redoute ihr Wesen treibt. Die mechanischen Puppen geben das ›Leben‹ perfekt wieder. Ein »ziemlich erwachsenes Kind schüttelte die Wiege eines unbelebten Püppchens, womit das Närrchen noch spielte – ein Mechanikus arbeitete an seiner Sprachmaschine, durch welche er der Welt zeigen wollte, wie weit bloßer Mechanismus dem Leben der Puppen nachkommen könne – eine lebendige weiße Maus sprang an einem Kettchen und (...) eine Spiegelwand ahmte die lebendigen Szenen des Kastens täuschend nach, so daß jeder die Bilder für wahre Puppen nahm« (3,243). Es ist eine vielfache Spiegelung; in einer ironischen Ver-doppelung der mechanischen Naturanschauung demonstriert eine Mechaniker-Puppe, die eine Sprechmaschine erfunden hat, wie weit ein bloßer Mechanismus dem Leben der Puppen gleichkommen kann. Von Kempelen, auf den angespielt wird, ahmte freilich nicht nur die Lautentstehung mechanisch nach, er kon-zipierte durch diesen Nachbau als erster eine Theorie der Grundlaute und ihrer Entstehung durch die Sprechwerkzeuge des Menschen.[32] Eine solche Theorie

---

[32] Wolfgang von Kempelen erkannte den Mechanismus der menschlichen Sprache durch den mechanischen Nachbau der Sprechwerkzeuge. Er lieferte dadurch einen bedeu-tenden Beitrag zur Phonetik. Obwohl seine Maschine äußerlich dem Menschen nicht ähnlich sieht, so bildete er doch menschliche Organe aus Holz, Leder und Metall so

degradiert die Sprache als Einheit seelischer und körperlicher Leistungen zum bloßen Mechanismus – und den Menschen zur Puppe. Im Spiegelbild erscheinen die mechanisch nachgeahmten Szenen so täuschend echt, daß ›jeder die Bilder für Puppen nahm‹ – und nicht für die täuschend echte Nachahmung von Menschen. Die Anordnung redupliziert die Vorstellung einer mechanisch ablaufenden Natur. Es gibt nur noch mechanische Nachbildungen von Mechanismen in diesem Glaskasten. Die Schreckensvision moderner Science-fiction-Romane wird vorweggenommen: die mechanische Nachbildung unterscheidet sich in nichts vom Urbild; dem Menschen kann so ganz unvermerkt die Persönlichkeit gestohlen werden.

Wenn, so die Schreckensvision, die Lebewesen bis hinauf zum Menschen Mechanismen sind, dann sind die perfekten Nachbildungen und die Natur wesensgleich. Die mechanische Ente Vaucansons i s t dann die natürliche Ente, der schreibende Knabe von Jacques Droz, die Puppenmaschine, i s t dann ein schreibender Knabe; die Sprechmaschine von Kempelens i s t dann identisch mit dem Sprechen des Menschen. 1793 notierte Jean Paul: »Sprachmaschine ist wegen Menschen-Aenlichkeit so fürchterlich wie Wachsbild«.[33] Es ist, wie Schmidt-Biggemann gezeigt hat, die tatsächliche Produktion von auch äußerlich menschenähnlichen Robotern im späten 18. Jahrhunderte, die Jean Paul beunruhigt. Eine Maschine, die Leben simuliert, vermittelt die Erfahrung der Entfremdung von Seele und Körper; diese Erfahrung legt die Hypothese nahe, daß auch der Mensch ein bloßer Mechanismus sein könnte. In Schoppes Glaskasten wirkt die ›lebendige‹ Maus wie eine paradoxe Ausnahme.

Unter den Naturanschauungen Jean Pauls ist dies die modernste. Es ist nicht die ›manichäische‹ Verachtung der Materie, die Schoppe in die totale Negation des Körpers treibt. Es ist die unerträgliche Vorstellung des Körpers als Maschine, die Leben simuliert.

Die Angst vor dieser Körpermaschine macht Schoppe anfällig für die Ich-Philosophie Fichtes, denn diese verspricht Entlastung von den Bürden des

---

vollkommen nach, daß er den Mechanismus zum Sprechen bringen konnte. Die Maschine bestand aus folgenden Teilen: »1. Das Mundstück, oder Stimmrohr, das die menschliche Stimme vorstellt. 2. Die Windlade mit ihren inneren Klappen. 3. Der Blasebalg, oder die Lunge. 4. Der Mund mit seinen Nebentheilen. 5. Die Nasenlöcher.« Selbst sprachlich (Luftröhre, Lunge, Mund und Nasenlöcher) macht Kempelen keinen Unterschied zwischen Organismus und Mechanismus, zwischen Leben und mechanischem Nachbau des Lebendigen (Wolfgang von Kempelen: Mechanismus der menschlichen Sprache nebst Beschreibung einer sprechenden Maschine. Faksimile-Neudruck der Ausgabe Wien 1791 mit einer Einleitung von E. Brekle und Wolfgang Wildgen. Stuttgart-Bad Cannstatt 1970, S. 410).

[33] Jean Pauls Sämtliche Werke. Hrsg. v. E. Berend, 2. Abt., Bd. 2, S. 123 (Nr. 104); vgl. dazu W. Schmidt-Biggemann: Maschine und Teufel. Jean Pauls Jugendsatiren nach ihrer Modellgeschichte. München/Freiburg 1975, S. 248.

Körpers. Wird in La Mettries »L'homme machine« als Extremposition des Materialismus der Geist dem Mechanismus des Körpers subsumiert, so bietet der transzendentale Idealismus Fichtes die Möglichkeit, den Körper als bloße Setzung des Ich zu entmächtigen. Erfreut konstatiert Schoppe, bei Fichte s e t z e sich das Ich »samt jenem Rest, den mehrere die Welt nennen« (3,766f.). Schoppe macht mit Fichte »Ernst« und gelangt so dorthin, »wo der Mensch ohne Störung in dem Schattenreich (...) seiner Ideen das regierende Haus allein ist und der Johann ohne Land und er wie ein Philosoph alles m a c h t, was er d e n k t – wo er auch seinen Körper aus den Wellen und Brandungen der Außenwelt zieht« (3,699f.).

Fichtes Philosophie erscheint Schoppe als angenehme Möglichkeit, den Körper loszuwerden; weder Krankheit noch Armut können das autonome Ich antasten. Fichte figuriert als die andere extreme Konsequenz aus der cartesischen Trennung von Körper und Vorstellung. Bleibt bei den Materialisten vom Schlage La Mettries nur noch der mechanische Körper, so bei Fichte allein der regierende Geist, die res cogitans als ein und alles. Schoppe, ein Johann ohne Land, entwirft souverän kraft seiner transzendentalen Subjektivität die Ordnung der Dinge. Auf der Suche nach einem »liebreichen favorablen Fix-Wahn«, der ihn von seinem verhaßten Körper und der Körperwelt überhaupt befreit, verfällt Schoppe auf den extremen Idealismus Fichtes, den er als Arche Noah seines Wahnsinns ausbaut (3,700). Schoppes Idealismus führt, wie in der »Clavis Fichtiana«, zum Solipsismus.[34]

Schon in der »Auswahl aus des Teufels Papieren« schrieb Jean Paul eine Satire auf die mechanistische Version des organischen Lebens. Der »Maschinen-Mann« ist ein Mann, der alles durch Maschinen tut (II,2,447). Er hat eine »Käumaschine«, die ihm das Kauen erspart, eine Rechenmaschine und eine Schreibmaschine, eine Musikmaschine und eine Sprechmaschine, die ihm das Rechnen, Schreiben, Sprechen und das eigenhändige Musizieren ersparen. Die meisten dieser Maschinen gibt es heute; wir sind täglich von Schreib-, Rechen- und Musikmaschinen umgeben. Damals waren sie erst denkbar, oder sie steckten in den Kinderschuhen. Betrachtet man die Schlichtheit der damaligen Maschinen und Automaten, so kann man nicht von einer praktischen Bedrohung sprechen. Jean Paul erkannte die prinzipielle metaphysische Bedrohung. Und er projizierte, durchaus vorwegnehmend, die mögliche Entwicklung in die Zukunft. »Aber ich will mir einmal das Vergnügen verstatten, mir einzubilden, der Mensch wäre schon auf eine viel höhere Stufe der Maschinenhaftigkeit gerückt, und ich will nur, da ichs einmal darf, mir gar vorstellen, er stünde auf der höchsten und hätte statt der 5 Sinnen 5 Maschinen – er gienge vermittelst des Gehwerks einer

---

[34] Vgl. dazu W. Wiethölter: Witzige Illumination. Studien zu Jean Pauls Ästhetik. Tübingen 1979, S. 237ff. und S. 314ff.

Maschine oder eines Laufwagens«, seine Eingeweide funktionierten hydraulisch, und, als Konsequenz, »er behielte nicht einmal sein Ich sondern liese sich eines von Materialisten schnitzen« (II,2,452). Jean Pauls Satire auf den Materialismus setzt konkret die Verfertigung eines Menschen in Szene, der grundsätzlich dem Bild des Menschen von Holbach und La Mettrie entspricht.[35] Wenn der Mensch eine Maschine der Natur ist, dann besteht auch die Möglichkeit der Nachkonstruktion. Denn die Maschine ist »das voll und ganz Definierte«.[36] Und in der Tat sind dann auch die Seele und das Ich eine zurechtgeschnitzte Materie: »die Seele ist nur ein Bewegungsprinzip oder ein empfindlicher materieller Teil des Gehirns, den man, ohne einen Irrtum befürchten zu müssen, als eine Haupttriebfeder der ganzen Maschine ansehen kann«.[37] La Mettrie hebt die cartesische Substanzentrennung auf, indem er die Seele zur res extensa macht. Die Seele ist Bewegung, Haupttriebfeder der ganzen Maschine, aber selbst eine Maschine, die über eine kybernetische Selbstregulierung verfügt. Holbach zeigt eine weitere Konsequenz des Materialismus: alles, was diese Natur-Maschine tut und denkt, alle moralischen Antriebe und alle Ideen, sind Antriebe der Natur. Die Reduktion auf die res extensa mündet in den Fatalismus; der Mensch kann, wenn er richtig funktioniert, nur in der von seiner mechanischen Konstitution vorbestimmten Weise handeln.[38]

Wenn Schoppe, dieses System der Natur fürchtend, sein Heil im transzendentalen Idealismus sucht, so wählt er die Kehrseite der Medaille. Fichtes Ich ist vollkommen frei, es kann nur gebunden werden, wenn es selbst Subjekt dieser Bindung oder Bestimmung ist. Begrenzend wirkt seine theoretische und praktische Vernunft, nicht die Natur in irgendeiner Form. Denn die ganze Natur findet das Subjekt nur in sich als Vorstellung, als res cogitans. »Die Welt ist nichts weiter, als die nach begreiflichen Vernunftgesetzen versinnlichte Ansicht unsers eigenen inneren Handelns, als bloßer Intelligenz, innerhalb unbegreiflicher Schranken, in die wir nun einmal eingeschlossen sind, – sagt die transzendentale Theorie; und es ist dem Menschen nicht zu verargen, wenn ihm bei dieser gänzlichen Verschwindung des Bodens unter ihm unheimlich wird.«[39] Schoppe, der aus Angst vor den Konsequenzen des Materialismus die transzendentale Philosophie als favorablen Fixwahn wählte, wird es schließlich unheimlich bei dieser gänzlichen Verschwindung des festen Bodens.

---

[35] Vgl. Schmidt-Biggemann (Anm. 33), S. 247ff.

[36] Arno Baruzzi: Mensch und Maschine. Das Denken sub specie machinae. München 1973, S. 61; vgl. S. 80.

[37] La Mettrie: Der Mensch eine Maschine. Leipzig 1965, S. 125. Vgl. Baruzzi (Anm. 36), S. 88.

[38] Vgl. zu Holbachs »System der Natur« Baruzzi, S. 108 – 112.

[39] Fichte: Über den Grund unseres Glaubens an eine göttliche Weltregierung (1798). In: Fichtes Werke. Hrsg. v. I. Fichte. Berlin 1971, Bd. 5, S. 184f.

Jean Paul kritisiert an Fichte die völlige Mißachtung des Vorgeordneten in der Natur (Fichte:»Die Philosophie lehrt uns alles im Ich aufzusuchen. Erst durch das Ich kommt Ordnung und Harmonie in die todte, formlose Masse«).[40] Er kritisiert die Trennung des transzendentalen und des empirischen Ich, durch welche Trennung der Andere zur bloßen Erscheinung herabgewürdigt wird. Weder die Integrität der eigenen Existenz noch die Integrität des Anderen erscheint Jean Paul bei Fichte gesichert. Eine Folge dieser Existenzvernichtung ist, daß die Moralität zur ›reinen‹, formalen Pflicht ohne sinnliche und lebenspraktische Bezüge wird (vgl. 3,1043). Das moralische Handeln hat bei Fichte prinzipiell keine Verankerung in der menschlichen Natur und in der Lebenswelt, es ist ein ›Wollen des Wollens‹.

Fichte selbst betont einmal kühl und mit wünschenswerter Deutlichkeit, daß sich der Philosoph auf dem Standpunkt der Wissenschaftslehre durch die Ausblendung seiner Lebenswelt, durch die Ausblendung seiner Existenz, definiert: »der Philosoph, als solcher, ist nicht der ganze vollständige Mensch, sondern im Zustande der Abstraction, und es ist unmöglich, daß jemand n u r Philosoph sei«. Das Leben selbst ist danach kein Gegenstand der transzendentalen Philosophie.[41]

Die Dissonanz von Geist und Körper, von res cogitans und res extensa, zeigt sich für Jean Paul in den Extrempositionen des Materialismus und des transzendentalen Idealismus. Macht der Materialismus die Vorstellungen zur Funktion der Bewegung, so macht der Idealismus die Natur zur Vorstellung des Ich.[42] In beiden Positionen droht der Mensch als ein Wesen, das geistig und natürlich zugleich ist, zu entschwinden.

Die von Jean Paul favorisierten Naturanschauungen berufen sich auf eine transzendentale Vorordnung und Begründung der Natur. Die in vielfacher Variation als Aurea Catena Homeri, als biologische Wesensleiter oder als Stufung der Monaden bei Jean Paul anzutreffende Vorstellung der Kette des Seins begründet allemal ein Repräsentationsverhältnis: entsprechend der Position eines Wesens in der Kette steht es dem höchsten Sein näher oder ferner. In der Monadologie spiegeln die Monaden das Universum wieder je nach dem Grad ihres Bewußtseins. In Herders Anthropologie und Sprachlehre ist die Kraft des endlichen Geschöpfs infolge seiner Ähnlichkeit mit Gott hinreichend, um widerspiegelnd eine Analogie des Weltalls zu bilden. Für Jean Paul gehört das Denken in Analogien zur Natur des Menschen; die Analogien des bildlichen

---

[40] Fichte: Über die Würde des Menschen (1794). In: Fichtes Werke, Bd. 1, S. 412.
[41] Fichte: Rückerinnerungen, Antworten, Fragen (1799). Fichtes Werke, Bd. 5, S. 348.
   – Die Schrift entstand im Zusammenhang mit dem Atheismus-Streit um Fichte, an dem Jacobi großen Anteil hatte.
[42] Diesen Kampf nach zwei Seiten hat W. Wiethölter (Anm. 34) ausgezeichnet dargestellt (vgl. S. 83ff., S. 244ff.).

Witzes und der bildlichen Phantasie schließen trotz aller Inkommensurabilität auf eine ursprüngliche Verwandtschaft von allem mit allem. Der Instinkt und die Physiognomik stellen von Natur aus eine Hermeneutik bereit, die von einer metaphysischen analogia entis garantiert sein muß, wenn anders nicht alles menschliche Denken und Wissen leer und vergeblich sein soll.

Die vom Platonismus inspirierten Denkmodelle Jean Pauls haben mit diesen metaphysischen Harmoniemodellen gemeinsam, daß sie einen Begründungszusammenhang zwischen Sein und Erscheinung, zwischen Urbild und Abbild, aufrechterhalten. Mag auch der Körper in der Bildlichkeit Jean Pauls als Kerker oder Grab der Seele erscheinen, sicher bleibt doch, daß die Sinnlichkeit in Beziehung steht zum Sein, daß das Licht des Wahren Schatten wirft. Die stoischen, neustoischen und mystischen Experimente Jean Pauls gehen aus auf eine Vervollkommnung der Seele, die sich zur Ablegung der Begierde, zum Selbstvergessen und zur ›reinen Liebe‹ emporschwingt, und dennoch die Leidenschaft für die zweite Welt nicht verliert.

Der Unterschied zwischen den Bildern der Harmonie von Körper und Geist, die wir im ersten Teil dieses Kapitels zusammengefaßt haben, und den Bildern, die den Körper als Kerker der Seele auffassen, besteht darin, daß die Kette des Seins von einer geisterfüllten Natur ausgeht, von einer Inhärenz des Geistes i n der Welt; die platonische Abwertung des Körperlichen geht demgegenüber aus von einer jenseitigen, außerweltlichen Wahrheit. Beide Modelle wahren freilich eine substanzielle Beziehung zwischen Zeichen und Sache. Auch der Morast der Sinne hat einen Goldgrund. Mit anderen Worten: der trübe sinnliche Schein, die Schattenwelt der Phänomene, existiert allein aufgrund des Lichts, das diese Schatten wirft.

Der Bildbereich der Kette des Seins und der platonisch inspirierte Bildbereich haben eines gemeinsam: die Parole der Vervollkommnung. Durch Vervollkommnung kann der Mensch wie jedes Wesen aufsteigen in der Skala des Seins. Vervollkommnung ist aber auch die Parole der platonischen Bildlichkeit Jean Pauls. Die Klage über die Fesseln der Seele im Kerker des Leibes sind Ausdruck der Hoffnung auf die Erfüllung grenzenloser Bedürfnisse – bei Plato Ausdruck der einmal geschauten Fülle. Daher sind Jean Pauls Bilder der Körperverachtung nicht als Kündigungsgrund der Analogie zwischen Zeichen und Sache zu sehen.[43]

---

[43] Vgl. dazu noch einmal den Brief Jean Pauls an Emanuel vom 15.4.1795, der den Zustand des Menschen beklagt, die innere Bewegung seines Ich nur durch »eine äußere unseres Gehäuses offenbaren« zu können. Obwohl der Brief alle platonischen Bilder der Geringwertigkeit und Hinderlichkeit des Körpers aufruft (»Fleisch-Panzer«, »Leibes-Kerker«, Gefängnis-»Ketten«), endet Jean Paul mit einer Bekräftigung der Zeichenlehre: »Also da unsere beklommene Seele keine Zunge (...) hat: so verschmähe niemand die Farben, die sie im Drange der Empfindung ergreift.« – Außerdem ist

In den Bildern der totalen Dissoziation von Körper und Geist erscheint die Welt bloß als ein Mechanismus o d e r als ein Geschöpf des autonomen Ich. In den Bildern der Dissoziation werden die Schrecken einer Welt durchgespielt, in der es keine Physiognomik mehr gibt. Selbst im radikalsten Platonismus versagt der Sinnenschein nicht völlig als Hinweis auf das wahre Sein, so sehr auch die ›fleischerne Hülle‹ und das Gitterwerk des Körpers hinderlich sein mögen.

Erst der französische Materialismus macht für Jean Paul eine substanzielle Beziehung zwischen Zeichen und Sache unmöglich. Wenn alles, auch die Vorstellungen, dem Mechanismus der Natur unterworfen sind, so gibt es keinen Geist mehr, der im Körper zum Ausdruck kommen könnte. Wenn es nur Körper gibt, dann verliert Jean Pauls Hauptsatz aus der »Vorschule der Ästhetik« seinen Sinn: »sobald man nur einmal einen Menschengeist mit einem Menschenkörper annimmt, dadurch das ganze Geisterreich, der Hintergrund der Natur mit allen Berührkräften gesetzt; ein fremder Äther weht alsdann, vor welchem die Darmsaiten der Erde zittern und harmonieren« (5,97). Der materialistische Monismus macht die Hoffnung auf eine Harmonie zwischen Körper und Geist und damit die ahnende Zeichendeutung der Physiognomik, wie sie der nächste Satz behauptet, unmöglich.

Nicht anders steht es mit dem transzendentalen Idealismus Fichtes, der die Natur nur noch als Widerstand für das Ich betrachtet. In dieser Philosophie ist die Natur a n s i c h nichts; an sich ist sie formlos, chaotisch, tot. Erst das Ich bringt »Ordnung in das Gewühl, einen Plan in die allgemeine Zerstörung«. Die Natur ist das, was der Mensch in ihr sieht und was er aus ihr macht. Die beobachtende und die praktische Intelligenz gibt, so Fichte, den Dingen eine Ordnung, die der Mensch »sich willkürlich wählte; da, wo er hintritt, erwacht die Natur; bei seinem Anblick bereitet sie sich zu, von ihm die neue schöne Schöpfung zu erhalten.« Die Natur a n s i c h ist undurchdringliches Chaos; sie wird erst zur Ordnung, wenn der beobachtende und eingreifende Mensch die Natur in einer eigenen Schöpfung aufbaut nach seinen Zwecken. Der Mensch sollte daher, so Fichte, »schaudern und erbeben vor seiner eigenen Majestät!«[44]

Jean Pauls Naturfrömmigkeit konnte weder den Materialismus noch den transzendentalen Idealismus ertragen. In seinen Nihilismusvisionen malt er die materialistische Natur, die blind und mechanisch rauschet wie eine riesenhaft vergrößerte Mühle (vgl. 5,96). In Schoppes Wahnsinn stellt er die absolute Autonomie des Ich als eine Gräßlichkeit dar, die zum Wahnsinn führt.

---

die platonische Bildlichkeit im Werk Jean Pauls häufig mit der Idee der vollkommenen Liebe verbunden. Die Bilder der Dissoziation dagegen verkünden den Zusammenbruch der Zeichenbeziehung, sie sind Bilder des Schreckens, des Wahnsinns und des Todes.

[44] Fichtes Werke (Anm. 39), Bd. 1, S. 413, S. 415.

Wenn man die Bilder der Harmonie in der Ästhetik und im Werk Jean Pauls mit den Bildern der Dissonanz vergleicht, so kommt man nicht umhin, die außerordentliche Kraft zu spüren, die von den häßlichen Bildern der chaotischen Natur, der geistlosen Maschinerie, des Wahnsinns und der verlorenen Identität ausgeht. Es ist paradox, daß Jean Paul, der sich philosophisch und literarisch so sehr um Identität und Harmonie bemühte, in die Literaturgeschichte und ins Bewußtsein des modernen Lesers einging als Schöpfer unvergeßlicher Bilder der Dissonanz. Denn es sind der Doppelgänger, der Automat und der Wahnsinnige, die in der Literatur des 19. Jahrhunderts, in den »Nachtwachen von Bonaventura« und in den Werken E. T. A. Hoffmanns, eine bedeutende Rolle spielen. Es sind nicht die ›hohen Menschen‹ und die ›vollkommenen Charaktere‹, es ist nicht der von Jean Paul geschätzte ›italienische‹ Roman, und es sind nicht die Jean Paulschen Bilder der Harmonie, die auf ihre Weise die ›alte‹ Metaphysik zu retten versuchen.

VI. Roman und Idylle

1. Die Schulen des Romans

Jean Paul unterscheidet systematisch in § 72 der »Vorschule« »drei Schulen der Romanmaterie, der italienischen, der deutschen und niederländischen«. In den Romanen der italienischen Schule fallen »die Gestalten und ihre Verhältnisse mit dem Tone und dem Erheben des Dichters in eins« (5,253). Die »größere Freiheit und Allgemeinheit der höheren Stände«, »italienische« oder ideale Gegenden, »hohe Frauen« und »große Leidenschaften« entsprechen dem hohen Stil (5,254).

Der deutsche Roman ist der mittlere Roman; sein Personal ist bürgerlich, sein Sujet sind die bürgerlichen Verhältnisse. Sein Stil ist nicht von Pathos bestimmt. Ein wesentliches Vorbild der deutschen Schule ist Goethes »Wilhelm Meister«, der das »bürgerliche oder Prose-Leben am reichsten spielen ließ« (5,256). Die Romane der niederländischen Schule sind der italienischen entgegengesetzt; ihr Personal ist das niedrige Volk, ihr Stil ist niedrig bzw. komisch. Das Spektrum Jean Pauls reicht vom genus grande bis zum genus humile. Als Vorbild dieser Systematik läßt sich unschwer die rhetorische Dreistillehre erkennen mitsamt ihrem Grundsatz der Entsprechung von Stil und Gegenstand.[1]

Es scheint allerdings, als habe Jean Paul diese ›klassische‹ Systematik nur gemacht und aufgestellt, um sie zu unterminieren. Als ein Beispiel des hohen, italienischen Romans wird Goethes »Werther« genannt. Unbestritten bietet der »Werther« hohe Leidenschaften und hohen Stil. Der Schauplatz des Romans, die deutsche Kleinstadt, und der bürgerliche Stand des Helden zeigt, daß offenbar der ›italienische Roman‹ nicht unbedingt vom hohen Stand bestimmt sein muß. Ganz im Gegensatz zur traditionellen Stillehre ist es nach Jean Paul der hohe Ton, der allererst den beschränkten Handlungsspielraum über die

---

[1] Zur Angemessenheit von verba und res in der Rhetorik und der Dichtungstheorie des Barock vgl. Ludwig Fischer: Gebundene Rede. Dichtung und Rhetorik in der literarischen Theorie des Barock in Deutschland. Diss. Tübingen 1968, S. 184ff. Danach müßte der italienische Roman mit der Tragödie korrespondieren, in der dem hohen Stand der Personen die pathoserregende Sprache des genus grande oder sublime nach der alten Regel entspricht (vgl. S. 114f.).

»gemeinen Lebens-Tiefen« erhöht. »Sogar Werther würde sich aus der italienischen Schule in die deutsche herabbegeben müssen, wenn er nicht allein und
lyrisch sich und seine vergrößernde Seele im Nachspiegeln einer kleinen Bürger-
welt ausspräche; denn dies alles ist so wahr, daß, wenn der große Dichter selber
alles erzählt und also nur episch\anstatt lyrisch gedichtet hätte, die Verhältnisse
der Amtmännin und des Amtmanns und Legationssekretärs gar nicht über die
deutsche Schule wären hinaus zu färben gewesen« (5,255). Eine objektiv-epische
Erzählweise hätte also den Stil – der Materie des bürgerlichen Lebens angemessen – erniedrigen müssen. Mit anderen Worten, indem sich der Dichter
über seinen Helden lyrisch-monologisch ausspricht, idealisiert er den Stoff. Jean
Paul nimmt damit Hegels »Werther«-Auslegung vorweg. Hegel vergleicht den
»Werther« einem lyrischen »Gelegenheitsgedicht«, worin die »bestimmte
Situation« nur eine äußere »Gelegenheit zu anderweitigen, enger oder loser
damit verknüpften Äußerungen« gibt. Goethe habe »in seiner innern Stimmung
sich aus allem sonstigen äußeren Zusammenhang in sich« zurückgezogen und
so romantisch-subjektiv den Stoff verwandelt.[2] Sprengung der Gattungsbe-
stimmungen durch die lyrische Subjektivität, das ist der Kern von Hegels
»Werther«-Auslegung.

Den Roman ›deutscher‹ Schule leitet Jean Paul aus »Diderots und Ifflands
Mittelspiel« ab (5,254). Vorbild sind die »Comédie larmoyante« oder das
bürgerliche Trauerspiel. Die fließenden Gattungsgrenzen sind diesen Formen
von vornherein eigen. Der Stand der Charaktere, der Schauplatz und das Gewicht der Handlung entsprechen weder der hohen Tragödie noch der Komödie
im alten Sinn.[3]

In dem Programm »Über Charaktere« war es Jean Pauls Hauptsorge, dem
Charakter auch in einem engen und beschränkten Handlungsspielraum Freiheit
und Willen zu bewahren. Trotz all der Besonderheiten der Erziehung, des
Standes und der gesellschaftlichen Verhältnisse, muß der Charakter ästhetisch
ein gewisses Maß an Kraft und Selbständigkeit zeigen, sonst wird er zum
schwachen und damit unpoetischen Charakter. Je höher die Dichtung, desto
weniger gehen die Helden »an der schweren Kette der Ursächlichkeit – wie in
Göttern ist ihre Freiheit eine Notwendigkeit, sie reißen uns gewaltig ins Feuer
ihrer Entschlüsse hinauf; und ebenso bewegen sich die Begebenheiten der
Außenwelt in Eintracht mit ihren Seelen« (5,246f.). Unter den Bedingungen

---

[2] G. W. F. Hegel: Ästhetik. Hrsg. von F. Bassenge, Frankfurt o.J., Bd. I, S. 202.
[3] Eduard Berend spricht in bezug auf Jean Pauls Dreiteilung der Romanformen von
einer »Aristotelischen Übertragung des Dramatischen auf das Epische«. Das ist
sicherlich zutreffend. Freilich werden diese Gattungsgrenzen des Dramas alsbald wieder
verlassen. Das bürgerliche »Mittelspiel« wird zur Analogie des ›deutschen‹ Romans
und damit zum Muster einer modernen Bestimmung der Gattungsgrenzen (E. B., Jean
Pauls Ästhetik. Berlin 1909, S. 202).

der modernen Welt ist es jedoch sehr schwer, einen Charakter so kraftvoll – in Einheit mit der Außenwelt – handeln zu lassen. Der Dichter ist auf die Innerlichkeit verwiesen. Wie später Hegel betont Jean Paul, daß der Poesie der Griechen die Freiheit des heroischen Handelns vorbehalten ist (vgl. 5,75f.).

Dies ist nun genau das Problem des Romans ›deutscher‹ Schule. »Nichts ist schwerer mit dünnem romantischem Äther zu heben und zu halten als die schweren Honoratiores«, die Amtmänner und Legationssekretäre, die Advokaten und Pfarrer (5,254). Die Handlungsmöglichkeiten der Honoratiores in einer deutschen Kleinstadt geben dem Charakter wenig Spielraum zu beflügelter Freiheit, zur Einheit der Absichten und der Außenwelt, – es sei denn, die äußere Beschränkung würde durch die romantische Unendlichkeit des Geistes erweitert.

Der Roman deutscher Schule erhöht eben diese Verhältnisse wie der »Werther«, jedoch nicht bis ins Pathetische und ins Erhabene. Zwischen der Endlichkeit der bürgerlichen ›Prosa‹ und der Unendlichkeit der Poesie soll in prekärer Balance ein Ausgleich erreicht werden. Es gilt, das Allgemeine und das Besondere zu vereinigen, ohne den bürgerlichen Helden hinauf zur Erhabenheit der italienischen Form oder hinunter zur sinnlich-individuellen Form der niederländischen Schule zu stimmen. Jean Paul nennt im Paragraphen 72 nicht das Medium, in dessen Geist sich das Widerstrebende doch noch finden soll. Es ist aber ohne Zweifel der Humor. Er gewährt dem Dichter wie dem Menschen jene Distanzierung von der andrängenden Wirklichkeit, die dem bürgerlichen Helden innere Freiheit des Geistes und eine der stoischen vergleichbare Festigkeit erlaubt.

Die Schwierigkeit, einen solchen mittleren Roman zu schaffen, hat Jean Paul an den »Flegeljahren« erfahren. Er blieb Fragment. Überzeugend gelang ihm die Vereinigung des hohen und niedrigen Stils jenseits der traditionellen Bindung an die Qualität des Gegenstands im »Siebenkäs«. Der »deutsche Roman« birgt in sich die U m w e r t u n g der gesellschaftlichen und poetischen Valenzen, eine immanente Kritik an der Stiltrennung und ihren sozialen Implikationen. Der Adlige wird satirisch, der kleine Bürger erhaben oder des Erhabenen fähig dargestellt. Nicht nur die Schranken des bon goût und der bienséance als Fixpunkte des französischen Klassizismus, sondern auch die Stände- oder Klassenschranken werden damit überschritten. Der Humor hebt die Bindung von res und verbum auf, indem er den Geist und das Wort gegenüber der sozialen Definition des Gegenstands triumphieren läßt.[4]

Jean Paul bezeichnet die Romanschulen in Anlehnung an die Schulen der Malerei. Der klassizistische Geschmack hatte mit Überzeugung die Überlegenheit der italienischen und die Nichtigkeit der niederländischen Malerei ausgesprochen. In den »Reisen eines Deutschen in Italien in den Jahren 1768 bis

---

[4] Vgl. VII, 3 und 6.

1788« stellt Karl Philipp Moritz der raphaelitischen Kunst den gemeinen Realismus der Niederländer entgegen. »Die Holländische Schule hat gesucht, die gemeine Natur so vollkommen als möglich durch Zeichen und Farbe zu erreichen. Ihre Kompositionen aber sind eigentlich nie ein Ganzes, so daß man oft mehrere ihrer Gemählde, unbeschadet des Eindrucks, in einem Rahmen zusammenfassen könnte. Sie stellten das Leben dar, wie es ist, in seinen frohen Äußerungen, hüpfenden Bewegungen, und gröbern sinnlichen Genuß. – Den gewöhnlichen Kreislauf des Menschenlebens aber nichts, wodurch die Menschheit sich erhebt«.[5] Michelangelo und Raphael waren dagegen Künstler, die im Betrachter den Sinn für das Erhabene wecken. Moritz rühmt die gedankliche Durchdringung des Stoffs, wodurch Raphael selbst das Verderben und den Untergang in der Schlacht »zu einem harmonischen Ganzen« bilde. Es gelinge so der hohen italienischen Schule, die Schlacht des Konstantin zu einem erhabenen Gegenstand zu machen, in dem die »Zerstörung selbst verewigt« wird.[6]

Das von Breughel dargestellte bäuerliche Leben weist dagegen nicht über sich hinaus. Dem Gegenstand selbst, dem bäuerlichen oder bürgerlichen Sujet, fehle die ästhetisch notwendige Größe und der Aufschwung zum Erhabenen.[7] Die niederländischen Maler ließen so das symbolische oder das allegorische Element vermissen.

Etwa zur selben Zeit schreibt Schiller, nach Abschluß seiner Sturm- und Drang-Periode ein Verfechter der Stiltrennung: »Einen gemeinen Geschmack haben in der bildenden Kunst die niederländischen Maler, einen edlen und großen Geschmack die Italiener, noch mehr aber die Griechen bewiesen. Diese gingen immer auf das Ideal, verwarfen jeden gemeinen Zug und wählten keinen gemeinen Stoff.« Das Niedrige in der Kunst ist nur da gestattet, »wo es Lachen erregen soll«.[8]

Wie Moritz kritisiert Schiller an der niederländischen Schule die mangelnde Erhebung zur Idealität. Der gemeine Geschmack dieser Maler vermag sich nicht über das ›sinnliche Interesse‹ zu erheben, er verweilt beim ›Zufälligen‹. Dem niedrigen Gegenstand mangelt ästhetische Kraft. Schiller kennt zwei

---

[5] K. Ph. Moritz: Schriften zur Ästhetik und Poetik. Hrsg. v. H. J. Schrimpf, Tübingen 1962, s. 235f.
[6] Ebd., S. 227.
[7] Der Maßstab wird an folgender Äußerung deutlich: »Die Gottheit in der Menschheit zu verehren, strebte der Meissel des Phidias, und Raphaels Pinsel, und strebt im Grunde jeder, der etwas Großes und Schönes zu vollenden, sich zum Augenmerk nimmt, weil jedes Werk des ächten Genius, wo er sich auch findet, die unverkennbare Spur des Göttlichen an sich trägt« (K. Ph. Moritz, a.a.O., S. 226).
[8] Friedrich Schiller: Gedanken über den Gebrauch des Gemeinen und Niedrigen in der Kunst (entst. 1793, Erstveröffentlichung 1802). In: F.S., Sämtliche Werke, hrsg. v. G. Fricke und H. G. Göpfert, Bd. 5, S. 537 und 539.

Möglichkeiten, das Niedrige zu ›verstecken‹: durch das Furchtbare und Schreckliche oder durch das Lächerliche. Durch das Schreckliche kann die »ä s t h e t i-s c h e Achtung restituiert« werden.[9] Es läßt sich in bezug auf den Klassizismus resümieren: das Niedrige ist nur kunstfähig, wenn es Lachen erregen soll, oder, wie in wenigen Fällen möglich, dem Ernsthaften und Tragischen angenähert werden kann. Ein niedriger Stand ist nur dann ernsthaft darzustellen, wenn »das Niedrige des Zustandes, mit Hoheit der Gesinnung verbunden, ins Erhabene« übergeht.[10] Die ernsthafte Darstellbarkeit des Niedrigen wird an seiner Befähigung zur ästhetischen Erhabenheit gemessen.

Eingedenk der Negativität des Begriffs, wehrt sich Voß nach dem Erscheinen der »Luise« gegen die Zuordnung seiner Idylle zum holländischen Geschmack. »In der Bibliothek wird bei Gelegenheit des 84-er Almanachs von meiner bekannten niederländischen Manier geredet. Wie lange das dumme Gewäsch noch fortdauern wird! Luise und ihre Familie, mit holländischen Flegelscenen, deswegen weil auch diese natürlich geschildert sind, zu vergleichen! Ist denn der Kyklop bei Homer, und der Sauhirt, und Nausikaa und Laertes auf seinem Landhofe, sind diese auch in niederländischer Manier gezeichnet?«[11] Voß betrachtet diese Zuordnung als Beleidigung und rechtfertigt die Niedrigkeit seiner Personen und ihrer Umstände mit dem klassischen Vorbild Homers. Die Negativität der niederländischen Malerei bleibt selbst bei Voß bestehen, obwohl es Voß war, der die ernsthafte Darstellung des ›Volks‹ zur Aufgabe der Idyllendichtung machte.

Eine Ausnahme ist Eschenburg. Wie später Jean Paul verwandte er die Unterscheidung italienisch – niederländisch neutral als Typisierung – und nicht als Werturteil. Vossens »Idyllen sind das unter den Gedichten dieser Art, was die niederländischen Konversationsstücke unter den Gemählden sind, aus denen der nicht einseitige Geschmack des wahren Kunstkenners eben soviel Wohlgefallen und Vergnügen zu schöpfen weiß, als aus den höhern mehr idealischen Arbeiten der italienischen Schule.«[12]

Für Jean Paul schließlich wird die niederländische Schule der Malerei zum Vorbild einer Romangattung. Er bezeichnet drei seiner Werke, den »Wutz«, das »Leben des Quintus Fixlein« und das »Leben Fibels« als Idyllen und als

---

[9] Ebd., S. 540.

[10] Ebd., S. 542. Schiller zeigt so einen Ansatz zur Überwindung der Dreistillehre und ihrer sozialen Implikationen, der allerdings mit der Wertschätzung des niederländischen Stils nichts zu tun hat.

[11] Voß an Boie, Brief vom Oktober 1784. In: Johann Heinrich Voß. Briefe nebst erläuternden Beilagen. Hrsg. v. A. Voß. Halberstadt 1829, Bd. 3, S. 156.

[12] Johann Joachim Eschenburg: Beispielsammlung zur Theorie und Literatur der schönen Wissenschaften (1788) Bd. 1, S. 445. Vgl. dazu Hella Jäger: Naivität. Eine kritisch-utopische Kategorie in der bürgerlichen Literatur und Ästhetik des 18. Jahrhunderts. Kronberg/Ts. 1975, S. 223f.

Romane der niederländischen Schule (5,254,259). Die Duplizität der Bezeichnung erklärt sich unschwer aus der gezeigten Tradition. Vossens Kritiker und Eschenburg verbinden den niederländischen Stil mit der Gattung der Idylle. Ohne dem Kapitel über die Idylle vorgreifen zu wollen, läßt sich vorläufig formulieren: der lächerlichen Darstellung des Niedrigen nach Art der Komödie und der Erhöhung des Gegenstands zum Erhabenen der Tragödie – Möglichkeiten des Klassizismus bei Moritz und Schiller – steht nun die humoristische Neufassung des traditionell Niedrigen gegenüber. Die niedere Gattung des Romans der niederländischen Schule hat also einen höheren Rang als die Gattungsvorbilder der Komödie, in der ein geringer Stand und eine belanglose Verwicklung Anlaß zum Lachen geben. Andererseits restituiert der niederländische Roman die ästhetische Schwäche des niedrigen Gegenstands nicht durch das Furchtbare und Schreckliche, um so den Übergang zum Tragischen und Ernsthaften zu erreichen, wie Schiller die Kunstfähigkeit des Niedrigen – abgesehen vom Lächerlichen – definiert. In Jean Pauls Fassung des niederländischen Romans spielt die neue Qualität des Humors eine wichtige Rolle. Der Humor als das umgekehrte Erhabene hat gleichermaßen Anteil am Erhabenen und am Komischen. Auf diese Weise partizipiert der niederländische Roman an Gattungseigenschaften der Komödie, der Tragödie und der Idylle. Der niedrige Stand, die niedrigen Umstände und die tragikomisch gemischten Leidenschaften bringen im Rahmen der humoristischen Stilmischung eine neue Gattung hervor.

2. Die Neuformulierung der Idylle

Jean Paul definiert die Idylle als »epische Darstellung« des V o l l g l ü c k s in der B e s c h r ä n k u n g«. »Die Beschränkung in der Idylle kann sich bald auf die der Güter, bald der Einsichten, bald des Standes, bald aller zugleich beziehen« (5,258).

Die Haltung eines Schäfers, die ihm Glück und Zufriedenheit in beschränkten Umständen bringt, beschreibt Fontenelle 1708 im »Discours sur la nature de l'eglogue« so: »Que ma vie est exempte d'inquiétude! Dans quel repos je passe mes jours! Tous mes désirs se bornent à voir mon troupeau se porter bien; que les pâturages soient bons, il n'y a point de bonheur dont je puisse être jaloux«.[13] Ein Gleichgewicht von Bedürfnissen und Erfüllung gewährt Glück. Einfache Lebensverhältnisse erzeugen geringe Bedürfnisse, der Kampf um Geltung in der höfischen Welt erzeugt Neid, Unruhe und Katastrophen. Die Idylle ist so Antipode der Tragödie, die den Glückswechsel zum Thema hat. Fontenelles Maxime des Glücks empfiehlt die Abkehr von den Aufregungen

---

[13] In Fontenelle: Oeuvres complètes. Hrsg. v. G. B. Depping. Genève 1968, Bd. 3, S. 56.

der Welt und den Rückzug in die Innerlichkeit. Während der Höfling sein Glück von der Gunst des Königs, der Soldat vom Ausgang des Krieges abhängig macht und beide so ständig in Bewegung sind, reduziert der weise Glückssucher den Kreis seines Lebens auf einen Ort und auf sich selbst; »celui qui veut être heureux se réduit et reserre autant qu'il est possible (...) Le plus grand secret pour le bonheur, c'est d'être bien avec soi. Naturellement tous les accidens fâcheux qui viennent du dehors, nous rejettent vers nous mêmes, et il est bon d'y avoir une retraite agréable«.[14] Die Innerlichkeit als Ort des Rückzugs vor den Zufällen der Welt steht dem zur Verfügung, der das Verhältnis zu sich selbst in Ordnung hält. Fontenelle will Lebensregeln geben und er lebt sie vor. Die Rekompensation für den Ruhm findet Fontenelle in der »satisfaction intérieure«, denn die äußeren Umstände seien selten liebenswert, die Befriedigungen der Welt kurz und der Zufall in der Welt vorherrschend. Innere Befriedigung und die Konzentration auf sich selbst in selbstbeschränkten Umständen seien Garanten des Glücks.[15]

In der »Vorschule der Ästhetik« kritisiert Jean Paul Fontenelles Eklogen wegen ihrer Naturferne (5,261). In der Tat sind Jean Pauls Versuche, dem kleinbürgerlichen Leben seiner Zeit idyllische Momente abzugewinnen, von Fontenelles Schäferwelt in unbestimmter Zeit weit entfernt. Andererseits stimmt ein Diktum aus der ersten Vorrede zum »Quintus Fixlein« genau überein mit Fontenelles Weg zum Glück. »Die nötigste Predigt, die man unserm Jahrhundert halten kann, ist die, zu Hause zu bleiben« (4,12). Im »Wutz« erfindet Jean Paul das berühmte Bild vom »Zuketten der Fensterläden«; der liebste Aufenthaltsort ist die abgeschirmte Stube. Reisen werden nicht unternommen; »beim gänzlichen Mangel äußerer Eindrücke« holt Wutz »sein Reisejournal aus niemand anders als aus sich« (1,424,427).

Jean Paul wendet sich gegen die Schäferwelt Fontenelles, er plädiert für die ›realistische‹Idylle von Voß und teilt dennoch den Grundsatz Fontenelles: Abwendung von den Geschäften der Welt, Rückzug auf sich selbst. Um Jean Pauls Position besser zu verstehen, empfiehlt sich ein Blick auf die Entwicklung der Idylle im 18. Jahrhundert.

In Gottscheds »Versuch einer Critischen Dichtkunst« wird die Idylle vorgestellt als die »Nachahmung des unschuldigen, ruhigen und ungekünstelten Schäferlebens, welches vorzeiten in der Welt geführet worden«.[16] Die Idylle gedeiht nur in einer Welt ohne Herrschaft und Zwang, ohne Mangel und schwere Arbeit und ohne zivilisatorisches Raffinement. Gottscheds Bestimmung findet sich wieder bei Geßner. In seiner Vorrede zu den Idyllen von 1756 aktualisiert

---

[14] Fontenelle: Du Bonheur. In: Fontenelle, Oeuvres complètes, Bd. 2, S. 56.
[15] Ebd.
[16] Johann Christoph Gottsched: Versuch einer Critischen Dichtkunst. 4. Aufl. Leipzig 1751, S. 582.

er Vergils Topos der Stadtflucht aus der ersten Ekloge und bestimmt als Ort der Idylle das ländliche Leben der Hirten in unvordenklicher Zeit. »Oft reiß ich mich aus der Stadt los, und fliehe in einsame Gegenden, dann entreißt die Schönheit der Natur mein Gemüth allem dem Ekel und allen wiedrigen Eindrüken, die mich aus der Stadt verfolgt haben; ganz entzükt, ganz Empfindung über ihre Schönheit, bin ich dann glüklich wie ein Hirt im goldenen Weltalter«.[17] Die Vorrede zeigt eine deutliche Sentimentalisierung der Idylle; denn es ist nicht die bäuerliche Realität – obwohl Geßner als Schweizer sich anheischig macht, auf den heimischen Alpen und Triften Bauern zu finden, vergleichbar denen Theokrits. »Der Wunsch« ist der Titel einer Idylle Geßners, die konjunktivisch einen ländlichen locus amoenus entwirft, in dem zu leben das sentimentale Subjekt sich wünscht, fern der von Ausbeutung und Armut bestimmten bäuerlichen Welt der Gegenwart. Unmittelbar schlägt der idyllische Wunsch um in eine pathetische Satire. »Weit umher ist der arme Landmann dein gepeinigter Schuldner; nur selten steigt der dünne Rauch vor deinem umgestürzten Schornstein auf, denn solltest du nicht hungern, da du deinen Reichthum dem weinenden Armen raubest!«[18] Schon Gottsched betont die Unvereinbarkeit der Idylle mit dem zeitgenössischen Landleben. Nie ist es weit von ihrem Gegenbild zur Satire einer Zeit, in welcher der »Landmann mit saurer Arbeit unterthänig seinem Fürsten und den Städten den Überfluß liefern muß, und Unterdrükung und Armuth ihn ungesittet und schlau und niederträchtig gemacht haben«.[19] Die Erhebung angesichts der Natur erweckt die Vorstellung, wie idyllisch es vorzeiten gewesen und wie weit die Gegenwart sich davon entfernt hat. Das Leben der Hirten, deren natürliches Leben so nur utopisch und poetisch vorgestellt werden kann, ist von gemäßigten Leidenschaften, empfindsamer Anteilnahme und von heiterer Fassung angesichts des Todes bestimmt. Die geringen Bedürfnisse finden leichte und vollständige Befriedigung, das Leben ist von Leichtigkeit und Muße geprägt.

---

[17] Salomon Geßner: Idyllen. Kritische Ausgabe von E. Th. Voß. Stuttgart 1973, S. 15 (»An den Leser«).

[18] Salomon Geßner: Idyllen. Kritische Ausgabe von E. Th. Voß. a.a.O., S. 68.

[19] Geßner: An den Leser. In: Idyllen, S. 16. Vgl. Gottsched: Versuch einer Critischen Dichtkunst. 4. Aufl. Leipzig 1751, S. 582. Neuerdings wurde Geßners Engagement in agrarreformerischen Kreisen der Schweiz betont. Geßners Freund Johann Caspar Hirzel preist in seinem Buch »Die Wirtschaft eines philosophischen Bauers« (1762) am realen Beispiel genau die Tugenden, die Geßner in seinen Idyllen darstellt (H. Kesselmann: Die Idyllen Salomon Geßners im Beziehungsfeld von Ästhetik und Geschichte im 18. Jahrhundert. Kronberg/Ts. 1976, S. 123ff.) Burghard Dedner (Topos, Ideal und Realitätspostulat. Studien zur Darstellung des Landlebens im Roman des 18. Jahrhunderts. Tübingen 1969) hat auf die Bedeutung physiokratischer Reformideen für die Literatur hingewiesen. Die Begeisterung Rousseaus für Geßner und seine poetische Darstellung ländlich-einfacher Lebensweise ist bekannt.

Herder stellte in seiner Kritik »Von der Griechischen Litteratur in Deutschland« der Idylle die schwierige Aufgabe, eine Theokrit vergleichbare Natürlichkeit mit der Nachahmung gegenwärtiger Realität zu verbinden. »Man zeige uns das wahre Ideal der Griechen in jeder ihrer Dichtarten zur Nachahmung, und ihre Individuelle, National- und Localschönheiten, um uns von solchen Nachahmungen zu entwöhnen, und uns zur Nachahmung unsrer selbst aufzumuntern.«[20] Voß gilt zurecht als der Dichter, der das Realismusgebot Herders in der Idylle zu verwirklichen suchte.[21] Er orientiert sich nicht am goldenen Zeitalter, von Herder als ›schöne Grille‹ angegriffen, sondern an gegenwärtigen Möglichkeiten, schöne Natur und natürliches Leben glaubhaft darzustellen. An die Stelle der vollkommenen, amoenen Landschaft tritt die lokalisierbare Landschaft, an die Stelle des naiven Schäfers der Bauer, der Dorfschullehrer oder der Landpfarrer. Die Gattung muß sich so unter neuen Bedingungen bewähren. Die Wirklichkeit muß und darf idealisiert werden, aber doch nur in einer Weise, die tendenziell in der Wirklichkeit enthalten ist. Voß stellt die Idylle konsequent in die Gegenwart; die Diskrepanz zwischen Idyllenideal und Wirklichkeit wird innerhalb der Dichtung thematisiert. Übte Geßner nur auf indirekte Weise Kritik, so schlägt sie bei Voß um in Sozialkritik und direkte Satire.

Um die Utopie des freien Landlebens in der Gegenwart glaubhaft zu machen, setzt er ihr eine Satire voran. Diese pathetische Satire »Die Pferdeknechte« bleibt nur deshalb im Rahmen einer Idyllensammlung, weil ihr als Pendant der »Ährenkranz« gegenübersteht, worin das ideale Bild des freigelassenen Bauern im Gegensatz zur Leibeigenschaft entwickelt wird. Das positive Beispiel eines Barons, der in der Tat seine Bauern freigelassen hat, rechtfertigt die Gattung in der Gegenwart.[22] Zuweilen wirkte Voß so realistisch, daß er sich gegen die Versuche seiner Leser, das Urbild seiner Idyllen aufzufinden, wehren mußte. 1802 schreibt er über die »Luise«, Grünau, der Ort der Handlung, sei »ein

---

[20] In: J. G. Herder, Sämmtliche Werke. Hrsg. v. B. Suphan, Bd. 1, S. 294.

[21] Vgl. dazu Hella Jäger: »Damit hat Herder theoretisch die Bahn eröffnet, die Maler Müller und Voß einige Jahre später mit ihren ländlichen Gegenwartsidyllen beschreiten« (H. J.: Naivität. Eine kritisch-utopische Kategorie in der bürgerlichen Literatur und Ästhetik des 18. Jahrhunderts. Kronberg/Ts. 1975, S. 185).

[22] Auf der Suche nach »empirischen Stützen« des Idyllenideals habe Voß den Stoffbereich der Idylle erweitert (F. Sengle: Formen des idyllischen Menschenbildes. In: F.S., Arbeiten zur deutschen Literatur 1750 – 1850. Stuttgart 1965, S. 218). Voß wird von Sengle nur als Dichter der »Luise« und der Idylle »Der siebzigste Geburtstag« vorgestellt, nicht jedoch als Verfasser der »Pferdeknechte«, wo die Beschränkung und das Aufbegehren gegen die Beschränkung zum Thema werden. Zuerst hat E. Theodor Voß im Vorwort seiner Ausgabe (J. H. Voss: Idyllen. Faksimiledruck nach der Ausgabe von 1801. Heidelberg 1968) die satirische Tendenz dieser ›Idylle‹ deutlich gemacht. Ihm folgen H. Jäger, a.a.O., bes. S. 201 und Gerhard Kaiser: Wandrer und Idylle, Göttingen 1977, S. 107 – 124.

erdichtetes holsteinisches Dorf, dessen Lage, Anbau und Lebensart nur im Gebiete der veredelten Möglichkeiten zu suchen sind«.[23] Voß beschreitet den Weg zur konkreten Utopie, die in satirischer Auseinandersetzung mit der Gegenwart das idyllische Nirgendwo verläßt und mögliche Ziele der gesellschaftlichen Entwicklung kenntlich zu machen sucht.

Jean Paul zieht in der »Vorschule« Vossens Idylle den »duftigen Allgemeinheiten Geßners« vor (5,260). Er begrüßt Vossens soziale Bestimmtheit und erkennt als rechten Ort der Idylle die bürgerliche Gesellschaft. Er wendet sich damit gegen Geßner, der eine Idylle in der gegenwärtigen Gesellschaft poetisch für unwahrscheinlich hält. Nach Geßner gereicht es der Idylle zum Vorteil, »wenn man die Scenen in ein entferntes Weltalter setzt; sie erhalten dadurch einen höhern Grad der Wahrscheinlichkeit, weil sie für unsere Zeiten nicht passen«.[24] Jean Paul will also wie Voß die Idylle ›realistischer‹ machen. Und in der Tat erweitert er mit Voß das Personal um deutsche Schullehrer und Pfarrer.

Hatte allerdings Voß in seiner berühmten, später zur Trilogie (»Die Leibeigenen« – »Die Erleichterten« – »Die Freigelassenen«) erweiterten Bauernidylle ein weithin sichtbares Geschichtszeichen mit der Hoffnung auf eine durchgreifenden historischen Prozeß verbunden;[25] hatte Goethe in »Hermann und Dorothea« die private Geschichte einer Familie und die Geschichte zweier Liebender mit dem Ereignis der französischen Revolution verbunden, so sucht Jean Paul die Idylle in der Negation des Privaten. Aufschlußreich sind dafür die Entwürfe zu möglichen Idyllen in der »Vorschule«: »So kann z.B. die Ferienzeit eines gedruckten Schulmannes – der blaue Montag eines Handwerkers – die Taufe des ersten Kindes – sogar der erste Tag, an welchem eine von Hoffesten mattgehetzte Fürsten-Braut endlich mit ihrem Fürsten ganz allein (das Gefolge kommt sehr spät nach) in eine voll blühende Einsiedelei hinausfährt – kurz alle diese Tage können Idyllen werden und können singen: auch wir waren in Arkadien« (5,259). Zur Idylle taugen danach die Befreiung von der Arbeit in den Ferien (so beginnt der »Quintus Fixlein«); die liebenswerte Tradition eines Handwerkers, aus eigenem Entschluß am Montag die Arbeit ruhen zu lassen; die Negation der repräsentativen Öffentlichkeit und des Politischen in der Eremitage. Der Fürst verleugnet seine

---

[23] J. H. Voß: Idyllen. In: Der Göttinger Dichterbund, 2. Tl. Hrsg. v. A. Sauer. Berlin/ Stuttgart o.J., S. 5 (DNL Bd. 49).

[24] Salomon Geßner: An den Leser. In: S. G., Idyllen (Anm. 17), S. 15f.

[25] Voß bezieht sich auf den Grafen Rantzau, der seit 1739 seine Leibeigenen schrittweise und unter tätiger Mithilfe in Freiheit setzte und so ein Zeichen gab, das als Beginn einer historischen Wende verstanden wurde. – Diese spärlichen Hinweise sollen beleuchten, wie kämpferisch die Idylle des 18. Jahrhunderts sein kann, und wie gänzlich anders geartet Jean Pauls Idylle ist.

Funktion, wenn er sich der Hofgesellschaft entzieht und als Mensch sein Arkadien erlebt, der Handwerker und der Lehrer taugen zur Idylle, wenn sie ihren Beruf suspendieren.

Und selbst das ganz und gar Private und Familiäre, die Taufe des ersten Kindes, wird nur durch bestimmte Bedingungen idyllisch. Am »Tauftag« im dreizehnten Zettelkasten des »Quintus Fixlein« unterbricht der Erzähler den Fluß der behaglichen Genreszene, weil er um die poetische Wahrscheinlichkeit des Erzählten fürchtet: »Hier aber bin ich in der Angst, daß mancher Leser sich vergeblich hinsetzen und es doch nicht herausbringen werde, warum ich zu Fixlein sagte: ›Herr Gevatter, besser wird sichs wohl kein Mensch wünschen.‹ Ich log nicht; denn es ist so ... Man lese aber die Note« (4,175). Die Note verweist auf die Abhandlung »Über die natürliche Magie der Einbildungskraft« im Anhang des »Quintus Fixlein«. Dort heißt es: er, Jean Paul, habe den »mir sonst verhaßten Zwinger und Schuldturm des bürgerlichen Lebens gepriesen, weil ich an ihm und an seinem Notstall schon den biographischen und idealischen Mondschein glimmen sah, den ich nachher auf ihn warf« (4,199). Die Idylle als Darstellung des Vollglücks in der Beschränkung entsteht danach offensichtlich durch den ästhetischen Schein, der das verhaßte bürgerliche Leben poetisch erträglich, ja schön macht. Das ist ein ganz anderer Ton, als ihn Voß angeschlagen hat. Nicht die Wirklichkeit enthält die Tendenz zum Besseren und damit Elemente des Glücks, welche poetisch idealisiert die Aussicht auf eine konkrete Utopie eröffnen; allein die poetische Nachahmung und ihre totalisierende Kraft heben ein schweres und unerfreuliches Leben wie das des Fixlein auf die Ebene der Idylle.

In der Idylle »Wutz« kompensieren die Einbildungskraft des Dichters und des Helden die Widrigkeiten eines unidyllischen Lebens. Wutz übersteht das Alumneum, diese menschenfeindliche Zuchtschule, weil er sich ständig auf etwas freut. »Sie sollen ihn halb tot hungern oder prügeln lassen (...): Wutz bleibt doch Wutz und praktiziert sich immer sein bißchen verliebter Freude ins Herz, vollends in den Hundtagen!« (1,433). Wutz kann »Werthers Freuden aufsetzen« (1,435), weil er sich stets auf das Nächstliegende freut, »weil er nie mehr begehrte als die Gegenwart« (1,433). Er entgeht damit der größten Beunruhigung der Seele, der ängstlichen Antizipation der Zukunft. Ist die Gegenwart allzu übel, so versetzt er sich in seine Kindheit und lebt in der Erinnerung. Jean Paul beschreibt ein System von Kunstgriffen, sich vom Leiden zu distanzieren und aus jedem Ereignis Freude zu gewinnen. So kann Wutz »noch am Rüsttage vor seinem Todestage diese Urnenkrüge eines schon gestorbenen Lebens um sich stellen und sich zurückfreuen, da er sich nicht mehr vorauszufreuen vermochte (1,455). Es sind die Kinderspielzeuge, die er auf seinem Sterbebett versammelt und damit die Erinnerungen, die ihm helfen, Fassung zu bewahren und Freude zu empfinden.

Es ist wichtig, daß nicht nur Wutz der Kunst, stets fröhlich zu sein, huldigt, sondern auch der Erzähler. Durch einen extrem subjektiven Erzählstil idealisiert und überhöht er den an sich unidyllischen Stoff der Sterbeszene. Denn Wutz stirbt nicht wie Geßners »Palemon« nach einem erfüllten Leben einen milden Tod, der wie ein rührender Abschied von der Familie erscheint.[26] Häufig genug werden die Schrecken des Sterbens erwähnt und düster ausgesponnen. Im Kontrast dazu schildert Jean Paul Wutzens »Krankenlabung« mit wünschenswerter Ausführlichkeit alle die Zeugen einer glücklichen Kindheit, die er um sich versammelt, um zu enden in der Digression: »Ich habe meine Absicht klug erreicht, mich und meine Zuhörer fünf oder sechs Seiten von der traurigen Minute wegzuführen, in der vor unser aller Augen der Tod vor das Bett unsers kranken Freundes tritt und langsam mit eiskalten Händen in seine warme Brust hineindringt und das vergnügt schlagende Herz erschreckt, fängt und auf immer anhält. Freilich am Ende kommt die Minute und ihr Begleiter doch« (1,458). Der fiktive Erzähler reflektiert sein Tun: eine eher unerfreuliche Geschichte für den Leser zu einem erfreulichen Leseerlebnis zu machen, ja dem ›Autor‹ selbst, wie es in einer weiteren Steigerung der Fiktion heißt. Den Verlauf der Sterbeszene bestimmt die sichtbare Bemühung des Erzählers, dem Tod die Schrecken zu nehmen. Zwar bedeutet die berühmte Devise der Idylle ›et in arcadia ego‹, daß auch in arkadischen Gefilden der Tod seine Macht über den Menschen behält.[27] Das Sterben in der Idylle ist jedoch milde und von Gelassenheit bestimmt. Der Schauder des Erzählers, der »unser aller Nichts« fühlt, scheint nicht zur Idylle zu passen: das Grab ist ihm »ein Lustlager bohrender Regenwürmer, rückender Schnecken, wirbelnder Ameisen und nagender Räupchen« (1,461).[28] Neben dieser grobmaterialistischen Schreckensvision steht jedoch eine Passage im hohen Stil: »endlich stürzte der Todesengel den blassen Leichenschleier auf sein Angesicht und hob hinter ihm die blühende Seele mit ihren tiefsten Wurzeln aus dem körperlichen Treibkasten voll organisierter Erde … Das Sterben ist erhaben; hinter schwarzen Vorhängen tut der einsame Tod das stille Wunder und arbeitet für die andre Welt« (1,461). Zu diesen beiden, eigentlich unvereinbaren Stilhöhen kommt eine dritte: eine komisch getönte

---

[26] Palemon wird nach einem heiteren Abschied von den Seinen und von der Welt, die ihn stets verwöhnt hat, im Alter von neunzig Jahren in eine Cypresse verwandelt (S. Geßner: Idyllen, Hrsg. v. E. Th. Voss. Stuttgart 1973, S. 41 – 43).

[27] Zu der Devise vgl. Erwin Panofsky: Et in Arcadia ego: Poussin und die Elegische Tradition. In: Europäische Bukolik und Georgik. Hrsg. von K. Garber. Darmstadt 1976, S. 271 – 305. Panofsky zeigt, daß der Tod in den bildlichen Darstellungen Arkadiens immer vorhanden ist, bis durch Goethe diese Bedeutung schwindet, weil der Bezugspunkt des ego in Vergessenheit gerät.

[28] Max Kommerell hält diesen Satz für gänzlich unvereinbar mit dem Geist der Idylle und ihrer Tradition. Die Härte des Satzes wird allerdings durch den Kontext gemildert (M. K., Jean Paul. Frankfurt 1933, S. 287).

Heiterkeit bestimmt den Nachruf des Erzählers und Freundes: »Als er noch das Leben hatte, genoß ers fröhlicher wie wir alle« (1,462).

Diese Stilmischung aus erhabenen, gräßlichen und komischen Elementen eignet dem »Wutz« von Anfang an. Befremdlich genug beginnt die Lebensbeschreibung mit Reflexionen des Erzählers über das Sterben und die Vergänglichkeit. »Sooft ich in Lavaters Fragmenten oder in Comenii orbis pictus oder an einer Wand das Blut- und Trauergerüste der sieben Lebens-Stationen besah – sooft ich zuschauete, wie das gemalte Geschöpf, sich verlängernd und ausstreckend, die Ameisen-Pyramide aufklettert, drei Minuten droben sich umblickt und einkriechend auf der andern Seite niederfährt und abgekürzt umkugelt auf die um diese Schädelstätte liegende Vorwelt – und sooft ich vor das atmende Rosengesicht voll Frühlinge und voll Durst, einen Himmel auszutrinken, trete und bedenken, daß nicht Jahrtausende, sondern Jahrzehende dieses Gesicht in das zusammengeronnene zerknüllte Gesicht voll überlebter Hoffnungen ausgedorret haben ... Aber indem ich über andre mich betrübe, heben und senken mich die Stufen selber, und wir wollen einander nicht so ernsthaft machen!« (1,425). Der fiktive Erzähler spricht als ein Betroffener; wenn er das Leben seines Helden so klein macht wie das einer Ameise und so kurz, so versichert er zugleich in seiner Digression, daß er sich einschließt. Der Stil der Digression ist erhaben; die klassischen Mittel (Anapher, Hypallage und Anakoluth) signalisieren die Absicht des Redners, zu bewegen (movere) und zu erschüttern. Doch wie wird diese erhabene Rede beendet? In Sorge um den Leser und in Sorge um den Roman (»Eine Art Idylle«, 1,422) bricht die erhabene Vernichtungsvision ab und geht über in die komisch-niederländische Darstellung der Eigenarten des Helden. Wutzens seltsames hobby-horse, aus Armut und Unkenntnis die im Leipziger Meßkatalog angekündigten Werke selbst zu schreiben, gar Klopstocks Messiade, vertreibt die ›ernsthaften‹ Gedanken und führt zurück zur Idylle. An die Stelle naiver Objektivität tritt die extensive, raffinierte und komplizierte Subjektivität. Die Idylle siedelt nicht in zeitlich oder räumlich entfernten Gefilden oder auf exotischen Inseln (Tahiti z.B. in Diderots Nachtrag zu Bougainvilles Reise), sondern allein in der Innerlichkeit des Helden und in der Erzählweise Jean Pauls, dem kalkulierten S t i l w e c h s e l. Der ernst-erhabene Gegenstand des Todes und der ihm angemessene hohe Stil wird sogleich abgelöst vom niedrigen, hier komischen Stil, der die Skurrilität des Helden ins Licht rückt. Das von der Gattung geförderte Glück der Idylle wird erreicht einerseits von Wutz durch die Machinationen seiner Einbildungskraft, andererseits vom Erzähler, der durch seine Erzählweise Heiterkeit g e g e n den Stoff herstellt.[29]

---

[29] Wuthenow hat die ›Gefährdung‹ der Idylle Jean Pauls durch die Satire beschrieben. In diesem Sinne ›gefährdet‹ ist die Idylle von Geßner bis Voss. Auf je verschiedene

Doch es ist nicht nur die poetische Form, die ein schweres Leben zur Idylle erhebt. Der Dichter selbst wird zum Vorbild einer Lebenstechnik mit dem Ziel, dem bürgerliche und physischen Leben den Stachel zu nehmen.

3. Jean Pauls ars semper gaudendi

In dem Aufsatz »Über die natürliche Magie der Einbildungskraft« empfiehlt Jean Paul dem Philosophen und dem Menschen überhaupt, nicht anders zu denken als »der Dichter; und der, für den das ä u ß e r e (bürgerliche, physische) Leben mehr ist als eine Rolle: der ist ein Komödiatenkind, das seine Rolle mit seinem Leben verwirrt und das a u f d e m T h e a t e r z u w e i n e n a n f ä n g t. Dieser Gesichtspunkt, der metaphorischer scheint, als er ist, erhebt zu einer Standhaftigkeit, die erhabener, seltener und süßer ist als die stoische Apathie und die uns an der Freude alles empfinden läßt, ausgenommen ihren Verlust« (4,198f.).

Jean Paul selbst verweist auf die stoische Herkunft dieser Lebensregel. Das Leben als Schauspiel zu betrachten ist ein alter Rat der Kyniker und Stoiker. Epiktet, den Jean Paul zu den ›hohen Menschen‹ zählt, die sich durch das »Gefühl der Geringfügigkeit alles irdischen Tuns« auszeichnen (1,221), formuliert die angesprochene Lebenstechnik bündig in seinem »Encheiridion«: »Gedenke, daß du Darsteller bist eines Stückes, das der Spielleiter bestimmt, und zwar eines kurzen, wenn er es kurz, eines langen, wenn er es lang wünscht. Wenn er wünscht, daß du einen Bettler darstellen sollst, mußt du auch diesen angemessen spielen, und so, wenn du einen Krüppel, einen Herrscher, eine Privatperson darstellen sollst. Denn deine Sache ist es, die zugewiesene Rolle ordentlich zu spielen; sie auszuwählen, ist die Sache eines anderen.«[30]

Weise steht der Satire auf die schlechte Wirklichkeit die Idylle gegenüber. Es ist so schwer, die Grenze zu bestimmen, wo die Gattung aufhört zu existieren oder wo sie sich erneuert (R. R. Wuthenow: Gefährdete Idylle. In: Jb der Jean-Paul-Gesellschaft 1966, S. 85ff. und passim). In Anlehnung an Wuthenow hat Jens Tismar die Labilität der Idylle Jean Pauls beschrieben und dabei besonders die neue Behandlung von Tod und Verfall hervorgehoben (Jens Tismar: Gestörte Idyllen. Eine Studie zur Problematik der idyllischen Wunschvorstellung am Beispiel von Jean Paul, Adalbert Stifter, Robert Walser und Thomas Bernhard. München 1973, S. 12–42). Die Präsenz des Todes in Jean Pauls Idylle interessiert auch W. Wiethölter; sie zeigt vor allem den Kontrast zu der Verleugnung des Todes in der Transzendental- und Fortschrittsphilosophie (W. Wiethölter: Witzige Illumination, a.a.O., S. 204–222).

[30] Epiktet: Handbüchlein der Ethik. Aus dem Griechischen übersetzt, mit einer Einleitung und mit Anmerkungen versehen von Ernst Neitzke. Stuttgart 1958, S. 25. (Kap. 17). Es ist Köpkes Verdienst, biographisch der »Lebenshilfe« nachgegangen zu sein, die Epiktet dem »armen Jean Paul« leistete (Wulf Köpke: Erfolglosigkeit. Zum Frühwerk Jean Pauls. München 1977, S. 211ff.).

Jean Paul baut die Schauspielmetapher Epiktets (die metaphorischer scheint, als sie ist) weiter aus: das Komödiantenkind, das auf dem Theater zu weinen anfängt, vergißt, die ihm zugewiesene Rolle als Rolle zu spielen. Es verliert seine Standhaftigkeit und seine Apathie, weil es sich mit der Rolle als Person identifiziert. Jean Pauls Lehre: wer, wie der Dichter, das physische und bürgerliche Leben nicht als Rolle versteht, der gleicht einem Schauspieler, der Leben und Rolle verwirrt.

Die Heiterkeit von Jean Pauls Idylle hat, im Gegensatz zur Entwicklung der Gattung im 18. Jahrhundert, keinen Widerhalt im Glauben an einen Fortschritt zum Besseren. Ihre Heiterkeit entspringt der Weltverachtung. Wie lassen sich Heiterkeit, Glück und Freude mit der Weltverachtung vereinbaren?

Einen interessanten Hinweis auf die Glückseligkeitslehren Jean Pauls, der bisher nicht beachtet wurde, geben die Versuche Jean Pauls, ein »Freudenbüchlein oder Ars semper gaudendi« zu entwerfen. Die Ideensammlung von 1811 nimmt das Motiv, das Leben als Rolle zu betrachten, erneut auf: »wie der Schauspieler sich freuet, daß er auf der Bühne weinen kann: so soll es auch der Mensch; und wie jener sich den Schmerz recht lebhaft vorstellt, so wird dir von Gott das Übel aufgelegt, damit du dir desto lebhafter den Schmerz vorstellen kannst.«[31]

Jean Paul notiert hier eine wesentliche Passage aus der »Ars semper gaudendi ex sola consideratione divinae providentiae et per adventuales conciones exposita« des Alphonso Antonio de Sarasa (Erstausgabe Antwerpen 1664). Zwischen 1664 und 1741 erschienen sechs vollständige und acht gekürzte Ausgaben des außerordentlich erfolgreichen Werks, 1687 erschien die erste deutsche Übersetzung.[32]

1813 veröffentlichte Jean Paul im »Museum« Bruchstücke aus der »Kunst, stets heiter zu sein« mit der Anmerkung: »Dieses Buch können erst einige Jahre vollenden; es ist keine Nachahmung, sondern eine Fortsetzung und Ergänzung des Alfonso de Sarasa ars semper gaudendi etc.« (II,2,967). Daraus geht hervor, daß Jean Paul sich in den Jahren um 1810 anschickte, auf den Spuren Sarasas eine neustoizistische Lebenslehre zu entwickeln.

---

[31] Jean Paul: Freuden-Büchlein oder Ars semper gaudendi. In: Jean Pauls Sämtliche Werke. Hrsg. v. E. Berend, II. Abt., Bd. 4, S. 3 – 33. In seinem Vorwort behauptet Berend, Sarasas Werk habe Jean Paul »nicht viel zu bieten, da es fast ganz auf theologischer Grundlage aufgebaut ist, während Jean Paul sich in der Hauptsache auf reine Vernunft- und Gefühlsgründe stützt« (Ebd., S. IX). Es soll gezeigt werden, daß Jean Paul Sarasa wesentliche Anregungen verdankt.

[32] Sarasa (1617 – 1667), spanischer Abstammung, stellte aus seinen erfolgreichen Predigten die »Ars semper gaudendi« zusammen. Die Angaben über die Übersetzungen im 18. Jahrhundert stammen aus der Bibliotheque de la Compagnie de Jésus. Hrsg. v. Carlos Sommervogel S.J. (Paris/Brüssel 1896, Bd. 7). Übersetzungen erschienen 1741, 1746, 1747, 1748, 1752, 1755, 1777, 1779, 1784 in zwei Ausgaben, ferner 1806 und 1807.

Wer war Alphonso Antonio de Sarasa? Der Übersetzer J. Chr. Fischer behauptet 1748, Leibniz habe seine Lehre von der besten der möglichen Welten von Sarasa empfangen. Auch der »selige Brockes in Hamburg« habe seine »Hochachtung gegen die Kunst sich immer zu freuen und stets vergnügt zu seyn unsers Sarasa nicht nur öfters in seinem Leben, sondern auch dadurch in seinem Tode zu Tage geleget, da er sein letztes Lied, worinnen er von der Welt Abschied nimt, und sich selbst zu einem vergnügten und gelassenen Sterben zubereitet, aus diesem Buch genommen«.[33]

Der hochberühmte Jesuit Sarasa war erfolgreicher Prediger in Anvers und in Brüssel. Die »Ars semper gaudendi« ging aus seinen Predigten hervor. Sie lehrt die Kunst, angesichts der Unruhen und Wechselfälle des Lebens Heiterkeit zu bewahren. Die Titelvignette der Übersetzung von 1748 verwendet das auf Lukrez zurückgehende Motiv des Schiffbruchs. Sie zeigt ein Schiff im Sturm, das mühsam den Hafen zu erreichen sucht. Das kämpfende Schiff wird von einem Mann betrachtet, der hoch und sicher auf einem Felsen sitzt. Vollkommen ruhig, ein Buch in der Hand haltend, ist er unberüht von dem Geschehen.[34]

Sarasa sieht den Grund, sicht stets zu freuen, in dem unverbrüchlich feststehenden Plan Gottes, dem sich der Mensch heiter fügen soll. »Diese Freude bestehet in der Ruhe des Gemüths. Es wird erwiesen, daß diese Ruhe bey allem Sturm und Wettern dieses Welt-Meeres, oder mitten in den Unruhen der Welt erlanget werden könne, wenn man nur die Begriffe und Meynungen ändert, die man von Dingen hat.«[35] Diese These aus der Vorrede Sarasas ist grundlegend für das Folgende; Gemütsruhe und Freude in einer stürmisch bewegten Welt können erlangt werden, wenn man die Einstellung zu den Dingen ändert und so die Ursache für den Aufruhr der Affekte beseitigt. Sarasa beruft sich auf Seneca[36] und Epiktet. Epiktet habe den Grundsatz gelehrt: »Die Menschen werden nicht durch die Dinge in Unruh gesetzt, sondern durch die Vorstellungen und Begriffe die sie von Dingen haben«.[37] Ein Beispiel Sarasas: ein kleines Kind,

---

[33] Alfons Anton de Sarasa: Kunst sich immer zu freuen und stets vergnügt zu seyn aus den Grundsätzen der göttlichen Vorsehung, und eines guten Gewissens hergeleitet ... aus dem Lateinischen ins Deutsche übersetzt und herausgegeben von Johann Christian Fischer. Jena 1748, Bd. 1, Vorwort des Übersetzers.

[34] Vgl. zu dem Bild Lukrez (De rerum natura): »Süß ist's, anderer Not bei tobendem Kampf der Winde / auf hochwogigem Meer vom fernen Ufer zu schauen; / nicht, als könnte man sich am Unfall andrer ergötzen, / sondern dieweil man es sieht, von welcher Bedrängnis man frei ist.« (Zitiert nach Hans Blumenberg: Schiffbruch mit Zuschauer. Paradigma einer Daseinsmetapher. Frankfurt 1979, S. 47; das Kap. hat die Überschrift »Überlebenskunst«).

[35] Sarasa: Kunst sich immer zu freuen (Anm. 33), Bd. 1, S. 25.

[36] Sarasa, Bd. 1, S. 26.

[37] Sarasa, Bd. 1, S. 31; vgl. Epiktet: Handbüchlein der Ethik (Anm. 30), Kap. 5, Kap. 16, Kap. 26.

das bei einer Überschwemmung vom Wasser in seiner Wiege gewiegt wird, übersteht die Katastrophe ohne Angst im Schlaf; der Erwachsene, der um Hilfe schreit, befindet sich objektiv in derselben Situation, subjektiv jedoch in einer wesentlich schlechteren als das Kind. »Der dem Knaben also zugefügte Tod würde der allerangenehmste gewesen seyn, welcher dennoch bey Alten und Erwachsenen abscheulich, fürchterlich und erschrecklich: und dennoch weheten eben dieselben Winde, es war (...) dasselbe Unglück, was ihnen allen begegnete, und endlich eben dieselbe äusserlich sich ereignende Ursache des Übels. Es verhält sich also, aber es war der Begriff und die Vorstellung davon nicht einerley. Denn der Knabe wäre auf seiner Meynung und Einbildung gestorben, nach welcher er fest glaubete, er werde entweder von seiner Mutter, oder einer Liebes-Hand gewieget, da die Erwachsenen, als sie von dem ungestümen Meer hin und her getrieben und geschlagen wurden, alles was im Todte grausam und erschrecklich ist, durch die Einbildungs-Krafft abschilderten und sich lebhafft vorstelleten; der Knabe bildete sich bey der Bewegung den Schlaff, der Erwachsene den Tod vor. Siehe hier hast du die Haupt-Quelle aller Unruhe.«[38]

Der erschreckenden Vorwegnahme des Todes durch den Erwachsenen wird die beruhigende Einbildung des Kindes gegenübergestellt. Beide können am Lauf der Dinge nichts ändern. Es geht um die richtige Art, die Dinge hinzunehmen, ohne die Gemütsruhe zu verlieren. Wir können unsere Einbildung verbessern, indem wir nicht verlangen, »daß sich die Dinge nach uns richten sollen; sondern daß wir uns vielmehr in die Zufälle schicken, dergestalt, daß wir wollen, daß alles geschiehet, wie es geschiehet.«[39] Sarasa predigt einen Fatalismus, zugerichtet von der Einbildungskraft, der seine Berechtigung von einem uneinsehbaren Plan Gottes bezieht. Da dieser Plan rational nicht faßbar ist, bleibt das Vertrauen und eine Technik, alle Übel, die dem Einzelnen zugefügt werden, auf die bestmögliche Weise zu ertragen. »Die gantze Kunst, das Gemüth mitten in den Unruhen zu beruhigen, bestehet darinnen, daß wir alle Beschwerlichkeiten und Bitterlichkeiten gern und willig annehmen, gelassen und gedultig ertragen.«[40] Worin besteht die Kunst, stets fröhlich zu sein? Sie besteht in der angenommenen Fiktion, das Leben wäre ein Schauspiel. »Wir stellen also, so viel wir leben, ein Schau-Spiel vor. Wir müssen nicht selten leiden, so bringt es das Schau-Spiel unsers Lebens mit sich, man muß Thränen schiessen lassen, so hat es GOtt der Urheber und Regierer des Schau-Spiels geordnet. Dieser Unterschied findet sich aber unter den Thränen eines Comödianten, und unter denen, die ich vergiesse, daß iener dieselbe auszupressen, sich ein Uebel, welches nicht würcklich ist, bloß durch die Einbildungs-Krafft vorstellet, über mich

---

[38] Sarasa, Bd. 1, S. 35.
[39] Sarasa, Bd. 1, S. 36.
[40] Sarasa, Bd. 2, S. 524.

aber von GOtt selbsten dem Urheber das Uebel in der That verhänget werde, daß ich mir dasselbe lebhaffter vorstellen möge, und endlich durch die Vorstellung zum weinen beweget werde.«[41] In seinem »Freuden-Büchlein oder Ars semper gaudendi« notiert Jean Paul abgekürzt diese Lebenstechnik Sarasas; »wie der Schauspieler sich freuet, daß er auf der Bühne weinen kann: so soll es auch der Mensch«.[42]

Es handelt sich um dieselbe Form von Selbstbeherrschung, die Jean Paul schon 1796 im Anhang zur Idylle »Quintus Fixlein« propagierte. Das Leben als Rolle zu nehmen, vermittelt eine der stoischen vergleichbare Standhaftigkeit. Ist der Dichter, so heißt es da, selbst »bürgerlich unglücklich, z.B. ein Träger des Lazarus-Orden: so kommt es ihm vor, als mach' er eine Gastrolle in Gays B e t t l e r o p e r; das Schicksal ist der Theaterdichter, und Frau und Kind sind die stehende Truppe« (4,198). Das Schicksal wird vom Weisen verwandelt in eine freigewählte Rolle: »du magst es deine Verrichtung beym Trauer-Spiel nennen«.[43] Die Rolle ist komisch oder tragisch; doch auch in der Tragödie vermittelt das Leiden Lust. Bei Sarasa ist diese Verwandlung des Leidens durch andere, affektdämpfende Vorstellungen eingebettet in die Theodizee als metaphysische Gewißheit. Jean Paul betont im »Freuden-Büchlein« als Mittel »dieser Festigkeit« die Selbstmächtigkeit des Menschen, der aus sich selber dem Ansturm der Affekte Einhalt gebieten kann. Der »Mensch ist ja das einzige Wesen, das die Erde, also sich selber beherrscht«.[44]

Die Motiv- und Metapherngleichheit darf allerdings nicht darüber hinwegtäuschen, daß Jean Paul 1811 und 1813 in Fortsetzung Sarasas eine andere Position einnimmt als 1796 in der Abhandlung über die Einbildungskraft. In der Abhandlung soll die Einbildungskraft den Weg zur Standhaftigkeit mit Freuden plastern. Sie soll ›süßer‹ sein als die stoische Apathie, und doch dasselbe leisten: Abwendung von Widrigkeiten und Schmerz.

In der Tat vertreibt die Einbildungskraft durch ihre Versinnlichung des Abwesenden, durch Hoffnungen und Wünsche die andrängende Gegenwart.

[41] Sarasa, Bd. 2, S. 527.
[42] In: Jean Pauls Sämtliche Werke. Hrsg. v. e. Berend, Abt. II, Bd. 4, S. 28.
[43] Sarasa (Anm. 33), Bd. 2, S. 527.
[44] In: Jean Pauls Sämtliche Werke. Hrsg. v. E. Berend, Abt. II, Bd. 4, S. 15. – Das Lehrgedicht des Anakreontikers Uz »Versuch über die Kunst, stets fröhlich zu sein« von 1760 säkularisiert Sarasa, auf den sich Uz ausdrücklich beruft. Uz will seinen schlechten Ruf als Epikuräer mit Hilfe Sarasas entkräften. Uz entwirft eine vom Schöpfer wohlgeordnete Natur, die dem Menschen Vergnügen gewährt besonders dann, wenn er die Angst vor der Zukunft bekämpft und sich in sein Schicksal ergibt. Größtes Ziel ist es, ohne Todesfurcht zu bleiben. »Nur wer zu sterben weiß, kann stets zufrieden leben« (Johann Peter Uz: Versuch über die Kunst, stets fröhlich zu sein. In: Sämtliche poetische Werke. Hrsg. v. A. Sauer. Stuttgart 1890, S. 243, vgl. 249, 258ff., 278).

Nach Jean Paul wird die Einbildungskraft bestimmt vom ›Sinne des Grenzenlosen‹, von größter Begierde nach ›Glückseligkeit‹, vom »Ringen nach Freude«, das nie Realisierung finden kann (4,200ff.).

1811 distanziert sich Jean Paul im »Freuden-Büchlein« mit Sarasa vom »Hoffen«, das »durch Süßigkeit« den notwendigen Verzicht erschwert; er distanziert sich vom »Streben«, denn durch sein unablässiges Streben »antizipiert unnütz und fordernd der Mensch die Zukunft«. Gänzlich einig mit Epiktet und Sarasa, kritisiert Jean Paul nun die leere Hoffnung, den Lauf der Dinge ändern zu können. »Der Mensch steht jeden Morgen mit einem neuen Entwurfe oder Himmelskarte seiner Freude auf; und darnach sollen sich die äußeren Himmels- und Erdkörper in ihrem Laufe richten und regeln.«[45]

Der Aufsatz über die Einbildungskraft dagegen feierte 1796 die Stärke der Affekte und die Hoffnung. »Alle unsere Affekten führen ein unvertilgbares Gefühl ihrer Ewigkeit und Überschwenglichkeit bei sich«; die »Furcht vor etwas Unendlichem« ist wie die Hoffnung auf »Glückseligkeit« Folge dieser Überschwenglichkeit der Affekte, deren antizipatorische Kraft die Phantasie beflügelt (4,200).

1811 und 1813 revidiert Jean Paul die Meinung, daß mit Hilfe der Einbildungskraft ›Standhaftigkeit‹ erlangt werden kann, eine Standhaftigkeit, die ›süßer‹ ist als die stoische Apathie. Er kehrt zurück zu der ›klassischen‹ Bekämpfung der antizipierenden Einbildungskraft. Freude wird nun nicht mehr gefordert. Denn: »Keine Empfindung der Freude, der Rührung p. hält gegen die Stürme des Lebens vor«, kein Affekt dauert an. »Der Grundsatz braucht keine Jahrszeit zum Treiben. Den Kopf hat man immer bei der Hand, aber nicht das Herz.«[46]

Das ist nun wahrhaft eine neue Linie, wenn man bedenkt, welch gewaltige Rolle die Einbildungskraft im »Wutz« spielt. Wutz erlangt Befreiung von Schmerzen durch die Freuden der Phantasie; er begehrt nicht, wie Jean Paul später schreibt, »Freiheit von Schmerzen und Freuden« (II,2,968).

4. Segnungen und Gefahren der Einbildungskraft

Der Stoizismus diagnostizierte die antizipierende Einbildungskraft als Quelle des größten aller Übel: der Todesfurcht. Die Todesfurcht ist ein beherrschendes Thema der Idylle »Quintus Fixlein«.

Der Stoff des »Quintus Fixlein« ist nahezu identisch mit dem des »Wutz«. Auch Fixlein ist ein Schulmeister, auch er erhält sein Amt durch Zufälle und

---

[45] In: Jean Paul, Sämtliche Werke, hrsg. v. E. Berend, Abt. II, Bd. 4, S. 24 und S. 25.
[46] Ebd., S. 27.

die wundersamen Wege eines diesmal städtischen Ämterhandels. Auch er führt ein bedrängtes, kaum idyllisch zu nennendes Leben. In diesem Roman wird jedoch – ganz im Gegensatz zum »Wutz« – die Einbildungskraft zur Gefährdung.

Ein wesentlicher Teil der Handlung des »Quintus Fixlein« bezieht sich auf die gegenwartsverdunkelnde fixe Ideen des Helden, in seinem zweiunddreißigsten Jahre sterben zu müssen. Diese Obsession gefährdet die zu fordernde Mäßigung der Affekte in der Idylle aufs Höchste. Die Idylle wird durch diese abergläubische Todesfurcht um so mehr bedroht, als die Phantasie, Medium der Idylle in Jean Pauls Ästhetik, die Ursache dieser fixen Idee von großer Wirkung ist. Die »(gleichsam arsenikalischen) Phantasien seines sonst beruhigten Kopfes« lassen den »mäßigen, vernünftigen Menschen, ders sogar in Leidenschaften blieb, im poetischen Unsinn des Fiebers toben« (4,180). Die Freuden der Einbildungskraft verkehren sich in Schrecken. Das Konfliktpotential des von Jean Paul idyllisch veränderten Stoizismus bricht auf. Die stoischen Tugenden Fixleins – Mäßigkeit und Vernünftigkeit sogar in Leidenschaften – werden von der erregten Einbildungskraft über den Haufen geworfen. Die furchterregende Antizipation der Zukunft läßt Fixleins Kunst, stets heiter zu sein, versagen. Die Todesfurcht ist ein Resultat von Einbildungen und ›Meinungen‹, wie es z.B. Epiktet formuliert: »Nicht die Tatsachen selbst beunruhigen die Menschen, sondern die Meinungen darüber. So ist der Tod nichts Furchtbares; denn sonst wäre er auch dem Sokrates so erschienen; sondern die Meinung, der Tod sei furchtbar, d i e ist das Furchtbare.«[47]

Die merkwürdige Idylle demonstriert den Umschlag der segensreichen poetischen Phantasie in den ›poetischen Unsinn‹; der Anhang der Idylle demonstriert eindrucksvoll die segensreiche Magie der Einbildungskraft im Leben und in der Dichtung. Der Anhang empfiehlt, das Leben als Rolle zu nehmen. Die Idylle »Quintus Fixlein« zeigt, daß der Held aus der Rolle fällt, daß er nicht imstande ist, sich von sich selbst zu distanzieren. Der Anhang besingt die Freuden und Segnungen der Einbildungskraft, die Idylle handelt von ihren Gefährdungen. Kurzum, zwischen beiden Texten gibt es beträchtliche Widersprüche.

Wie verhält sich der Erzähler zu Fixleins Todesvisionen? Wie immer fasziniert von Thema Tod, betont Jean Paul durch den Erzähler eher dieses Thema als daß er es abschwächte. Es ist der Erzähler, der im »Quintus Fixlein« sogar ein Ereignis wie die bevorstehende Geburt eines Kindes mit Tod und Sterben in Verbindung bringt. An der folgenden Stelle scheint es geradezu, als wolle der Erzähler die Todessüchtigkeit Fixleins übertreffen. »Ich habe nie von dem schrankenlosen Flattersinne des weiblichen Geschlechtes eine lebhaftere Vorstellung als zur Zeit, wo eine Frau den Engel des Todes unter ihrem Herzen

---

[47] Epiktet: Handbüchlein der Ethik (Anm. 30), S. 19f. (Kap. 5).

trägt, und doch in den neun Monaten voll Todesanzeigen keinen größern Gedanken hat als den an ihre Gevattern und an das, was bei der Taufe gekocht werden soll. Aber du, Thienette, hattest edlere Gedanken, obwohl jene auch mit. — Der noch eingehüllte Liebling deines Herzens ruhte vor deinen Augen wie ein kleiner, auf einen Grabstein gebildeter Engel, der mit seiner kleinen Hand immer auf dein Sterbejahr hinzeigte, und jeden Morgen und jeden Abend dachtest du mit einer Gewißheit des Todes, von der ich die Gründe noch nicht weiß, daran, daß die Erde eine dunkle Baumannshöhle ist, wo das Menschenblut wie Tropfstein, indem es tropft, Gestalten aufrichtet, die so flüchtig blinken, und so früh zerfließen!« (4,153f.). Selbst auf Ereignisse, die auf Lebenszuwachs deuten, läßt der Erzähler durchaus unidyllische Schatten fallen. Thienettes Todesvisionen werden von ihm geteilt und beglaubigt. Im Gegensatz zum Helden, dem von Todesangst gepeinigten Fixlein, gewinnt sie ihre Fassung durch den Gedanken an die überdauernde Liebe zurück. »Es gehe wie es will, Gottes Wille geschehe, wenn nur du und mein Kind am Leben bleiben — aber ich weiß wohl, daß du mich, Bester, so liebest wie ich dich« (4,154). Die vorlaufende Einbildung des Todes wird durch die Liebe besänftigt und ihrer Schrecken beraubt. Der Erzähler steigert, erneut mitfühlend und gleichgestimmt wie seine Figur, den Gedanken der allesüberwindenden Liebe. Die Digression ermöglicht eine Wiederherstellung der Idylle: »Ich stehe zwar voll Rührung und voll Glückwünsche neben (...) der Umarmung von zwei tugendhaften Liebenden (...); aber was ist diese Erwärmung gegen die sympathetische Erhebung, wenn ich zwei Menschen, gebückt unter einerlei Bürden, verknüpft zu einerlei Pflichten, angefeuert von derselben Sorge für einerlei kleine Lieblinge, einander in einer schönen Stunde an die überwallenden Herzen fallen sehe! Und wenn es vollends zwei Menschen tun, die schon die Trauerschleppe des Lebens, nämlich das Alter, tragen, (...) deren Angesicht tausend Dornen zu Bildern der Leiden ausgestochen haben, wenn diese sich umfangen mit so müden alten Armen und so nahe am Abhange ihrer Gräber, und wenn sie sagen oder denken: ›Es ist an uns alles abgestorben, aber doch unsere Liebe nicht — o wir haben lange miteinander gelebt und gelitten, nun wollen wir auch zugleich dem Tode die Hände geben und uns miteinander wegführen lassen‹« (4,154f.). Die Vernichtungsvision wird in der Digression aufgehoben; das klassische Idyllenmotiv der liebenden Alten, das Motiv von Philemon und Baucis, stellt den Rahmen der Idylle wieder her. In einer großen Steigerung erhebt sich der Erzähler über das Erzählte und verbreitet den Trost immerwährender Liebe. Doch nicht nur das; der humoristische Stilwechsel überformt beide erhabene Passagen und zerstreut die Angst durch Komik im ›niederländischen Stil‹. Geringe und triviale häusliche Freuden kompensieren die Schrecken der Einbildungskraft. Nicht nur die »sympathetische Erhebung« der Liebe befreit vom Leiden, sondern auch der Kontrast des Kosmischen. »Dem Pfarrer ward es leichter als mir, sich einen Übergang vom Herzen zum Magen zu bahnen«. Mit diesem Wechsel in die Sphäre des Niedrig-Komischen, in die seit alters die Eßlust und die Beschreibung üppiger Gastereien gehört, rettet der Humor den Rahmen der Idylle. Fixlein »trug jetzt Thiennetten, deren Stimme sich sogleich erheiterte – indes ihr Auge einmal ums andere zu glänzen anfing –, sein Vorhaben vor, das Frostwetter zu benützen und so viel ins Haus einzuschlachten, als sie haben: ›Das Schwein kann kaum mehr aufstehen‹, sagt' er und bestimmte den Entschluß der Weiber, ferner den Metzger und den Tag und die Zahl der Schlachtschüsseln« (4,155).

Der komische Kontrast in dieser Passage des »Quintus Fixlein« erfüllt die Zielsetzung des aequo animo ferre. Der abrupte Stilwechsel befreit vom Leiden; Erzähler, Figuren und letztlich auch der Leser – wenn die Absicht des Autors sich in ihm durchsetzt – treten aus der Betroffenheit heraus und schlagen den Weg des Humors ein, der von Unlust und Melancholie wegführt. Jean Paul durchsetzt die ernst-erhabene Digression über den Tod und die Liebe mit dem Gedanken ans Essen wie zuvor die Predigt mit der Erwartung des Sonntagsmahls. »Rührung besiegt den Appetit. Aber Fixleins Magen war so stark wie sein Herz, und keine Art Bewegung wurde über seine peristaltische Herr« (4,153). Humor, so heißt es in der »Vorschule«, gewährt als »echte Dichtkunst dem Menschen Freilassung« und läßt die Wechselfälle unserer »geistigen Jahrzeiten leicht vor uns erscheinen und entfliehen« (5,469). Wetterbeobachtungen, der Erwerb eines neuen Turmknaufs oder die Lektüre des Pfarrers in seinen Mußestunden – die Detailmalerei der ›humoristischen Sinnlichkeit‹ – bestimmen den Fortgang der Idylle. Die Einbildungskraft waltet ihres Amtes und stellt die Idylle her, wo sie gefährdet erscheint. Eng verzahnt mit dieser Leistung der Einbildungskraft vernichtet der Humor die Widrigkeiten des Endlichen. Doch dann, im vorletzten Kapitel, scheint die Einbildungskraft als Schutzwall vor der andrängenden Wirklichkeit aus dem Ruder zu laufen. Selbstversunken zu Hause zu bleiben, sich nicht in die Händel der Welt zu mischen, wie es schon der Lebenskünstler Fontenelle empfahl, hilft dann nicht, wenn die Einbildungskraft als Mittel unversehens selbst zum Unruhestifter wird. Die »monstres« der eingebildeten Übel machen einen glücklichen, in sich selbst ruhenden Zustand unmöglich. Wo Mäßigung nottäte, bringt die Einbildungskraft neue Übel hervor.[48]

Jean Paul macht die Gefährdung der Idylle durch die Einbildungskraft zum Thema: das Remedium wird arsenikalisch. Nicht nur zum »Wutz«, sondern auch zu ihrem Anhang »Über die natürliche Magie der Einbildungskraft« steht

---

[48] Fontenelle: Du Bonheur: In: Oeuvres complètes. Hrsg. v. G. B. Depping. Genève 1968, Bd. 2, S. 380. Zur Bedeutung Fontenelles für die ›innere‹ Idylle, für das Glück von innen, vgl. Robert Mauzi: L'idée du bonheur dans la littérature et la pensée francaises au XVIIIe siècle. 2. Aufl. Paris 1965, S. 223ff. –

die problematische Idylle »Quintus Fixlein« deutlich in einem Spannungs-verhältnis.[48a]

Denn Fixleins Obsession, im zweiunddreißigsten Jahre zu sterben, wird zum kompletten Wahn. In Erwartung des Termins legt er sich ins Bett, bedrängt von Vernichtungsvisionen: »die Phantasie blies jetzt im Dunkel den Staub der Toten auf und trieb ihn zu aufgerichteten Riesen zusammen«. Es ist eine Krankheit der Seele, die ihn bedrängt und körperlich zu vernichten droht. Der »Glaube ans Sterben pulsierte im ganzen Geäder des Armen« (4,178f., 180). Mit knapper Not wird Fixlein davon abgebracht, an seiner Einbildung zu sterben. Gerettet wird er durch eine Kur, die auf die Einbildungskraft wirkt: »Die Kur war so närrisch wie die Krankheit« (4,181). Der Erzähler wird zum Arzt und Psychiater. Er greift zu der Therapie, »Einbildung mit Einbildung zu kurieren«, denn etwas »Vernünftiges hätt' er weniger aufgefasset und begriffen als dieses Närrische« (4,182). Die Mutter redet dem Patienten ein, er wäre ein Kind von acht Jahren, sie macht ihm weis, er habe die Blattern und versorgt ihn mit Kinderspielzeug. Auf Anweisung des Dichter-Arztes begibt sich die Mutter in ihre fiktive Rolle; »im größten Schmerze werden einer Frau Rollen der Verstellung leicht« (4,182). Die Inszenierung gelingt, im »lösenden Rosenduft des schönsten Wahns« – ein von der Mutter umhegtes und beschütztes Kind zu sein – beruhigt sich das Fieber des Körpers und der Seele. Es folgt eine zweite Manipulation; das Datum der Sturzuhr wird um acht Tage vorgerückt. Als Fixlein aufsteht und nach dem Kalender greifen will, sagt der Erzähler, Arzt und Freund: »ob er toll wäre – was er denn mit seiner närrischen Todesfurcht noch haben wolle, da er solange liege und sehe, daß er den Kantatesonntag schon hinter sich habe, und doch an der bloßen Angst verdorre zu einer Dachschindel« (4,183).

Fixlein muß von seinem Wahn befreit werden, an dessen körperlichen Folgen er zu sterben droht. Der Erzähler und Freund wählt eine poetische Kur: die sogenannte Theaterdarstellung, die Einbildung mit Einbildung heilt. Es ist eine der drei repräsentativen Kuren der Psychiatrie des 18. Jahrhunderts. Neben

---

[48a] Die ›systemwidrige‹, im »Quintus Fixlein« problematisierte Annäherung von (poeti-scher) Einbildungskraft und Stoizismus hat Jean Paul schon sehr früh, nämlich 1786, erwogen: »Der Poet und der Stoiker sind sich vielleicht nicht so unähnlich; ieder wirft sich aus der äussern Welt in die eigne: nur daß der Poet der wirklichen Welt mehr seine schimmernden Täuschungen anmalt (leiht) und der Stoiker hingegen ihr mehr ihre fürchterlichen abzieht (nimt); wenn man der erstere nicht mehr bleiben kan, so mus man der andere werden. Dem J. J. Rousseau vertrat seine Phantasie die Stelle der Apathie.« Die Phantasie an die Stelle der Apathie zu setzen, empfiehlt die Abhandlung »Über die natürliche Magie der Einbildungskraft«. Der Welt die ›fürchterlichen‹ Täuschungen abzuziehen und auf die ›schimmernden‹ zu verzichten, wird Quintus Fixlein nach der Heilung von den Wahngebilden seiner Einbildungskraft empfohlen (Jean Paul: Sämtliche Werke. Hrsg. v. E. Berend, II. Abt., Bd. 3, S. 19f.; vgl. 4,198 und 4,185f.).

der brutalen Methode, den Wahnsinnigen aus seinem Wahn zu ›wecken‹ durch Schmerz oder Gewaltanwendung und der anderen, ihn mit Feldarbeit und einem einfachen Leben zur Besinnung zu bringen, ist die Theatermethode als frühes Psychodrama der faszinierende Versuch, des Wahnsinnigen Einbildung mit Einbildung zu heilen. Anstatt ihn aus seinem Wahn herauszuscheuchen, versucht der Arzt die Struktur und die innere Logik des Wahns zu verstehen. Er begibt sich mit Hilfe seiner einfühlenden Phantasie in die Wahnwelt, indem er eine ihr gemäße Situation inszeniert. »Es handelt sich nicht um die Fortsetzung des Deliriums, sondern um den Versuch, es während der Fortsetzung zu beenden.« Kurzum, der Arzt spielt mit im Drama des Wahnsinns, indem er ihm mit den Mitteln der Fiktion eine neue Wendung gibt.[49]

Der berühmteste Fall einer solchen Theaterkur war Jean Paul mit Sichereheit bekannt. Mehrere Bücher über Psychiatrie, über Einbildungskraft oder über Geisterseherei, die Jean Paul kannte, berichten über diese Heilung. Wir wählen die Version von Hennings: »Hollerius erzählt nemlich, daß jemand geglaubt, er sey gestorben, und deswegen weder essen noch trinken wollen. Als aber ein Freund desselben sich zu ihm ins Grab legte, und sagte: er wäre ebenfalls tod, auch aß und trank, und seinen imaginativen Mittoden durch Gründe überzeugte, daß auch die Toden äßen und tränken, so entschloß sich der Mittode zu Speise und Trank, wurde wieder gesund und klug. Vermuthlich war dieß ein Mensch, der des Lebens überdrüßig und grillensiech war, der alle Dinge nach seiner schwermüthigen Einbildungskraft abbildete, nichts als Gefährlichkeiten und Fallstricke in der Welt fand, und also den Tod recht ernstlich wünschte, sich auch wohl gedachte, wenn du tod bist, wirst du ganz ruhig fortdenken, nur daß dir das Irdische entbehrlich seyn wird.«[50] Hennings, der Verfasser einiger

---

[49] Michel Foucault: Wahnsinn und Gesellschaft. Eine Geschichte des Wahns im Zeitalter der Vernunft. Frankfurt 1973, S. 337f.

[50] Justus Christian Hennings: Von Geistern und Geistersehern. Herausgegeben vom Verfasser der Abhandlung, von den Ahndungen und Visionen. Leipzig 1780, S. 20. – Jean Paul las und exzerpierte Hennings schon 1780 in einem Heft, das sich vorwiegend mit dem Verhältnis von Körper und Seele und dem Status der Ideen befaßt. Im Hinblick auf Leibniz' Monadologie werden David Hartley, Charles Bonnet und eben Hennings untersucht. Jean Paul notiert Hennings' Kritik der »ganz dunkeln Ideen« und Bemerkungen über die »Einbildungskraft« (Fasc. 1b Exzerpten. Neunter Band, 1780 (Hof)«, S. 194f.; zu diesem Band vgl. auch die von Berend abgedruckten Bemerkungen zu den Exzerpten in Jean Pauls sämtliche Werke. Hrsg. v. E. Berend, 2. Abt., Bd. 1, S. 25–29). 1784 exzerpiert Jean Paul erneut Hennings, wobei ihn besonders der Hexenwahn interessiert und das Gebiet der Halluzinationen z.B. »Pythagoras: im Ohrenklingen liegt et(was) Götliches verborgen« (Fasc. 2a »Geschichte. Fünfter Band 1784«, S. 25). Weitere Eintragungen finden sich in Fasc. 2a »Geschichte. 13. Band 1788«, S. 73. Zur Stellung Hennings in dem Streit zwischen Lavater und Semler um die Wunderkuren des Exorzisten Gaßner vgl. W. Schmidt-Biggemann: Maschine und

Bücher gegen den Exorzismus Gaßners und die Geisterseherei Swedenborgs, erklärt die Krankheit und die Heilung aus der Imagination. Er beruft sich auf den Aufklärer Salomon Semler, der gegen den Hexenwahn mit Erfolg kämpfte. Hennings erzählt die Geschichte als Paradigma der außerordentlichen Gewalt der Einbildungskraft. Wie in diesem Fall könne auch die Geisterseherei aus dieser Gewalt erklärt und damit rational aufgelöst werden. Die Imagination erlange körperliche Gestalt; ihre Bilder verdickten sich zu plastischen Gestalten. Oder, Semler folgend: »Die entfernteste Ähnlichkeit zeigt uns alsdann das Gefürchtete in seiner ganzen Gestalt. Wir sehen nicht, was da stehet, sondern was wir fürchten.«[51]

Eben dies weiß auch Jean Paul in der »Vorschule der Ästhetik« zu berichten; »Fieber, Nervenschwäche, Getränke« können die Bilder der Einbildungskraft »so verdicken und beleiben, daß sie aus der innern Welt in die äußere treten und darin zu Leibern erstarren« (5,47). Fixleins Wahn geht freilich weit darüber hinaus. Seine Angst wirkt unmittelbar auf den Körper, die von Todesfurcht aufgewühlte Seele macht ihn todkrank am Leibe. Wie in der Nosologie Georg Ernst Stahls ist es die Seele, die den Körper regiert und ihn krank- oder gesundmacht. Heilung – so die Therapeutik des von Jean Paul und Platner hochgeschätzten Stahl – ist nur zu erhoffen, wenn die Seele ihre Gewohnheiten ändert, Gewohnheiten, durch welche die Seele unbewußt auf den Körper wirkt. Quintus Fixlein wird an Leib und Seele geheilt durch eine Inszenierung, die wie in dem

---

Teufel. Freiburg/München 1975, S. 150f.). – Hennings gehörte wie Salomo Semler zu dem Kreis von Aufklärern, die sich wachsam mit dem erneut auftauchenden Wunderglauben beschäftigten. Mit der Dämonologie und Geisterseherei ging er entweder vom Standpunkt der Physik oder der Medizin ins Gericht.

[51] Sammlungen von Briefen und Aufsätzen über die Gaßnerischen und Schröpferischen Geisterbeschwörungen mit eigenen vielen Anmerkungen herausgegeben von Johann Salomo Semler. Halle 1776. 2. Stück, S. 74. Zitiert bei Hennings, a.a.O., S. 24. – Hennings erklärt die Einbildungskraft als »erste und vollergiebige Quelle von Phantomen und betrüglichen Empfindungen jeder Art«; alles, was mit starker Hoffnung oder heftiger Furcht verbunden sei, könne von der Einbildungskraft den Schein der Wirklichkeit erhalten. »Schon Jacob Böhme bildet sich steif und fest ein, daß er eine Stimme gehöret, einen Engel gesehen und gesprochen, und dennoch war es nur ein Erfolg seiner Phantasie«. Die »liebenswürdige Einbildungskraft« könne freilich auch den »Mann von Genie« über alle Unfälle des Lebens erheben; »er trägt in sich einen Schatz, den ihm kein Unglück rauben kann: von einem himmlischen Feuer belebt, beschäftigt er seine Gedanken; sie verweilen bey den erhabensten oder anmuthigsten Gegenständen, und schon ist das Bild seiner Widerwärtigkeiten ausgelöscht« (Hennings, a.a.O., S. 8, S. 40 und S. 14f.). Jean Paul nennt in seinem Aufsatz »Über die natürliche Magie der Einbildungskraft« eben dieselben Phänomene, deutet sie aber anders als Hennings. Die »Furcht vor etwas Unendlichem, die »Gespensterfurcht«, beflügelt von der Stärke der Affekte, gehört wie in der »Vorschule« zu jenem » S i n n d e s   G r e n z e n l o s e n «, der als Instinkt und Entbehrung ein Zeichen der wahren Grenzenlosigkeit ist (vgl. 4,200f.).

berühmten Paradigma der Psychiatrie der verwirrten und verwirrenden Einbildungskraft des Patienten eine neue Wendung gibt.

Foucault hat in seiner Geschichte der Psychiatrie eine solche Inszenierung als Konfrontation des Wahns mit seinem eigenen Sinn beschrieben.[52] Heilung bedeutet nicht gewalttätige Vertreibung aus der Wahnwelt, sondern Versöhnung mit der Ursache des Wahns. Fixleins überstandene Todesangst führt zu einer Versöhnung mit der Sterblichkeit und zur heiteren Verachtung des Lebens.

Der Roman endet mit einer stoischen Predigt zur Erbauung und Belehrung mit dem Titel:»Elementarkenntnisse der Glückseligkeitslehre«. Gelehrt wird all das, was dem Quintus Fixlein nottut. Man muß dem »b ü r g e r l i c h e n Leben« künstlichen Geschmack abgewinnen, indem»man es liebt, ohne es zu achten«, indem man es trotz seiner Gemeinheit »poetisch genießet« (4,185). Kurzum, indem man seine Rolle im Schauspiel des Lebens spielt, ohne sich mit ihr zu identifizieren. Eine weitere Regel betrifft die stoische Apathie:»Verachte die Angst und den Wunsch, die Zukunft und die Vergangenheit!« Es ist dieselbe Warnung vor Affekten und Antizipationen wie in den von Sarasa inspirierten Aufsätzen von 1811 und 1813. In dieselbe Kerbe schlägt eine andere Elementarkenntnis der Glückseligkeitslehre:»Mache deine Gegenwart zu keinem Mittel der Zukunft, denn diese ist ja nichts als eine kommende Gegenwart, und jede verachtete Gegenwart war ja eine begehrte Zukunft!« (4,185) Fazit:»Verachte das Leben, um es zu genießen!« Schmerz und Freude sind gleich gering zu achten, gepredigt wird Mäßigkeit und Bedürfnislosigkeit (4,188).

Das Konfliktpotential der im Anhang von Jean Paul ›poetisierten‹ Ars semper gaudendi wird also am Ende des »Quintus Fixlein« entschärft durch die reine stoische Lehre.

Es wurde deutlich, daß Jean Paul schon 1796 die Einbildungskraft als Remedium u n d als Gefährdung thematisiert. Er entwickelt schon zu dieser Zeit eine anthropologische Dialektik der Phantasie, die eine Vielzahl ihrer Wirkungen für den Menschen beleuchtet.

Der Umschlag der erhitzten Einbildungskraft in den Wahn ist ein Lieblingsthema der Aufklärung. Wielands Schwärmerkuren im »Don Sylvio« und im »Agathon« zeugen davon. Offensichtlich steht Jean Paul der aufklärerischen Schwärmerkritik näher, als gemeinhin angenommen wird.

Die Fabel des letzten Romans von Jean Paul, die Fabel des unvollendeten Romans »Der Komet«, zählt nicht weniger als drei Verrückte; der Apotheker mit dem Namen Marggraf hält sich für einen illegitimen Fürstensproß und zieht mit einem Hofstaat umher. Die fixe Idee der Hauptfigur treibt die Handlung eines Romans voran, von dem wir nicht wissen, wie es enden sollte. Gelegentlich wird

---

[52] Michel Foucault: Wahnsinn und Gesellschaft, a.a.O., S. 337. Foucault erzählt dieselbe Geschichte nach einer anderen Quelle.

eine psychiatrische Kur erwogen, um den tollgewordenen Fürstapotheker von seiner fixen Idee zu heilen (vgl. 6,820f.). Hinzu kommt ein wahnsinniger Maler, der die Gemälde, die er im Traum sieht, nie wirklich auf die Leinwand bringen kann. Der dritte ist der »eingebildete Kain«; er wurde durch das besessene Studium fragwürdiger theologischer Werke zu dem Glauben gebracht, der Leibhaftige zu sein (6,970). Den ganzen Romen durchwaltet die entfesselte Einbildungskraft seiner Figuren; stets werden Wahnsinn und Einbildungskraft nebeneinander gesetzt. Man hat daraus gefolgert, die zuvor hymnische Verehrung der Einbildungskraft habe im Spätwerk Jean Pauls ein Ende. Es wurde sogar behauptet, der Roman sei eine ›Selbstparodie‹ des Dichters Jean Paul.[53]

Diese These ist nicht neu; ihre Urheber im 19. Jahrhundert sind K. Th. Planck und Friedrich Theodor Vischer. Einmal gelten die »Flegeljahre«, ein anderes Mal »Dr. Katzenbergers Badereise« als Stichdatum dieser Wandlung Jean Pauls. Jeweils wird eine Krise diagnostiziert, eine Entmächtigung der Einbildungskraft

---

[53] Die These, Jean Paul habe sich im Spätwerk selbst revidiert, stammt ursprünglich von F. Th. Vischer. Jean Paul bekämpfte seit den »Flegeljahren« die überfliegende sentimentale Poesie und damit diese Neigung in sich selbst (Friedrich Theodor Vischer: Über den Zynismus und sein bedingtes Recht (1878). In: F. Th. V., Kritische Gänge, Bd. 5, Hrsg. von R. Vischer. 2. Aufl. München 1922, S. 444 und S. 460). 1867 interpretierte K. Th. Planck die »Flegeljahre« als Sinnbild der deutschen Nation, in welcher der »ideale Geister- und Gemüthsdrang sich selbst zugleich mit dem nüchternen realistischen Sinne« durchdringen müsse, um so zum »wahrhaft praktischen«Sinn zu werden (Karl Theodor Planck: Jean Pauls Dichtung im Lichte unserer nationalen Entwicklung. Ein Stück deutscher Culturgeschichte. Berlin 1867, S. 118). Planck erklärte als erster den sentimentalen Humor als Fluchtbewegung vor den öffentlichen Zuständen der Nation. Die hohe Idealität von Gnaden der Phantasie und ihr Kontrast zur erbärmlichen Wirklichkeit spiegele so die gesellschaftliche Wirklichkeit in Deutschland. Vischer war mit dieser Deutung nicht einverstanden (vgl. F. Th. V., Eine Schrift zu Jean Paul. In: Jean Paul. Hrsg. von U. Schweikert. Darmstadt 1974, S. 22ff.); er erkennt jedoch ebenso wie Planck eine zunehmende Kritik der ›Magie der Einbildungskraft‹ im Werk Jean Pauls. Auf diesen Spuren interpretierte D. Sommer den »Katzenberger« als Verkehrung und Parodie der früheren Überzeugung Jean Pauls (Dietrich Sommer: Jean Pauls Roman »Dr. Katzenbergers Badereise«. Diss. Halle/Saale 1959; vgl. unten VII,7). U. Schweikert nahm diesen Faden auf und begriff den Spätroman »Der Komet« als ›Selbstparodie der Kunst‹. Es sind besonders die ›pathologischen‹ Formen der Phantasie, die Verrückung des Helden, der Wahn des Malers Raphael und des Gottesleugners Kain, die Schweikert zu diesem Urteil veranlassen (Uwe Schweikert: Jean Pauls »Komet«. Selbstparodie der Kunst. Stuttgart 1971, vgl. S. 14, S. 132). Diese »Selbstzersetzung der Phantasie« weitet P. Sprengel in dem gleichnamigen Kapitel vom Spätwerk auf das Hauptwerk aus, auf den »Hesperus«, ja auf die »Unsichtbare Loge« (Peter Sprengel: Innerlichkeit. Jean Paul oder Das Leiden an der Gesellschaft. München/Wien 1977, S. 272 – 275).

bei Jean Paul durch die Realität, oder eine ›Selbstzersetzung‹ der Phantasie, die sich durch die auffällige Nachbarschaft von Einbildung und Wahn geltend mache.

Es erscheint im Blick auf den »Quintus Fixlein« und seinen Anhang nicht gerechtfertigt, von einer ›Selbstzersetzung‹ oder ›Krise‹ der Phantasie im Spätwerk zu sprechen. Vielmehr laufen bei Jean Paul Affirmation und Kritik seit 1796 durchaus parallel.

VII. Der Humor oder die Weltverachtung

1. Das Erhabene und das Lächerliche

Jean Paul sendet seiner Analyse des Lächerlichen das Erhabene voraus mit der Begründung:»Dem unendlich Großen, das die Bewunderung erweckt, muß ein ebenso Kleines entgegenstehen, das die entgegengesetzte Empfindung erregt« (5,109). Diese unmittelbare Nachbarschaft des Erhabenen und Lächerlichen im VI. Programm der »Vorschule der Ästhetik« scheint auf der Erfahrung zu beruhen, vom Erhabenen zum Lächerlichen sei es nur ein Schritt.

Seit Aristoteles wurde das Lächerliche in einer Ungereimtheit gesucht; Jean Paul zitiert Flögel, der das Lächerliche aus dem Kontrast des Großen und des Kleinen entstehen läßt, oder Kant, der psychologisch den Kontrast zwischen hoher Erwartung und deren Auflösung in ein Nichts in Anschlag bringt. Obwohl auch für Jean Paul das Lächerliche und das Komische überhaupt auf einem Kontrastphänomen beruht, ist es das Ziel seiner Bemühungen in § 26, das Erhabene aus dem Lächerlichen herauszuhalten: »der Erbfeind des E r h a b e n e n ist das Lächerliche« (5,105). Befreundet mit dem Erhabenen ist der Humor, der auf dem Kontrast des Endlichen mit der (erhabenen) Idee beruht (vgl. 5,125). Dagegen gilt: das Erhabene darf nicht vor den »unechten Richterstuhl« des Verstandes bzw. des Lächerlichen gezogen werden (5,116).

Shaftesburys »Test of ridicule« zieht das Erhabene vor den Richterstuhl des Lächerlichen. Shaftesburys Test beruht auf dem Mißtrauen gegen die Erhabenheit, nicht grundsätzlich, sondern da, wo der Verdacht der irrenden Einbildungskraft als Ursprung des vermeintlich Erhabenen naheliegt. Wieland ›Schwärmerkuren‹ im »Don Sylvio«, im »Agathon« oder in der Verserzählung »Musarion« ziehen das Erhabene vor den Richterstuhl des Lächerlichen, um die Berechtigung seines Anspruchs zu prüfen. Jean Paul depotenziert das Lächerliche, um für den Humor Platz zu gewinnen. Der Humor ist nicht die Probe des Erhabenen durch den Kontrast mit dem Kleinen und Nichtigen, sondern umgekehrt die Vernichtung des Endlichen durch das Erhabene.

Jean Pauls Wendung hat so bedeutende Ursachen und Folgen, daß es notwendig erscheint, Shaftesburys »Test of ridicule« und seine Rolle im 18. Jahrhundert wenigstens zu skizzieren.

Wie läßt sich die Anmaßung falscher Erhabenheit von der Würde des wahrhaft Erhabenen unterscheiden? Diese Frage führt Shaftesbury zur Formulierung seines »Test of ridicule«.[1] Das Lachen ist ein Antidot gegen Aberglauben und melancholische Selbsttäuschung. Wird das Lächerliche extravaganten Verhaltens erkannt, so kann der enthusiastische Aufruhr des ›bad Humour‹ nicht ansteckend wirken. Zur Harmonisierung des rechten, natürlichen ›Humour‹ empfiehlt Shaftesbury Scherz oder Spott. Allerdings wird streng unterschieden, ob etwas unangemessen lächerlich gemacht oder ob in allen Dingen das zurecht Belachenswerte gefunden wird. »For nothing is ridiculous except what is deform'd: Nor is any thing proof against R a i l l e r y , except what is handsome and just.«[2] Nur das Deformierte ist lächerlich, das Schöne und Wahre besteht den Test of ridicule. Die Überzeugung Shaftesburys von der Verläßlichkeit des Lachens als Detektor des wahrhaft Lächerlichen hat ihren Grund in seinem Vertrauen auf die Güte der menschlichen Natur. Dieser

---

[1] Der ›Spott als Wahrheitsprobe‹ und als Mittel gegen die ›Schwärmerei‹ wird bei Chr. Fr. Weiser im 5. Kap. seines Buches dargestellt (Shaftesbury und das deutsche Geistesleben. Leipzig/Berlin 1916). Eine Wirkungsgeschichte des Test of Ridicule in der deutschen Literatur gibt es nicht. Sie hätte Lessing, Wieland und seine Schwärmerkuren und die Poetik des Lächerlichen in der deutschen Aufklärung zu beachten. Erwin Wolff befaßt sich kurz und beiläufig mit dem Test im Blick auf die englische Literatur (Shaftesbury und seine Bedeutung für die englische Literatur des 18. Jahrhunderts, Tübingen 1960, S. 62f.). In der neueren anglistischen Forschung hat A. O. Aldridge einen bedeutenden Aufsatz über das Lächerliche bei Shaftesbury und die Wirkung des Tests in der englischen Ästhetik geschrieben (Shaftesbury and the Test of Truth. In: PLMA (1945) Vol. LX, S. 129 – 156). Stuart M. Tave zeigt die Wende, die Shaftesburys ›benevolent Laughter‹ gegenüber Hobbes bedeutet und verfolgt die Entwicklung zum Humor in England (The Amiable Humorist. A Study in the comic theory and criticism of the eighteenth and early nineteenth centuries. Chicago 1960, S. 43 – 87). Jörg Schönert erkennt die Fruchtbarkeit des »Test of ridicule« im Blick auf die Satire der Aufklärung (Roman und Satire im 18. Jahrhundert. Ein Beitrag zur Poetik. Stuttgart 1969, S. 65ff.). Auf den Zusammenhang von Enthusiasmus, Fanatismus und Lachen geht im Rahmen der Wortgeschichte W. Schmidt-Hidding ein (Humor und Witz. München 1963, S. 107 – 113). H. J. Schings hebt die bedeutende Wirkung des Tests auf die Schwärmerkritik im 18. Jahrhundert hervor, deren Hauptquelle der »Letter concerning Enthusiasm« war (Melancholie und Aufklärung. Stuttgart 1977, S. 179 – 184 und passim).

[2] In der Shaftesbury-Übersetzung von Heinrich Christoph Hölty wird ›Raillery‹ häufig mit ›Scherz‹ wiedergegeben, so auch an dieser Stelle: »Denn nichts ist lächerlich, als das Ungestalte; nichts ist probefest gegen den Scherz, als das Schöne und Wahre« (Des Grafen Shaftesbury philosophische Werke. Aus dem Englischen übersetzt. Leipzig 1776, Bd. 1, S. 168). Shaftesbury selbst bevorzugt jedoch ›raillery‹ (Spott) gegenüber dem freundlicheren ›jest‹ (Scherz). Hölty will offensichtlich die Anstößigkeit des Test of ridicule, der durchaus den Spott einschließt, für den deutschen Leser mildern.

natürlichen Ordnung muß die Erziehung und die gesellschaftliche Verfassung gemäß sein. »A Man of thorow G o o d B r e e d i n g« wird keine rohe Handlung begehen, er wird nicht nur »Self-Interest« wahren, sondern in gewisser Weise ohne Nachdenken seiner auf Gesellschaft hin angelegten Natur folgen.[3]

Um eine natürliche Belance menschlicher Triebe und Leidenschaften herzustellen, bedarf es des freien Gebrauchs der »sceptical kind of Wit«. Bevormundung durch den Staat oder andere Autoritäten verhindert den freien Ausgleich der Kräfte. Shaftesbury vergleicht die Störung des natürlichen Gleichgewichts mit der Übereifrigkeit von Bauleuten, die ein Gebäude auf der Seite, wo sie glauben, es senke sich, so sehr stützen und in die Höhe schieben, daß es sich schließlich auf die andere Seite neigt und umfällt.[4]

Shaftesbury sieht die Funktion der antiken Komödie in ihrer kathartischen Wirkung: sie geißelte das »false Sublime«. »Every thing which might be imposing, by a false Gravity or Solemnity, was forc'd to endure the Trial of this Touchstone.«[5] Es seien nicht zufällig die freien Griechen gewesen, die durch den Prüfstein der das tragisch Erhabene und Feierliche parodierenden Komödie den Einklang mit der Natur der Dinge zu bewahren wußten. »For in healthy Bodys, Nature dictates Remedys of her own, and provides for the Cure of what has happen'd amiss in the Growth and Progress of a Constitution.«[6] Die kathartische Wirkung der Komödie besteht also in der Herstellung des Einklangs mit der objektiven Ordnung der Dinge; die Komödie verschafft den Good Humour als subjektives Zeichen dieses Einklangs. Bad oder ill Humour bedeutet ein Ungleichgewicht der Leidenschaften und Bestrebungen im Innern des Menschen, dessen Äußerungen dadurch zugleich häßlich und unwahr werden.

Ungleichgewicht und Widerspruch zwischen den Leidenschaften und Bestrebungen werden folgerichtig zum Kennzeichen des Lächerlichen. Grundsätzlich ist alles lächerlich, was dem Venustum, dem Honestum und dem Decorum widerspricht. »The Men of Pleasure« wollen Tugend und Wollust vereinigen, denn sie bewundern die Tugend und sind dennoch zu schwach, die zu ihr führenden Mittel einzusetzen.[7] Diese Dissonanz macht sie lächerlich; es ist der Versuch, die Größe der Tugend ohne Stärke zu erreichen. Ein lächerlicher Widerspruch ist das Gebaren religiöser Eiferer in einem wohleingerichteten

---

[3] Anthony Earl of Shaftesbury: A Letter concerning Enthusiasm (1707). In: Shaftesbury: Characteristics of Men, Manners, Opinions, Times, 4. Aufl. 1727, Bd. 1, S. 128 und S. 129.
[4] Shaftesbury, Bd. 1, S. 96 und 97.
[5] Soliloquy or, Advice to an Author (1710). In: Shaftesbury, Bd. 1, S. 246.
[6] Shaftesbury, Bd. 1, S. 247f.
[7] Shaftesbury, Bd. 1, S. 140.

Staatswesen. »Great Efforts of Anger with little purpose, serve for Pleasantry and Farce. Exceeding F i e r c e n e s s, with perfect I n a b i l i t y and I m p o t e n c e, makes the highest Ridicule.«[8] Ihre übertriebene Wut, kontrastiert von der Ohnmacht, ihre Zwecke zu erreichen, ist in höchstem Maße lächerlich. Mösers Formel, zum Lachen reize »Grösse ohne Stärke«, wird hier von Shaftesbury vorweggenommen.[9] Ebenso ließe sich der nicht eingehaltene Anspruch des ›false Sublime‹ als Größe ohne Stärke fassen.

Shaftesburys »test of ridicule« wurde 1725 von Hutcheson zur fortan stets zitierten und variierten Kontrasttheorie ausgebaut. Er sucht zunächst nach Konstellationen, in denen das Lachen nicht durch den Triumph über die Schwäche des Anderen bewirkt wird und findet als ausgezeichnetes Beispiel die Parodie und die Burleske.

Nach Hutcheson wird immer wieder in englischen und deutschen Ästhetiken ein Beispiel aus Samuel Butlers »Hudibras«[10] zitiert: der Himmel ändere durch die Morgenröte seine Farbe wie ein Hummer in kochendem Wasser, nämlich von schwarz zu rot.[11] Hutchesons Argument: Homers rosenfingrige Aurora erleide dadurch keinen Abbruch; das Vorbild werde trotz der Parodie verehrt.

Wie aber steht es, wenn die Bibel parodiert wird? Berühmt und umstritten ist Hutchesons Geschichte von Dr. Pitcairn. Man hat »manchen schottischen Presbiteraner damit auf die Probe gestellt, ob er seine Ernsthaftigkeit behaupten könne, wenn er die Anwendung hörte, die sein Landsmann, Dr. Pitcairn, von einer gewissen Stelle der Schrift bei folgender Gelegenheit machte. Als nämlich dieser Doktor einen Haufen Volks um einen Maurer versammlet sah, der mit

---

[8] Shaftesbury, Bd. 1, S. 150.

[9] Justus Möser: Harlekin. Hrsg. v. H. Boetius. Bad Homburg, Berlin, Zürich 1968, S. 26. Den Vergleich Shaftesburys mit Möser zieht C. F. Flögel in seiner »Geschichte der komischen Litteratur«, Liegnitz und Leipzig 1784, Bd. 1, S. 45.

[10] Der »Hudibras« des englischen Verssatirikers Samuel Butler, 1663 – 78 in drei Teilen erschienen, verspottet den Anspruch der Puritaner und Presbyterianer, die sich zu Unrecht den Schein der Heiligkeit und Inspiriertheit gäben. Hudibras ist ein dem Don Quijote nachgebildeter Ritter, der mit den untauglichsten Mitteln für Recht und Wahrheit kämpft. Die Theoretiker des Lächerlichen berufen sich mit Vorliebe auf den »Hudibras«, weil in ihm der lächerliche Kontrast von Ehrwürde und Heiligkeit mit Niedrigkeit und Profanität ins Auge springt. Im 18. Jahrhundert galt der »Hudibras« als treffende Satire auf religiöses Schwärmertum und auf politischen Fanatismus, wovon zahlreiche Übersetzungen zeugen. Eine recht gute Übertragung in Versen erschien 1800 (Butler Hudibras. Frei übersetzt von Dietrich Soltau. Neue umgearbeitete, mit Anmerkungen vermehrte Auflage. Reutlingen 1800).

[11] Francis Hutcheson: Reflections upon Laughter and Remarks upon the Fable of the Bees. Carefully corrected. Nachdruck der Ausgabe Glasgow 1750. New York: Garland 1971, S. 8f. Die »Reflections« erschienen erstmals 1725. – Jean Paul rechnet Butlers Vergleich »der Morgenröte nach der Nacht mit einem rotgekochten Krebse« zum »unbildlichen Witz« (5,173).

seinem Gerüste herabgestürzt, und mit den Ruinen eines Schornsteins, an dem er gearbeitet hatte, und der ihm gleich nachgefallen war, bedeckt war, rief er aus: Selig sind die Todten, die in dem Herrn sterben: denn sie ruhen von ihrer Arbeit, und ihre Werke folgen ihnen nach.«

Dazu James Beattie: »Eine solche ausgelassene Gottlosigkeit, und eine so grausame Spötterei sind nicht Gegenstände des Lachens, sondern des Abscheus.«[12] Hutcheson, der die Geschichte mit Genuß erzählt, ist nicht der Meinung seines Kritikers. Lachen errege »the wild resemblance of a mean event«. Der Grund für das Lachen über diese Geschichte liege im Kontrast zwischen dem läppischen Vorfall und der bekannten feierlichen Rede, liege in der »obvious impropriety«.[13] Zwar berge die offensichtliche Unangebrachtheit der Anspielung auf die Heilige Schrift in sich die Vorstellung von Überlegenheit über den, der solche Fehler macht und solche unpassenden Gegenstände miteinander verbindet; doch werde oft gerade der Witz desjenigen bewundert, der solche nur scheinbar naiven Verbindungen machen kann. Häufig wissen wir, »that the person who raises the laugh knows abundantly the justest propriety of speaking, and knows at present, the oddness and impropriety of his own allusion as well as any in company; nay, laughs at it himself: we often admire his wit in such allusions, and study to imitate him in it, as far as we can.«[14] Damit ist jedoch nicht der Vorwurf der Gottlosigkeit aus dem Wege geräumt, eines Mißbrauchs der Erhabenheit jener Stelle. Nach Hutcheson bringt Dr. Pitcairns Anwendung der Heiligen Schrift nur einen Menschen von läppischem Gemüt dazu, seine Hochachtung für die Größe und Schönheit dieses edeln Satzes zu verlieren. Wie bei Shaftesbury dominiert das Argument, daß wirkliche Erhabenheit und Größe dem Lachen standhalten, während die angemaßte Größe in sich zusammenfällt. Generell gelten die Gefahren durch unangemessene Bewunderung und Schwärmerei als größer als die durch Lachen. Deutlich ausgenommen wird das überhebliche Lachen über »an object in pain while we are at ease«.[15] Ein solcher Fall erregt Mitleid und Weinen. Da der Maurer nicht ernsthaft verletzt ist und die Bibel nicht herabgesetzt wird, bleibt der formale Kontrast, der durch die Verletzung des rhetorischen aptum entsteht.

Hutcheson entwickelt seine Theorie des Kontrasts der Stil- und Gegenstandsebenen im Rahmen einer Witztheorie. Eine komische witzige Verbindung entsteht, wenn »images« zusammengebracht werden, »which have contrary

---

[12] Hutcheson, a.a.O., S. 9. Die Übersetzung und der Kommentar Beatties werden zitiert nach James Beattie: Versuch über das Lachen und über wizige Schriften (1764). In: Jacob Beattie's neue philosophische Versuche. Übersetzt von Meiners. Leipzig 1780, Bd. 2, S. 144.

[13] Hutcheson, a.a.O., S. 9.

[14] Hutcheson, S. 10.

[15] Hutcheson, S. 11.

additional ideas, as well as some resemblance in the principal idea: this contrast between ideas of grandeur, dignity, sanctity, perfection, and ideas of meanness, baseness, profanity, seems to be the very spirit of burlesque; and the greatest part of our raillery and jest is founded upon it.«[16] Der Kontrast von Würde und Vollkommenheit mit Ideen von Niedrigkeit begründet Spott und Scherz. Den Kontrast hervorzubringen, bedarf es einer grundsätzlichen Ähnlichkeit der wesentlichen Idee. Der Unterschied zur Metapher beruht auf der katachrestischen Vernachlässigung der Notionen, die der wesentlichen Idee zugehören, wodurch die von der Stiltrennung pönalisierte Vermischung des Heiligen und Profanen, des Hohen und des Niedrigen zustandekommt. Um das Besondere des komischen Witzes herauszustellen, unterscheidet ihn Hutcheson vom »grave wit«. »What we call grave wit, consists in bringing such resembling ideas together, as one could scarce have imagined had so exact a relation to each other (...) and therefore give the pleasure of surprize. In this serious wit, though we are not solicitous about the grandeur of images, we must still beware of bringing in ideas of baseness or deformity, unless we are studying to represent an object as base and deformed. Now this sort of wit is seldom apt to move Laughter, more than heroic poetry«.[17] Der ernste Witz, der die schöne oder erhabene Metapher hervorbringt, verbindet überraschend Ideen, die gewöhnlich nicht miteinander verbunden sind. Der Dichter muß, um nicht unabsichtlich Lachen zu erregen, die Stilebenen streng auseinanderhalten; er darf nicht hohe und niedrige, schöne und häßliche Vorstellungen vermischen.

Entsprechend der Assoziationstheorie Lockes erklärt Hutcheson diesen Unterschied des komischen und des ernsten Witzes durch Gewohnheit und Erziehung. Häufige Anspielungen oder entfernte Ähnlichkeit führen dazu, unbelebten Objekten Gemütsbewegungen zuzuschreiben. Gegenstände oder Tiere werden zu Emblemen von Lastern oder Schwächen, die Größe des Himmels, der See oder der Berge zu Zeichen der Erhabenheit, gewisse Tiere zu Zeichen von Dummheit, Fleiß oder Mut. Der komische Witz bringt diese traditionell übliche Emblematik oder Metaphorik durcheinander.

Die parodie einer hohen Dichtung, die sich durch »sublimity of thoughts, and boldness of images« auszeichnet, erregt Lachen, denn sie wendet die bekannten Bilder auf niedrige und vulgäre Gegenstände an.[18] Voraussetzung ist, daß starke Leidenschaften wie Furcht, Sorge oder Mitleid, die als groß und feierlich gelten, anläßlich kleiner und niedriger Verrichtungen ins Spiel kommen. Wenn also der Geizige alle seine Affekte auf seine Kasse versammelt, so wirkt dies lächerlich, zumal bei dem klassischen Motiv des verliebten Geizigen, der im Widerstreit der Neigungen sein Geld denn doch mehr liebt.

---

[16] Hutcheson, S. 19.
[17] Hutcheson, S. 18f.
[18] Hutcheson, S. 19f.

Wie schon in diesem Beispiel hat Hutchesons Bestimmung der Funktion des Lachens einen stoischen Grundzug. »In many of our faults, occasioned by too great violence of some passion, we get such enthusiastic apprehensions of some objects, as lead us to justify our conduct: the joining of opposite ideas or images allays this enthusiasm; and, if this be done with good nature, it may be the least offensive, and most effectual, reproof.«[19] Entgegengesetzte Vorstellungen dämpfen (allay) die Leidenschaften; das so erzeugte Lachen führt zur Hygiene der Einbildungskraft. Fehler, Schwächen, aber auch Laster werden nach der »Sittenlehre der Vernunft« hervorgebracht durch ein der natürlichen Ordnung widersprechendes Ungleichgewicht der Leidenschaften und Begierden.[20] Die Beherrschung der Affekte führt zur Vernunft, zur Tugend und zum Glück. Lachen restituiert also wie bei Shaftesbury die gestörte Übereinstimmung mit der natürlichen Ordnung. »It is well known, that our passion of every kind lead us into wild enthusiastic apprehensions of several objects. When any object seems great in comparison of ourselves: when an object appears formidable, a weak mind will run into panic, an unreasonable, impotent horror. Now in both these cases, by our sense of the ridiculous, we are made capable of relief from any pleasant, ingenious well-wisher, by more effectual means, than the most solemn, sedate reasoning.«[21] Hutcheson verweist auf Elijah, der die Anbetung Baals durch einen Scherz zu Ende gebracht und seine Landsleute damit auf den Weg zur richtigen Betrachtung der göttlichen Natur geführt habe. Er machte die angemaßte, durch blinden Enthusiasmus verursachte Würde des Götzen lächerlich. Der Test of ridicule scheidet die wahre von der falschen Größe.

Die Erkenntnis des Lächerlichen bietet Entlastung (relief) von Furcht und Schrecken, verursacht durch Objekte, die im Vergleich zu uns groß erscheinen. Das Lachen wird so zum Test des Erhabenen. »Nothing is so properly applied to the false grandeur, either good or evil, as ridicule«.[22] Der Sinn für das Lächerliche wirkt also in gewisser Weise dem ›grave wit‹ entgegen, er macht den Geist zum ruhigen Urteil über die vom ernsten Witz hergestellte Verbindung der Ideen geneigt, denn er erprobt den möglichen Kontrast innerhalb dieser Ideen mit dem Niedrigen.

---

[19] Hutcheson, S. 31.
[20] Unter den durch Übung des ›moralischen Gefühls‹ einzuschränkenden Leidenschaften nennt Hutcheson besonders die Ausschweifung der Einbildungskraft und den Aberglauben. Vgl. F. Hutcheson: Sittenlehre der Vernunft. Leipzig 1756, Bd. 1, S. 176 u. S. 179f. (1. Buch, 6. Abschn.).
[21] Hutcheson: Reflections upon Laughter ..., S. 29.
[22] Hutcheson, S. 33.

2. Jean Pauls Abweisung des »Test of ridicule«

»Belacht man das Unheilige, so macht man es mehr zu einer Sache des V e r - s t a n d e s; und das Heilige wird dann auch vor diesen unechten Richterstuhl gezogen« (5,116). Der »Test of ridicule« und Hutchesons Kontrasttheorie ziehen indirekt das Heilige vor den Richterstuhl des Verstandes. Das Lieblingsbeispiel Hutchesons, Samuel Butlers »Hudibras«, macht den Anspruch der streitenden Religionsparteien so lächerlich wie Swifts »Tale of a tub«.

Jean Paul verwehrt dem Lächerlichen jede Kompetenz in diesem Bereich; der »satirische Unwille und der lachende Scherz« dürfen nicht vermengt werden. Für wesentliche Gegenstände eignet sich nur die ernste Satire. Der Kontrast des Hohen und Niedrigen, die Vermischung des Erhabenen und Heiligen mit dem Kleinen, Verächtlichen und Profanen sagt nichts aus über die Dignität des Erhabenen. »Wird denn nicht jede Sekunde des Universums vom Niedrigsten und vom Höchsten nachbarlich gefüllt, und wann könnte das Lachen aufhören, wenn bloße Nachbarschaft gälte?« (5,111). »Kontraste der Vergleichung« können oft »sehr ernsthaft sein, z.B. wenn ich hier sage: vor Gott ist der Erdball ein Schneeball, oder: das Rad der Zeit ist das Spinnrad der Ewigkeit« (5,111).

Hier zeigt sich, daß Jean Paul im vollen Bewußtsein der Tradition eine Kehre vollzieht. Er geht aus von Beattie und Flögel, die gegen Hutchesons Lehre vom Kontrast des Hohen und Niedrigen als Ursache des Lächerlichen Popes »Essay on Man« ins Feld führen.[23] Bekannt ist vor allem folgende Stelle, die große Ähnlichkeit, ja dieselbe witzig-erhabene Konstruktion wie die Beispiele Jean Pauls aufweist; in Anlehnung an eine Bibelstelle sagt Pope, Gott sähe »mit gleichem Auge einen Helden sterben, oder einen Sperling fallen, Atomen, oder Systemen in den Untergang stürzen, und hier eine Wasserblase, dort eine Welt zerspringen«[24] Vor der nicht überbietbaren Größe Gottes oder der Ewigkeit erscheint alles andere gleich gering. Der Kommentator Popes, William Warburton, sieht in einer ähnlichen Stelle eine »neue Gattung des Erhabenen«, die Pope

---

[23] Beattie wendet mit einem Beispiel von Pope ein, es gebe »eine Mischung von Würde und Niedrigkeit«, die »gar nicht zum Lachen reize«, vielmehr erhaben sei (In: Jacob Beattie's neue philosophische Versuche. Übersetzt von Meiners. Leipzig 1780, Bd. 2, S. 29). Vgl. Carl Friedrich Flögel: Geschichte der komischen Litteratur. Liegnitz und Leipzig 1784, Bd. 1, S. 59. Flögel wiederholt das Argument.

[24] Des Alexander Pope sämmtliche Werke mit Wilhelm Warburtons Commentar und Anmerkungen. Strasburg 1778, Bd. 3, S. 77f. Die Stelle lautet im Original:
»Who sees with equal eye, as God of all,
A hero perish, or a sparrow fall,
Atoms or systems into ruin hurl'd,
And now a bubble burst, and now a world.«
(Pope: Poetical Works. Hrsg. von Herbert Davis. London 1966, S. 243)

erfunden habe: »Als jüngst die höhern Wesen einen sterblichen Menschen alle Gesetze der Natur entfalten sahen, bewunderten sie eine so große Weisheit in einem irdischen Geschöpfe, und ein Newton dünkte ihnen das, was uns ein Affe dünkt«.[25] Dieser witzige Vergleich sei, trotz der geringen Würde des Affen und seiner gewöhnlichen Lächerlichkeit, erhaben; die Größe Gottes wie auch die menschliche Größe Newtons werden durch den Vergleich hervorgehoben, nicht herabgesetzt. Newton erreichte das Äußerste, was dem Menschen an Erkenntnis möglich ist. Verwandt sind damit Klopstocks erhabene Vergleiche des Hohen und des Niedrigen. Der Vergleich der Erde mit einem ›Tropfen am Eimer‹ gehorcht demselben Gesetz.

Jean Paul hält es mit den Kritikern Shaftesburys und wendet sich gegen seine Definition des Lächerlichen. Das Lächerliche wird völlig vom Erhabenen abgekoppelt und ausschließlich auf das Feld des Unverstands verwiesen. Zudem beruht es auf bloßem »Zufall« oder »Schein« (5,116); der Unverstand kommt eigentlich erst durch die andichtende Subjektivität des Betrachters zustande. Schon in seinen »Übungen im Denken« formuliert der junge Jean Paul diese Scheinhaftigkeit des Lächerlichen: »Wir sehen iemand handeln; und leihen ihm dan unsre Lage. Alsdan sehen wir freilich viel Ungereimtes, Lächerliches und Böses darinnen: es kommt aber nur daher, weil wir dies hinein sezzen. Der Mensch, der iezt so handelt, handelt recht: eben weil er nicht in unsrer Lag' ist« (II,1,71). Der Lachende ist im Unrecht, denn der Belachte handelt im Rahmen seiner Voraussetzungen und Erkenntnismöglichkeiten ›recht‹; sein Tun erscheint lächerlich, weil der Betrachter sich nicht angemessen in seine Lage hineinversetzt und sich nicht gehörig von seiner eigenen Lage distanziert. Da er dem fremden Ich, dessen Absichten er nicht kennt, seine Lage und seine Motive leiht, erscheint das Tun des Anderen ungereimt.

In der »Vorschule« wird dieser subjektive Schein des Lächerlichen ausgebaut durch das berühmte Beispiel, das nicht bei Cervantes zu finden ist: »Wenn Sancho eine Nacht hindurch sich über einem seichten Graben in der Schwebe erhielt, weil er voraussetzte, ein Abgrund gaffe unter ihm: so ist bei dieser Voraussetzung seine Anstrengung recht verständig; und er wäre gerade erst toll, wenn er die Zerschmetterung wagte. Warum lachen wir gleichwohl? Hier kommt der Hauptpunkt: wir leihen s e i n e m Bestreben u n s e r e Einsicht und Ansicht und erzeugen durch einen solchen Widerspruch die unendliche

---

[25] Des Alexander Popes sämmtliche Werke, a.a.O., Bd. 3, S. 114f. Die Stelle lautet im Original:
»Superior beings, when of late they saw
A mortal Man unfold all Nature's law,
Admir'd such wisdom in an earthly shape,
And shew'd a N e w t o n as we shew an Ape.«
(Pope: Poetical Works, a.a.O., S. 251).

Ungereimtheit« (5,110). Sanchos Bestreben entspricht seiner Lage: »kein Mensch kann im gegebnen Falle nach etwas anderem handeln als nach seiner Vorstellung davon« (5,110). Sanchos Vorstellung leitet sich von seiner unverschuldeten Unkenntnis ab; von seinem Standpunkt aus kann er nicht anders handeln. So stellt Jean Paul die umwälzende Frage: warum lachen wir dann? Denkbar wäre die elegische Klage über die Schwäche des mangelhaften Menschen, dessen Sinne nicht ausreichen, jeder Situation gewachsen zu sein; denkbar auch als Folge dessen einfühlendes Mitleid. Lächerlich wird nach Jean Paul das fremde Bestreben, weil der Lachende seine Freiheit des »Wahl-Handelns« aus überlegener Kenntnis dem falsch Handelnden ›leiht‹; diesem ›unterschiebt‹ er die Freiheit der Wahl, nicht aber den Verstand, diese Wahl zu treffen. Der situativ Entlastete lacht über den Belasteten also ohne objektive Berechtigung, ja er betrügt sich in diesem Lachen selbst. »Unser Selbst-Trug, womit wir dem fremden Bestreben eine entgegengesetzte Kenntnis unterlegen, macht es eben zu jenem Minimum des Verstandes, zu jenem angeschauten Unverstande, worüber wir lachen, so daß also das Komische, wie das Erhabene, nie im Objekte wohnt, sondern im Subjekte« (5,110). Die Übertragung der eigenen entlasteten Lage auf den Andern abstrahiert von dessen eigener Lage, die ohne Alternative bedrängt ist. »Selbst-Trug« und »Täuschung« verursachen das Lachen und die Erhebung über den Andern; denn die Lage des Lachenden ist mit höherer Kenntnis ausgestattet.

Wenn der Dichter Ariosto seinem ihn ausscheltenden Vater ergeben zuhört, »so liegt die Äußerlichkeit des Vaters wie des Sohnes von jedem Lächerlichen so lange ab, als man nicht das Innere des Sohnes erfährt, nämlich daß er in einem Lustspiel einen Poltervater ausarbeitet und daher den seinigen als (...) eine anschauliche Poetik des theatralischen Vaters aufmerksam betrachtet, so wie dessen Gesichtszüge als mimischen Bauriß dazu; – jetzo erst macht das Darlehn unserer Ansicht beide komisch, so wenig an sich sonst ein zankender Vater oder ein abzeichnender Hogarth desselben es ist« (5,112). Obwohl Ariost und der Sittenmaler Hogarth dasselbe tun, befinden sie sich nicht in derselben Lage. Zwar betrachten beide distanziert in ästhetischer Absicht Szenen des täglichen Lebens, um an ihnen Charakteristisches zu entdecken. Während der Zeichner Hogarth jedoch nur in dieser entlasteten Position sich befindet, wo er frei wählt und prüft, ist der Komödiendichter Ariost z u g l e i c h der Sohn, der mit seinem Vater eine Auseinandersetzung hat, in der er sich nicht nur beobachtend, sondern sich auch agierend zur Geltung bringen muß. Der Dichtersohn ist zugleich frei (als Beobachter) und unfrei (als Handelnder), denn der Vater bleibt der Vater und er der Sohn. Daher sind beide komisch, nicht nur der affektisch ohne Distanz polternde Vater. Allein der Zuschauer der Komödie ist ganz frei, denn seine Lage verlangt von ihm keine situative Reaktion. Der Zuschauer kann beiden seine Freiheit der Distanz leihen, die dem Sohn zum Teil, dem Vater gänzlich abgeht.

In der Regel entsteht der sinnlich angeschaute Unverstand durch Zufall. Der Betrachter unterstellt, daß das unabsichtlich zustandegekommene Mißgeschick absichtlich herbeigeführt wurde. So ist es beim »zeilenweisen Hinüberlesen von einer Zeitung-Halbseite in die andere, wo auf einen Augenblick durch die Täuschung oder Unterschiebung eines absichtlichen Verbindens oder Wahl-Handelns die Wirkung eintreten muß, daß man lacht« (5,111). In des »Amts-Vogts Josuah Freudel Klaglibell gegen seinen verfluchten Dämon« hebt Jean Paul ganz auf Vorkommnisse ab, in denen der Mensch nicht mehr Herr der Lage ist. An einigen Fällen wird gezeigt, wie Zerstreutheit zu zweckwidrigem Handeln führt. Nach der »Vorschule« wird diese unständige Zweckwidrigkeit lächerlich, wenn »sinnliche Plötzlichkeit des Widerspruchs zwischen Mittel und Zweck den flüchtigen Glauben« (5,111) im Zuschauer oder Leser gebiert, ein solches Tun sei beabsichtigt. Wenn Newton den Finger einer Dame für einen Pfeifenstopfer hält, so unterstellt der Lachende, dies sei absichtlich geschehen (vgl. 4,213). Wenn der Kandidat der Theologie eine Gastpredigt hält mit einer viel zu großen Perücke auf dem Kopf, die ihm die Sicht versperrt, so gelten dem Betrachter die daraus entstehenden Folgen als gezielte Absicht. Der Prediger verliert aus Mangel an Gesichtsempfindungen den Kontakt mit der Gemeinde, die Gemeinde sieht nur die Perücke, nicht den Inhalt. »Je länger ich erstaunte in meiner Perücke, desto mehr Zeit verlief, und ich überlegte, ob es noch schicklich sei, so spät das Toupet-Fallgatter aufzuheben und darunter den Kirchleuten wieder zu erscheinen. (...) Ich hielts also für das Anständigste, mich zu hären und mit dem Kopfe langsam aus der Perücke wie aus einem Ei auszukriechen und mich heimlich mit bloßem Haupte in die an die Kanzeltreppe stoßende Sakristei hinunterzumachen.« Die durch die Tücke des Zufalls veranlaßte Fehlleistung des Predigers wird überboten durch die Fehlleistung der Gemeinde, die darauf wartet, »daß der Kopf-Socken anfinge sich aufzurichten und ihnen vorzulesen und jeden so zu erbauen, wie ja homiletische Kollegien uns alle, hoff' ich, abrichten« (4,208). Gemäß der Konzeption des Lächerlichen in der »Vorschule« wird der Leser zum Lachen gebracht, weil Prediger und Gemeinde auf verschiedene Weise der Lage nicht gewachsen sind. Dieser ›sinnlich angeschaute Unverstand‹ kommt durch die Unterstellung zustande, der Prediger habe absichtlich der Gemeinde seinen Kopfschmuck als Stellvertreter präsentiert, und die Gemeinde habe bewußt die Perücke für den Seelsorger gehalten. Was also offensichtlich nach Jean Paul Lachen erregt, ist der Kontrast zwischen unterstellter Verständigkeit und der tatsächlichen Abwesenheit verständigen Tuns. In ›Josuah Freudels Klaglibell‹ wird diese Absenz des den Menschen auszeichnenden Verstands dem »Dasein eines Dämons« angelastet, »der den mit den besten Projekten s c h w a n g e r n Menschen in R a t t e n-Form unter die Füße schießet« (4,209). Das Lächerliche beruht also auf einer generellen Mangelhaftigkeit des Menschen.

Gelacht wird über Beschränkungen der menschlichen Freiheit und Autonomie. In der Zerstreutheit, der Unaufmerksamkeit und der Zweckwidrigkeit wird nach Jean Paul die Grenze menschlicher Selbstmächtigkeit sichtbar. Gelacht wird nicht über den gänzlichen Unverstand oder über die dumpfe Dummheit. »Daher wächst das Lächerliche mit dem Verstande der lächerlichen Person. Daher bereitet sich der Mensch, der sich über das Leben und dessen Motive erhebt, das längste Lustspiel, weil er seine höheren Motive den tieferen Bestrebungen der Menge unterlegen und dadurch diese zu Ungereimtheiten machen kann; doch kann ihm der erbärmlichste das alles wieder zurückgeben, wenn er dem höhern Streben seine tiefern Motive unterschiebt« (5,113f.). Das Lächerliche steht nicht an und für sich fest als der Kontrast zwischen dem Hohen und Niedrigen und damit als Deformation der natürlichen Ordnung. Es kommt erst dadurch zustande, daß dem Belachten jeweils eine höhere Einsicht geliehen wird, als er sie hat – und umgekehrt. Ein schlechtes Buch mit hohem Anspruch kann als Parodie gelesen werden und gewinnt damit an Interesse. Ein gutes Buch, so könnte man Jean Pauls Beispiel umkehren, kann von einem unverständigen Leser genossen werden, indem er ihm seine niedrigen Motive unterschiebt.

Es ist sicherlich richtig, wenn bemerkt wurde, daß sich Jean Paul mit der Definition des Lächerlichen »als eines sinnlich angeschauten unendlichen Unverstandes« (5,114) in einen Widerspruch verwickelt, denn gerade der ›unangemessene‹ Umgang mit Büchern im obigen Beispiel zeigt die Grenzen dieser Definition, die sich nur auf sinnlich angeschaute Handlungen anwenden läßt. Das Gemeinte läßt sich trotz dieser Schwäche klar erfassen. Der objektive Kontrast zwischen dem »Bestreben oder Sein des lächerlichen Wesens mit dem sinnlich angeschauten Verhältnis« (5,114), also der objektive Kontrast zwischen der Intention und dem faktischen Ergebnis, weist auf die Schwäche dieses Menschen hin. Aber auch der Betrachter, der diesen Kontrast überlegen durchschaut und die Unzweckmäßigkeit dieses Handelns durch seine Einsicht klar erkennt, ist nur durch seine Position dem Schicksal des Belachten enthoben. Sobald er selbst in eine bedrängte Lage gerät, zeigt sich auch seine durch den Verstand unaufhebbare Endlichkeit. Lächerlich erscheint dem jeweils höheren Wesen das Tun des unter ihm stehenden – doch diese Stufenfolge hat kein Ende: »noch über einen Engel ist zu lachen, wenn man der Erzengel ist« (5,124).

3. Der Humor als künstlicher Wahnsinn

Jean Pauls Humor »erniedrigt das Große, aber – ungleich der Parodie – um ihm das Kleine, und erhöhet das Kleine, aber – ungleich der Ironie – um ihm das Große an die Seite zu setzen und so beide zu vernichten, weil vor der Unendlichkeit alles gleich ist und nichts« (5,125).

Der humoristische Roman bewertet das Verhältnis des Erhabenen und Lächerlichen neu. Jean Pauls eigenartige Verschachtelung beider Ebenen im VI. Programm knüpft daran an. Von einem »Mißtrauen gegen das Erhabene« im Gefolge des »Test of ridicule« kann keine Rede sein.[26]

Das Erhabene wird »umgekehrt«, wenn man die »Endlichkeit als subjektiven Kontrast« der Unendlichkeit »als objektiven« unterschiebt und leiht. Ein objektiver Kontrast entsteht, wenn das Bestreben »dem sinnlich-angeschaueten Verhältnis«, den konkreten Bedingungen des Subjekts, widerspricht.[27] In diesem objektiven Kontrast gerät der Handelnde unbewußt; er ist nicht Herr seiner Lage. Weil er so ohne Distanz in Handlung verwickelt ist, wirkt er auf den Betrachter in entlasteter Lage lächerlich, sobald er ihm seine Freiheit leiht und unterstellt, das fremde Ich handele eben nicht unbewußt, sondern bewußt und frei so unzweckmäßig (5,124f.).

Wenn man verstehen will, warum Jean Paul die Unterscheidung von subjektivem und objektivem Kontrast in einer Fußnote zum § 31 ausdrücklich bekräftigt, muß man die korrespondierenden Unterscheidungen bewußt-unbewußt, bedrängt-entlastet, bedingt-unbedingt, festhalten. Der subjektive Kontrast vermittelt die reflexive Distanz, die dem unfrei Handelnden fehlt. Der Humor ist eine »Selbstparodie«; die Parodie distanziert ohne Zweifel den Parodisten von einer Person oder einer Darstellung. Die Parodie seiner selbst bricht die Unmittelbarkeit des Inneseins. Im Humor tritt »das Ich parodisch« aus sich heraus, es geht in reflexive Distanz zu sich selbst und teilt sich »in den endlichen und unendlichen Faktor« (5,135,132). Subjektiver und objektiver Kontrast fallen in einem Ich als zwei Seiten seiner selbst zusammen.

Der Fremde, über den gelacht wird, ist dem Widerspruch zwischen seinem Wollen und dem Widerstand der Situation ausgesetzt, die von ihm als Erleiden, psychologisch als Unlust und Schmerz, erfahren wird. Der humoristische Dichter legt in e i n e Person den Schmerz des Erleidens und die Freiheit der Reflexion, sich lachend von diesem Schmerz zu distanzieren. Im subjektiven Kontrast reflektiert der humoristische Charakter frei alle Grenzen der äußeren Natur. Er leidet unter diesen Grenzen und überhebt sich ihrer zugleich.

---

[26] Wolfgang Proß: Jean Pauls geschichtliche Stellung. Tübingen 1975, S. 31f.

[27] Die erste und zweite Auflage der »Vorschule« druckt »objektiven«, Berend und nach ihm die Hanser-Ausgabe »objektivem«. Die Konjektur hat interpretatorische Gründe, die Berend von Kommerell herleitet. Es besteht kein Grund, die Konjektur zu übernehmen (vgl. Jean Pauls Sämtliche Werke. Hrsg. von E. Berend, Bd. 11, S. 448, Anm. zu S. 111 und Max Kommerell: Jean Paul. Frankfurt 1933, S. 405f.). – Lindner behauptet, daß zwischen dem Lächerlichen und dem Humor kein Zusammenhang herzustellen sei, besonders in bezug auf das Leihen und die Differenzierung von subjektivem und objektivem Kontrast, da sich der Humor in einem einzigen Subjekt abspiele. Vgl. B. Lindner: Jean Paul. Scheiternde Aufklärung und Autorrolle. Darmstadt 1976, S. 130.

Die »humoristische Sinnlichkeit« heftet uns bewußt und »eng an das sinnlich Bestimmte«; der Humor provoziert also geradezu den Widerspruch zwischen sinnlicher Begrenztheit und der unendlichen Idee. Der Humorist und der humoristische Stil verspottet die Endlichkeit im Bewußtsein ihrer ›sekundären‹ Qualität. Da nur die Idee als Substanz wahre Realität beanspruchen kann, wird das ›sinnlich Bestimmte‹ zur bloßen Erscheinung. Der Humor betont diese Scheinhaftigkeit und hat dadurch eine nicht zu verkennende entlastende Wirkung. Er verhilft zu einer »astronomischen Ansicht des Welttreibens«, zu einer Weltverachtung im Namen der Idee. »Wenn der Mensch, wie die alte Theologie tat, aus der überirdischen Welt auf die irdische herunterschauet: so zieht diese klein und eitel dahin; wenn er mit der kleinen, wie der Humor tut, die unendliche ausmisset und verknüpft: so entsteht jenes Lachen, worin noch ein Schmerz und eine Größe ist« (5,127f.). Der Blick von oben verbindet den Platonismus, die ›alte‹ Theologie und den Humor. Allerdings wird in der subjektiven Moderne die einst verbürgte Unendlichkeit zur ›verlangten‹ (vgl. 5,132 § 34). Im Humor triumphiert das Erhabene über die Endlichkeit. Die menschliche Subjektivität dringt auf eine die Endlichkeit übersteigende Idee, wovon die Grenzerfahrung des Erhabenen eine Ahnung gibt. Träger des Erhabenen wie des Humors ist die Einbildungskraft. Während das Erhabene den »ungeheuren Sprung vom Sinnlichen als Zeichen ins Unsinnliche als Bezeichnetes« (5,107) bewältigt und so die Idee einer vom Geist überformten Endlichkeit erfahrbar macht, betont der Humor die Nichtigkeit der sinnlich-endlichen Begrenzung; die Grundkonstellation des Humors und des Erhabenen ist identisch. Unterschiedlich sind die Mittel und der Ausgangspunkt. Während im Erhabenen der sinnliche Schein transzendent gedeutet wird, übersteigt der Humor die sinnliche Endlichkeit, indem er sie durch den Kontrast mit dem Unendlichen vernichtet.

»Vive la Bagatelle, ruft erhaben der halbwahnsinnige Swift, der zuletzt schlechte Sachen am liebsten las und machte, weil ihm in diesem Hohlspiegel die närrische Endlichkeit als die Feindin der Idee am meisten zerrissen erschien und er im schlechten Buche, das er las, ja schrieb, dasjenige genoß, welches er sich dachte« (5,125). Wenn sich Swift in freiem Entschluß – so das Beispiel – zum Autor schlechter Bücher macht, so vereinigt er auf skurrile Weise schlechte Endlichkeit und Idee. In dem freien Entschluß, das Mangelhafte zu tun, liegt eine Erhebung über den Mangel. Wer den Mangel (»erhaben«) preist, zeigt eine gewisse Autonomie. Er verwandelt die »Unendlichkeit des Kontrastes« zwischen dem Endlichen, dem er verhaftet bleibt, und der Idee, die er nicht erreichen kann, in ein Lachen, in dem auch Schmerz liegt.

Im Lächerlichen wird nach Jean Paul dem fremden Ich unterstellt, es habe die mangelhafte Handlung bewußt gewollt. Der Humorist gibt sich den Anschein, er habe seine Unzulänglichkeit selbst gewollt. Swift schreibt oder liest schlechte Bücher in dem Bewußtsein, es stehe ihm frei, noch schlechtere zu verfertigen und sich zugleich vollendete zu denken. Nicht genug, daß die sinnliche Wirklichkeit als Mangel gegenüber der Idee erscheint; der poetische Komiker steigert »mit seiner angenommenen Kunst-Verzerrung« den Kontrast und erweckt so den Anschein, die schlechte Endlichkeit stünde in seinem Belieben – er spiele nur den Toren, den Dummen, den Schwachen, den Unmoralischen oder den Zyniker, ohne dies alles sein zu müssen (5,133). »Wie groß steht der edle Geist Shakespeare da, wenn er den humoristischen Falstaff zum Korreferenten seines tollen Sündenlebens anstellt! Wie mischt sich hier die Unmoralität nur als Schwachheit und Gewohnheit in die phantastische Torheit« (5,135). Indem Falstaff seine Unmoralität ausspricht und reflektiert, wird sie zur Schwäche, das Rechte zu wissen, aber nicht zu tun. Dieser Widerspruch erscheint fast als angenommene Torheit mit der Aussicht, daß Falstaff sich doch noch über das ›Laster‹ auch in der Tat erhebt. Ein »humoristischer Dichter (5,138) kann sich poetisch in alle diese Standpunkte hineinversetzen, sie darstellen und sich zugleich über sie erheben. »Es ist im Dichter das Närrische so freier Entschluß als das Zynische« (5,137).

Romantische Dichtkunst ist Dichtung der Subjektivität. »Humoristische Subjektivität«, so der Titel des § 34, bezeichnet für Jean Paul die höchste Form des Romantischen. Alles »muß romantisch, d.h. humoristisch werden« (5,127). Hier wird noch einmal ausgesprochen, daß das Komische des Humors »im verwechselnden Kontraste der subjektiven und objektiven Maxime besteht; so kann ich, da nach dem Obigen (vgl. § 31, G.M.) die objektive eine verlangte Unendlichkeit sein soll, diese nicht a u ß e r mir gedenken und setzen, sondern nur in mir, wo ich ihr die subjektive unterlege. Folglich setz' ich mich selber in diesen Zwiespalt – aber nicht etwa an eine fremde Stelle, wie bei der Komödie geschieht – und zerteile mein Ich in den endlichen und unendlichen Faktor und lasse aus jenem diesen kommen. Da lacht der Mensch, denn er sagt: ›Unmöglich! Es ist viel zu toll!‹« (5,132). Man beachte die stürmische Aktivität der Innerlichkeit, die aus diesen Sätzen spricht: dem Humoristen wird die Unendlichkeit zur ›verlangten‹, die Endlichkeit zur ›gesetzten‹. In der Verwandlung des Endlichen in ein vom Ich ›Gesetztes‹ liegt die »vernichtende oder unendliche Idee des Humors« (§ 33). Erlittene, bloß als Widerstand erfahrene Wirklichkeit wird in ein Verfügbares umgemünzt. Der Humorist zieht seine »persönlichen Verhältnisse auf sein komisches Theater, wiewohl nur, um sie poetisch zu vernichten« (5,132f.). Er manipuliert seine persönliche und bürgerliche Existenz und setzt bewußt seine Identität in der ›Teilung des Ich‹ auf's Spiel. Parodistisch setzt er sich »als Toren« (5,136), willentlich wirft er »die sinnliche Welt zu einem zweiten Chaos« durcheinander (5,139).[28]

---

[28] Vgl. Kommerell: »Da der Humor mit der Fähigkeit des menschlichen Geistes, zugleich

In einer »angenommenen Kunst-Verzerrung« wird der Humor zum Darsteller »der immer neuen Abweichungen« vom konventionell üblichen oder allgemein akzeptierten Verhalten (5,133). Im Namen der unendlichen Idee, im Namen der Vernunft, löst der Humor das Ordnungsgefüge des Verstands auf: »wie ein Gott einen Endlichen« schlägt die Vernunft den Verstand nieder, »um vor der Idee fromm niederzufallen« (5,131). Die Vernunft wirft die »sinnliche Welt« zu einem »zweiten Chaos« zusammen; »insofern ließe sich eine scheinbare Angrenzung des Humors an den Wahnsinn denken, welcher natürlich, wie der Philosoph künstlich, von Sinnen und Verstande kommt und doch wie dieser Vernunft behält« (5,139f.).

Ein Philosoph, der um der Vernunft willen von Sinnen und Verstande kommt, ist Friedrich Heinrich Jacobi: »der Verstand v e r l i e r e den Verstand, und komme gar von Sinnen – e i n z i g u n d a l l e i n d u r c h d i e V e r n u n f t!«[29] Jacobi findet zu diesem emphatischen Ausruf, den Verstand zu verlieren, im Zuge seiner Gegnerschaft zu Kant und Fichte. »Die Kantische Theorie der reinen Vernunft hat zur Absicht, den Verstand vor der Vernunft als einer Betrügerin zu warnen, und gegen ihre Verführungen dadurch möglichst sicher zu stellen, daß sie ihn, wie die Ideen ihn zum Besten haben, gleichsam mit Händen greifen läßt.« In der Tat verfolgt Kant schon in den »Träumen eines Geistersehers« und noch in der »Kritik der reinen Vernunft« die Absicht, die »Vernunft zu Verstande« zu bringen.[30] Insbesondere der platonische Metaphysiker wird zum Phantasten, wenn er den Ideen der Vernunft eine alle Sinneserfahrung übersteigende Wahrheit gibt, eine Wahrheit, die nicht von dem Zusammenspiel der sinnlichen Erfahrung mit dem ordnenden Verstand reguliert wird. Gegen die Leerheit und Substanzlosigkeit der kantischen Philosophie sieht Jacobi kein anderes Mittel als das, von Sinnen und von Verstande zu kommen. Jacobi beruft sich in seinen Schriften um 1800 gegen den Kritizismus auf die platonische Ideenlehre einschließlich der Inspiration: der »Geist – nicht untrüglich – weissagt« aus den Erscheinungen; keine der Gestalten der Erscheinung »zeigt die Sache selbst«; was wie »Täuschung« aussehen mag, sind »höhere Gesichte des Wahren, des Schönen und Guten«; die Vernunft »dichtet

---

mehrere Standpunkte einzunehmen, zusammenhängt, öffnet sich ihm das Drama am willigsten. Auch in der ernsthaften Kunst setzt das Drama den Menschen mit sich selbst auseinander, zumal das Shakespearische, wo er als Zuschauer sowohl Brutus als Caesar ist« (M.K.: Jean Paul, Frankfurt 1933, S. 415.). – Der Zuschauer kann sich so leicht in verschiedene Standpunkte hineinversetzen, weil er sich ästhetisch verhält. Wenn der Humorist parodisch aus sich heraustritt, wird er zum Zuschauer seines Tuns: er hat einen endlichen Standpunkt in dem, was er tut, und er nimmt einen unendlichfreien Standpunkt ein im Betrachten seiner selbst.

[29] Friedrich Heinrich Jacobi: Werke. Hrsg. v. F. Roth und K. Köppen. Leipzig 1816, Bd. 3, S. 21.

[30] Jacobi, a.a.O., Bd. 3, S. 293f.

Wahrheit! − Der Gottheit ähnlich, von der sie ausgegangen − ihr nachdichtend − erfindet sie was ist. Gefühl des Geistes empfangend, wiederstrahlend, wird ihr Begeisterung«; das wesentliche Wissen der Vernunft ist daher »Eingebung«, unbegeistert wähnt sie »lauter Wahn«.[31] Kants Vorwurf, die vom Verstand ungezügelte Vernunft bringe Wahnideen hervor, wird mit dem Fehlen der Inspiration erklärt.

Jean Pauls Bestimmung des Humors ist durchaus Jacobi verpflichtet. Auf seine Weise entwertet der Humor die Sinnlichkeit und den Verstand im Namen der Idee. Das Widerlager seiner Weltverachtung ist die Begeisterung für die Idee. Der Humor hat so philosophisch denselben platonischen Ursprung wie das Konzept des ›hohen Menschen‹, der nicht anders als der Humorist vom »Gefühl der Geringfügigkeit alles irdischen Tuns« beherrscht wird; beide bestimmt die astronomische Ansicht der Körperwelt (vgl. V,2). Hohe Menschen sind Pythagoras, Plato, Antonin und Epiktet. Eben diese ruft Jacobi auf als Zeugen gegen den Kritizismus.

Der Zusammenhang von Poesie und Wahnsinn, zurückgehend auf die platonische Mania, ist Jean Paul ohnehin seit langem geläufig. Schon in der 1792 beendeten »Unsichtbaren Loge« verbindet er den furor poeticus mit dem Humor. «Es gibt einen poetischen Wahnsinn, aber auch einen humoristischen, den S t e r n e hatte; aber nur Leser von vollendetem Geschmack halten höchste Anspannung nicht für Überspannung« (1,91f.).

Die »Vorschule der Ästhetik« bekräftigt die »scheinbare Angrenzung des Humors an den Wahnsinn«. Mit Vorsatz kommen der Philosoph und der Humorist von Sinnen und von Verstand. Ihr Wahnsinn ist frei gewählt, er ist, im Unterschied zum ordinären Wahnsinn als Krankheit des Geistes, »künstlich«. Eine merkwürdige Variation dieses Motivs findet sich in Jean Pauls Vorrede zur zweiten Auflage der »Unsichtbaren Loge« von 1821; er wirft darin den Romantikern und insbesondere dem von ihm einst geförderten E. T. A. Hoffmann vor, ihre Dichtung sei so zerrüttet, »daß der Humor wirklich den echten Wahnwitz erreicht«. Die Leser der Romantiker zeichneten sich dadurch aus, daß sie »Verrückte als Heilige« ehrten, »und was sie sagen, für eingegeben« halten (1,19). In der Tat macht E. T. A. Hoffmann einen Verrückten zum Heiligen und zum Schutzpatron der ›Serapionsbrüder‹ und ihrer Poesie.[32]

---

[31] Jacobi, Bd. 3, S. 293.

[32] Der Graf P., der sich für den Märtyrer Serapion unter dem Kaiser Dezius hält, besticht Cyprian durch seine feurige Phantasie; »Schwärmerei«, »methodischer Wahnsinn« und »hohes Dichtertalent« werden von ihm vereinigt. Serapion trennt mit Entschiedenheit Geist und Sinnlichkeit, der er mißtraut: »Ja, was hört, was sieht, was fühlt in uns? − Vielleicht die toten Maschinen, die wir Auge − Ohr − Hand etc. nennen und nicht den Geist?« Die Körperwelt wird sozusagen dem Geist dienstbar, was E. T. A. Hoffmann zugleich als schauerlicher Wahnsinn und als Prinzip der Poesie gilt. Beide werden zurückgeführt auf das »Mißverhältnis des innern Gemüts mit dem

Jean Paul will einen Trennungsstrich zwischen ›ächtem‹ und ›künstlichem‹ oder philosophischem Wahnsinn ziehen. Allerdings war er es selbst, der an Leibgeber-Schoppe den Übergang vom künstlichen zum echten Wahnsinn demonstrierte. Es gibt noch eine zweite Affinität des Humors zum Wahnsinn in der »Vorschule«. Die besten humoristischen Dichter entstammen einem »melancholischen Volke« – dem englischen (5,129). Die Melancholie, im 18. Jahrhundert zuweilen als englische Krankheit bezeichnet, wird geprägt von Weltverachtung. Shakespeares »Hamlet« gilt Jean Paul als »Vater aller Werther und der beiden Linien der lauten Kraft-Menschen und der sentimentalen Scherzmacher« (5,222). Traditionelle Kennzeichen der Melancholie sind die ›Vernichtung‹ der Wirklichkeit durch verzweifelte Scherze, der hohe Idealismus des Melancholikers und seine Flucht vor der Gesellschaft. Der Melancholiker ist mit starker Einbildungskraft begabt, einer Einbildungskraft, die leicht in Schwärmerei und Überspannung ausartet.[33] Der Vorwurf des Solipsismus als eine Form der ausweglosen Selbstreflexion und Spiegelung des Ich gehört zur Melancholie-Diskussion. Die Kritiker der Melancholie warnen vor den Gefahren überspannter Schwärmerei, die sich zu einem über jede Wirklichkeit hinausliegenden idealen Ziel erhebt.[34] Definiens des Humors ist die Vernichtung des Endlichen durch das unendliche Ideal, das auf Erden nicht zu erreichen ist.

Wenn Jean Paul den ›humoristischen Wahnsinn‹ gegen den Vorwurf der ›Überspannung‹ verteidigt, so denkt er an den vorgespiegelten Wahnsinn Hamlets, an Swifts weltverachtenden »Gulliver« und an Cervantes' »Don Quijote«. Im »Don Quijote« führe Cervantes die »humoristische Parallele zwischen Realismus und Idealismus, zwischen Leib und Seele« durch (5,126).

äußern Leben, welches der reizbare Mensch fühlt«. Der Humor beruht nach Hoffmann eben auf diesem Mißverhältnis. Jean Paul sieht die Distanz zwischen sich und Hoffmann darin, daß dieser die Grenze zwischen dem ›künstlichen‹ und dem ›ächten‹ Wahnsinn‹ überschreitet. In der Tat macht E. T. A. Hoffmann diese Grenzüberschreitung vom Humor zum pathologischen Wahnsinn zum Thema zahlreicher Novellen (E. T. A. Hoffmann: Die Serapions-Brüder (1819 – 1821). Hrsg. v. W. Müller-Seidel und W. Segebrecht. München 1963, S. 27, S. 26, S. 30).

[33] Zur »Überspannung«, Schwärmerei und Melancholie vgl. die umfassende Darstellung von H.-J. Schings: Melancholie und Aufklärung. Melancholiker und ihre Kritiker in Erfahrungsseelenkunde und Literatur des 18. Jahrhunderts. Stuttgart 1977, S. 269 und passim. – Generell kann gesagt werden, daß die Sorgenkinder der Aufklärung, die Melancholie, die Schwärmerei, das Außenseitertum und andere Arten von unvernünftigem oder abweichenden Verhalten im Humor eine Heimstatt erhalten (vgl. dazu Wolfgang Promies: Der Bürger und der Narr oder das Risiko der Phantasie. München 1966). Dazu gehört vor allem die Aufwertung der Einbildungskraft, die z.B. von Kant nur in ihrer ›reinen‹ Form als Synthesis geduldet, sonst jedoch mit Mißtrauen bedacht wird.

[34] Vgl. dazu die Interpretation des »Anton Reiser« von K. Ph. Moritz bei H. J. Schings, (Anm. 33), S. 227 – 246.

Dem Idealisten und Wahnsinnigen Don Quijote wird von Cervantes der Realist Sancho Pansa als ›Parallele‹ beigefügt. Don Quijote mißachtet souverän die Sinnenwelt, er legt sie aus im Sinne seiner ritterlichen Ideale der Ehre, der Sittlichkeit und des Altruismus. Sancho Pansa sorgt für seinen Leib, er verharrt ungebrochen in der Sinnenwelt. Verachtung der Sinnlichkeit kennzeichnet Swifts »Gulliver« so gut wie die parodistische Hervorhebung der Sinnlichkeit in berühmten Szenen. Swifts Reinheit wird von Jean stets gerne hervorgehoben ebenso wie sein Wahnsinn im Alter. Absolute Vorherrschaft des Geistes, lyrische Selbstanschauung attestiert Jean Paul seiner Figur Leibgeber im »Siebenkäs«, der später als Schoppe auftritt. Nach dem Urteil des »Irrhaus-Inspektors« ist Schoppe nicht nur ein »Fichteaner«, sondern auch ein »Humorist«; »ist nun aber eines von beiden schon schwer von Verrückung zu trennen, wie viel mehr die Einigung!« (3,776) Poetischer und humoristischer Wahnsinn, wiewohl frei gewählt und also ›künstlich‹, haben eine Strukturähnlichkeit nicht nur mit der ›zweiten Welt‹, sondern auch mit dem Wahnsinn als Krankheit. Humor im Jean Paulschen Sinne hat zu tun mit Idealität und Weltverlachung, mit innerer Größe und Weltverachtung. Die Grenze zwischen dieser platonisch gedachten Entwertung der Sinnlichkeit und des Verstandes und dem Wahnsinn als Krankheit ist fließend. Jean Paul selbst betont immer wieder diesen Übergang.

Bevor von der Entwicklung des Humorbegriffs, von der traditionellen Angrenzung des Humors an die Verrücktheit, der romantischen Interpretation des Don-Quijote und der zunächst englischen Vorliebe für den Spleen und das Außenseitertum die Rede sein wird, wollen wir einen Blick auf die zeitgenössische Psychiatrie werfen, als deren exzellenter Kenner Jean Paul gelten kann. Jean Paul las 1801 Thomas Arnold, der den Begriff des ideellen Wahnsinns (ideal insanity) einführte, in welchem Zustand man glaubt, Personen oder Dinge zu hören, zu sehen oder zu begreifen, die über die Sinnesempfindung hinausgehen. Er beruht auf einer Unordnung der Einbildungskraft und hat nichts mit einer Schwäche des Verstandes zu tun. Die Einbildungskraft unterjocht die Sinnesempfindung als Tor zur Außenwelt, der Kranke weigert sich, diese wahrzunehmen.[35] 1805 liest und exzerpiert Jean Paul Chiarugi und Reil.[36] Chiarugi leitet den Wahnsinn aus dem Phantasieren ab wie Arnold und Ludovico Antonio Muratori, auf den er sich mehrfach beruft.[37] Chiarugi

---

[35] Th. Arnold: Observations on the Nature, Kinds, Causes, and Prevention of Insanity, Lunacy and Madness. 2 Bde. Leicester 1782ff. (dt. v. G. J. Chr. Ackermann, Leipzig 1784). Jean Paul kannte Arnold selbstverständlich; vgl. Fasc. 2c »33. Band. Februar 1801«, Nr. 8.

[36] Vgl. Jean Pauls Nachlaß Fasc. 2c »38. Band Februar 1805«, Nr. 461, Nr. 485; zu Reil Nr. 481.

[37] Vincenzo Chiarugi: Abhandlung über den Wahnsinn überhaupt und insbesondere nebst einer Centurie von Beobachtungen. Leipzig 1795, S. 21, S. 134. Vgl. Ludwig Anton Muratori: Über die Einbildungskraft des Menschen, aus dem Italienischen hrsg. v. G. H. Richerz. Leipzig 1785.

erneuert den platonischen Vergleich des enthusiastischen Dichters mit dem Wahnsinnigen und differenziert: »Die Einbildung wirkt zwar in vielen sehr lebhaft, die dann doch nicht wahnsinnig sind; allein die Hauptsache besteht in der Beistimmung, welche der Mensch freiwillig und oft mitwirkend diesen phantastischen Vorstellungen giebt. Man betrachte einen Dichter, dessen Stärke in Arbeiten der Phantasie besteht; man nehme eine Weibsperson, welche voll von fürchterlichen Ideen ist, und immer schrecklichere Bilder zu sehen glaubt. So lange diese Gegenstände in ihrem wahren Gesichtspunkte genommen werden, kann man nicht sagen, diese Menschen leiden an einer Verstandesverwirrung; allein sie haben nur noch einen Schritt zu thun, um wahnsinnig zu werden.« Wenn der Dichter diese Schwelle überschreitet, so ist er wahnsinnig; die Sinne werden »von der Stärke der Einbildung unterdrückt« und so wird die »Beistimmung der Seele unumgänglich nothwendig«.[38] Die verwirrte Einbildungskraft beherrscht in dieser führenden Theorie den Körper.

In seiner Abhandlung über den Magnetismus zeigt sich Jean Paul beeindruckt von dieser Kraft des Geistes, die imstande ist, den Körper auszuschalten. Er führt unter Berufung auf Chiarugi an, daß »der Wahnsinn gegen die feindliche Außenwelt, gegen Hunger, Kälte, Kraftlosigkeit, Schlafmangel bewaffnet«; die fixe Idee wirke »v o m   G e i s t e   n a c h   d e m   K ö r p e r« und bilde diesen um. Jean Paul resümiert: »Wie nämlich eine feste Idee den fremden Erdleib, so muß sie noch mehr den eignen ergreifen, umbilden, verstärken«, was beim Wahnsinnigen in ausgezeichneter Weise der Fall sei (II,2,912f.).[39] Schon 1795 äußert Jean Paul in deutlicher Anspielung auf die Melancholie, die von Chiarugi als fixe, realitätsfremde Idee beschrieben wird, den Zusammenhang von Erhabenheit (der Humor ist das »umgekehrte Erhabene«, 5,125), Weltverachtung und Wahnsinn. Der Held, das Genie und jeder Mensch »mit einem großen Entschluß oder auch nur mit einer perennierenden Leidenschaft (und wär' es die, den größten Folianten zu schreiben), alle diese bauen sich mit ihrer inneren Welt gegen die Kälte und Glut der äußern ein, wie der Wahnsinnige im schlimmern Sinn: jede fixe Idee, die jedes Genie und jeden Enthusiasten wenigstens periodisch regiert, scheidet den Menschen erhaben von Tisch und Bett der Erde« (4,10f.). Zwischen dem Helden, dem Enthusiasten, dem Genie und dem Wahnsinnigen gibt es nur eine dünne Scheidewand, die leicht durchbrochen wird. Diese Kenntnis teilt Jean Paul mit der Kritik am Enthusiasmus und an der Schwärmerei, die von Shaftesburys »Letter concerning Enthusiasm« bis zu Wielands »Don Sylvio« und darüber hinaus sich erhebt.[40] Für Jean Paul ist der Wahnsinn im Gefolge überbordender Einbildungskraft nicht wünschenswert, aber

---

[38] Chiarugi, a.a.O., S. 35f.

[39] Die Unempfindlichkeit gegen äußere Belastungen, ja die Heilung körperlicher Krankheiten durch den Wahnsinn beschreibt Chiarugi, a.a.O., S. 180.

[40] Vgl. H. J. Schings: Melancholie und Aufklärung, (Anm. 33), S. 171ff. und S. 197ff.

doch bemerkenswert ähnlich der erhabenen Scheidung von der Welt, gegen die er als totale Innerlichkeit unempfindlich macht. Der Unterschied ist, wie Chiarugi, Buffon zitierend, sagt, die periodische oder ständige Herrschaft der Ideen über die Sinne. Heftige »Leidenschaften, welche ruhige Zwischenräume lassen, sind Anfälle von einer Narrheit«; »eine Leidenschaft, welche keine ruhigen Zwischenräume übrig läßt, ist ein Wahnsinn«; der Unterschied liege, so Chiarugi, im Grade und in der Dauer.[41] Bei Jean Paul ist es die fixe Idee, die den Helden, das Genie und den Enthusiasten »periodisch« von Tisch und Bett der Erde scheidet, weswegen er nicht in den Krankheitszustand der weltverachtenden, ganz auf das Innere zurückgezogenen Melancholie verfällt. Es ist die Aufgabe des Dichters, die ›fixe Idee‹ von einem »idealischen Mutterland« zu verfolgen und darzustellen mit den Mitteln seiner erregten Einbildungskraft, und es ist seine Gabe, von dort wieder zurückzufinden durch die Besonnenheit.

1805 exzerpierte Jean Paul mehrfach den vierten Band von Johann Christian Reils »Fieberlehre«, der von den Nervenkrankheiten handelt. Reil bestimmt den Narren als eine Steigerung des Melancholikers, der ja nicht manifest krank sein muß. Der Narr »lebt in einer geträumten Bilderwelt, hält das subjective Spiel seiner Phantasie für Wahrheit, und lebt glücklich in diesen Träumen.«[42] Der letzte Punkt betrifft die Beistimmung, die auch nach Chiarugi die periodische Vorherrschaft der Einbildungskraft und der mehr oder weniger vernünftigen Ideen vom Wahn scheidet; der Narr in seinen Träumen hebt den Unterschied von Geist und Körper, von innerer Idee und äußerer Wirklichkeit beständig und glücklich zustimmend auf. Reil ist, dem »moral management« der Engländer folgend, überzeugt, daß dieser Abschließung des Wahnsinnigen, die ein eigenartig willentliches Moment an sich hat, mit einer »psychischen Curmethode«, mit einer moralischen Behandlung zu begegnen sei, die mit Autorität, aber auch mit Einfühlung den Wahnsinnigen zurückholt.[43] Es geht darum, die »herrschenden Ideen« zu unterdrücken, »vorgefaßte Zwecke« mit der Realität zu konfrontieren, kurzum die »Einbildungskraft in ihren Gränzen« zu halten oder sie in diese Grenzen zurückzuverweisen.[44]

Die Einbildungskraft in Grenzen halten wollte auch Shaftesburys »Test of ridicule«. Jean Paul kehrt die Probe des Lächerlichen um: die von der Einbildungskraft vermittelte erhabene Idee triumphiert allemal über die Sinnlichkeit

---

[41] Charugi, (Anm. 37), S. 126.

[42] J. Chr. Reil: Ueber die Erkenntniss und Cur der Fieber. Besondere Fieberlehre. Vierter Band: Nervenkrankheiten. 2. verm. Aufl. Halle 1805 (1. Aufl. 1799), S. 558.

[43] Reil, a.a.O., S. 554f. Zum »moral management« Francis Willis', das bis Hoffbauer und Reil Schule machte, vgl. Werner Leibbrand und Annemarie Wettley: Der Wahnsinn. Geschichte der abendländischen Psychopathologie. Freiburg/München 1961, S. 341.

[44] Reil, a.a.O., s. 556f.

und den ordnenden Verstand. Es gilt nur, die feine Grenze zwischen ›künstlichem‹ und ›ächtem‹ Wahnsinn zu wahren.

Auch schon vor Jean Paul führte insbesondere das Vorbild des »Don Quijote« zu einer Aufwertung des Exzentrikers gegenüber der Ordnungsmacht des Verstands.

4. Die Aufwertung des Exzentrikers

In der antiken und mittelalterlichen Temperamentenlehre bestimmt das Mischungsverhältnis der Körpersäfte (humores) das Temperament. Ungünstige Mischungen führen zu seelischer Unausgeglichenheit, günstige Mischungen fördern ein angenehmes Temperament. Im 17. und 18. Jahrhundert wird mit ›humour‹ in England ein eigenartiges, von anderen abweichendes Temperament bezeichnet. Ben Jonson hebt den exzentrischen Typus hervor, dessen ›humour‹ von den gesellschaftlich üblichen Verhaltensweisen abweicht. ›Humours‹ werden von Dryden die Charaktere in der Komödie genannt, die sich durch Individualität, Originalität und Extravaganz auszeichnen. »Extravagant habit, passion or affection«, die einen solchen Typus von der üblichen Verhaltensweise scheiden, rufen Lachen hervor, weil alle »deviations from common customs« geeignet sind, satirisches Gelächter hervorzurufen mit dem Nutzen, den exzentrischen ›humour‹ auf den rechten Weg zurückzuführen.[45]

Diese Verbindung mit dem Lächerlichen und der satirischen Absicht hält sich recht lange; sie drückt sich darin aus, daß der humoristische Typus mit seinen Idiosynkrasien, die ihn vom guten Ton der Gesellschaft absondern und ihn deren Achtung einbüßen lassen, nur negativ dargestellt werden kann. Ein typisches Beispiel dieser Einschätzung liefert Henry Home in seinen »Principles of Criticism«. Es ist geradezu ein Indiz, daß der Humour in dem Kapitel »Vom Belachenswerthen« aufgeführt wird. »Nichts, was richtig oder anständig ist, wird Humour genannt; noch irgend etwas Sonderbares im Charakter, in Worten, oder Handlungen, das man hochschätzt und verehrt. Wenn wir auf den Charakter eines Humoristen Acht geben, so finden wir, daß das Sonderbare dieses Charakters den Mann in unserer Achtung verringert; wir finden, daß dieser Charakter aus Umständen entspringt, die zugleich lächerlich und unanständig, und deswegen in einem gewissen Maße belachenswerth sind.«[46] Home versteht unter Humour noch ganz den niedrigen, belachenswerten

---

[45] John Dryden: Defense of an Essay of Dramatic Poesie (1668). In: Essays of J. Dryden. Hrsg. v. W. P. Ker. Oxford 1900, Bd. 1, S. 85. Vgl. dazu die ausführliche Wortgeschichte von Wolfgang Schmidt-Hidding: Humor und Witz. München 1963, S. 92ff.

[46] Heinrich Home: Grundsätze der Kritik. Aus dem Englischen übersetzt von Joh. Nikolaus Meinhard. Frankfurt und Leipzig 1775, Bd. 1, S. 529.

Charakter, der in der Typenkomödie oder in der Satire auftritt. Der Begriff Humor wird dem Lächerlichen subsumiert, die einzige Entschuldigung für die Darstellung eines solchen verächtlichen Charakters ist seine lächerliche Darstellung.

Friedrich von Blanckenburg zitiert diese Stelle und formuliert als erster in Deutschland den Begriff des Humors im Ansatz neu. Er glaubt – nach der Erfahrung mit Sterne – nicht, daß »ein Humoristischer Charakter jederzeit l ä c h e r l i c h e und u n a n s t ä n d i g e Sonderbarkeiten haben dürfe. Die S o n d e r b a r k e i t selbst will ich gerne zugeben; sie ist das Hauptingredienz bey dem Humor überhaupt. Meinem Gefühle nach aber, kann man einen solchen Mann von ganzem Herzen lieben, – und mehr noch, als lieben, – hochachten; zwey Empfindungen und die letzte besonders, die man, nach dem Home, für keinen Humoristen haben kann.«[47] Blanckenburg rühmt, daß vor allem Onkel Toby und Korporal Trim in Laurence Sternes »Tristram Shandy« bei aller Sonderbarkeit des Kriegspielens »unschuldig« und in der spontanen Hilfe, die sie dem unglücklichen Le Fever angedeihen lassen, »edel« erscheinen.[48] Hier bahnt sich die Auffassung des Humors als einer zugleich erhabenen und komischen Qualität an.

Mehrfach bezieht sich Blanckenburg auf Garves Essay »Einige Gedanken über das Interessirende«. Garve hebt an dem launigten Charakter die reichbewegte Innerlichkeit hervor, die ihn seine »Gedanken freyer als andre« ausdrücken läßt. Der Dichter kann diesen Charakter sich frei äußern lassen, weil »ein fähiger Kopf und ein edles empfindendes Herz« die Regelverletzungen dieses exzentrischen Menschen mildern, ja die niederen Anlässe und Begebenheiten, die diese Gedanken auslösen, erheben. Garve deutet bereits an, daß der humoristische Charakter dem Dichter ein Eingehen auf die ›niedrige‹ Realität erlaubt, weil seine reiche Innerlichkeit den Gegenstand kunstfähig macht. Wenn dagegen die frei und ungeachtet der gesellschaftlichen Konvention sich äußernde Subjektivität »bey Leuten von gemeiner Seele vorkömmt, die eben nichts als etwas Alltägliches, Niedriges, Abgeschmacktes bey den Sachen denken, so ist sie unerträglich. Für solche Menschen ist die Politesse und der Zwang der Gewohnheit ganz durchaus nothwendig, wenn wir sie nicht verachten oder hassen sollen, so wie häßliche Körper nothwendig bekleidet seyn müssen.«[49]

Blanckenburg ist zugleich der Verfasser eines anonym erschienen Romans,

---

[47] F. v. Blanckenburg: Versuch über den Roman. Faksimiledruck nach der Originalausgabe von 1774. Mit einem Nachwort von E. Lämmert. Stuttgart 1965, S. 191f.
[48] Blanckenburg, a.a.O., S. 192.
[49] Christian Garve: Einige Gedanken über das Interessirende (1779). In: Chr. Garve: Popularphilosophische Schriften über literarische, ästhetische und gesellschaftliche Gegenstände. Im Faksimiledruck hrsg. v. K. Wölfel, Stuttgart 1974, Bd. 1, S. 301f. Vgl. Blanckenburg, S. 197.

der Fielding und Sterne nachahmt. Sein Held ist ein Landadeliger, dessen ›Steckenpferd‹, die Hasenjagd, alle inneren und äußeren Kräfte in Anspruch nimmt wie das Kriegsspiel die Kräfte Onkel Tobys. Ist der nur auf Hasen sinnende Ritter, besonders gegenüber seiner liebeverlangenden Frau, hinreichend komisch gezeichnet, so fehlt ihm doch ganz jene Innerlichkeit und Seelengröße, die bei seinen Vorbildern sichtbar werden. Obwohl es sich der Erzähler zur Pflicht macht, »alle Veränderungen in seinen Vorstellungen, die ganze Geschichte seiner Empfindungen und Ideen, ihren Ursprung, Verbindung, Abwechselung, die ganze Reihe der Dinge, die durch seinen Kopf giengen, und Eindrücke zurückließen, und Veränderungen hervor brachten, aufzuzeichnen«,[50] obwohl also Blanckenburg das Programm Sternes im »Tristram Shandy« verfolgen will, scheitert dieser Versuch an der satirischen Absicht des Verfassers. Der Klage eines fiktiven Lesers, der Held sei ein »unglücklicher elender Geist«, wird entgegengehalten, der Landadlige solle ein wahres »Muster der Art« sein, dessen Dumpfheit dem Anspruch des Adels, »der Ruhm, die Stütze, die Ehre des Staates« zu sein, auf's Schmählichste widerspricht.[51] Die satirische Absicht der »Besserung« wird im Laufe der drei Bücher immer deutlicher, in einem ungekündigten, aber nicht erschienenen weitern Buch wird die Besserung in Aussicht gestellt.[52] Der »Vorbericht« kündigt »häßliche Vorurteile; entehrende Mißbräuche; lächerliche Gewohnheiten, widerliche Gestalten, bis aufs Hemde entkleidet: – mit einem Wort, Dinge, die, obgleich deutscher Geburt und deutscher Sitte, und nichts weniger, als Raritäten, dennoch gar nicht artige Gesellschaft sind«.[53] Diese ungebrochene Negativität des Charakters widerspricht Blanckenburgs englischen Vorbildern und der kongenialen Interpretation Sternes im »Versuch über den Roman«.

Der wenig bekannte Roman Blanckenburgs teilt eine Eigenart der von Sterne inspirierten deutschen Romanliteratur, die auch an Wezels »Tobias Knaut« bemerkt worden ist. Tobias Knaut ist ein Außenseiter, er hat keine Weltkenntnis, seine Häßlichkeit und Ungeschicklichkeit machen ihn zum Sonderling. Wezel stellt jedoch nicht die menschlichen Schwächen dar, über die sich zu erheben der humoristische Charakter trotz aller Defizienz die Mittel der Phantasie und der Empfindung hat. Knaut wird als beschränkter und dumpfer Charakter vorgeführt, dessen Reaktionen in den Bahnen natürlicher und umweltbedingter Determination ablaufen.[54] Dieses Grundschema, von Wezel desavouierend

---

[50] Beyträge zur Geschichte des deutschen Reichs und deutscher Sitten. Ein Roman. Nachdruck d. Ausgabe Leipzig und Liegnitz 1775. o.O. (Minerva Vlg.) 1970, S. 159.

[51] Ebd., S. 237f.

[52] Ebd., S. 248 und 331.

[53] Ebd., Vorbericht, ohne Seitenzählung.

[54] Nachwort von Victor Lange zu Johann Carl Wezel: Lebensgeschichte Tobias Knauts, des Weisen, sonst Stammler genannt. Stuttgart 1971, Bd. 4, S. 100ff., S. 333.

auf alle höheren Regungen angewendet, beläßt den Sonderling in seiner Negativität. Die damals modernen materialistischen Kategorien, mit denen Wezel die Welt versteht und in denen er seinen Roman entfaltet, führen literarisch zurück auf »das alte Motiv des Narrenspiegels«. »Bestand das Neue und Fruchtbare des ›Tristram Shandy‹ darin, daß der Sonderling nicht mehr der Satire dienstbar gemacht, sondern als autonome, in sich berechtigte Daseinsform erfaßt wurde, so fällt Wezel wieder in den alten satirischen Pragmatismus zurück«.[55]

Noch 1784 ordnet Flögel den Humor dem komischen Kontrast unter. »Humor, komische Laune« zeigt sich im ungewöhnlichen »Kontrast mit eingeführten Sitten und Gebräuchen«. Flögel folgt der traditionellen Bestimmung des ›humours‹ in der englischen Komödie, worunter komische Typen verstanden wurden, die »von der Urbanität der angenommnen Sitten« abstechen.[56] Flögel übersetzt interpretierend die schon von Blanckenburg herangezogene Stelle aus Ben Jonsons Komödie »Every Man out of his Humour«: »Humor ist ein mächtiger Trieb in der Seele, welcher sie zu einem bestimmten Punkte hinlenkt, den der Mensch als höchst wichtig ansieht, ob er es gleich nicht ist, und durch den er sich bey der übertriebnen Ernsthaftigkeit, womit er denselben betrachtet, auf eine lächerliche Art von andern unterscheidet«.[57] Flögel beschreibt nur die eine Seite dessen, was am »Tristram Shandy« humoristisch genannt werden kann. Onkel Tobys Kriegswesen im Küchengarten wird mit ›übertriebener Ernsthaftigkeit‹ betrieben, ebenso wie Vater Shandys Philosophieren über die Erziehung seines Sohnes, das ihn von der praktischen Erziehung abhält. Doch auch das Umgekehrte findet statt: Yorick sieht gern das, was gewöhnlich als ernst und bedeutend gilt, von der lächerlichen Seite. Er hat von Natur aus einen unbezwingbaren Widerwillen gegen die Ernsthaftigkeit, wenn sie ihm angemaßt erscheint und als Kunstgriff, sich Vertrauen zu erwerben.[58] Yoricks Verstoß gegen die Regeln der Weltklugheit, begleitet von natürlicher Menschlichkeit und Güte, wird von Sterne mit der wärmsten Sympathie bedacht. Flögels Bestimmung des Humors, die von der Komödie und ihren komischen Typen herkommt, läßt von dieser Mischung aus Komik und Würde nichts spüren. Flögel erfaßt noch nicht die Positivität des Außenseiters. Der Humor erscheint als ein Sonderfall des Lächerlichen; er kommt dem ›Heroischkomischen‹ am Nächsten, worin »kleine und unbedeutende Gegenstände durch eine erhabne Sprache (...) ein grosses und wichtiges Ansehen erhalten«, das ihnen nicht zukommt. Die humoristische Schreibweise und das

---

[55] Herman Meyer: Der Sonderling in der deutschen Dichtung. München 1963, S. 54.
[56] Carl Friedrich Flögel: Geschichte der komischen Litteratur. Liegnitz und Leipzig 1784, Bd. 1, S. 92.
[57] Flögel, a.a.O., S. 93f.
[58] Vgl. Laurence Sterne: Tristram Shandy, 1. Tl., 2. Kap.

Heroischkomische werden von Flögel nahezu identifiziert. In heroischkomischen Epen werde »die Absicht zu belustigen, unter einer ernsthaften und wichtigen Miene versteckt, wodurch der Kontrast und das Lächerliche gar sehr verstärkt wird«.[59] Flögel erkennt nicht das Edle und Würdige, das Fielding und Sterne ihren Charakteren zuteil werden lassen, wobei, wie in der Le-Fever-Episode, auch der umgekehrte Kontrast (des vermeintlich niedrigen Charakters mit seiner unvermuteten Größe) eine bedeutende Rolle spielt.

In Fieldings Vorwort zu seinem Roman »Joseph Andrews« wird diese Umwertung des Hohen und Niedrigen sichtbar. Vom Charakter seines Pfarrer Adams sagt Fielding selbstbewußt, daß er noch in keinem bisher bekannten Buche zu finden sei. Ungeachtet der niedrigen Abenteuer (»low Adventures«), in die Adams verwickelt wird, der traditionell komischen Prügeleien, die er austrägt, ungeachtet seiner komischen Zerstreutheit und Weltfremdheit, durch die er ein ums andre Mal betrogen wird, beweist der Pfarrer Adams sein würdige Denkungsart (»worthy Inclinations«). Naivität und Unkenntnis der Welt sind zugleich Ursache der komischen Verwicklungen und Folge des »Goodness of his Heart«, die ihn nichts Böses vermuten läßt. In diesem Charakter prägt sich zum ersten Mal nach dem Vorbild Don Quijotes jene »umgekehrte Erhabenheit« des Humors aus, der das traditionell Hohe erniedrigt und das gesellschaftlich und poetisch Niedrige erhöht (5,125).[61] In einer Umwertung wird die »affectation« der großen Welt als Eitelkeit und versteckte Selbstsucht entlarvt und dagegen positiv die Bewährung der natürlichen Tugend und Humanität trotz niedriger Umstände hervorgehoben.[62] Fielding kehrt die Ständeklausel um: die adlige hohe Herrschaft erscheint niedrig hinter der Maske der »affectation«, der Diener Joseph Andrews und der arme, abhängige Landpfarrer Adams bewahren trotz des Niedrigkomischen ihre Würde.

Einer der interessantesten Beiträge zur Entstehung der Figur des Humoristen in der deutschen Literatur stammt von Wieland. 1770 erschien »Sokrates mainomenos oder Die Dialogen des Diogenes von Sinope«. Obwohl darin das Wort Humor nicht fällt – es ist nur von Sonderbarkeit die Rede – hat Wieland mit dieser Figur den Jean Paulschen Typus des Humoristen vorgezeichnet.[63]

---

[59] Flögel, Bd. 1, S. 76. Vgl. S. 94: »Ein Autor, der unter einem Scheine von Ernsthaftigkeit und Wichtigkeit seine Gegenstände mit solchen Farben schildert, daß sie Fröhlichkeit und Lachen erregen, besitzt den wahren Humor.«

[60] Henry Fielding: Joseph Andrews (1742). Hrsg. v. M. C. Battestin. Oxford 1967, S. 10f.

[61] Der Untertitel lautet: »Written in Imitation of The Manner of Cervantes, Author of Don Quixote«.

[62] Vgl. Joseph Andrews, 3. Buch, 3. Kap. und Fieldings Preface, wo Eitelkeit (»affectation«) als Quelle des Lächerlichen bezeichnet wird.

[63] In einem Brief rühmte Jean Paul schon 1783 Wielands Diogenes: »Ins Tollhaus würden die Tollen den einzig Klugen führen; aber du würdest das Tollhaus, wie (...) Sokrates den Kerker, veredeln!« (Jean Pauls sämtl. Werke, III. Abt., Bd. 1, S. 94).

Wieland hebt den Drang des Diogenes nach Freiheit und Unabhängigkeit hervor und seine »Abweichung von den gewöhnlichen Formen des sittlichen Betragens«.[64] Da Diogenes zur Befriedigung seiner geringen Bedürfnisse keiner Arbeit bedarf, geht er müßig, da er nichts besitzt, braucht er für Hab und Gut keinen staatlichen Schutz. Er ist niemandem etwas schuldig, lebt außerhalb der Gesellschaft und fühlt sich als Weltbürger. Zugleich kritisiert und satirisiert Diogenes seine Mitmenschen, insbesondere den genußsüchtigen und verschwenderischen Adel, dem er das Gemeinwohl zu vergessen vorwirft. Doch diese Rüge wird in einem Dialog refüsiert und an Diogenes zurückverwiesen: »ich sehe nicht, womit du dem Staate dientest: du treibst weder Kunst, noch Gewerbe, noch Wissenschaft, du bauest und pflanzest nicht, du verwaltest kein Amt, du thust nichts (...); du bist nicht einmal eine Hummel im gemeinen Wesen. Womit willst du deine Unnützlichkeit rechtfertigen?«[65] Die Rolle des Kritikers glaubt Diogenes sich leisten zu können, weil er weder von eigener noch von der Arbeit Anderer lebt und dazu noch allein und unbeweibt ist.[66] All das sind wichtige Gemeinsamkeiten mit Jean Pauls Humoristen.

»Schoppe, der lieber vogelfrei als nicht-frei oder freigelassen sein wollte, und dessen ebenso reichsunmittelbarer als fruchtbarer Boden keine Zäune litt, konnte sich nur zu zufälligen unbestimmten Diensten bequemen« – so wird der polyglotte Mann unbestimmter Herkunft in Jean Pauls »Titan« vorgestellt (3,30). Er will weder herrschen noch dienen, er will der Welt nicht einmal als Satiriker nützlich werden (3,693f.). Lieber will Schoppe zugrundegehen, als Lohn und Befehl in »diesem großen Bedientenzimmer« zu erhalten. »Was, ein Floh soll ich sein am dünnsten goldenen Kettlein, und ein Herr, der mich darangelegt, damit ich ihm springe, aber nicht davon, zieht mich öfters auf den Arm und sagt: saug nur zu, mein Tierchen!?« (3,692). Giannozzo, im komischen Anhang zum »Titan«, streckt die Arme aus nach dem Äther der Freiheit und erhebt sich, eine Allegorie in praxi, über die schlechte Welt in der Montgolfière. Selbst außerhalb der Gesellschaft, hält er von hoch droben herab satirische Reden auf den Staat, den Adel und das Besitzbürgertum. Giannozzo hat eine Vorliebe für das Zwecklose und Unnützliche. Dem Großohm und Bankier, »der aus Geld nicht viel macht, sondern nur wieder Geld«, hält er eine ironische Rede gegen den blauen Montag, die Zeitverschwendung und die unnötige Sonntagsruhe und macht Vorschläge zur Erhöhung der Arbeitsproduktivität und zur Senkung der Kosten, damit der Staat endlich ein »ordentliches großes Raspel-

---

[64] Chr. M. Wieland: Nachlaß des Diogenes von Sinope. Aus einer alten Handschrift. In: C. M. Wielands sämmtliche Werke. Leipzig: Göschen 1839, Bd. 19, S. XII, vgl. S. 7f. Den ursprünglichen Titel hat Wieland in der hier zitierten 3. Ausgabe von 1795 in den oben genannten verändert und damit abgeschwächt.

[65] Ebd., S. 78f.

[66] Ebd., vgl. S. 28 und 72ff.

244

und Arbeits-Haus« werde, »alle darin schwitzend, keuchend, kartätschend, scheuernd und wütend, ohne sich nur umzugucken und ohne sich zu scheren um Lust und Liebe und Himmel und Hölle« (3,983,987). In ironischer Dissimulatio beschreibt die Rede den Abscheu des Humoristen vor dem auf Erwerb, Einfluß und Macht gerichteten Leben. Giannozzos Luftreisen sind zwecklos: »Wahrlich, bloß zur Lust leb' ich oben und aus Ekel am Unten« (3,988). Giannozzo vertauscht die Tonne des Diogenes mit der Gondel eines Ballons. Die Verwandtschaft mit dem altbekannten Kyniker kann er nicht verleugnen.

Wielands Diogenes verdankt das Beste sich selbst. An die Stelle bürgerlicher Verpflichtungen setzt er die Freiheit des »Naturrechts«, das nur das Natürliche und »Sympathetische« als gesellschaftliche Bande kennt. Sympathie und »Mitleiden« sind die einzigen natürlichen Neigungen, die es zu bewahren gilt, alle bürgerlichen Verbindungen werden durch »Vorurtheile, ausschließende Neigungen, gewinnsüchtige Absichten« und durch scheinbare Tugenden bestimmt, die »vor dem Richterstuhl der Natur oft nur ein schimmerndes Laster« sind. Der unabhängige Weltbürger Diogenes zeichnet sich durch »Empfindlichkeit«, »Menschlichkeit und Güte« aus.[67] Diesen Habitus teilt Wielands Diogenes mit den Humoristen Schoppe und Giannozzo.

Wieland entwirft das Bild des Humoristen gegen den historischen Diogenes. Wenn der Überlieferung zu glauben wäre, »so müßte Diogenes der Cyniker der verachtungswürdigste, tolleste, unfläthigste und unerträglichste Kerl gewesen seyn, der jemals die menschliche Gestalt verunziert hätte«. Wieland will ein anderes Bild von Diogenes vorstellen als Herausgeber seines fingierten Nachlasses. Diogenes sei zwar ein »närrischer«, zugleich aber »ein so gutherziger, frohsinniger und (mit Erlaubnis zu sagen) so vernünftiger Sonderling, als es jemals einen gegeben haben mag«. Wielands Philosoph in der Tonne ist ein »idealischer Diogenes«, dessen Sonderbarkeit in der »Abweichung von den gewöhnlichen Formen sittlichen Betragens« besteht, weswegen er so mißverstanden worden sei wie »Hans Jacob Rousseau von Genf«.[68]

Diesem Hinweis lohnt es nachzugehen. Wielands Diogenes ist nicht nur in der Kritik der verfeinerten und depravierten Gesellschaft einig mit Rousseau, sondern auch in der Positivität der natürlichen Affekte der Sympathie und des Mitleids, die es gegen die gesellschaftlich induzierte Eigenliebe zu restaurieren gilt. Das natürliche, aller Reflexion vorausgehende Mitleid bringt »bienvieillance et l'amitié« hervor; es ist ein natürliches Gefühl, das in jedem Individuum die Gewalt des »amour de soi-même«, der Eigenliebe, mäßigt und zur Erhaltung der Gattung beiträgt.[69]

---

[67] Wieland, Nachlaß des Diogenes, a.a.O., S. 80f.
[68] Wieland, Nachlaß des Diogenes, Vorbericht des Herausgebers, S. VIIf., XVI, XII.
[69] Jean Jacques Rousseau: Discours sur l'Origine et les Fondements de l'inégalité parmi

Die erste Auflage von Wielands Buch hatte 1769 den Titel »Sokrates mainomenos oder Die Dialogen des Diogenes von Sinope«. Dieser »halb ehrenvolle, halb spöttische Spitzname, welchen Plato dem Diogenes gegeben haben soll«, erscheint Wieland in der zweiten Auflage nicht mehr passend. Der Sonderling sei zu vernünftig, um als »Socrates delirans«, als »aberwitzig gewordener Sokrates« bezeichnet zu werden.[70]

Geradezu als Antwort auf das Zurückweichen Wielands erscheint Jean Pauls Bekräftigung dieses Titels in der »Vorschule der Ästhetik«. Jean Paul gebraucht den Begriff des Socrates delirans ohne Einschränkung, und in der Tat sind Schoppe und Giannozzo nicht so idealisiert und gebändigt wie Wielands Diogenes. Es ließe sich, so Jean Paul in der »Vorschule«, eine »scheinbare Angrenzung des Humors an den Wahnsinn denken, welcher natürlich, wie der Philosoph künstlich, von Sinnen und von Verstande kommt und doch wie dieser die Vernunft behält; der Humor ist, wie die alten den Diogenes nannten, ein rasender Sokrates« (5,139f.). Die humoristische Mischung von Narrheit und Weisheit, von sokratisch-ironischer Verstellung und extremen Verhaltensweisen sieht Jean Paul vereinigt in der Leitfigur des Diogenes. Im »Quintus Fixlein« werden »Humoristen und Diogenesse« in einem Atemzug genannt (4,73).

5. Don Quijotes Wahn und Wahrheit

Eine Schlüsselposition in der Neubewertung des närrischen Außenseiters nimmt der »Don Quijote« ein. An der Rezeptionsgeschichte des »Don Quijote« läßt sich ablesen, wie sich im Laufe des 18. Jahrhunderts die Einschätzung des Lächerlichen und des Satirischen veränderte.

Addison und Shaftesbury betrachteten den »Don Quijote« als Burleske, in der niedrige Personen wie Helden ausstaffiert werden.[71] Die bekannteste deutsche Nachahmung des »Don Quijote«, Wielands »Don Sylvio«, stellt sich wesentlich als Satire auf die fehlgeleitete Einbildungskraft dar, von deren Verirrungen der Held geheilt werden muß. Don Quijote wurde sprichwörtlich für einen Schwärmer in Sachen der Religion und Politik gehalten. Werther ist für den Hauptpastor Goeze ein »modernisirter Don Quixote«.[72] Ganz im Sinne

les Hommes (1755). In: J. J. Rousseau, Schriften zur Kulturkritik. Eingeleitet, übersetzt und hrsg. von K. Weigand. 2. Aufl. Hamburg 1971, S. 174ff.

[70] Wieland, Nachlaß des Diogenes, Vorbericht, S. XVI. Die erste Auflage dieses Romans ist wiederveröffentlicht in Chr. M. Wieland: Werke. Hrsg. von F. Martini und H. W. Seiffert. München 1966, Bd. 2, S. 7 – 121.

[71] Stuart M. Tave: The amiable Humorist. Chicago 1960, S. 153.

[72] J. M. Goeze: Kurze aber nothwendige Erinnerungen über die Leiden des jungen Werthers ..., Hamburg 1775, S. 4. Als Faksimile im Anhang von K. R. Scherpe: Werther und Wertherwirkung. Zum Syndrom bürgerlicher Gesellschaftsordnung im 18. Jahrhundert. Bad Homburg, Berlin, Zürich 1970, S. 173 – 191.

Shaftesburys sollte das Lachen über eine solche Figur den Verirrungen der Einbildungskraft vorbeugen oder die gesunde Vernunft restituieren.

Allmählich änderte sich, ausgehend von Fieldings Komödie »Don Quixote in England«, die Einschätzung des Romans. Fielding macht den Helden zu einer »righteous figure in a world of rascals«; seine guten Absichten wiegen mehr als die närrische Unwirklichkeit seiner Vorstellungen und Handlungen. Die Narrheit wird aufgewogen durch gute oder liebenswerte Eigenschaften wie Mut, Ehrgefühl, Großzügigkeit und Menschlichkeit.[73] Der Enthusiasmus wird allmählich zu einem positiven Wert im Zeichen romantisch-utopischer Sehnsucht. Früher als in Deutschland gilt der Don Quijote als Symbol eines Menschen, der sich von der Gegenwart abwendet und in der Vorstellung einer besseren Zukunft lebt. Die neue Einstellung gegenüber dem Enthusiasmus zeigt 1750 eine Reflexion von Samuel Johnson, die mit dem Bekenntnis schließt: »I am persuaded indeed, that nothing greater or glorious was ever performed, where this quality had not a principal concern; and as our passions add vigour to our actions, enthusiasm gives spirit to our passions.«[74] Quijotes Irrglaube an die Realität von Wahrheit, Treue und Liebe unter den Menschen wird begriffen als die vorschnelle Versetzung des Ideals in die Wirklichkeit, als Verkehrung von Utopie und Realität, die sowohl heroisch als auch komisch ist und die keine Verachtung, eher Bewunderung verdient.

Herder nimmt die englische Umwertung des »Don Quijote« auf und verkündet, Don Quijote übertreffe all die Helden, die mit Gewalt herrschen und Unglück über die Menschen bringen. »Wie edel, ja wie göttlich-größer war m e i n   H e l d   v o n   L a   M a n c h a. Er zog ja aus, dem Unrecht Recht, Gewaltthätigkeiten Vergütung zu schaffen, zu heben den Gefallenen, niederzuwerfen Den, den Ungerechtigkeit gehoben hatte. Bei diesem wundersamen Unternehmen was für Püffe, Schläge und Ribbenstöße bekam er! Aber Müh' und Arbeit war ihm ein weiches Lager, das Haus des Schmerzes ein Lusthaus, weil er sich als Den ansah, der Andern Erleichterung, Glück, Ruhe zu geben, Pflicht und Beruf habe. Wenn die Erfolge den Unternehmungen seines Herzens nicht entsprachen, so ist dies nicht dem Mann, sondern seiner Krankheit beizumeßen; hätte seine Macht so weit als sein guter Wille gereicht, mit Leibes- und Lebensgefahr hätte er alles Verwachsene und Schiefe gerade und schlicht hingestellt wie eine Ceder.«[75] Herder hebt den guten Willen und das utopische

[73] Tave, (Anm. 71), S. 157f.
[74] S. Johnson zit. nach Tave, S. 162.
[75] J. G. Herder: Adrastea (1802). In: Sämmtliche Werke. Hrsg. v. B. Suphan, Bd. 23, S. 411ff. Vgl. zur Rezeptionsgeschichte des »Don Quijote« das Standardwerk von Werner Brüggemann: Cervantes und die Figur des Don Quijote in Kunstanschauung und Dichtung der deutschen Romantik. Münster/Westf. 1958, S. 259ff. Brüggemann belegt, daß die anonyme erste und die zweite Don-Quijote-Übersetzung von Bertuch

Moment im Zusammenprall mit der Wirklichkeit hervor. Diese Umwertung des »Don Quijote« bestimmte wesentlich den humoristischen Roman. Don Quijote ist enthusiastisch und heroisch, die Komik seiner vergeblichen Anläufe ist ihm nicht bewußt. Unbeirrt wie ein Held folgt er seiner Idee, ohne die Macht zu haben, sie ins Werk zu setzen. Trotz seiner Narrheit ist er vernünftig, wie es in seinen Lehren an Sancho Pansa deutlich wird.

Schelling brachte diesen Zusammenhang auf den Begriff: »Das Thema im Ganzen ist das Reale im Kampf mit dem Idealen. In der ersten Hälfte des Werks wird das Ideale nur n a t ü r l i c h -realistisch behandelt, d.h. das Ideale des Helden stößt sich nur an der gewöhnlichen Welt und den gewöhnlichen Bewegungen derselben, im andern Theil wird es mystificirt, d.h. die Welt, mit der es in Conflict kommt, ist selbst eine ideale, nicht die gewöhnliche«. Im angesprochenen zweiten Teil des Romans scheint bekanntlich die Welt auf das romantisch-ideale Bild, das Don Quichote sich von ihr macht, einzugehen; Sancho Pansa wird dem Scheine nach zum Statthalter ernannt und Don Quijote erteilt ihm staatsmännische Lehren. »Die Mystifikation geht allerdings bis zum Schmerzenden, ja bis zum Plumpen, und so daß das Ideale in der Person des Helden, weil es da verrückt geworden war, ermattend unterliegt; dagegen zeigt es sich im Ganzen der Composition durchaus triumphirend, und auch in d i e s e m Teil schon durch die ausgesuchte Gemeinheit des Entgegengesetzten.«[76] Schelling verwahrt sich gegen die satirische Interpretation des »Don Quijote«, die immerhin Cervantes durch das Bild des Narrenspitals und durch die schließlich gelungene Heilung des Helden von seinem Wahn nahelegt. »Was in der beschränkten Conception eines untergeordneten Geistes nur als Satyre einer bestimmten Thorheit gemeint geschienen hätte, das hat der Dichter durch die allerglücklichste der Erfindungen in das universellste, sinnvollste, und pittoreskeste Bild des Lebens verwandelt.«[77] Universell und sinnvoll in einem der alten Mythologie vergleichbaren Rang erscheint der »Don Quijote« deswegen, weil in ihm ein Symbol des modernen Menschen hervorgebracht worden sei: ein Charakter, der unvollkommen und vollkommen zugleich ist, heroisch und komisch in einem.

Vergegenwärtigen wir uns Hutchesons Bestimmung des Lächerlichen: es entspringt der ›incongruity‹ von Hohem und Niedrigem. Lächerlich erscheint die Anwendung von etwas Erhabenem auf einen nichtswürdigen Fall.

---

den Roman als Satire verstehen mit der Absicht, den schlechten Geschmack und das ausschweifende und abergläubische Wesen der Spanier zu korrigieren (S. 43ff.). Brüggemann stellt dem die Zeugnisse Schlegels, Schellings und Tiecks entgegen, ohne auf die sich darin dokumentierende Umwertung des Erhabenen und Komischen einzugehen.

[76] F. W. J. Schelling: Philosophie der Kunst. Darmstadt 1960, S. 323f.

[77] Ebd., S. 323.

248

Unangemessenheit, die Verletzung des rhetorisch-stilistischen aptum, Travestie und Parodie erregen Lachen. Der »test of ridicule« wirkt der überhitzten Einbildungskraft entgegen, die immer in Gefahr steht, in Schwärmerei und unangemessene Bewunderung zu verfallen. Hutcheson gründet das Lächerliche auf die witzige Verbindung eines Kontrasts zwischen Ideen von Größe, Würde, Heiligkeit und Vollkommenheit mit Ideen von Niedrigkeit, Unvollkommenheit und Profanität. Die katachrestische Vernachlässigung der Notionen, die den Ideen des Hohen und Niedrigen zugehören, verletzt die Einheit des Stils. Die Vermischung der Stilebenen in lachenerregender Absicht ist beim »Test« ein Mittel, den Menschen aus der Exaltiertheit der Schwärmerei zurückzuholen.

Schellings Interpretation des »Don Quijote«, zeigt die Umwertung des ehemals lächerlichen Kontrasts zwischen Hohem und Niedrigem, Vollkommenem und Unvollkommenem in wünschenswerter Deutlichkeit: »Der Roman des Cervantes ruht also auf einem sehr unvollkommenen, ja verrückten Helden, der aber zugleich so edler Natur ist, und so oft als der Eine Punkt nicht berührt wird, so viel überlegenen Verstand zeigt, daß ihn keine Schmach, die ihm widerfährt, eigentlich herabwürdiget.«[78] Dieses ›zugleich‹ bezeichnet die humoristische Stilmischung. An die Stelle des das Erhabene prüfenden Kontrasts tritt die Vereinbarkeit des zuvor Unvereinbaren.

Der »wunderbare ewige Wechsel von Enthusiasmus und Ironie« gilt Friedrich Schlegel als das Strukturprinzip des »Don Quijote«. Der Enthusiasmus des Ritters, der sich in einem ernsten, getragenen Stil äußert und der sich gänzlich in der romantisch-erhabenen Idee des Mittelalters bewegt, erscheint im Medium der Ironie des Erzählers, der den Stil der Ritterromane parodiert. Ironie und Enthusiasmus werden in einer Weise verschmolzen, die den Ernst der Begeisterung nicht durch den Scherz der Ironie gänzlich vernichtet, sondern bewahrt. Die menschliche Natur selbst bewegt sich in dieser Symmetrie der Widersprüche, »wo der naive Tiefsinn den Schein des Verkehrten und Verrückten, oder des Einfältigen und Dummen durchschimmern läßt.«[79] Die Verwirrung von Vernunft und Narrheit steht auf dem Programm der romantischen Cervantes-Interpretation. Scheinbare Verkehrtheit und der scheinbare Kontrast der Hohen und Niedrigen im Zeichen des Humors tritt an die Stelle des trennenden und prüfenden »test of ridicule«. Nichts ist unvermischt erhaben, nichts ist nur komisch.

---

[78] Schelling, Philosophie der Kunst, S. 324.
[79] F. Schlegel: Gespräch über die Poesie. In: Kritische Friedrich-Schlegel-Ausgabe, 2. Bd., 1. Abt., S. 319.

6. Die humoristische Stilmischung im »Siebenkäs«

Siebenkäs sticht nach Meinung seiner Frau unvorteilhaft ab von der gesellschaftlichen Konvention: »›Die Leute müssen denken, du bist nicht recht gescheut‹, und er versetzte: ›Bin ichs denn?‹« (2,292). Der humoristische Charakter ist nicht der Narr wider Willen in den Augen der anderen, er ist bewußt närrisch. Dieses bewußte Außenseitertum zeichnet sich durch ständige Verletzung des Angemessenen und Würdigen aus. Wenn sich Siebenkäs konventionell, seinem Stande als Advokat gemäß verhält, so ahmt er parodistisch nach, was in diesem Stand als richtiges und angemessenes Verhalten gilt. Siebenkäs und sein Wahlbruder Leibgeber gingen »in den reichsstädtischen und reichsdorfsschaftlichen Fußstapfen der vernünftigsten Gebräuche mehr nur aus satirischer Bosheit einher und machten schöne bürgerliche Sitten zwar richtig nach, aber sehr zum Spaße; jeder war zugleich sein eigner spielender Kasperl und seine Frontloge« (2,53). Genau diese Haltung beschreibt die »Vorschule der Ästhetik« als humoristisches Rollenspiel. Durch ironisch-parodistische Verstellung verschwindet das Ich als eindeutig wahrnehmbare Identität hinter vielerlei Masken und macht sich doch zugleich geltend als »Regisseur« (5,133) und Zuschauer dieses Rollenspiels. Siebenkäs »verhing sein schönes Herz mit der grotesken komischen Larve und verbarg seine Höhe auf dem niedergetretenen Sokkus – und machte das kurze Spiel seines Lebens zu einem Mokierspiel und komischen Heldengedicht« (2,292). Wiederum bewährt sich der Humor als das »umgekehrte Erhabene« (5,125); der hohe Charakter des Helden bleibt nach außen verborgen, denn er trägt den Soccus des Komödianten. Jean Paul verdeutlicht das Gemeinte an der Übung des antiken Theaters, in dem der tragische Schauspieler durch einen hohen Schuh, den Kothurn, auch äußerlich ausgezeichnet wurde, während der absatzlose Soccus die Niedrigkeit des komischen Charakters sichtbar machte. Die »Vorschule« wiederholt das Bild mit tieferer poetologischer Bedeutung: der Humor macht »zum Teil ernst im Gegensatze des alten Scherzes; er geht auf dem niedrigen Sokkus, aber mit der tragischen Maske, wenigstens in der Hand« (5,129).

Abgeleitet aus der Poetik und Rhetorik des Aristoteles, des Horaz und den römischen Rhetoriken, bestimmten Aptum und Decorum den Zusammenhang von Redegegenstand, Stil und angesprochenem Publikum. Die Qualität des Gegenstands und die beabsichtigte Wirkung (probare, conciliare, movere) sind in der Poetik des Barock bindend abgestimmt mit der zu wählenden Stilhöhe.[80] Hohe Personen und vortreffliche Gegenstände

---

[80] Joachim Dyck: Ticht-Kunst. Deutsche Barockpoetik und rhetorische Tradition. Bad Homburg/Berlin/Zürich 1966, S. 93. Vgl. zum Aptum und Decorum von res und verbum in der Rhetorik Sulpitii Victoris Institutiones oratoriae 15: illud, »quod decorum vel decens diximus, in eo est, ut rebus apta sint verba, id est ne res magnas verbis parvulis proferamus, neve e contrario magnis et tumentibus atque inflatis verbis

verlangen den erhabenen Stil, was sich im Versmaß und in der Wahl der Rede-
figuren ausprägt. Das genus sublime eignet der Tragödie mit dem Ziel, Leidenschaften im Zuschauer zu bewegen (movere) und zu reinigen. Der niedere Stil
wird gesellschaftlich niedrig stehenden Personen und niedrig stehenden Dingen
zugeordnet. Der mittlere Stil ist der auf angenehme Weise belehrenden Gattung
vorbehalten. Der Ausgang heroisch und tragisch angelegter Situationen hat
traurig, ernst und pathetisch zu sein, das Ende der Komödie mit ihrem

res parvulas exequamur; (...) custodite ergo faciendum est, ut rebus personisque ac-
commodentur verba quae decent« (zit. nach H. Lausberg: Handbuch der literarischen
Rhetorik § 1058). Angemessenheit und Schicklichkeit (frz. bienséance) bestimmen in
der Rhetorik das Verhältnis von Redegegenstand, Stilebene und Publikum. In seinem
berühmten Buch »Mimesis« hat Erich Auerbach die Durchbrechung dieser Stil-
trennungsregel durch die christlich-kreatürliche Stilmischung gezeigt; die außerordentliche Fruchtbarkeit des Modells bewährt sich an Texten von der Antike bis zur
Moderne, wobei in unserem Zusammenhang besonders Shakespeares Mischung hoher
und niedriger Personen, die Mischung von tragisch und komisch und der schnelle
Wechsel der Stillagen interessiert, ebenso die Verkehrung des Hohen und Niedrigen
im »Don Quijote«. Extrempunkte der modernen, romantischen Stilmischung sind
für Auerbach die Antithetik des Erhabenen und Grotesken, des Schönen und des
Häßlichen bei Victor Hugo. Der Begriff der Stilmischung eignet sich zur Bestimmung
der humoristischen Schreibweise insofern, als Jean Paul in der »Vorschule« mit großem
Nachdruck den extremen Kontrast und die Dissonanz der vom Humor berührten Positionen betont. Was dabei herauskommt, ist im Sinne Auerbachs kein ›neuer hoher
Stil‹, der das Sinnliche und körperlich Niedrige erhöht, sondern eine spezifische Form
des Stilwechsels, die das körperlich Niedrige erträglich zu machen sucht (Vgl. dazu
E. Auerbach: Mimesis. Dargestellte Wirklichkeit in der abendländischen Literatur.
4. Aufl. Bern/München 1967, S. 74, S. 298ff., S. 323ff., S. 437). – Die Unterscheidung von Stilmischung und Stilwechsel erscheint mir wichtig. Erinnert sei an
das bekannte Distichon Goethes über Jean Paul in den »Xenien«, das Jean Paul
als Kranken, als Zerrissenen, als ›Chinesen in Rom‹ bezeichnet. Ein Chinese in Rom
verheißt Dissonanzen. Goethe markiert damit die Distanz Jean Pauls zu dem von ihm
zu dieser Zeit angestrebten Ideal des Klassizismus und damit zur Stiltrennung. Jean
Paul wiederum wirft den klassizistischen Dioskuren in der Vorrede zur zweiten Auflage
des »Quintus Fixlein« vor, sie verstünden nichts vom Humor, der bei den ›Alten‹ nicht
anzutreffen sei. Die ›krumme Linie des Humors«, Jean Pauls dissonante, das
Erhabene und das Niedrige vermischende Schreibweise, widerspricht zweifellos dem
klassizistischen Ideal der Stilreinheit (4,27). Nach der Abwendung Schillers vom Sturm
und Drang mit seinen stilistischen und sozialen Implikationen (vgl. die schöne Interpretation Auerbachs von »Kabale und Liebe« in Kap. XVII), nach der Distanzierung
Goethes von der »Werther«-Zeit, wird im Sinne des Klassizismus der Gegensatz von
›objektivem‹ und ›subjektivem‹ Stil aktuell. Der subjektive Stil ist ›Manier‹, und Jean
Paul damit ein Manierist. – Jean Paul humoristischer Stil wechselt zwischen dem
hohen, ›italienischen‹ Stil, und dem niedrigen, ›niederländischen‹ Stil. Schiller und
Moritz verachten den niederländischen Stil und ziehen entschieden den italienischen
vor. Eine Vermischung, oder besser: eine Koexistenz beider Stile, wie es Jean Paul
in den humoristischen Idyllen, aber auch gelegentlich im ›hohen Roman‹ praktiziert,
ist für den Klassizismus undenkbar.

niedrigen Personal hat fröhlich zu sein. »Die niedere Realität kann nur in burlesker Verzerrung dargeboten werden«.[81] Der Stiltrennung entspricht eine Trennung der Stände und der ihnen zukommenden Würde. Wie die barocke Poetik hält der französische Klassizismus an der Stiltrennung fest:

> »Le Comique, ennemi des Soupirs & des Pleurs,
> N'admet point, dans ses Vers de tragiques Douleurs.«

Gottsched, der diese Verse Boileaus zitiert, klagt die Comédie larmoyante an, diese Regel zu vergessen. Die ›ernste Komödie‹ und das ›bürgerliche Trauerspiel‹ durchbrechen bekanntlich die Stiltrennung. Gottsched tadelt aber auch schon Aristophanes (»ein republikanischer Kopf«), denn er habe aus mangelnder »Ehrerbietung» den Xerxes »in einer königlichen Pracht seine Nothdurft verrichten« lassen. Würde und Trivialität können bei Gottsched nebeneinander nicht bestehen.

Eine »Tragikomödie« kann es nach Gottsched nicht geben; der Dichter muß sich entscheiden, eine Komödie oder eine Tragödie zu schreiben.[82] Die Regel der Stiltrennung wird durch die Autorität von Horaz gestützt, dessen »Ars poetica« Gottsched seiner »Critischen Dichtkunst« als Programm voransetzt. »Versibus exponi tragicis res comica non vult«.[83] Komische Inhalte in tragischer Sprache und umgekehrt verletzen die Angemessenheit von verba und res, das Aptum oder Decorum.[84] »Wer dieses vermischet, verräth seine Unwissenheit«. Shakespeare habe sich dieser Vermischung schuldig gemacht, indem er am Anfang des »Julius Caesar« einen Schuhflicker mit den »niedrigsten plautinischen Possen einführet«.[85]

Die Tradition der Stiltrennung, erneut besonders von Schiller bestärkt, wurde deshalb so betont, weil Jean Paul den Humor durch die »Verwechslung aller Gattungen« (§ 36) auszeichnet. Humoristische Poesie kann als ironische Lobschrift (Swift), als Roman (Cervantes) oder als Drama (Shakespeare) hervortreten (vgl. 5,148). Sie hat Vorbilder in den mittelalterlichen Narrenfesten, die »mit einer innern geistigen Maskerade ohne alle unreine Absicht Weltliches und Geistliches, Stände und Sitten umkehren« (5,132). Der Hanswurst, bekanntlich von Gottsched vom Theater vertrieben, wird von Jean Paul im Namen des Humors verteidigt. Vorbild sind die »alten französischen Mysterien«, in denen nach einer ernsten Szene der Hanswurst aufgetreten sei, um der »pathetischen Anspannung« mit »humoristischer Abspannung« ein Gegengewicht

---

[81] Dyck (Anm. 80), S. 112.

[82] Johann Christoph Gottsched: Versuch einer Critischen Dichtkunst. 4. vermehrte Auflage Leipzig 1751, S. 650f., S. 647.

[83] Gottsched, S. 18ff.

[84] Zum aptum und decorum vgl. Dyck (Anm. 80), S. 91 – 112.

[85] Gottsched (Anm. 82), S. 19, Anm. 30.

zu setzen (5,130). Diese Verkehrung der Sitten, der Stände und der Stilebenen ist dem humoristischen Stil verwandt. Auch in diesen Beispielen wird die Erhabenheit nicht angetastet durch das Niedrige.

Im »Siebenkäs« zeigt sich die Erhabenheit unvermischt nur in der Liebe, in der Freundschaft und in der Natur. Es sind Aufschwünge der Innerlichkeit. Aus der Bedrückung durch die Armut und den Zwang der gesellschaftlichen Konvention erhebt sich die Seele vor der Größe der Natur. Firmian geht auf »die Hebemaschine und das Schwungbrett seiner Seele, auf die alte Anhöhe«, und er empfindet, »sein beschwerter Geist dränge sich schwellend durch eine Kerker-Fuge hinaus und zerlaufe zu einem Tone, zu einer blauen Ätherwelle« (2,338). Die platonische Bildlichkeit des Kerkers legt den Aufschwung der Seele zur Ideenwelt nahe. In dieser Erhebung wird eine Harmonie erfahren, die nur in der Absonderung und nur für Augenblicke existiert. Um die »Qualen des Erdenlebens« zu ertragen, bedarf es des »Trostes der E m p f i n d u n g«, des Trostes einer angesichts der großen Natur erfahrenen Einheit. Sie wird ganz praktisch gesucht; wenn es regnet, hilft anstelle der unmittelbaren Empfindung der »Trost der V e r n u n f t«; ihn gewährt der »Stoizismus« (2,197f.).

In einem »Extrablättchen über den Trost« (2,199) beschreibt Jean Paul die Taktik, mit der die zum Leiden führenden Affekte bekämpft werden. Zur Distanzierung vom Leiden führt die Grundhaltung der Weltverachtung. »Widerlage des Komischen«, gleichsam die Bedingung des wahrhaft Komischen, ist die »weltverachtende Idee« (5,128).

Der entsprechende Affekt der Weltverachtung ist »erhabner Unmut« (2,201). Der Zusammenhang von Weltverachtung und dem Erhabenen findet sich auch bei Kant. Weltverachtung, »die A b s o n d e r u n g v o n a l l e r G e s e l l -s c h a f t (...), wenn sie auf Ideen beruht, welche über alles sinnliche Interesse hinweg sehen«, die Flucht aus der Gesellschaft also, »ist etwas dem Erhabenen sich Näherndes, so wie jede Überhebung von Bedürfnissen. (...) Falschheit, Undankbarkeit, Ungerechtigkeit, das Kindische in den von uns selbst für wichtig und groß gehaltenen Zwecken, in deren Verfolgung sich Menschen selbst unter einander alle erdenkliche Übel antun, stehen mit der Idee dessen, was sie sein könnten, wenn sie wollten, so im Widerspruch, und sind dem lebhaften Wunsche, sie besser zu sehen, so sehr entgegen: daß, um sie nicht zu hassen, da man sie nicht lieben kann, die Verzichtung auf alle gesellschaftliche Freuden nur ein kleines Opfer zu sein scheint.«[86] Kant entwickelt hier eine Weltverachtung, die dem Erhabenen sich nähert. Der Humor Jean Pauls ist Weltverachtung und Weltverlachung zugleich, er ist erhaben und komisch in einer Bewegung. Erhaben nennt Kant die Trauer über die Unzulänglichkeit des

---

[86] Kant: Kritik der Urteilskraft. In: Werke, hrsg. v. W. Weischedel, Bd. 5, S. 367f.

Menschen, der nicht ist und werden will, was er seiner Idee nach sein sollte, vielmehr sich in kindischen Zwecken verliert. Jean Paul merkt, ganz stoizistisch, in dem »Extrablättchen über den Trost« an: »Eine große, aber unverschuldete Landplage sollte uns nicht, wie die Theologen wollen, demütig machen, sondern stolz. Wenn das lange Schwert des Kriegs auf die Menschheit niedersinkt (...): so erhebe sich stolz dein Geist und ihn ekle die Träne und das, wofür sie fällt, und er sage: ›Du bist viel zu klein, g e m e i n e s Leben, für die Trostlosigkeit eines Unsterblichen, zerissenes unförmliches Pausch- und Bogen-Leben« (2,201). Die stoische Kunst, das Leiden zu ertragen, ja, sich über das Leiden durch Affektdämpfung hinwegzusetzen und zur Heiterkeit zu finden, erwächst aus erhabenem Widerstand gegen den Einbruch der Sinnlichkeit wie aus der weltverachtenden Idee des Humors.

Der Humor als das ›umgekehrte Erhabene‹ wird bei Jean Paul zu einem ebenbürtigen Weg der Leidensbekämpfung. Indem er die »Sinnenwelt gegen die Idee aufrichtet und sie ihr entgegenhält«, jedoch nur, um die Sinnenwelt zu vernichten, erreicht der Humor auf einem anderen Wege ein dem Erhabenen vergleichbares Ziel (5,139). Die menschliche Schwäche und Torheit wird im Humor nicht erlitten, sondern belächelt. Diese Haltung erzeugt in Siebenkäs das »Gefühl einer von allen Verhältnissen entfesselten freien Seele – und zweitens das satirische, daß er die menschliche Torheit mehr travestiere als nachahme; er hatte unter dem Handeln das doppelte Bewußtsein des komischen Schauspielers und des Zuschauers. Ein handelnder Humorist ist bloß ein satirischer Improvisatore« (2,292). Die Konstellation gleicht dem Beispiel Ariosts, der vor dem zürnenden Vater zugleich die Rolle des Sohns spielt und die des Dichters, der den Vater als Komödientyp studiert (5,112).[87]

Die humoristische Haltung und die stoische Affektdämpfung treffen sich in dem Bestreben, sich vom Leiden an der andrängenden Wirklichkeit zu befreien. Ziel der Apathie in der Stoa war es, eine von Gemütsbewegungen freie Haltung der Gelassenheit zu erreichen. Insbesondere das »aequo animo ferre« eines gravierenden Verlusts bezeichnet die Absicht, sich durch Besonnenheit von einer unfreiwilligen Gemütsbewegung zu lösen und durch das Heraustreten aus der Betroffenheit wieder Herr seiner selbst zu werden.[88] Wenn Jean Paul empfiehlt, das eigene Leben als eine freigewählte Rolle zu betrachten, so deswegen, weil ihm diese vom Hier und Jetzt abgehobene Haltung als ein der Apathie vergleichbarer Weg der Vermeidung von Unlust erscheint. Der Humor macht dasselbe Subjekt zum Zuschauer und zum Handelnden. »Wenn ein Leidender über sein Leiden scherzt, so bricht er den Bann seines Leidens über

---

[87] Vgl. Kap. VII,2.

[88] Vgl. Seneca: De ira II,1 – 4 und H. Reiner: »Apathie«. In: Historisches Wörterbuch der Philosophie, Hrsg. v. J. Ritter. Bd. 1, Sp. 429 – 433.

ihn, und zwar nur im Geiste, denn er leidet ja fort ... er löst sich selbst aus der Ergriffenheit dieses Leidens und zerreißt einen (vielleicht bösen) Zauber.«[89] In diesen Worten wiederholt Max Kommerell nur Friedrich Theodor Vischer, der 1837 den Humor als Befreiung von einer Leidenschaft preist, dergestalt, daß der Humorist »sozusagen seine Freiheit aus diesem Verwachsensein mit einem endlichen Zwecke wieder an sich gezogen hat und mit der Sicherheit des Selbstbewußtseins darüber schwebt«.[90]

Der Humorist zieht »seine persönlichen Verhältnisse auf sein komisches Theater, wiewohl nur, um sie poetisch zu vernichten« (5,132f.). Im »Siebenkäs« beschreibt Jean Paul eine Fußwanderung seines Helden, einen bescheidenen »Auszug aus Ägypten«, wobei sich Firmian mit satirischen Gemälden seiner zurückgelassenen Bedrückung erfreut. »Je mehre Dörfer vor ihm mit ihren wandernden Theatertruppen vorüberliefen: desto theatralischer kam ihm das Leben vor – seine Bürden wurden Gastrollen und aristotelische Knoten – seine Kleider Opernkleider – seine neuen Stiefeln Kothurne – sein Geldbeutel eine Theaterkasse – und eine der schönsten Erkennungen auf dem Theater bereitete sich ihm an dem Busen seines Lieblinges zu« (2,360). Das Leben als Gastrolle zu betrachten und dergestalt poetisch zu vernichten, führt zum schönen Stoizismus des Humors. Indem Siebenkäs sein Leben und Handeln als Rolle begreift und sein Ich, wie es in der »Vorschule« heißt, auf diese Weise zerteilt, macht er sich das Leben erträglich. Die bürgerliche Identität wird gleichsam zur Manövriermasse; feste Positionen werden reflektierend aufgelöst. Das Motiv des Doppelgängers im »Siebenkäs« erlaubt ein Rochieren der Existenzweisen. Die innere Struktur dieses Romans beruht auf der humoristischen Haltung, die darin besteht, aus sich selbst herauszutreten und seinen Platz in der Gesellschaft frei zu reflektieren.

Aus der humoristischen Vernichtung der gesellschaftlichen Verhaltensweisen folgt eine Umwertung und zuweilen kühne Mißachtung des Verbindlichen. Immerhin sind die ernsten Scherze Leibgebers und Siebenkäs' Betrug; betrogen wird durch den Scheintod Firmians Lenette, der gräfliche Arbeitgeber in Vaduz und schließlich die preußische Witwenkasse, welche juristisch jederzeit näher faßbaren Delikte sicherlich zu einer Verurteilung ausreichen. Natürlich ist wie in der Tradition der Komödientheorie der ›Fehler‹ harmlos, das heißt, die Affaire verursacht keine ernsthafte Verletzung und keinen Schmerz. Andererseits findet der Betrug keine Bestrafung, auch nicht die milde Bestrafung der Komödie. Am Ende wird die bürgerliche Ordnung nicht wie bei Molière wiederhergestellt; es triumphiert die Unordnung und die ›Tollheit‹, denn auch der betrügerische

---

[89] Max Kommerell: Jean Paul. Frankfurt 1933, S. 414.
[90] F. Th. Vischer: Über das Erhabene und das Komische. In: F. Th. V., Über das Erhabene und das Komische und andere Texte zur Ästhetik. Einleitung von W. Oelmüller. Frankfurt 1967, S. 202.

»Heimlicher« als Verwalter des Erbes bleibt ungeschoren. Konventionelle juristische und moralische Normen werden gänzlich außer Kraft gesetzt. Leibgeber tut es »ordentlich wohl, daß er in einem fort scherzhaft lügen konnte«, und dieses Wohlbefinden an dem großen Täuschungsmanöver bleibt ungetrübt. Der empfindlichere Siebenkäs braucht allerdings das Korrektiv des Mitleids. Er kann sich »über seine Verstellung und die Qualen, womit sie Lenetten durchschnitt«, nur beruhigen durch den Gedanken, »daß sie durch seinen Tod zugleich Freude und Freiheit und ihren Liebhaber gewinne« (2,494). Gegenüber dem Fürsten von Vaduz versucht sich Leibgeber alias Siebenkäs dadurch zu rechtfertigen, daß den Fürsten »eine solche humoristische, juristische Falschmünzerei und malerische Täuschung schöner überraschen müsse als alle notwendige Vernunftwahrheiten und responsa prudentum, nicht zu erwähnen der gräflichen Freude, daß hier derselbe Freund und Humorist und Jurist zweiköpfig, zweiherzig, vierbeinig und vierarmig, kurz in duplo zu haben sei« (2,545f.). Dem Fürsten fällt der innerliche Unterschied der beiden, die Sentimentalität, die Siebenkäs von Leibgeber bei aller äußerlichen Ähnlichkeit trennt, sehr wohl auf. Ihm hatte Leibgebers Kälte und Schärfe besser gefallen (2,560).

Die humoristische Darstellung führt zu einer Umwertung insofern, als Gegenstände und Themen, die traditionell den erhabenen Stil fordern wie der Tod, komisch dargeboten werden.[91] Wie die humoristische Haltung verstößt der Stilwechsel bewußt gegen die Angemessenheit von verba und res. Der Tod als Ernst steht in Firmians Täuschungsmanöver in unmittelbarer Nähe zum komischen Scheintod, ganz im Gegenteil zu Molières ›Eingebildetem Kranken‹, welche Komödie in dieser Szene erwähnt wird. Firmian wünscht sich voll Lebensekel, »aus Spaß würde Ernst. Einmal muß ich hindurch, durchs Tor unter der Erde, das in die umbaute Festung der Zukunft führt, wo man sicher ist« (2,495).

Die Liebesszenen mit Natalie sind angefüllt mit empfindsam-elegischen Betrachtungen über den Tod (vgl. 2,411–415). Wird schon der Scheintod Firmians – eine exzellente Komödienhandlung, sollte man meinen – mit erhaben-ernsten Tönen versehen, so steht die eigentlich grotesk-komische Wiederkehr des vermeintlich Dahingeschiedenen ganz im Zeichen des Todes. Auf seinem eigenen Grabhügel bringt Firmian seine unverhoffte Wiederkehr in Zusammenhang mit der Unsterblichkeit der Seele: »Bei Gott, ich werde doch einmal im Ernste sterben – und dann erschein' ich dir wieder; aber nicht wie heute, und nirgends als in der Ewigkeit. Dann will ich zu dir sagen: ›O Natalie,

---

[91] Eine Stoffsammlung zum Thema Humor und Tod, worin neben Beispielen aus der englischen Literatur der »Wutz« und der »Fixlein« erwähnt werden, gibt Eduard Berend in dem Aufsatz »Tod und Humor«. Berend zeigt die Verknüpfung als Kennzeichen humoristischer Werke (In: Abhandlungen zur deutschen Literaturgeschichte. F. Muncker zum 60. Geburtstage. München 1916, S. 242ff.).

ich habe dich drunten mit unendlichen Schmerzen geliebt: vergilt mirs hier« (2,575). Leibgeber verabschiedet Firmian nach seinem Scheinsterben mit den Worten: »Warte auf mich in Hof an der Saale; wir müssen uns nach dem Tode noch einmal wiedersehen« (2,522). Der skurrile Satz wird von Leibgeber in einer äußerst empfindsamen Szene gesprochen; er korrespondiert in kurioser Weise mit dem Schlußsatz des Romans.

Das fingierte Sterben und die eigentlich komische Wiederauferstehung stehen zudem in hartem Kontrast zu der »Rede des toten Christus vom Weltgebäude herab, daß kein Gott sei« (2,270ff.). Die pathetisch-erhabene Vision wird in der fingierten Sterbeszene von Leibgeber geradezu parodiert, wenn er sagt: »Du lebst zwar in einem gewissen Sinne noch fort«, und eine Fußnote bemerkt: »Leibgeber meinet zugleich das zweite Leben, das er nicht glaubt, und Firmians Fortsetzung des ersten in Vaduz« (2,513). Es gibt zahllose Wendungen in dem Roman, die das Thema Tod und Unsterblichkeit der Seele variieren und parodieren bis hin zum Wortspiel. Rhetorisch formuliert: res und verbum stehen in keinem festen Verhältnis; alle Stilebenen sind möglich. Dieser Befund ist nicht an Leibgeber gebunden, der von vornherein als Satiriker, Parodist und Humorist eingeführt wird. Es ist eine Eigenart des Romans.

Die humoristische Darstellung Jean Pauls besteht in einer Mischung des hohen und niederen Stils in allen denkbaren Verkehrungen der traditionellen rhetorischen und poetischen Zuordnung; also in einer ständigen Verletzung des aptum und der konventionell geforderten Einheitlichkeit des Stils. Die erhabene Vorstellung der Ewigkeit wird mit dem komischen Scheintod kontrastiert, in das komische Geschehen mischen sich erhabene und tragische Momente.

In der von Shaftesbury ausgehenden Theorie des Lächerlichen ist der Kontrast des Hohen und Niedrigen, des Heiligen und Profanen ein Hinweis auf das ›false Sublime‹. Eine Disproportion von verba und res indiziert die Unwahrheit der Sache oder ihre Unnatur. Wird ein Gegenstand unangemessen erhöht, so rächt sich diese Deformation im Bewußtsein des mit einem Sinn für Harmonie begabten Betrachters durch das Gefühl vernichtender Lächerlichkeit. Der ›test of ridicule‹ beruht in diesem Sinne noch auf der Lehre des aptum und decorum.

Shaftesbury hatte das richtige Maß von Scherz und Ernst aus Horaz abgeleitet durch die Übertragung rhetorisch-poetischer Regeln des Geschmacks auf gesellschaftliches Verhalten. Jean Paul verletzt ständig das Decorum infolge der Überzeugung eines die Welt beherrschenden Mißverhältnisses. Aus dieser Überzeugung heraus wird die ernsthafte Darstellung des Deformierten bei Jean Paul gerechtfertigt. Mängel und Schwächen werden akzeptiert, wenn sie mit einer reichen Innerlichkeit einhergehen. Mißverhältnis und Widerspruch können nicht ausgeräumt werden, denn sie gehören zur Konstitution der Welt.

Der Kontrast zwischen dem Erhabenen und dem Niedrigen ist objektiv, er geht nicht zu Lasten des Subjekts.[92]

7. Naturbeseelung und Wissenschaft: Der Anatom Dr. Katzenberger

Der Anatom Philipp Meckel (1756 – 1803) schrieb in seinem Testament: »Ich will durchaus nicht begraben sein und mache es den Meinigen zur unverbrüchlichen Pflicht, mich sezieren zu lassen. Mein Knochengerippe soll künstlich zusammengesetzt werden und in einem eigenen Schrank Aufbewahrung erhalten. Sollte sich irgend etwas Merkwürdiges in meinen Eingeweiden finden, so wird es nach gewöhnlichen Methoden aufbewahrt, so wie ich meine beiden Kinder – ach Gott! – aufbewahrt habe«.[93] Philipp Meckel sezierte drei seiner frühverstorbenen Kinder. Sein Sohn Johann Friedrich Meckel entsprach dem testamentarischen Wunsch seines Vaters und bewahrte ihn auf als anatomisches Präparat. Dr. Katzenberger, der die Mißgeburten als »Solitär der Wissenschaft« über alles schätzt, da sie »uns am ersten die organischen Baugesetze eben durch ihre Abweichungen gotischer Bauart lehren können«, bedauert insgeheim, daß sein anatomisches Kabinett nicht durch einen »monströsen Ehesegen« bereichert wurde (6,128f.). Johann Friedrich Meckel, der erfolgreich die Nachfolge seines Vaters angetreten hatte, widmete dem Autor des Dr. Katzenberger 1815 sein Prachtwerk »De duplicitate monstrosa commentarius«. In der zweiten Auflage von »Dr. Katzenbergers Badereise« bringt Jean Paul den Zusatz an: »Beide Meckel hingegen, die Anatomen, Vater und Sohn zugleich, hätte der Doktor tagelang mit Lust bewirtet« (6,100, vgl. 6,135).

Was interessierte Jean Paul an den beiden berühmtesten Anatomen seiner Zeit? Dr. Katzenberger, die Kunstfigur, teilt mit den Meckels die Vorliebe für

---

[92] Die Vermischung von hohem und niederem Stil in den »Flegeljahren« hat Herman Meyer hervorgehoben. Er zeigt die Struktur des Phänomens und bezeichnet »Vults stachlige Digressionen« als ein »stärkendes Mittel gegen die Asthenie der Zeit«, als ein »notwendiges Antidoton gegen Walts empfindsamen Überschwang«. Die hochgesteigerte Einbildungskraft Walts werde durch Vult »entzaubert«. Diese Formulierungen entsprechen der Aufgabe der Stilmischung in Shaftesburys und Hutchesons ›Test of ridicule‹, in welcher Probe der hohe Enthusiasmus durch den Kontrast mit dem Niedrigen geprüft und (Meyer: »das Tonio-Kröger-Problem des Gefühlsdégagements«) heruntergestimmt wird. Wenn das Lächerliche in der Tat ein Antidot der übersteigerten Einbildungskraft bei Jean Paul wäre, stünden die »Flegeljahre« im Gegensatz zur »Vorschule«, deren Theorie des Lächerlichen und vollends die des Humors sich von der Tradition des ›entzaubernden‹ Kontrasts abwendet (Herman Meyer: Jean Paul – Flegeljahre. In: Jean Paul. Hrsg. v. U. Schweikert. Darmstadt 1974, S. 239 und S. 224f.).
[93] Rudolf Beneke: Johann Friedrich Meckel der Jüngere. Halle 1934, S. 127.

Kirchhöfe, die Sektion von Verwandten, die Jagd nach Gehenkten und den Enthusiasmus für Monstrositäten. Selbst das Grundmotiv des Romans, der Kontrast von wissenschaftlichem und ästhetischem Interesse am Menschen und an der Natur, war in Gestalt Philipp Meckels vorgebildet, über den Reil berichtete: »Sein Lieblingsaufenthalt war ihm die Galerie seiner Toten, wie dem Dichter sein romantisches Thal«.[94]

Man hat Jean Pauls Interesse an diesem Stoff, der so sehr seiner Naturphilosophie und Ästhetik zu widersprechen scheint, als Anzeichen der Selbstparodie gedeutet. Diese Deutung erhielt durch Friedrich Theodor Vischer Vorschub, der sich in seinem Aufsatz »Über den Zynismus und sein bedingtes Recht« (1878) unter anderem auf Jean Paul beruft. Er nennt die gezielte Aufdeckung des Häßlichen zynisch; Jean Paul bekämpfe im »Katzenberger« die überfliegende sentimentale Poesie in sich selber. Der Zynismus mache die natürliche Seite des Menschen geltend in der Absicht, »die Unnatur komisch zu bestrafen«.[95] Das Verhältnis von Körper und Geist gerät zum komischen Kontrast, wenn der Versuch aufgedeckt wird, die Körperlichkeit des Menschen zu verleugnen. Ist die Konfrontation des Anatomen und Zynikers Katzenberger mit dem sentimentalen Poeten Nieß eine Bewährungsprobe der Poesie des Unendlichen?

---

[94] Zitiert bei Beneke, a.a.O., S. 6.

[95] F. Th. Vischer: Kritische Gänge. Hrsg. von Robert Vischer. 2. Aufl. München 1922, Bd. 5, S. 444 und S. 460. – Diese Interpretation wurde vor einiger Zeit wiederbelebt und bekräftigt. Dietrich Sommer sieht in der Konfrontation des Zynikers Katzenberger mit dem Poeten Nieß eine Bewährungsprobe der unendlichen Sehnsucht nach dem Idealen. Buchstäblich alle Überzeugungen Jean Pauls würden in »Katzenbergers Denken und Tun entweder ins Gegenteil verkehrt oder in Frage gestellt. Sinn wird Unsinn, Chaos Ordnung; das Abnorme erscheint als Norm, das Ekle wird heiliggesprochen; inneres Universum, hohes Menschentum, Voraussetzungen und Ziele der Poesie werden zur Illusion; Egoismus wandelt sich zur Kraft der Selbstbehauptung, Menschenliebe zur Schwäche und vor allem die diskreditierte Wirklichkeit wird zum Maßstab des Wahren, Schönen und Sittlichen erhoben«. Abgesehen von der vorschnellen Identifikation Jean Pauls mit seiner literarischen Figur, unterbewertet Sommer die vom Stoff zu unterscheidende Wirkung des Häßlichen in der Kunst, welche zurecht A. Siebert hervorgehoben hat. Das Häßliche als Gegenstand der Ästhetik und der Kunst (Lessing, Schiller, Herder, Swift, Smollet) behandelt Siebert, ohne diese Erkenntnisse allerdings bei der Interpretation des »Katzenberger« zu nutzen (D. Sommer: Jean Pauls Roman »Dr. Katzenbergs Badereise«. Diss. phil. Halle/Saale 1959, S. 169, vgl. S. 99; Annemarie Siebert: Jean Pauls »Doktor Katzenbergers Badereise«. Studien zur Welt eines Romans. Diss. Göttingen 1960). Jost Hermand leitet den Zynismus aus der »seit alters verwendeten Grotesksatire« ab, wie Jean Pauls Berufung auf Aristophanes, Fischart, Rabelais und Swift zeige. Wie Sommer interpretiert Hermand den Zynismus als ein »Abschiednehmen von den eigenen Seelenaufschwüngen«. Beide übersehen die unvermischt erhabenen Aufschwünge der Liebesgeschichte (J. Hermand: Dr. Katzenbergers Zynismus. In: Hesperus 21 (1961), S. 46 – 49).

Jean Paul stellt dem Roman eine im Blick auf die Ästhetik hochinteressante Vorrede voran, in der vier Arten des Zynismus unterschieden und dem Komischen eine Annäherung an die »Zensur-Freiheiten der Arzneikunde« (6,83) konzendiert wird. Er verteidigt mit einer Ausnahme die Formen des Zynismus und weist sie als legitime Einwohner der komischen Literatur aus.[96]

Von Jean Paul abgewiesen wird unter den Zynismen nur ein einziger aus sittlichen, nicht ästhetischen Gründen. Es ist der den Franzosen ohne Namensnennung zugeschriebene Zynismus, der »schwarze Laster zu glänzenden Sünden ausmalt!« (6,82). Vermutlich hat Jean Paul die französischen Sittenromane des 18. Jahrhunderts im Sinn. Gleichwohl verteidigt er den »rohen« geschlechtlichen Zynismus bei Aristophanes, Rabelais und Fischart. Jean Paul deutet an, daß er die grobsinnliche, niedere Komik aus der Kunst nicht ausschließen will, obwohl sie gegen »Geschmack und Zeit« verstößt (6,82). Die »Rechtfertigung« von Katzenbergers Zynismus' wird vorbereitet durch das Lob der Engländer, die »über natürliche, aber g e s c h l e c h t l o s e Dinge natürlich« (6,82) zu sprechen vermöchten, obwohl sie sonst in Sachen der Reinlichkeit so bedenklich seien. Unter den großen Namen (Butler, Shakespeare, Pope, Sterne, Smollet) hebt Jean Paul Swift hervor. »Der reinliche, so wie keusche Swift drückte eben aus Liebe für diese geistige und leibliche Reinheit die Patienten recht tief in sein satirisches Schlammbad« (6,83).

Ganz ähnlich argumentiert die »Vorschule der Ästhetik«. Die Vorrede zu »Dr. Katzenbergers Badereise« wiederholt mit allen Metaphern und Beispielen einen Teil des Paragraphen über »Humoristische Sinnlichkeit«: »Es ist im Dichter das Närrische so freier Entschluß als das Zynische. Swift, bekannt durch seine Reinlichkeit (…), schrieb doch Swifts Works und noch dazu auf der einen Seite Ladys dressing-room und auf der andern gar Strephon und Chloe«. Jean Paul plädiert für den »gefahrlosen komischen Zynismus« (5,137f.).

Jean Paul legitimiert das »Komisch-Ekle« in der Kunst mit Lessing (6,83). Lessing führt im »Laokoon« die Schilderung einer Hottentotten-Hochzeit an, in der eine nach europäischen Maßstäben häßliche Braut mit einem gleichwohl verliebten Bräutigam kopuliert wird. Der Ritus wird durch die Salbung von Schmutz und Urin vollzogen. Eingeweide zieren den Körper, Mist und tierische Absonderungen sorgen für die Beweihräucherung. Lessing hält den Vorgang für exquisit lächerlich: »dies denke man sich an dem Gegenstande einer feurigen, ehrfurchtsvollen, zärtlichen Liebe; dies höre man in der edlen Sprache des

---

[96] In der Gegenwart findet der Zynismus, den Jean Paul in der Vorrede ausdrücklich verteidigt, überwiegend eine ambivalente Beurteilung. Der Roman gilt als »oberflächliches, wenig gelungenes Werk«, das die Parodierung des eigenen Schaffens durch Jean Paul einleite (U. Schweikert: Jean Paul. Stuttgart 1970, S. 55f.). Die Tendenz zur Selbstparodie wird im »Komet« positiv bewertet (vgl. U. Schweikert: Jean Pauls »Komet«. Selbstparodie der Kunst. Stuttgart 1971, S. 131f.).

Ernstes und der Bewunderung ausgedrückt und enthalte sich des Lachens!« Lessing geht davon aus, daß der Kontrast des Ekelhaften mit der Empfindung der Liebe und der ernsten Feierlichkeit der Hochzeit die abstoßende Wirkung aufhebt und den lustbetonten Affekt des Lachens hervorbringt. Zugleich betont er den Kontrast des Hohen und des extrem Niedrigen, die Unangemessenheit von res und verba. »Das Ekelhafte kann das Lächerliche vermehren; oder die Vorstellungen der Würde und des Anstandes, mit dem Ekelhaften in Kontrast gesetzt, werden lächerlich«.[97] Als vorzügliches, weil extremes Beispiel der Vermischung von Lust und Unlust hat die Hottentotten-Hochzeit im »Laokoon« ihren Platz. Lessings »Laokoon« befaßt sich generell mit dem Häßlichen in der Kunst. Die Grundfrage ist: wie wird in der berühmten Laokoon-Plastik, wie wird in Dichtkunst das gräßliche Ereignis dargestellt? Welche Momente verbürgen die Darstellbarkeit und die Kunstfähigkeit einer solchen Szene? So wie das Häßliche und Grauenerregende des Untergangs Laokoons und seiner Söhne in der Dichtkunst durch eine gebändigte Darstellung kunstfähig wird, so rettet der lächerliche Kontrast am Beispiel der Hottentotten-Hochzeit eine positiv getönte Wirkung auf den Leser, wogegen der Gegenstand selbst – ohne diesen Kontrast – bloß Unlust und Ekel erregte.

Jean Paul erweiterte Lessings Wirkungsästhetik des Häßlichen um ein weiteres Moment: »Da das Lachen alles in das kalte Reich des Verstandes hinüberspielt: so ist es (weit mehr noch als selber die Wissenschaft) das große Menstruum (Zersetz- und Niederschlagmittel) aller Empfindungen, sogar der wärmsten; folglich auch der ekeln« (6,85).

Beide Menstrua spielen im Roman »Dr. Katzenbergers Badereise« eine gewichtige Rolle. Die literarische Figur Katzenberger setzt sich als Anatom und Physiologe dem Ekelhaften in wissenschaftlicher Absicht aus; um die emotional unbelastete Beschäftigung mit dem, was spontan abstoßend wirkt, zu üben, beißt er in Spinne und Maikäfer, streicht er Eiter auf's Brot und Schnepfendreck.

Das andere Zersetz- und Niederschlagmittel aller Empfindungen, das Komische, bewährt sich gegenüber dem L e s e r. Da der Leser das wissenschaftlich-distanzierte Verhältnis des Mediziners nicht teilt, macht ihm die komische Form den an sich häßlichen Stoff erfreulich.

Die emotional distanzierende Wirkung der Wissenschaft ist ein altes Thema Jean Pauls. Schon im 32. Sektor der »Unsichtbaren Loge« kann man nachlesen: »der Gegenstand der Wissenschaft bleibt kein Gegenstand der Empfindung mehr. Die Injurien, bei denen der Mann von Ehre flutet und kocht, sind dem Juristen ein Beleg, eine Glosse, eine Illustration zu dem Pandekten-Titel von den Injurien. Der Hospital-Arzt repetiert am Bette des Kranken, über welchem

---

[97] G. E. Lessing: Werke. Hrsg. von J. Petersen und W. von Ohlshausen. Berlin, Leipzig, Wien, Stuttgart 1925, Bd. 4, S. 403f.

die Fieberflammen zusammenschlagen, ruhig die wenigen Abschnitte aus seiner Klinik, die herpassen (...). – So zieht jede Erkenntnis eine Stein-Kruste über unser Herz, die philosophische nicht allein« (1,290f.). Die Empfindungen werden ausgeschaltet durch Ausblendung der Personalität. Zorn, Mitleid oder Rührung, jede Art der Mitempfindung, werden so vermieden.

Im »Titan« unterhält Dr. Sphex einen dicken Menschen aufgrund des Vertrags, ihn nach seinem Tode sezieren zu dürfen (3,145). Im »Kampaner Tal« beschreibt Jean Paul die Naturwissenschaft als Niederschlagmittel nicht nur der Empfindungen, sondern auch der ›zweiten Welt‹. Wegen ihrer Prägnanz sei noch einmal an die Passage erinnert: »durch die Menstrua und Apparate der wachsenden Chemie und Physik wird die zweite Welt täglich besser niedergeschlagen oder verflüchtigt, weil diese weder in einen chemischen Ofen noch unter ein Sonnenmikroskop zu bringen ist. Überhaupt muß nicht bloß die Praxis des Körpers, sondern auch die Theorie desselben, nicht bloß die a n g e w a n d t e Erdmeßkunst der Lüste, sondern auch die r e i n e Größenlehre der sinnlichen Welt den heiligen, in sich zurückgesenkten Blick in die innere Welt diesseits der äußern verfinstern und erschweren« (4,608). Die Naturwissenschaft ist eine ›Theorie des Körpers‹, eine Quantifizierung sinnlicher Erfahrung. Die Frage der Transzendenz wird ausgeschlossen, ebenso die innere, nicht quantifizierbare Welt des Menschen. Jean Paul fährt fort: »Nur der Moralist, der Psycholog, der Dichter, sogar der Artist fasset leichter unsere innere Welt; aber dem Chemiker, dem Arzte, dem Meßkünstler fehlen dazu die Seh- und Hörrohre, und mit der Zeit auch die Augen und Ohren.« Die Seelenlehre, die Dichtung, die Kunst und die Moralität dringen auf »Einheit, Haltung und Ründung und Hoffnung« (4,608); sie dringen auf Totalität.

Jean Paul beschreibt damit kritisch den französischen Materialismus und die Lage an der Wende zum 19. Jahrhundert, das die Philosophien eines Karl Büchner, eines Moleschott und eines Comte hervorbringen sollte. Er stellt dem Positivismus sinnlicher Erfahrung die auf Ganzheit beharrenden Bedürfnisse des Subjekts entgegen.

Joachim Ritter hat gezeigt, daß die Ästhetik von Anbeginn den Bereich der Kunst als Sphäre der empfindenden und fühlenden Subjektivität geltend machte. Im 18. Jahrhundert tritt der Geist in »zwei Klassen auseinander, neben dem ›logischen Horizont‹ erhält der ›ästhetische Horizont‹ sein Recht.« Die ästhetische Subjektivität übernimmt es, das an dem Verhältnis des Menschen zur Natur auszudrücken, was im objektiven Begriff der Natur ungesagt bleibt. Gegen die Philosophie und die Wissenschaft vermag es die Kunst, die Natur im Empfinden und Fühlen gegenwärtig zu halten.[98] Was Kants Kritizismus aus

---

[98] Art. »Ästhetik, ästhetisch« in: Historisches Wörterbuch der Philosophie. Hrsg. v. J. Ritter, Bd. 1, Sp. 557f.

dem Bereich der reinen Vernunft ausschloß, kehrt in seiner Ästhetik wieder; die Einbildungskraft vermittelt der Natur eine Totalität, die ihr einst in der Metaphysik zukam.[99]

Jean Pauls Ästhetik verfolgt das Ziel, die Natur zu entziffern, anstatt Blätter aus dem Naturbuche zu reißen. Eine physiognomische Naturansicht soll es ermöglichen, im Äußeren das Innere wiederzufinden, in der Körperlichkeit den Geist. Die Sprache der Sinne und die unmittelbare Evidenz des Gefühlt werden mit Herder zur Basis der Sprache, der Metaphorik und der Kunst.

Im »Katzenberger« gestaltet Jean Paul wesentliche Szenen durch die bewußte V e r t a u s c h u n g des ästhetischen und des wissenschaftlichen Interesses an der Natur. Katzenbergers wissenschaftlicher Vorliebe für die häßliche und defiziente Seite der Natur steht zunächst die Empfindsamkeit des Dichters Nieß entgegen. Katzenberger freut sich über die unvollkommene Natur, denn er findet als Naturwissenschaftler die Gesetzmäßigkeit des Körpers am deutlichsten in der Deformation (6,128). Der Dichter sucht die Empfindung und den Genuß der schönen Natur. Jean Paul setzt den Dichter Nieß alias Theudobach zu dem Pathologen in eine Kutsche und läßt beide sich aneinander abarbeiten. Katzenberger behauptet, er habe »von jeher Dichter fleißig gelesen, obgleich mehr für physiologische und antomische Zwecke und oft fast bloß zum Spaße über sie« (6,99). Katzenberger liest die Dichtung mit einem ihr fremden Code, wie ja auch literarisch interessierte Psychiater die Dichter und die Dichtung nach Krankheitsbildern durchforschen. Hartnäckig die ästhetischen Regeln mißachtend, stellt Katzenberger eine physiologische Theorie des Lust- und Trauerspiels auf (6,220f.). »Es soll mir überhaupt lieb sein«, Saft er zu dem Dichter, »wenn wir uns gegenseitig fassen und wie Salze einander neutralisieren« (6,99).

Der Gegensatz von Arzt und Dichter zeigt sich besonders in der Einstellung des Blicks. Der Anatom schätzt die extreme Nahsicht des Mikroskops, welche allen schönen Schein vernichtet und die Form auflöst in Gebilde, welche die evidente Harmonie des Schönen sprengen. Jean Paul wird nicht müde, aus diesem Kontrast von Wissenschaft und Kunst Bilder zu formen. Katzenberger: »Denn jetzt bin ich der blühende schwärmerische Jüngling nicht mehr, der sonst vor jeder schönen Gestalt oder Brust außer sich ausrief: Rumpf einer Göttin! Brustkasten für einen Gott! Und das feine Hauptwarzensystem und das Malpighische Schleimnetz und die empfindsamen Nervenstränge darunter! O ihr Götter!« (6,198) Vom Standpunkt der wissenschaftlichen Nahsicht ist der Aufbau und die Feinstruktur der Organe vollkommen, aus der ästhetischen Perspektive ist die nur dem Seziermesser oder dem Mikroskop zugängliche

---

[99] J. Ritter: Landschaft. Zur Funktion des Ästhetischen in der modernen Gesellschaft. In: J. R., Subjektivität. Frankfurt 1974, S. 157.

Sphäre häßlich und unvollkommen. Der Leser des Romans, der sich in ästhetischer Einstellung befindet, erfährt die Verbindung der widersprechenden Perspektiven als komischen Kontrast.

Ein Vorbild dieser Wirkung konnte Jean Paul bei Swift finden. Der Schiffsarzt Gulliver, auf der zweiten Reise nach Brobdingnag, kann bei den riesigen Dimensionen der Menschen und Tiere in diesem Land alle Details mit bloßem Auge besser erkennen als die Europäer durch das Mikroskop. Nicht nur das Ungeziefer wird ihm so besonders ekelhaft, sondern auch die Schönheit. Obwohl so schön wie englische Ladies, erregt der Anblick der Ehrenjungfrauen »Grauen und Abscheu. Ihre Haut sah aus der Nähe grob, uneben und fleckig aus; hier und da traten Male in Erscheinung, so groß wie Teller, aus denen bindfadendicke Haare herauswuchsen. Von den restlichen Körperteilen will ich lieber schweigen«.[100] Zuvor schon erschrickt Gulliver vor dem Anblick einer weiblichen Brust, deren Riesigkeit ihm als Gipfel der »Häßlichkeit« erscheint. Auch hier ist es ausdrücklich die verschobene Dimension, die das Schöne ins Häßliche verwandelt. »Ich mußte dabei an die zarte Haut unserer englischen Damen denken, die uns nur deswegen so schön erscheint, weil sie nicht größer sind als wir selbst und wir die Fehler ihrer Haut nur durch die Lupe erkennen könnten, unter der, wie sich experimentell feststellen läßt, selbst die glatteste und weißeste Haut grob und fleckig aussieht.«[101] Dieses Swiftsche Lieblingsmotiv baut Jean Paul aus.

Auch die berühmte Eßszene im »Katzenberger« findet sich bei Swift vorgebildet.[102] Mit anatomisch-wissenschaftlicher Genauigkeit verdirbt Katzenberger seinen Tischnachbarn den Appetit. Er beschreibt einfach, wie der Appetit entsteht. »Indem Sie nun den Farsch da auf ihrem Teller erblicken: so bekommt (bemerken Sie sich jetzt) die Parotis (hier ungefähr liegend) so wie auch die Speicheldrüse des Unterkiefers Erektionen, und endlich gießt sie durch den stenonischen Gang dem Farsche den nötigen Speichel zu« (6,275). Pawlow hätte an dieser Beschreibung der unwillkürlichen Reflexe seine Freude gehabt. Der genüßlich ausgebreitete Stoff widerspricht grobsinnlich und materialistisch der ästhetischen Einstellung.

Auf welche Weise erhebt Jean Paul die Häßlichkeit des Stoffs zur Kunst? In der »Vorschule der Ästhetik« wird der humoristische Kontrast zwischen Endlichkeit und Unendlichkeit am Beispiel ›Herz‹ verdeutlicht. Wenn der »Ernst überall das Allgemeine vorhebt und er uns z.B. das Herz so vergeistert, daß wir bei einem anatomischen mehr ans poetische denken als bei diesem an jenes:

---

[100] Jonathan Swift: Reisen in verschiedene ferne Länder der Welt von Lemuel Gulliver – erst Schiffsarzt, dann Kapitän mehrerer Schiffe. Übers. v. K. H. Hansen. München 1958, S. 165, 176.

[101] Ebd., S. 130.

[102] Ebd., S. 154f.

so heftet uns der Komiker gerade so eng an das sinnlich Bestimmte, und er fällt z.b. nicht auf die Knie, sondern auf beide Kniescheiben, ja er kann sogar die Kniekehle gebrauchen« (5,140). Für die »humoristische Sinnlichkeit« ist die detailversessene Genauigkeit im körperlichen bzw. sachlichen Bereich entscheidend. Der poetische Ernst geht aus auf Allgemeinheit und Totalität, seine Stilebene ist das Erhabene und das Schöne. Die Komik, traditionell im niederen Stil, geht aus aufs Detail. Der Kontrast zwischen beiden Ebenen führt zu einer L a b i l i t ä t der Beziehung zwischen Zeichen und Sache. Denn wie das Beispiel augenfällig demonstriert, erscheinen im Humor ›Herz‹ und ›Knie‹ in zweierlei Bedeutung. Zur humoristischen Sinnlichkeit gehört die kontrastierende ›unendliche Idee‹ des Humors. Zum Herzen als Inbegriff der Innerlichkeit und des Menschen gesellt sich das Herz als Organ, gar als anatomisch freigelegter und separierter Pumpmuskel. Wer auf die Knie fällt, gibt physiognomisch ein Zeichen seiner inneren Haltung. Wer auf die Kniescheiben fällt, dem passiert eher ein Mißgeschick oder ein Unfall. Dieselbe Bewegung, derselbe Gegenstand werden mit verschiedenen Codes ausgelegt.

Im »Katzenberger« wiederholt die Hauptfigur leicht variiert diese Bestimmung der humoristischen Sinnlichkeit. Der humoristische Kontrast zwischen poetischer Allgemeinheit und ›anatomischer‹ Besonderheit wird dort an der Differenz zwischen Dichter und Arzt demonstriert. »›Meine Tochter‹ – nahm Katzenberger leicht den Faden auf – ›hat mich mit ihrem Künstlerruhm bekannt gemacht; ich bin zwar auch ein Artista, insofern das Wort A r z t eine verhunzte Verkürzung davon ist; aber, wie gesagt, nur Menschen- und Vieh-Physikus. Daher denk' ich bei einer Hauskrone und Lorbeerkrone mehr an eine Zahnkrone oder bei einem System sehr ans Pfortadersystem, auch Hauptsystem, und ein Blasen- und ein Schwanenhals sind bei mir nicht weit genug getrennt‹« (6,212).

Wissenschaftliche Nahsicht, Vertiefung in eine künstlich durch das Messer offengelegte Sphäre, steht einer auf Ganzheit ausgehenden ästhetischen Betrachtung gegenüber. Wo der Poet den Schwan besingt, zerlegt ihn der Anatom und gibt Aufschluß über die Funktion seiner Organe. Beim Wort ›System‹ denkt Katzenberger an physiologische Systeme, von deren Wirken der Mensch subjektiv nichts wahrnimmt. Wo das System der Metaphysik sich um die Erklärung des Seins bemüht, liefert die Wissenschaft die Erklärung eines winzigen Ausschnitts. Wo die Poesie den Symbolcharakter einer »Hauskrone« oder des Lorbeers hervorhebt und so das Wort als Bezeichnung metaphorisch verallgemeinert, bezeichnet die Medizin einen fest umrissenen Gegenstand.

Die humoristische Sinnlichkeit hebt ab auf diesen Kontrast von Besonderheit und Allgemeinheit. Der Humor, so betont die »Vorschule« immer wieder, ist zugleich ernst, ja tragisch, und auf der anderen Seite und in einem Atemzug komisch. Sokkus und Kothurn sind die geläufigen Kürzel Jean Pauls. Durch diesen Kontrast allein ist jedoch noch keineswegs ausgemacht, daß die »Ziele der Poesie« im »Katzenberger« zur »Illusion« werden, konterkariert von der zuvor bei Jean Paul »diskreditierten Wirklichkeit«.[103]

Für eine solche Deutung spricht vorderhand Katzenbergers Dominanz über den Poeten Nieß alias Theudobach. Des Doktors Empfindungslosigkeit und seine ständige Verletzung des Decorum im witzigen Vergleich von Poesie und Medizin macht ihn als Figur der geradezu professionellen Empfindsamkeit des Poeten überlegen. Er entlarvt die konventionellen Metaphern des Dichters und die Routiniertheit, mit der er sich in poetische Begeisterung versetzt. Spricht Nieß vom ernsten Genuß der Natur im Zeichen der Liebe, so repliziert Katzenberger, auch er sei einmal vor einem dummen Ding von Mädchen in die Poetasterei hineingeraten: »Ich stellte ihr die schöne Natur vor, die schon dalag, und warf die Frage auf: sieh, Suse, blüht nicht alles vor uns wie wir, der Wiesenstorchschnabel und die große Gänseblume und das Rindsauge und die Gichtrose und das Lungenkraut bis zu den Schlehengipfeln und Birnenwipfeln hinauf? Und überall bestäuben sich die Blumen zur Ehe, die jetzt dein Vieh frißt! – Sie antwortete gerührt: wird Er immer so an mich denken, Amandus?« (6,107). Eine niedere Sprache und eine pragmatische Ansicht der Natur wird der poetisch schönen Natur entgegengesetzt. Katzenberger betont die Nutzbarkeit der Wiese als Viehfutter; die Namen der Blumen deuten auf Haustiere oder auf die Verwendbarkeit der Pflanzen als Arznei. Katzenberger setzt so einen Kontrast zur Empfindung der Liebe.

Der Roman ist aber auch eine Liebesgeschichte. Als Gegenbild zu Katzenbergers Empfindungslosigkeit kommt in der Beziehung seiner Tochter zu dem Hauptmann ernst, überzeugend und ohne jede Parodie die poetische Einheit von schöner Natur und Liebe zur Sprache. »Theoda schwieg lange neben dem geliebten Manne, aber wie voll Wonne und Reichtum! Und alles um sie her überfüllte ihre Brust! Über die Tafel wölbten sich Kastanienbäume – in die Zweige hing sich goldner Glanz, und die Lichter schlüpften bis an den Gipfel hinauf, über welchen die festen Sterne glänzten – unten im Tale ging ein großer Strom, den die Nacht noch breiter machte, und redete ernst herauf ins lustige Fest – in Morgen standen helle Gebirge, auf denen Sternbilder wie Götter ruhten – und die Ton-Feen der Musik flogen spielend um das Ganze hinunter, hinauf und ins Herz« (6,213).

In allem Ernst findet Theoda ihr Inneres gespiegelt, das Äußere ist ihr »ein widerscheinender Geist«. Die Welt steht der Subjektivität nicht fremd gegenüber. Dem Doktor hingegen sind die Patienten nicht Leidende, sondern mehr oder weniger wichtige Objekte der Forschung; den verächtlichen Poeten Nieß interessieren Menschen und Ereignisse nur als Materialien zur Herstellung von Dichtung. Für Theoda jedoch »ist Leben und Schicksal immer nur ein

---

[103] Dietrich Sommer (Anm. 95), S. 169.

äußeres Herz, ein widerscheinender Geist, und wie die Freude die Wolken zu hohen, nur leichtern Bergen aufhebt, so verkehrt der Kummer die Berge bloß zu festern Wolken« (6,218). Ihre Naturansicht ist der »poetischen Landschaftsmalerei« verwandt.[104]

Jean Paul erlaubt Katzenberger seinen Spott auszugießen über die abgetragene Konventionalität von Metaphern, deren Sinn von dem routinierten Poeten nicht mehr gefühlt wird. Fragt Nieß: »Bei der Trennung von Ihrer Geliebten mag Ihnen doch im Mondscheine das Herz schwer geworden sein?«, so antwortete Katzenberger, die Seichtheit der Wendung entlarvend: »Zwei Pfund − also halb so schwer als meine Haut − ist meines wie Ihres bei Mond- und bei Sonnenlicht schwer«. ›Stille Tränen‹ werden in Unzen quantifiziert (6,119).

Sollte die These einer Selbstparodie Jean Pauls triftig sein, so müßte Jean Paul dem Doktor Katzenberger uneingeschränkt gewogen sein, und ihn nicht nur in bezug auf den falschen Empfindler, sondern auch gegenüber den anderen Figuren auf den Schild heben. Das ist nicht der Fall. Gelegentlich wird Katzenberger vom Erzähler kritisch angegangen. Zum Beispiel: Katzenbergern »verließ nie jene Heiterkeit, welche zeigen konnte, daß er sich den Stoikern beigesellte, welche verboten, etwas zu bereuen, nicht einmal das Böse. Indes ist dieser höhere Stoizismus, der den Verlust der unschätzbaren höheren Güter noch ruhiger erträgt als den der kleinern, bei Gebildeten nicht so selten, als man klagt« (6,113f.). Das ist pure Ironie. Gemeint sind Katzenbergers Mangel an Empfindung, Mitleid und Liebe. Katzenberger bereut nichts, denn er nimmt an nichts Anteil. Der angebliche ›Stoizismus‹ Katzenbergers beruht auf dem »Egoismus«, der »von Jahr zu Jahr mehr ruhige und kalte Behandlung der Menschen hoffen« läßt, so daß »man zuletzt nichts mehr zu lieben und zu versorgen braucht als nur sich« (6,178). Jean Pauls Kritik an der höfischen Gesellschaft wie auch seine Kapitalismuskritik im »Giannozzo« wird wesentlich vom Vorwurf des kalten Egoismus und der mangelnden Menschenliebe getragen.[105] Seine Verehrung für den Stoiker Epiktet wurde hervorgehoben. Es ist kaum vorstellbar, daß Jean Paul nun Grundüberzeugungen revidiert, die er zuvor und danach vertreten hat.

Es mag sein, daß die Figur des preußischen Hauptmanns, in den sich Theoda verliebt, dem modernen Leser in ihrer vorbehaltlosen Positivität nicht plausibel erscheint. Es ist jedoch sicher, daß diese Positivität den Intentionen des Autors entspricht, da der Hauptmann weder durch Katzenberger noch durch den Erzähler oder den Gang der Handlung angetastet wird. Zudem erscheint der Offizier, Ingenieur und Mathematiker als positives Gegenbild zu Katzenberger, denn er verkörpert jene Verbindung von Kopf und Herz, die Katzenberger

---

[104] Vgl. Kap. IV,6 »POETISCHE LANDSCHAFTSMALEREI«.
[105] Vgl. die Karikatur des vollkommenen Industriestaats im »Gianozzo« (3,987).

abgeht. »Unter diesem mathematischen Schnee schlief und wuchs sein Frühlings-Herz ihm selber unbemerkt. Vielleicht gibt es keinen pikantern Gegenschein der Gestalt und des Geschäfts, als der eines Jünglings ist, welcher mit seinen Rosenwangen und Augenblitzen und versteckten Donnermonaten der brausenden Brust sich hinsetzt und eine Feder nimmt und dann keine andere A u f l ö s u n g sucht und sieht als eine – algebraische« (6,204). So führt der Erzähler den Hauptmann ein. Seine Unschuld und spontane Empfindungsfähigkeit wird stets im Kontrast zu seiner beruflichen Tätigkeit als »Krieg- und Meßkünstler« (6,231) beschrieben. Obwohl Denkart und Beschäftigung eine deutliche Ähnlichkeit mit der Katzenbergers haben, wird ihm eine ungewöhnliche Stärke der Empfindung zugesprochen.

Ähnlich vereinigt Theoda Verstand und Herz; nach einer anfänglichen Schwärmerei für den verehrten unbekannten Dichter gewinnt sie ihre Fassung wieder und läßt sich weder von falscher Empfindsamkeit noch vom Zynismus ihres Vaters anstecken. Der Mangel an ›Herz‹ wird Katzenberger zum Vorwurf gemacht. »Katzenbergers Herz war in dieser Rücksicht vielleicht das Herz manchen Genies; wenigstens so etwas von moralischem Leerdarm. Bekanntlich wird dieser immer in Leichen leer gefunden« (6,235). Der unvorteilhafte Vergleich mit einer Leiche setzt Katzenbergers Position deutlich herab.

Obwohl Katzenberger die Technik der ›humoristischen Sinnlichkeit‹ verfolgt, die das poetische Herz dem anatomischen entgegensetzt, ist er kein Humorist. Es fehlt ihm gänzlich das Ende, Rührende und Erhabene, das seit Fielding und Sterne die Gestalt des Humoristen trotz aller Niedrigkeit auszeichnet.[106] Wenn Theoda die Güte ihres Vaters schildert, so nennt sie der Erzähler: »du warme Verblendete!« und drückt damit Theodas reiche Empfindungsfähigkeit aus, die analog ihrem Vater auch Empfindung zusprechen will ohne Grund (6,115). Von einem zwielichtigen, des Leservertrauens unwürdigen Gewährmann, dem Brunnenarzt Strykius, wird Katzenberger ein »Smolletus secundus« genannt. Strykius mißt Katzenberger den »Humor« Smollets zu, was dieser als pure »Liebedienerei« und ein Gut-Wettermachen in prekärer Situation auslegt (6,279f.), denn Katzenberger schickt sich in eben diesem Moment an, Strykius zu verprügeln.

Jean Paul beschreibt in der »Vorschule der Ästhetik« unter dem Stichwort »humoristische Sinnlichkeit« das Verfahren, das er im »Katzenberger« anwandte. Nicht in der Figur selbst, sondern im Stil des Romans und in seiner Bauweise bewährt sich der Humor. Der humoristische Kontrast des hohen und niedrigen Stils bezeichnet die Schreibweise dieses Romans. Katzenbergers Begierde, einen frisch Gehenkten zu untersuchen zum Wohle der Wissenschaft, äußert sich derart in einer krassen Stilmischung. »Der Gehenkte wäre dann eine

---

[106] Vgl. Kap. VII,4 »DIE AUFWERTUNG DES EXZENTRIKERS«.

Vorsteckrose an seinem Busen auf der ganzen Reise ins Maulbronner Rosental gewesen« (6,188). Das Schreckliche und das Schöne, die schöne und die häßliche Natur, die empfindsame Betrachtung und die Lust an der Deformation wird in dem Satz unübertroffen kurz zusammengespannt: »Theoda sah die niedergehende Sonne an, und ihr Vater den Hasen« (6,181). Der Hase ist eine ausgestopfte Mißgeburt mit acht Beinen. Seit der Schrift des Pseudo-Longin über das Erhabene bis hin zu Kant gelten die Phänomene des Universums und die Bewegung der Himmelskörper als erhabene Gegenstände. Während die Tochter Katzenbergers die Größe der Natur bewundert in der ›angemessenen‹ Weise der admiratio, erfreut sich der Anatom an der glücklich errungenen Hasen-Mißgeburt. »Es war ihm ein Leichtes und ein Spaß, mit seiner Mißgeburt im Arm jedes Wort auszudauern, das Nieß von erster Jugendliebe, dem Frühgottesdienst gegen weibliche Göttinnen und von Theudobachs seligmachendem Glauben an diese ihm an die Ohren warf; denn er wußte, was er hatte. Süßlich durchtastete er den Hasen-Zwilling und weidete ihn geistig aus« (6,136). In einer solchen Passage wird im Grunde nur die professionelle Steigerung der Empfindsamkeit und ihre Ausbeutung durch den Poeten Nieß/Theudobach parodiert. Daß dem so ist, zeigt die Figur Theoda.

Ich glaube, daß Jean Paul in diesem umstrittenen Roman ein Zeichen dieses Kontrasts, in dem das Erhabene schließlich obsiegt, sehr deutlich gesetzt hat. Die Probe kann gemacht werden, wenn man die beiden kontrastierenden Höhlenszenen betrachtet. »Doktors Höhlen-Besuch«, geschrieben im niedrigkomischen Stil, dient allein der Suche nach urzeitlichen Knochen (6,280). »Theodas Höhlen-Besuch« als ein eigenes Kapitel mit paralleler Überschrift verläuft ganz anders. Die Parallelität der Kapitel ist eine bewußte, pointierte Konstruktion. Während der Doktor die dem komisch Genre traditionell anhaftenden Prügel bezieht, die er auszuteilen gedenkt, und er wie stets seinen wissenschaftlichen Neigungen frönt, unbeeindruckt vom Naturschauspiel der Höhle, erlebt Theoda die Höhle in einem Zustand gesteigerter Empfindsamkeit ganz von innen heraus. Von Liebe entzündet, wird ihr die düstere Unterwelt eine »elysische« (6,284). Die Empfindungen der Trauer, der Liebe und des Entzückens verwandeln die Natur in einer Weise, die Objektivität und Subjektivität ununterscheidbar werden läßt.

In der Höhle glaubt Theoda Musik zu hören (der geliebte Hauptmann hört sie nicht). Die Besucher der Höhle scheinen ihr zu schweben, ja »alle Menschen schienen einander wiederzufinden« (6,284). Als durch eine plötzlich eröffnete Pforte die Abendsonne wie ein Blitz in die Höhle leuchtet, glaubt Theoda, »sie erblicke nur ihr innres Entzücken in das äußere Glänzen ausgebrochen und ihr Gesichte vorspielend«. Mit diesem Verwirrspiel bekräftigt Jean Paul die Vorherrschaft der bilderschaffenden Phantasie. Der Erzähler resümiert: »Und doch, Theoda, ist dein Irrtum keiner! Was sind denn Berge und Lichter und Fluren ohne ein liebendes Herz und ein geliebtes? Nur wir beseelen und entseelen den Leib der Welt« (6,285). Wie die Physiognomik in der Deutung der mimischen und gestischen Zeichen, so beseelt Theoda ›von innen heraus‹ die äußere Natur. In »Theodas Höhlen-Besuch« herrscht ein ästhetisch-kontemplatives Ver-. hältnis. Die Höhle ist kein Ort der Erkenntnis oder der Arbeit, sondern der subjektbezogenen Betrachtung. »Die Natur ist in ewiger Menschwerdung begriffen, bis sogar auf ihre Gestalt«, heißt es in der »Vorschule«, »und es gibt im Universum nur Schein-Leichen, nicht Schein-Leben. Allein das ist eben der prosaische und poetische Unterschied oder die Frage, w e l c h e Seele die Natur beseele, ob ein Sklavenkapitän oder ein Homer« (5,38). Besucht Katzenberger die Höhle, so sucht er fossile Knochen.

Als Vorwurf einer Einheit von Ich und Welt spiegeln der ›bildliche Witz‹ und die Phantasie auch in der Moderne die Vorstellung einer Natur, in der der Mensch sich wiederfindet. Die Poesie hält, im »Katzenberger« prekär genug, gegen den Widerstand der Wissenschaft diese Einheit als Idee präsent.

Katzenberger kennt weder eine ästhetisch schöne noch eine ästhetisch häßliche Natur. Die ästhetischen Kategorien des Schönen, Erhabenen und Häßlichen werden von ihm verkehrt (vgl. 6,128f.). In meiner Jugend, so erzählt Katzenberger, »wo ich mehr idealisierte und weniger auf Erden als im Himmel wandelte, da weidete ich mich an geträumten, noch höhern Mißgeburten, als das teuere schwache Hasenpaar ist, das ich gestern gekauft« (6,199). Katzenberger sucht gleichsam die Idee der absoluten Unvollkommenheit, wie der idealisierende Künstler das vollkommene Schöne sucht. Katzenberger variiert auf seine Weise die Theodizee; er will nicht die Vollkommenheit der Welt trotz aller Übel erweisen, er findet die höchste Vollkommenheit im Monströsen. Diese Vorliebe setzt ihn ständig in Gegensatz zur sinnlichen Einheit des Schönen.

Im einleitenden Kapitel des zweiten Teils seiner Ästhetik (»Die objektive Existenz des Schönen oder das Naturschöne«) hat Friedrich Theodor Vischer, der von Jean Pauls »Vorschule« und von seinem Werk stark geprägt wurde,[107] die wissenschaftliche und ästhetische Betrachtungsweise der Natur so unterschieden: die Naturwissenschaft studiere Krankheit und Entartung, um ihre Gesetzmäßigkeit zu erkennen, »und diese ist für die wissenschaftliche Betrachtung, welche zwar Gefühl und Einsicht des zweckwidrigen, aber keinen Ekel und Abscheu kennt«, der Zweig der Pathologie. »Diese führt nun zur praktischen Medizin, und hier wird der Gegensatz gegen die Ästhetik vollkommen. Wenn nämlich schon die bloß theoretische Betrachtung der Naturwissenschaft gegenüber dem Standpunkt der Ästhetik darum stoffartig ist, weil die getrennten und zerlegten Organe in den Gesichtspunkt der Zweckmäßigkeit

---

[107] Vgl. dazu vom Verf.: Zur Bedeutung Jean Pauls für die Ästhetik zwischen 1830 und 1848 (Weisse, Ruge, Vischer). In: Jb der Jean-Paul-Gesellschaft 1977, S. 105 – 136.

fallen (...), so wird nun aus diesem wirklich Ernst gemacht in der Heilkunde, der Arzt aber und der ästhetisch Betrachtende stehen sich so gegenüber, daß sie einander reichlichen Stoff zum Lachen geben. Wenn nun so die Naturwissenschaft das Entartete, was für die ästhetische Anschauung häßlich ist, einem theoretischen oder praktischen Interesse unterwirft, das mit dem Gefühle des Häßlichen gar nichts zu schaffen hat, vielmehr durch die Verwechslung der Ausdrücke das Häßliche sogar schön (statt: belehrend) nennen kann, so vermag allerdings auch die Ästhetik dem Häßlichen einen Wert abzugewinnen, wenn es nämlich einen Übergang in das Erhabene oder Komische darbietet; es leuchtet aber ein, daß dies ein ganz anderer Weg ist als der, den die Naturwissenschaft einschlägt«.[108] Vischers »Ästhetik oder Wissenschaft des Schönen« steht deutlich unter Druck der Naturwissenschaft, gegen die er den Wert der Kunst zu behaupten versucht. Den Vorwurf zu dieser Überlegung, die in Vischers Ästhetik einen zentralen Platz einnimmt, ist offensichtlich Jean Pauls »Katzenberger«. Vischer plädiert für eine moderne Kunst, die imstande ist, das Häßliche einzubeziehen. Durch die ästhetischen Formen des Erhabenen und Komischen soll die der Kunst entfremdete Sphäre der Naturwissenschaft doch noch zurückgeholt werden in die Kunst.

Aus dem Zusammenprall der ästhetischen und wissenschaftlichen Betrachtungsweise ergibt sich einerseits die komische Herabsetzung gezierter und künstlich-kunstvoller Empfindsamkeit, andererseits die Konfrontation der Erhabenheit (Theoda) mit der komischen Niedrigkeit. Von der Ekelthematik völlig unbeeinflußt wandelt Theoda ihre Bahn. Einige Kapitel sind ganz ihr reserviert, und sie zeigt sich in ihnen empfindsam, gerührt, oder, wie in ihrem Höhlenkapitel, erhaben. Der poetischen Verklärung von Theodas Liebe folgt eine Passage, worin Katzenberger ein ältliches Landfräulein als Säugetier würdigt. Jean Paul vermischt den hohen Stil der Gefühle mit der massiven Körperlichkeit; er interpretiert die Entstehung der Gefühle gut materialistisch im Sinne eines La Mettrie. Obwohl der Doktor die Liebe dem Instinkt eines Lachses gleichsetzt, »der im Lenze aus seinem Salz-Ozean in süße Flüsse schwimmen muß, um zu laichen« (6,119), obwohl er die wohltätige Wirkung stiller Tränen auf die Verdauung erläutert und so dem hohen Stil der Liebe in diesem Roman den Boden zu entziehen scheint, entfaltet der Roman eine ernste Liebesbeziehung. Beide Ebenen stehen nebeneinander. Katzenberger hat nicht Teil an der hohen Innerlichkeit Theodas und diese bleibt unbeeinflußt von der grobsinnlichen Komik. Letzten Endes beherrscht die Liebesbeziehung den Ausgang des Romans.

---

[108] F. Th. Vischer: Ästhetik oder Wissenschaft des Schönen. Hrsg. v. Robert Vischer. Nachdruck der 2. Aufl. München 1922. Hildesheim/New York 1975, Bd. 2, S. 17f.

Aufgesprengt in verschiedene Charaktere, bewährt sich trotz der Erniedrigung des Großen und der Erhebung des Kleinen der Humor. »Dr. Katzenbergers Badereise« ist im Gesamtwerk Jean Pauls deswegen so bedeutsam, weil sich Jean Paul hier bewußt dem ›niederschlagenden‹ Zynismus der Naturwissenschaft aussetzt. Er begegnet diesem ernstzunehmenden Angriff auf die Poesie mit den Mitteln der Poesie: das Erhabene und das Komische triumphieren über den Gegner. Mehr als mit jeder anderen Figur läßt sich Jean Paul mit Katzenberger auf die Darstellung des Häßlichen in der Kunst ein. Das Thema des Romans ist recht eigentlich die Bewertung und Umwertung des Verhältnisses von Häßlichkeit und Schönheit. Häßlichkeit wird erst erzeugt durch die wissenschaftliche Betrachtung natürlicher Vorgänge – denn wer würde beim Essen an seine physiologischen Funktionen denken. Allein durch Katzenbergers Kommentar wird der Vorgang häßlich. In die Friedhofsszene, seit Youngs »Night Thoughts« ein Ort erhaben-melancholischer Stimmung, bringt erst Katzenbergers Tun als Skelettsammler eine häßliche Note. Die Vorliebe Katzenbergers für Mißgeburten und Anomalitäten läßt in ihn die Schönheit und ästhetisch zweckvolle Einheit der Natur vergessen.

Von einer ›Selbstparodie‹ Jean Pauls kann so stringent nicht gesprochen werden. Jean Paul macht den Gegensatz der materialistischen und der poetischen Weltauffassung zum Thema; die Möglichkeit, das ästhetische Häßliche in der Kunst darzustellen, vermitteln die Komik und der humoristische Stilwechsel. Die Komik ist jedoch nur die eine Seite des Humors; zum niederen Stil gesellt sich das Erhabene. »Desto mehr Erhabenheit steht aus lauter Niedrigkeit auf, (...) göttliche und menschliche Natur des Menschen« (5,131). »Die vernichtende oder unendliche Idee des Humors« (5,129), wie die Überschrift zu diesem Paragraphen lautet, beruht zwar auf dem Kontrast des Erhabenen mit dem sinnlich Kleinen; die erhabene Dimension siegt über die Niedrigkeit des Komischen. Die Konzeption des humoristischen Stils besteht wesentlich darin, den Kontrast des Großen und des Kleinen, der unendlichen Sehnsucht und der Häßlichkeit und Beschränktheit des Menschen in die Kunst hineinzunehmen. »Theodas Höhlenkapitel« bewahrt paradigmatisch die geforderte Dominanz des Hohen über das Niedrige. Der Humor gleicht dem »Vogel Merops, welcher zwar dem Himmel den Schwanz zukehrt, aber doch in dieser Richtung in den Himmel auffliegt« (5,129).

Das Ziel und das Ende des Romans wird bestimmt von einer für Jean Paul charakteristischen Wendung zur Idylle. Die Liebe färbt »mit dem Frühlings-Weiß und Rot die Wüsten des Lebens«; der Erzähler schaltet sich ein und verallgemeinert: »O Schicksal, warum lässest du so wenige deiner Menschen eine solche Nacht, auch nur eine Stunde daraus erleben? Sie würden (...) zwar weinen und schmachten, aber nicht nach Zukunft, sondern nach Vergangenheit – und sie würden, wenn sie stürben, auch sagen: auch ich war in Arkadien!«

(6,288f.). Wie im »Wutz« oder im »Quintus Fixlein« färbt die Liebe als Erinnerung die Wüsten des Lebens um zur Idylle. In einer Reflexion dieser Reflexion setzt Jean Paul allerdings hinzu: »Warum muß bloß die Dichtkunst das zeigen, was du versagst, und die armen blütenlosen Menschen erinnern sich nur seliger Träume, nicht seliger Vergangenheiten? Ach Schicksal, dichte doch selber öfter!« (6,289). Das Erhabene ist nur ein Zeichen der unendlichen Sehnsucht, die sich nie erfüllt. Erst die Dichtung überhöht durch ihre schöne Nachahmung den Stoff der Wirklichkeit zur Idylle. Der »idealische Mondschein« der Dichtung wirft auf den Stoff der Wirklichkeit das Licht einer erahnten Einheit.

Das Schlußkapitel knüpft nach der Unterbrechung durch die 43. Summula »Präliminar-Frieden und Präliminar-Mord und Totschlag« an diese Passage wieder an. Nachdem Katzenberger drauf und dran war, seinen Rezensenten zu verprügeln und nur durch die bestechende Gabe einer sechsfingerigen Hand versöhnt werden konnte, nach dieser grobkomischen Wiederaufnahme des Häßlichen und Defizienten, endet der Roman mit dem erneuten Aufschwung zur Idylle. Das klassische Idyllenmotiv der liebenden Alten, das rührende Bild von Philemon und Baucis, hat das letzte Wort: »Solche Abende und Zeiten kommen dem dürftigen Herzen selten wieder; und obgleich die Liebe wie die Sonne nicht kleiner wird durch langes Wärmen und Leuchten, so werden doch einst die Liebenden noch im Alter zueinander sagen: ›Gedenkst du noch, Alter, der schönen Juli-Nacht?‹« (6,309).[109]

Der humoristische Roman »Dr. Katzenbergers Badereise« demonstriert durch seine Fähigkeit zur Stilmischung die Möglichkeit, unter den Bedingungen der wissenschaftlichen Entzauberung der Natur und des Menschen eine Kunst hervorzubringen, die auf mythologische Regressionen und restaurative Anstrengungen verzichtet. Im Gegensatz zum romantischen Roman, etwa dem »Heinrich von Ofterdingen«, stellt Jean Paul die Sphäre der modernen Wissenschaft mit dar. Während Novalis die ganze Wirklichkeit poetisiert, setzt sich Jean Paul besonders in diesem Roman dem Andrang einer Wissenschaft aus, die menschliche Subjektivität, die Sphäre der Wünsche und Hoffnungen, programmatisch ausschließt. Sein auf Kontrasten aufgebauter Stil bietet eine ausgezeichnete Möglichkeit, das ästhetisch Häßliche und das dezidiert Unpoetische über Umwege doch noch in die Kunst zu integrieren.

---

[109] Das Motiv von Philemon und Baucis dient auch in der Idylle »Quintus Fixlein« der Erhebung über die Mißlichkeiten des Lebens (vgl. 4,154f.; vgl. oben Kap. VI,4).

EXKURS

Jean Paul und Herder als Opponenten des Transzendentalen Idealismus

Im Jahre 1795 schrieb Jean Paul in einem Brief an Emanuel: »Sie dürfen nicht aus der Welt gehen, ohne drei Bücher auswendig gelernt zu haben wie ich: Arrians Epiktet – Antonins Betrachtungen – und Kants Grundlegung zu einer Metaphysik der Sitten.«[1] Die Zusammenstellung macht es nicht schwer zu erraten, was Jean Paul an dem Entwurf Kants interessiert haben könnte. Mit den stoischen Lebensregeln teilt Kants Ethik die Abwendung von Lust und Unlust als Beweggrund und die Berufung auf die Vernunft als Maxime des Handelns.

Schon ein Jahr später, 1796, kritisiert Jean Paul den kantischen Formalismus nicht nur in der Ästhetik, sondern auch in der Ethik als inhalts- und antriebsleeres Wollen des Wollens. Es ist anzunehmen, daß Jean Paul unter dem Einfluß Jacobis und Herders zum Kritiker des transzendentalen Idealismus wurde.

Jean Paul entwickelt seinen Standpunkt in der »Geschichte meiner Vorrede zur zweiten Auflage des Quintus Fixlein«. Die Vorrede wäre nicht von Jean Paul, wenn nicht zahlreiche Zwischenfälle und Komplikationen die Entwicklung des Gedankengangs durchkreuzten. Nach dem Vorbild von Sternes »Sentimental Journey« entsteht die Vorrede, oder besser: deren Fragment, auf einer Reise mit dem Kantianer Fraischdörfer. Der Kunstrat polemisiert gegen Jean Paul, den er persönlich nicht kennt, wohl aber seine Werke.

Die Kontroverse beginnt mit einem Gespräch über Architektur, eine Kunst, die aufgrund der Funktion ihrer Produkte eigentlich eine gewisse Zweckbezogenheit nicht außer acht lassen sollte. In den Augen Fraischdörfers ist dem nicht so. »Über Münchberg erboste sich der Kunstrat ungemein: entweder die Häuser oben auf dem Berge oder die unten sollten weg; er fragte mich ob Gebäude etwas anders als architektonische Kunstwerke wären, die mehr zum Beschauen als zum Bewohnen gehörten und in die man nur mißbrauchsweise zöge, weil sie gerade wie Flöten und Kanonen hohl gebohret wären (...). Er zeigte das Lächerliche, sich in einem Kunstwerk einzuquartieren, und sagte, es sei so viel, als wollte man (...) den Laokoon zum Baßgeigenfutteral und die mediceische Venus zur Haubenschachtel aushöhlen« (4,22). Das Argument, die Kunst sei bestimmt von einer Zweckmäßigkeit ohne Zweck, wird von Kant gegen die Ästhetik der

---

[1] In: Jean Pauls Briefe. Hrsg. v. E. Berend, Abt. III, Bd. 2, S. 128.

Aufklärung eingeführt und von Schiller aufgegriffen. Partikulare Zwecke an Inhalt und Funktion des Kunstwerks sind nicht zugelassen, die Zweckmäßigkeit richtet sich allein auf das Spiel der Erkenntniskräfte, das im Subjekt durch den Anblick des Kunstwerks in Gang gesetzt wird. Jean Paul wählt in karikaturistischer Focussierung die pragmatischste aller Künste, die Architektur. Es wurde allerdings gezeigt, daß die Karikatur nur wenig übertreibt. Nach Goethe arbeitet der »schöne Architekt« wie der Dichter für den »Idealmenschen, der in keinem bestimmten, folglich auch keinem bedürftigen Zustand sich befindet«.[2] Offensichtlich ist Jean Paul die erklärte Freiheit der Kunst von lebensbestimmenden Zwecken und Bedürfnissen ein Dorn im Auge. Als er das Thema wiederaufnimmt, richtet sich die Polemik unmittelbar gegen Kant und Schiller. »Auf den Kubikinhalt komm' es bei der Form so wenig an, daß sie kaum einen brauche, wie denn schon der reine Wille eine Form ohne alle Materie sei (und sozusagen im W o l l e n   d e s   W o l l e n s besteht, so wie der unreine im Wollen des Nichtwollens, so daß die ästhetische und die moralische Form sich zu ihrer Materie verhält wie die geometrische Fläche zu jeder gegebenen wirklichen)« (4,26). Jean Paul greift die »Kritik der praktischen Vernunft« und die »Kritik der Urteilskraft« an. Nach seiner Meinung wird die Allgemeingültigkeit und Notwendigkeit einer sittlichen Handlung, deren Motiv nicht nur für uns, sondern auch objektiv gut ist, erkauft durch einen inhaltsleeren Formalismus, der die Natur des Menschen und seine Situation außer acht läßt. Der Vergleich dieser formalen Bestimmung mit einer geometrischen Fläche zeigt die Intention Jean Pauls: wie in der Natur eine geometrische Fläche nie vorkommt, so findet sich in ihr keine Handlung, die dem moralischen Gesetz angemessen sein kann. Jean Paul ergreift der horror vacui angesichts der idealistisch-formalistischen Bestimmungen, die er bei Friedrich Schlegel findet. »Daher lasse sich der Ausspruch Schlegels erklären, daß, so wie es ein reines Denken ohne allen Stoff gebe (...), es auch vortreffliche poetische Darstellungen ohne Stoff geben könne (die sozusagen bloß sich selber täuschend darstellen). – Überhaupt müsse man aus der Form immer mehr alle Fülle auskernen und ausspelzen, wenn anders ein Kunstwerk jene Vollkommenheit erreichen solle, die Schiller fordere, daß es nämlich den Menschen zum Spiele und zum Ernste gleich frei und tauglich nachlasse (welchen hohen Grad die erhabenen Gattungen der Dichtung z.B. die Epopöe, die Ode, wegen der Einrichtung der menschlichen Natur unmöglich

---

[2] Aus dem brieflichen Bericht Schillers über ein Gespräch mit Goethe. In: Briefwechsel zwischen Friedrich Schiller und Wilhelm von Humboldt. Hrsg. v. S. Seidel. Berlin 1961, Bd. 1, S. 216. Diese Briefstelle wird von Kurt Wölfel zitiert, der sich mit der Auseinandersetzung zwischen Weimar und Jean Paul eingehend befaßt hat (K. W., Antiklassizismus und Empfindsamkeit. Der Romancier Jean Paul und die Weimarer Kunstdoktrin. In: Deutsche Literatur zur Zeit der Klassik. Hrsg. v. K.-O. Conrady. Stuttgart 1977, S. 378).

anders ersteigen als entweder durch einen unbedeutenden leeren Stoff oder durch die leere unbedeutende Behandlung eines wichtigen« (4,27). Jean Paul supponiert eine absteigende Linie Kant-Schiller-Schlegel, welcher Abstieg in der Entwicklung zum radikalen Formalismus bestehe. Polemisch richtet er sich unmittelbar gegen Schillers Konzept der »Ästhetischen Erziehung«. Jean Paul bestreitet den zentralen Satz Schillers, wonach der Künstler die Schranken der Stoffe, die er bearbeitet, überwinden müsse durch die »Behandlung«. »In einem wahrhaft schönen Kunstwerk soll der Inhalt nichts, die Form aber alles tun; denn durch die Form wird auf das Ganze des Menschen, durch den Inhalt hingegen nur auf einzelne Kräfte gewirkt«. Schiller übernimmt Kants Konzeption insofern, als der Inhalt moralischer oder ästhetischer Regeln nur partikular, die Form derselben hingegen im transzendentalen Sinne allgemeingültig und verbindlich ist. Schiller leitet aus dieser Konzeption ab, daß der echte Künstler den »S t o f f   d u r c h   d i e   F o r m   vertilgt«, daß er also einzelne Interessen, Affekte und Zwecke aus der Kunst auszuschließen hat. In der Tragödie verfolgt Schiller das Ziel, auch im »höchsten Sturme des Affekts die Gemütsfreiheit« des Zuschauers zu schonen.[3]

Nach Ansichten des Kunstrats Fraischdörfer ist hingegen Jean Pauls Kunst von Stoffen und Materien bestimmt. Genannt werden solche zweideutige »Materien wie z.B. Gottheit, Unsterblichkeit der Seele, Verachtung des Lebens« als kunstfremde Themen Jean Pauls (4,28).

In der Tat bemühen sich Jean Paul dichterische Werke um die Fragen des rechten Lebens und Sterbens, um die Frage der Existenz eines persönlichen Gottes oder ein Leben nach dem Tode. An der Idylle vom »Leben des Quintus Fixlein« wurde deutlich, daß der als Freund eingeführte Autor »Elementarkenntnisse einer Glückseligkeitslehre« in didaktischer Absicht verkündet (vgl. 4,185f.). Der Leser soll an Beispielen und fiktiven Konstellationen den Weg des rechten Lebens erkennen. Er soll das Leben verachten, um so zur Glückseligkeit zu gelangen. Die Lehre wird nahezu intentione recta ausgesprochen. Zumindest vordergründig durchbricht der Autor die Grenze zwichen Fiktion und diskursiver Abhandlung.

In der »Vorschule der Ästhetik« wird Jean Paul noch deutlicher. »Sobald gute Beispiele bessern, schlechte verschlimmern, so müssen ja dichterische Charaktere beide weit schärfer und heller geben« (5,219). Die »Darstellung eines sittlichen Ideals« (5,217) wirkt nach Jean Paul unmittelbar auf die Moralität der Leser. Relativ direkte Formen der Belehrung und Erbauung werden von Jean Paul keineswegs aus dem Aufgabenbereich der Dichtung ausgeschlossen. »Legt man den Plutarch oder den Tacitus gestärkter, begeisterter weg?« (5,219)

---

[3] In: Friedrich Schiller, Sämtliche Werke. Hrsg. v. G. Fricke und H. G. Göpfert, Bd. 5, S. 639f. (Über die ästhetische Erziehung in einer Reihe von Briefen, 22. Brief).

Begeisterung, Erbauung und Belehrung sind Jean Pauls Ziele der Poesie. Die andersgeartete Ästhetik Schillers trifft in Gestalt des Kunstrats der Bannstrahl der Lächerlichkeit. Den Kunstrat wundert es, »wie der König Dörfer leiden könnte; und gestand frei, es mach' ihm als Artisten eben kein Mißvergnügen, wenn eine ganze Stadt in Rauch aufginge, weil er alsdann doch die Hoffnung einer neuen schönern fasse« (4,22f.). Die neronische Tat, Rom anzuzünden, um sich an den Flammen und an der Vision einer neuen Kapitale zu ergötzen, schwebt als Mentekel über den Vorwürfen gegen den Idealismus und Klassizismus in der Kunst. Es ist der Vorwurf einer menschenfeindlichen und mitleidslosen Kunst, die um der Kunst willen den Zusammenhang der Kunst mit dem Leben vergißt. Der Vorwurf wird wiederholt und noch schärfer gefaßt: »Der formlose Former vor mir achtet am ganzen Universum nichts, als daß es ihm sitzen kann – er würde wie Parrhasius und jener Italiener Menschen foltern, um nach den Studien und Vorrissen ihres Schmerzes einen Prometheus und eine Kreuzigung zu malen – (...) das unzählige Landvolk ist doch von einigen Nutzen in ländlichen Gedichten und selber in komischen Opern, wie die Schäfereien genug abwerfen für Idyllenmacher« (4,28f.). Es ist der Vorwurf gegen eine allein an der Kunst interessierte Kunst, der Inhalte der Wirklichkeit nur zum Anlaß der Gestaltung werden. Im Blick auf die Schlegelsche Ästhetik wird dieser Vorwurf in der »Vorschule« verschärft zum Vorwurf des ›Poetischen Nihilismus‹, der willkürlich und ichsüchtig die Welt vernichte, um den Spielraum der absoluten Freiheit zu gewinnen (vgl. 5,31).

In einem Brief von Juni 1797 anerkennt Herder Jean Pauls witzige Kritik an der idealistischen Ästhetik in der »Geschichte meiner Vorrede zur zweiten Auflage des Quintus Fixlein«: »An ihrem Weimarschen Catechismus habe ich mich sehr erfreuet.«[4] Die im Jahre 1800 erschiene Streitschrift Herders gegen die kantische Ästhetik, die »Kalligone«, wiederholt zahlreiche Argumente, Formulierungen und Bilder Jean Pauls. Letzterer las wiederum die Korrektur zur »Kalligone« und wurde so der erste zustimmende Leser einer Schrift, die von den Zeitgenossen, aber auch vom Biographen Herders, Rudolf Haym, ungünstig aufgenommen wurde.[5]

---

[4] In: Aus Herders Nachlaß. Hrsg. v. H. Düntzer und G. F. von Herder. Frankfurt 1856, Bd. 1, S. 285.

[5] Haym schreibt Herders Spätwerk eine »gewisse retrograde Tendenz« zu, geboren aus der Unfähigkeit, den innovativen Wert der Ästhetik Kants und der großen Entwürfe der weimarer Klassik zu verstehen, insbesondere Schillers Briefe über die »ästhetische Erziehung«. Kernpunkt des Streits, in dem beide Parteien nicht zimperlich waren, ist nach Haym die Trennung des Schönen von der Moralität, also die Autonomie des Schönen. Während Herder in den Begriffen des 18. Jahrhunderts, der Kalokagathie Shaftesburys, ja der hartnäckig moralisierenden Kunstauffassung Sulzers befangen bleibe, erhöben sich der Idealismus und der Klassizismus auf einen höheren Standpunkt. Die Kritik Hayms an Herder, die übrigens Jean Pauls 2. Vorrede zum

Es handelt sich ohne Zweifel um eine Polemik gegen die idealistische Ästhetik, deren Tendenz jedoch ernst genommen werden muß. Herder Angriffspunkte sind die formalistische Bestimmung des Schönen in der ästhetischen Urteilskraft. Von vornherein beharrt Herder auf der Untrennbarkeit von Form und Inhalt. Die Differenzierung zwischen dem Angenehmen, dem freien und dem anhängenden (adhaerierenden) Schönen wird nicht akzeptiert. Kants »Form der Zweckmäßigkeit ohne Zweck« als Grundbestimmung des freien Schönen und damit der wahren Kunst sei ein Gerede »voll leerer Worte, voll Widersprüche und Tautologieen, die unglücklicher Weise auch eben so leere Werke zur Welt gefördert haben. ›Was thut ihr da, ihr geschäftigen Leute?‹ ›Wir schneiden Formen; Formen der Zweckmäßigkeit ohne Zweck, aus nichts zu nichts. Diese Leerheit heißt uns r e i n e Form, Darstellung reiner O b j e k t i v i t ä t ohne Objekt, und ja ohne Beimischung Eines Funkens S u b j e k t i v i t ä t«.[6] Die Ähnlichkeit mit der 2. Vorrede zum »Quintus Fixlein« springt ins Auge; der Kunstrat Fraischdörfer dekretiert, »es gebe weiter keine schöne Form als die griechische, die man durch Verzicht auf die Materie am leichtesten erreiche« (4,26). Ein Hauptvorwurf des Kunstrats gegen Jean Pauls Werke ist die in ihnen sichtbare Subjektivität des Autors; der Humor als Träger dieser Subjektivität sei regellos und willkürlich (wogegen sich Jean Paul verteidigt), er lasse die griechische Objektivität vermissen (4,26).

Wie schon Jean Paul erkennt Herder die parallele Konstruktion des reinen Geschmacksurteils und des reinen moralischen Urteils bei Kant, eine Parallelität, die erst in jüngster Zeit wieder hervorgehoben wurde.[7] Jean Paul vergleicht die Formbestimmung des Geschmackurteils mit dem reinen Willen, der ja auch »eine Form ohne alle Materie sei« (4,26). So ist es in der Tat. Die »Clavis

---

»Quintus Fixlein« und einen Teil des Werks miteinschließt, hat dazu geführt, daß die »Kalligone« lange Zeit nicht mehr beachtet wurde (R. Haym: Herder nach seinem Leben und seinen Werken. Berlin 1885, Bd. 2, S. 636, vgl. 637 – 716). Von geringerer Wirkung war die vorsichtige und kenntnisreiche Darstellung R. Zimmermanns in seiner »Geschichte der Ästhetik als philosophischer Wissenschaft« (Wien 1858, S. 423 – 482); er stellt sich nicht wie später Haym von vornherein auf den Standpunkt der idealistischen Ästhetik, sondern würdigt den anthropologischen und historischen Ansatz Herders. In neuerer Zeit versuchte H. Begenau, Hayms Verdikt zu revidieren, wobei er allerdings allzu unvermittelt Tschernyschewski oder Friedrich Engels mit Herder zusammenstellt. Trotz dieser recht willkürlichen Bezüge und der daraus resultierenden Schwächen ist Begenaus Arbeit die einzige ausführliche Auseinandersetzung mit der »Kalligone« nach 1945 (Heinz Begenau: Grundzüge der Ästhetik Herders. Wien 1956, S. 104 – 150).

[6] In: Herders Sämmtliche Werke. Hrsg. von B. Suphan. Berlin 1880, Bd. 22, S. 102.

[7] Vgl. dazu Friedrich Kaulbach: Der Zusammenhang zwischen Naturphilosophie und Geschichtsphilosophie bei Kant. In: Kant-Studien 56. Jg., 1965, S. 430 – 451. Kaulbach zieht Verbindungslinien zwischen dem ersten und dem zweiten Teil der »Kritik der Urteilskraft« und der praktischen Philosophie Kants.

Fichtiana« hebt an Fichtes Ethik, die eine Steigerung der Kantischen ist, die Unmöglichkeit hervor, von der reinen Transzendentalität des Pflichtgebots der Vernunft zum praktischen Handeln zu kommen. »Das reine Ich kann gegen kein reines handeln« und gegen kein empirisches; da kein Weg vom reinen zum empirischen Ich führt, kann das reine Ich überhaupt nicht handeln (3,1040). Dem ungeheuren Anspruch steht die Unmöglichkeit seiner Verwirklichung gegenüber. Herder setzt den Hebel seiner Kritik an derselben Stelle an: »Nirgend ist die Ueberspannung gefährlicher als in der Moral, wie die Geschichte der Zeiten zeiget. Wer die Menschheit hypermoralisiret; wer sie überspannt, löset sie auf. Sitten erfordern Maas; ein moralisches Gesetz ist selbst dem Namen nach nicht leere Form, sondern bestimmte Regel. Eine Heiligkeit, die ü b e r der menschlichen Natur liegt, liegt a u c h außer ihr«.[8]

Herder mißachtet bewußt die transzendentale Methode, die nach der Bedingung der Möglichkeit von inhaltlichen Aussagen fragt. Er beharrt auf der ›Unreinheit‹ ästhetischer und moralischer Urteile. Ihn interessiert die anthropologische und die historische Genese einer bestimmten Kunstform und einer bestimmten moralischen Regel.

Ebenso betont Jean Paul die Denaturierung des Menschen und der Kunst durch die Transzendentalphilosophie. »Der Poet trägt sehr oft wie ein gebratener Kapaun unter seinen Flügeln, womit er vor allen besetzten Fenstern der gelehrten Welt aufsteigt, rechts seinen Magen, links seine Leber. Überhaupt denkt der Mensch hundertmal, er habe den alten Adam ausgezogen, indes er ihn nur zurückgeschlagen, wie man die Neger-Schwarte des Schinkens zwar unterhöhlet und aufrollet, aber doch mit aufsetzt und dazu noch mit Blumen garniert« (4,18). Diese witzigen Ähnlichkeiten aus dem kulinarischen Bereich wollen den Vorwurf der Unnatürlichkeit und der Realitätsfremdheit der idealistischen Ethik und Ästhetik illustrieren. Die anthropologische Verfassung des Menschen kann sowenig wie die historisch-sozial gewachsene Wirklichkeit per Dekret aufgehoben werden. Ebenso wird die Poesie grotesk denaturiert, wenn sie einem reinen Begriff des Schönen gerecht zu werden versucht.

Im Blick auf die transzendentale Ethik setzt Jean Paul wie später in der »Clavis Fichtiana« den Kantianern entgegen, sie trennten die Theorie gänzlich von der Praxis und von den historischen Bedingungen, wobei der »eine sich auf das R e d e n über die Tugend einschränkt, indes der andere die dazu gehörigen H a n d l u n g e n versucht« (4,30). Das reine, transzendentale Ich entwirft theoretisch die Form der Pflicht; das empirische Ich handelt neben dieser Vorgabe recht und schlecht.

Herder will ebensowenig die Ganzheit des Menschen preisgeben, um dadurch den fragwürdigen Vorteil theoretisch reiner Urteile über die Pflicht zu gewinnen.

---

[8] Herder, Bd. 22, S. 276.

Diese ›Hypermoralisierung‹ wird nach ihm durch einen Verlust der Lebenswelt erkauft. Die theoretische Reinheit der Sittlichkeit führt zu einem Mangelzustand an praktischer Sittlichkeit.

Herder bleibt den Ganzheitsvorstellungen aus seiner Frühzeit treu. Logik, Anthropologie und Psychologie gehören zusammen, wie er schon in der Preisschrift über den Ursprung der Sprache und in dem Aufsatz »Über Erkennen und Empfinden der menschlichen Seele« betonte.[9]

In der »Kalligone« wendet Herder diese Ganzheitsvorstellung vom Menschen gegen die idealistische Ästhetik. Um das Schöne und Gute zu erkennen, bedarf es der Objekt- und Interessenbezogenheit des Subjekts. Eine Abkopplung dieses lebensweltlichen Interesses hält Herder für unmöglich, wenn nicht die Bestimmungen des Schönen und Guten völlig leer und naturwidrig sein sollen.

Gegen den formalen Kunstbegriff Kants setzt Herder eine Geschichte der Kunst und der Entwicklung der Humanität durch Künste und Wissenschaften. »Homers Zauberinsel« war so notwendig und unentbehrlich für die Entwicklung des Menschen wie Dantes »Himmels- und Höllenkreise«, wie die Rittergeschichten − wie jede Mythologie und jede Welt eines »eigenthümlichen Empfindungskreises«.[10] Das Bestimmte, das Individuelle und das Historische wird gegen die Reinheit und Allgemeinheit des Geschmacksurteils bei Kant geltend gemacht. Überall sieht Herder Weiterentwicklung, höhere Bestimmtheit der Begriffe und wachsende Humanität; überall sieht er die Verderblichkeit eines von der Natur und der Geschichte abgehobenen Anspruchs der Vernunft.

Cervantes' »Don Quijote« ist ihm ein Beleg für eine solche Weiterentwicklung des Geschmacks durch die Kritik, denn er »stürzte die eingewurzelte Denkart der Ritter-Romane, wie B u t l e r s Hudibras unter den Britten der Schwärmerei mehr Einhalt that, als lange theologisch-philosophische Deduktionen.«[11] Die Wirkung der Poesie vollzieht sich durch das ›quod mea interest‹ und durch das ›tua res agitur‹, nicht durch ein interesseloses Geschmacksurteil, das sich bloß auf die Form richtet.

Herder betont gegen Kant die lebensweltliche Rolle der Kunst; die Kunst ist hervorgegangen aus den Interessen der Menschen und sie dient ihren Interessen. Kunst ist eingreifend, sie verändert alte ›eingewurzelte‹ Vorstellungen besser als Wissenschaft und Gelehrsamkeit. Kunst ist insofern ›unrein‹, und auf dieser Unreinheit beruht ihre Macht über die Menschen. »Hätte jede Nation zur rechten Zeit ihren Homer gehabt, der den rohen Gebilden ihrer Phantasie V e r s t a n d e s f o r m, Maas und Absicht zu geben die Macht gehabt hätte, wie weit wären sie durch ihn auf Einmal fortgerückt an Geistesbildung?«[12]

---

[9] Vgl. oben Kap. IV,2.
[10] Herder, Bd. 22, S. 148.
[11] Herder, Bd. 22, S. 150.
[12] Herder, Bd. 22, S. 150.

Die Bildungsgeschichte des Geschmacks, des Verstandes und des Herzens ist für Herder eine untrennbare Einheit. Er will auch in der Gegenwart nicht die Bereiche der wissenschaftlichen Erkenntnis und der Kunst so säuberlich eingeteilt wissen, wie dies bei Kant der Fall ist. Ebensowenig ist er bereit, einen Trennungsstrich zwischen Sittlichkeit und Kunst zu ziehen, darin ganz einig mit der Überzeugung Jean Pauls. Höchsten Unmut erregt Kants Paragraph 59: »Die Schönheit als Symbol der Sittlichkeit«. Sollte das Schöne zuvor interesseloses Wohlgefallen und das Erhabene eine Haltung sein »ohne Zweck und Absicht aus pur-blanker Pflicht«,[13] so werden nun am Ende der »Kritik der ästhetischen Urteilskraft« Kunst und Sittlichkeit im Zeichen des Symbols vereint. Nachdem zuvor das Schöne »sogleich vom Schönen hinabsank, sobald man das Gute dachte. Jetzt im letzten Paragraph wird das Schöne ein Symbol des Guten«.[14] Herder kann nicht akzeptieren, daß nun plötzlich das Sittlich-Gute vom Schönen symbolisiert werden kann, nachdem zuvor Moral, Didaxe, Reiz, Rührung und Erbauung aus dem Bereich des Schönen ausgeschlossen wurden, so daß nur ein reines Wohlgefallen aufgrund des allen Menschen angesonnenen Gemeinsinns übrigblieb.[15]

Herder bemängelt die formale Ausdünnung des Schönen, das sich nur noch als Symbol auf das Gute bezieht. Das Gute wiederum ist nicht bestimmt genug, um diesen Namen zu verdienen; das Schöne, das es symbolisieren soll, ist so leer, daß es menschlichen Interessen und Bestrebungen nichts sagen kann. Nach Kant verbindet das Gesetz der Urteilskraft auf »unbekannte Art« das »theoretische Vermögen mit dem praktischen« und läßt so auf die Möglichkeit einer mit dem Subjekt »übereinstimmenden Natur« hinaussehen.[16] Dieses Ziel

---

[13] Herder, Bd. 22, S. 277.

[14] Herder, Bd. 22, S. 320.

[15] Die »Idee eines gemeinschaftlichen Sinnes« kommt nach Kant dadurch zustande, daß »man das, was in dem Vorstellungszustande Materie, d.i. Empfindung ist, so viel als möglich wegläßt, und lediglich auf die formalen Eigentümlichkeiten seiner Vorstellung (...) Acht hat« (Kritik der Urteilskraft, § 40). Die geforderte Abstraktion des Geschmacksurteils verlangt, von den ›subjektiven Privatbedingungen‹ wie auch vom Interesse an der Existenz des als schön beurteilten Gegenstands abzusehen. Es bleibt übrig die Reflexion des eigenen Urteils und seiner formalen Struktur. (In: Kant: Werke in sechs Bänden. Hrsg. von W. Weischedel, Bd. 5, S. 389).

[16] Herder, Bd. 22, S. 321. Herder zitiert den § 42 der »Kritik der ästhetischen Urteilskraft«, worin Kant sich auf Analogie ästhetischer und moralischer Urteile bezieht: das Gefühl für die Schönheit lasse »eine Anlage zu guter moralischer Gesinnung« vermuten (Kant, Werke in sechs Bänden, Bd. 5, S. 396). Vgl. dazu Odo Marquard in seinem Aufsatz »Kant und die Wende zur Ästhetik (in: Zeitschrift für philosophische Forschung, Bd. 16 (1962) Heft 2 und 3, S. 231 – 243 und S. 363 – 374). Marquard erkennt Kants ›Wende zur Ästhetik‹ als Folge der »Ohnmacht der moralischen Vernunft« (S. 367). Der Argumentationsgang Marquards kommt dem Herderschen recht nahe: Kant wolle der aller Verwirklichungsmöglichkeiten beraubten praktischen Vernunft nachträglich in der Ästhetik Antriebe verschaffen.

haben Kant und Herder gemeinsam. Herder hält jedoch Kants Bestimmung des Schönen für untauglich, der Vernunft ein Gesetz zu geben, das »a u ß e r der Natur im tauben Grunde einer übersinnlich-unbegreiflichen Freiheit« liege. »Die Uebereinstimmung der Gegenstände mit unsern Kräften, die Harmonie unsrer Kräfte mit den Gegenständen, weiset uns nicht jenseit, sondern hält uns i n n e r h a l b der Grenzen der Natur fest«.[17] Kants subtile Konstruktion findet keine Gegenliebe. Während Kant gerade in der Interesselosigkeit und der freien Reflexion jenseits der Schranken natürlicher oder gesellschaftlicher Bedingungen die Chance sieht, »den Übergang vom Sinnenreiz zum habituellen moralischen Interesse, ohne einen zu gewaltsamen Sprung« zu ermöglichen,[18] vermag Herder das »S i t t l i c h e in diesen übersinnlich-arroganten Gefühlen« nicht zu erkennen. »Kann Geschmack je der Uebergang zum habituellen moralischen Interesse werden, wenn sein Principium ist, ohne Begriff, ohne Vorstellung des Zwecks einer Sache, blind und dreust zu urteilen?«[19] Wie sollen nun plötzlich Zwecke und Begriffe in eine zweckfreie und begriffslose Schönheit hineinkommen?

Freilich muß in Rechnung gestellt werden, daß Herder von vornherein einen anderen Begriff vom Begriff hat als Kant. Während letzterer den Begriff streng im Rahmen der Logik und der Wissenschaft definiert, neigt Herder dazu, den Begriff und das Begreifen als eine ursprüngliche und natürliche Gabe des Menschen zu interpretieren. Auf diese Weise führt die griechische Kunst zu Begriffen, korrigieren die komischen Epen und Romane (Lieblingsbeispiele sind der »Don Quijote« und Butlers »Hudibras«) eingewurzelte Begriffe des Mittelalters oder der religiösen Kämpfe. Allenthalben setzt Herder natürliche Fähigkeiten (z.B. die physiognomische Auslegung der Natur) und die historische Entwicklung des Bewußtseins gegen Kants apriorische Konstruktion. Haym betrachtet daher Herder nicht zu Unrecht als Vorläufer Hegels.

Herders Kantkritik ist von einem metaphysischen Optimismus getragen, der da von einem zweckbestimmten, zugleich schönen und vernünftigen Universum ausgeht, wo Kant vorsichtig und skeptisch allenfalls die Möglichkeit einer solchen Verfassung der Welt postuliert. »Aus sich m a c h e n soll der Mensch Etwas; über dies Etwas ist er Zeuge, nicht Richter. Das erhabenste Selbstgefühl ist nur das Gefühl der Harmonie mit sich und der Regel des Weltalls, mithin das höchste Schöne«.[20] Die Vernunft spricht im Menschen durch die Geschichte, die eine kontinuierliche Fortentwicklung des Geistes sichtbar macht. Die Vorstellung einer intelligiblen Freiheit und Vernunft ist Herder fremd, weil

---

[17] Herder, Bd. 22, S. 321.
[18] Kant, Werke in sechs Bänden, Bd. 5, S. 462 (§ 59).
[19] Herder, Bd. 22, S. 321 und S. 322.
[20] Herder, Bd. 22, S. 239.

diese Ziele für ihn nicht als Forderungen, sondern als Entwicklungen im Telos der Geschichte liegen.

Kant ist in der »Kritik der reinen Vernunft« am zeitgenössischen Stand der Naturwissenschaft orientiert. »Daß sich diese in der Erfahrung induktiv gewonnenen einzelnen Naturgesetze zu einem Vernunftsystem zusammenschließen, das kann der Verstand nicht gesetzgeberisch vorschreiben; solch eine Einheit muß sich durch ein Entgegenkommen von seiten der Natur selbst ergeben«.[21] Während Kant in der Forderung verharrt, die Natur anzusehen, als ob sie Zwecke hätte, geht Herder von einer zweckmäßig verfaßten Natur aus. Herder neigt zu idyllischen Beispielen, um diese Zweckmäßigkeit der Natur zu demonstrieren. »Ist der grüne Rasenplatz im Walde an sich schön d.i. eine seltene Zusammenstimmung des Vielen zu Einem, so bleibt ihm diese Zusammenstimmung, es möge darauf gespeist oder getanzt werden, wenn nicht von Menschen, so von F e y e n und D r y a d e n (...) ich lasse mich darauf nieder, weil ich in ihm eine Zusammenstimmung zur Einheit, die mich ergetzet und die mir wohlthut, finde. Halten es andre, wie es ihnen gefällt, dem Ort selbst bleibt der Naturgeist, der ihn belebet«.[22] Subjektive Zwecke des Menschen und das Wohlgefallen an der Natur sind bei Herder eng verwoben mit der objektiven Zweckmäßigkeit der Natur, die den Menschen erkennen läßt, daß er in die Natur paßt. Das Telos des Menschen und das Telos der Natur sind eins, die Empfindung dieser Übereinstimmung erregt Wohlgefallen und das Gefühl des Schönen.

Im zweiten Teil der »Kritik der Urteilskraft« spricht Kant – freilich kritisch und problematisch – denselben Gedanken aus. »Auch die Schönheit der Natur, d.i. ihre Zusammenstimmung mit dem freien Spiele unserer Erkenntnisvermögen in der Auffassung und Beurteilung ihrer Erscheinung, kann auf die Art als objektive Zweckmäßigkeit der Natur in ihrem Ganzen, als System, worin der Mensch ein Glied ist, betrachtet werden (...). Wir können sie als eine Gunst, die die Natur für uns gehabt hat, betrachten, daß sie über das Nützliche schon Schönheit und Reize so reichlich austeilte, und sie deshalb lieben, so wie, ihrer Unermeßlichkeit wegen, mit Achtung betrachten, und uns selbst in dieser Betrachtung veredelt fühlen: gerade als ob die Natur ganz eigentlich in dieser Absicht ihre herrliche Bühne aufgeschlagen und ausgeschmückt habe.«[23] Wo

---

[21] F. Kaulbach: Der Zusammenhang zwischen Naturphilosophie und Geschichtsphilosophie bei Kant. In: Kant-Studien 56. Jg. (1965) S. 443.

[22] Herder, Bd. 22, S. 103.

[23] Kant: Werke in sechs Bänden, Bd. 5, S. 493f. (§ 67 der »Kritik der teleologischen Urteilskraft«). – In der neueren Kant-Forschung wird der Zusammenhang der beiden Teile der »Kritik der Urteilskraft« zunehmend betont. Nach Kaulbach weisen Düsing und Neumann auf die von Kant postulierte Übereinstimmung subjektiver und objektiver Zweckmäßigkeit hin (Klaus Düsing: Die Teleologie in Kants Weltbegriff. Bonn 1968, vgl. S. 130; Karl Neumann: Gegenständlichkeit und Existenzbedeutung des Schönen. Eine Untersuchung zu Kants »Kritik der ästhetischen Urteilskraft«. Bonn 1973, vgl. S. 40f.).

Herder die teleologische Verfassung der Natur optimistisch als gegeben voraussetzt, formuliert Kant denselben Sachverhalt distanziert im Konjunktiv, im Modus des ›als ob‹. Herder ist demgegenüber überzeugt von einer teleologischen Verfassung der Natur und einer Geschichte, die fortschreitend auf einen Endzweck hinsteuert. Der Zuwachs an Humanität ist gegeben; daher kann er auch ohne Umschweife das Schöne an das Zweckmäßige binden, denn im Anblick der schönen Natur wird ihre Zweckmäßigkeit unmittelbar erkannt.

Die Ahnung objektiver Zwecke im Universum trägt Jean Pauls Konzept der physiognomischen Naturanschauung. Durch seine anthropologische Verfassung kann der Mensch gar nicht anders, als sich und seine Subjektivität in der Körperwelt auszulegen. Diese Suche nach Entsprechungen muß letzten Endes Antwort finden in der Natur selbst.

Der moderne Leser kann sich die Begeisterung für den transzendentalen Idealismus um 1800 schwer vorstellen. Die ›Transzendentalpoesie‹ Friedrich Schlegels war auf dem Höhepunkt der Anerkennung, Fichtes Philosophie war führend. Nacheinander schreiben Jean Paul, Jacobi und Herder Angriffe und Polemiken gegen diese Philosophie. Vergebens versuchte Jean Paul, die absolute Autonomie des Ich mit heilsamem Spott herabzustimmen. »›Es frappiert mich selber,‹ (sagt ich, als ich mein System während eines Fußbades flüchtig überblickte, und sah bedeutend auf meine Fußzehen, deren Nägel man mir beschnitt) ›daß ich das All und Universum bin; mehr kann man nicht werden in der Welt als die Welt selber« (3,1037). Herder empört sich mit heiligem Zorn gegen diese »ignorante Verleidung alles reellen Wissens und Thuns« durch die Transzendentalphilosophie.[24] Jeder »Käfer-Jupiter« dürfe sagen, ich vollende das »Weltall, indem ich idealistisch mich vollende«.[25] Herder droht gleich am Anfang der »Kalligone« mit einem finstern Plan, dem Treiben Einhalt zu gebieten: »Die kritisch-idealistischen Transzendentalphilosophen wollen wir sodann sämmtlich und sonders in Eine Stadt thun, wo sie abgesondert von allen gebohrnen Menschen (denn sie sind nicht gebohren) sich idealistisch Brod backen und darüber ohne Objekt und Begriff Geschmacksurtheilen; wo sie sich idealistische Welten schaffen und solche ›bis Gott sein wird‹, nach ihrer Moral, Rechts- und Tugendlehre, auch nach ihren ›persönlich-dinglichen‹ Ehegesetzen idealistisch einrichten, vor allem andern aber sich durch gegenseitige Kritik einander vollenden. Ohne neuhinzukommende, neugetäuschte Jünglinge wäre ihr Aristophanischer Vögelstaat bald vollendet. Ilicet!«[26]

---

[24] Herder, Bd. 22, S. 10.
[25] Herder, Bd. 22, S. 5.
[26] Herder, Bd. 22, S. 13f.

Literaturverzeichnis

I. Jean Paul-Werke

Jean Paul: Werke. Hrsg. v. N. Miller. Nachworte von W. Höllerer. 3. Aufl. München 1970ff., 6 Bde.

Jean Paul: Sämtliche Werke. Abt. II: Jugendwerke und vermischte Schriften. Hrsg. v. N. Miller und W. Schmidt-Biggemann. München 1974ff. 3 Bde. Jean Paul wird in Klammern nach der Hanser-Ausgabe mit Angabe der Band- und Seitenzahl zitiert. Die Bände der Abteilung II werden zusätzlich mit römisch II gekennzeichnet.

Jean Paul: Sämtliche Werke. Historisch-kritische Ausgabe. Hrsg. v. E. Berend.

1. Abt.: Zu Lebzeiten des Dichters erschienene Werke. 19 Bde.
2. Abt.: Nachlaß. 5 Bde. Weimar 1927ff., Berlin 1952ff.
3. Abt.: Die Briefe Jean Pauls. Hrsg. von erläutert von E. Berend. 8 Bde. München 1922ff., Berlin 1952ff.

Jean Paul: Handschriftlicher Nachlaß in der Deutschen Staatsbibliothek Berlin (DDR) Fasc. 1b, 2a, 2b, 2c, 5.

II. Quellen

Arnold, Thomas: Observations on the nature, kinds, causes, and prevention of insanity, lunacy and madness. 2 Bde. Leicester 1782ff. (dt. v. G. J. Chr. Ackermann. Leipzig 1784).

Batteux, Charles: Einleitung in die Schönen Wissenschaften. Nach dem Französischen des Herrn Batteux, mit Zusätzen vermehret von Karl Wilhelm Ramler. 4 Bde. 4. Aufl. Leipzig 1774.

Baumgarten, Alexander Gottlieb: Meditationes Philosophicae de nonnullis ad Poema Pertinentibus. Halle u. Magdeburg 1735.

Beattie, James: Neue philosophische Versuche. Aus dem Englischen übersetzt, mit einer Vorrede von Prof. Meiners. 2 Bde. Leipzig 1779f.

Berkeley, George: The Works of George Berkeley, including his posthumous works. Hrsg. v. A. C. Fraser. 4 Bde. Oxford 1901.

Blanckenburg, Friedrich von: Beyträge zur Geschichte des deutschen Reichs und deutscher Sitten. Ein Roman. Nachdruck der Ausgabe Leipzig u. Liegnitz 1775. Minerva-Verlag 1970.

Blanckenburg, Friedrich von: Versuch über den Roman. Faksimiledruck der Originalausgabe 1774. Mit einem Nachwort von E. Lämmert. Stuttgart 1965 (Sammlung Metzler Bd. 39).

Bodmer, Johann Jacob: Critische Abhandlung von dem Wunderbaren in der Poesie. Faksimiledruck nach der Ausgabe von 1740. Mit einem Nachwort von W. Bender. Stuttgart 1966 (Nachdruck der Ausgabe Zürich 1740) (Deutsche Neudrucke. Reihe Texte des 18. Jahrhunderts).

Bonnet, Charles: Betrachtung über die Natur ... mit den Zusätzen der italienischen Übersetzung des Herrn Abt Spallanzani ... und einigen eigenen Anmerkungen herausgegeben von Johann Daniel Titius. 2. Aufl. Leipzig 1772 (1. Aufl. 1766).

Bonnet, Charles: Essai analytique sur les facultés de l'âme. Copenhague 1760.

Bonnet, Charles: Essai de psychologie; ou, Considérations sur les opérations de l'âme, sur l'habitude et sur l'éducation. Auxquelles on a ajouté des principes philosophiques sur la cause première et sur son effet. Londres 1755.

Bonnet, Charles: Philosophische Palingenesie; oder, Gedanken über den vergangenen und künftigen Zustand lebender Wesen. Als ein Anhang zu den letztern Schriften des Verfassers; und welcher insonderheit das Wesentliche seiner Untersuchungen über das Christenthum enthält. Aus dem Französischen übersetzt, und mit Anmerkungen hrsg. von Johann Caspar Lavater. 2 Bde. Zürich 1769f.

Breitinger, Johann Jacob: Critische Abhandlungen von der Natur, den Absichten und dem Gebrauche der Gleichnisse. Faksimiledruck nach der Ausgabe von 1740. Mit einem Nachwort von M. Windfuhr. Stuttgart 1967 (Nachdruck der Ausgabe Zürich 1740) (Deutsche Neudrucke. Reihe Texte des 18. Jahrhunderts).

Browne, Peter: A Letter in Answer to a Book entitled ›Christianity not Mysterious‹. As also to all those who set up for reason and evidence in opposition to revelation & mysteries. Dublin 1697.

Browne, Peter: Procedure, Extents and Limits of Human Understanding. London 1728.

Browne, Peter: Things Divine and Supernatural conceived by Analogy with Things Natural and Human. By the author of the procedure, extents and limits of human understanding. London 1733.

Butler, Joseph: The Analogy of Religion, Natural and Revealed, to the Constitution and Course of Nature. To which are added two brief dissertations: I. Of Personal Identity II. Of the Nature of Virtue. London 1736.

Butler, Samuel: Hudibras. Frei übersetzt von Dietrich Heinrich Soltau. Neue, umgearb., mit Anmerkungen verm. Auflage. Reutlingen 1800.

Chiarugi, Vincenzo: Abhandlungen über den Wahnsinn überhaupt und insbesondere nebst einer Centurie von Beobachtungen. Leipzig 1795.

Condillac, Etienne Bonnot de: Traité des sensations, à Madame la Comtesse de Vassé. 2 Bde. London, Paris 1754.

Descartes, René: Hauptschriften zur Grundlegung seiner Philosophie. Prinzipien der Philosophie 1. Teil. Übersetzt von Kuno Fischer. Mannheim 1863.

Descartes, René: Über den Menschen (1632) sowie Beschreibung des menschlichen Körpers (1648) nach der ersten französischen Ausgabe von 1664 übersetzt und mit einer historischen Einleitung von Karl E. Rothschuh. Heidelberg 1969.

Descartes, René: Über die Leidenschaften der Seele. In: R. Descartes, Philosophische Werke. Übersetzt und erläutert von A. Buchenau, 4. Abt. Leipzig ³1911.

Dryden, John: Essays. Hrsg. v. W. P. Ker. 2 Bde. Oxford 1900.

Eberhard, Johann Peter: Abhandlung von der Magie. In: Wiegleb, Johann Christian: Die natürliche Magie, aus allerhand belustigenden und nützlichen Kunststücken bestehend. Berlin und Stettin 1779, Bd. 1, S. 1 – 48.

Ennemoser, Joseph: Geschichte der Magie. Nachdruck der Ausgabe Leipzig 1844. Wiesbaden 1966 (= J. E.: Geschichte des thierischen Magnetismus 2. umbearbeitete Aufl., Teil 1).

Epiktet: Handbüchlein der Ethik. Aus dem Griechischen übersetzt, mit Einleitung und Anmerkungen versehen von Ernst Neitzke. Stuttgart 1958.

Eschenburg, Johann Joachim: Beispielsammlung zur Theorie und Literatur der schönen Wissenschaften. 8 Bde. in 9. Berlin und Stettin 1788ff.

Eschenmayer, C. A. von: Bemerkungen zu: Geschichte einer durch Magnetismus in 27 Tagen bewirkten Heilung eines 15 monatlichen Nervenleidens. Von Medicinalrath Dr. Klein in Stuttgart. In: Archiv für den thierischen Magnetismus. Hrsg. v. C. A. Eschenmayer, D. G. Kieser und Fr. Nasse. Halle 1819, Bd. 5, 2. St., S. 173ff.

Fichte, Johann Gottlieb: Fichtes Werke. Hrsg. v. Immanuel Hermann Fichte. 11 Bde. Berlin 1971.

Fielding, Henry: Joseph Andrews (1742). Hrsg. v. M. C. Battestin. Oxford 1967.

Flögel, Carl Friedrich: Geschichte der komischen Litteratur. 4 Bde. Liegnitz u. Leipzig 1784ff.

Fontenelle, Bernard Le Bovier de: Oeuvres Complètes. Hrsg. v. G. B. Depping. 3 Bde. Genf 1968 (Nachdruck der Ausgabe Paris 1818).

Garve, Christian: Popularphilosophische Schriften über literarische, ästhetische und gesellschaftliche Gegenstände. Im Faksimiledruck hrsg. v. K. Wölfel. 2 Bde. Stuttgart 1974 (Deutsche Neudrucke. Reihe Texte des 18. Jahrhunderts).

287

Gerard, Alexander: An Essay on Genius 1774. Ed. by B. Fabian. München 1966 (Nachdruck der Ausgabe London 1774) (Theorie und Geschichte der Literatur und der schönen Künste. Texte und Abhandlungen Bd. 3).

Geßner, Salomon: Idyllen. Kritische Ausgabe v. E. Th. Voß. Stuttgart 1973.

Gmelin, Eberhard: Ueber Thierischen Magnetismus. In einem Brief an Herrn Geheimen Rath Hoffmann in Mainz. Tübingen 1787.

Goeze, Johann Melchior: Kurze aber nothwendige Erinnerung über die Leiden des jungen Werthers (1775). Als Faks. im Anhang von: Scherpe, Klaus R.: Werther und Wertherwirkung. Zum Syndrom bürgerlicher Gesellschaftsordnung im 18. Jahrhundert. Bad Homburg v.d.H., Berlin, Zürich 1970, S. 173 – 191.

Goethe, Johann Wolfgang von: Goethes Werke. Hamburger Ausgabe in 14 Bänden. Hrsg. v. Erich Trunz. München ⁹1978.

Gottsched, Johann Christoph: Versuch einer Critischen Dichtkunst. 4., vermehrte Aufl. Leipzig 1751.

Hamann, Johann Georg: Sämtliche Werke. Historisch kritische Ausgabe von J. Nadler. 5 Bde. u. 1 Kommentarbd. Wien 1949ff.

Hamann, Johann Georg: Sokratische Denkwürdigkeiten. Aesthetica in nuce. Mit einem Kommentar hrsg. v. S.-A. Jørgensen. Stuttgart 1968.

Hegel, Georg Wilhelm Friedrich: Ästhetik. Hrsg. v. F. Bassenge. 2 Bde. Frankfurt ²o.J.

Helmont, Johann Baptista van: siehe unter Rosenroth, Christian Knorr von.

Helvétius, Claude Adrien: Vom Menschen, seinen geistigen Fähigkeiten und seiner Erziehung. Hrsg., übers. u. mit einer Einleitung v. G. Mensching. Frankfurt 1972.

Hennings, Justus Christian: Von Geistern und Geistersehern. Herausgegeben vom Verfasser der Abhandlung von den Ahndungen und Visionen. Leipzig 1780.

Herder, Johann Gottfried: Sämmtliche Werke. Hrsg. v. B. Suphan. 33 Bde. Berlin 1877ff.

Herder, Johann Gottfried: Sprachphilosophische Schriften. Aus dem Gesamtwerk ausgew., mit einer Einleitung, Anm. u. Reg. versehen v. E. Heintel. Hamburg 1960 (Philosophische Bibliothek Bd. 248).

Herder, Johann Gottfried: Aus Herders Nachlaß. Ungedruckte Briefe von Herder und dessen Gattin, Goethe, Schiller, Klopstock, Lenz, Jean Paul, Claudius, Lavater, Jacobi und anderen bedeutenden Zeitgenossen, Hrsg. v. H. Düntzer u. F. G. v. Herder. 3 Bde. Frankfurt 1856f.

Hirzel, Johann Caspar: Die Wirtschaft eines philosophischen Bauers. Zürich 1761.

Hobbes, Thomas: Leviathan or the Matter, Form, and Power of a Commonwealth ecclesiastical and civil. In: The English Works of Thomas Hobbes. Hrsg. v. W. Molesworth. London 1839, Bd. 3.

Home, Heinrich (= Henry Home Lord Kames): Grundsätze der Kritik. Aus dem Englischen übersetzt v. Johann Nikolaus Meinhard. 2 Bde. Frankfurt u. Leipzig 1775.

Hume, David: Dialoge über die natürliche Religion. Neu bearb., eingel. v. G. Gawlick. 4. verb. Aufl. Hamburg 1968 (Philosophische Bibliothek Bd. 36).

Hutcheson, Francis: Reflections upon Laughter and Remarks upon the Fable of the Bees. ... Carefully corrected. New York 1971 (Nachdruck der Ausgabe Glasgow 1750).

Hutcheson, Francis: Sittenlehre der Vernunft aus dem Engl. übersetzt. 2 Bde. Leipzig 1756.

Jacobi, Friedrich Heinrich: Friedrich Heinrich Jacobi's auserlesener Briefwechsel. Hrsg. v. Fr. Roth. 2 Bde. Leipzig 1825ff.

Jacobi, Friedrich Heinrich: Werke. Hrsg. v. Fr. Roth u. Fr. Köppen. 6 Bde. Nachdruck der Ausgabe Leipzig 1812ff. Darmstadt 1976.

Kant, Immanuel: Werke in 6 Bänden. Hrsg. v. W. Weischedel. Darmstadt 1956ff.

Kempelen, Wolfgang von: Mechanismus der menschlichen Sprache nebst Beschreibung einer sprechenden Maschine. Faksimile-Neudruck der Ausgabe Wien 1791 mit einer Einleitung von E. Brekle und W. Wildgen. Stuttgart-Bad Cannstatt 1970.

Kerner, Justinus: Bilderbuch aus meiner Knabenzeit. Mit vielen zeitgenössischen Illustrationen. Hrsg. v. G. Häntzschel. Frankfurt 1978 (insel taschenbuch Bd. 338).

Lavater, Johann Caspar: Physiognomische Fragmente zur Beförderung der Menschenkenntniß und Menschenliebe. 4 Bde. Faksimiledruck nach der Ausgabe Leipzig, Winterthur 1775–1778. Zürich 1968.

Leibniz, Gottfried Wilhelm: Philosophische Schriften. Hrsg. u. übersetzt v. W. von Engelhardt u. H. H. Holz. Darmstadt 1959ff.

Leibniz, Gottfried Wilhelm: Hauptschriften zur Grundlegung der Philosophie. Übersetzt v. A. Buchenau. Durchgesehen u. mit Einleitungen u. Erläuterungen hrsg. v. E. Cassirer. Leipzig 1904ff.

Lessing, Gotthold Ephraim: Werke. Vollständige Ausgabe in 25 Teilen. Hrsg. v. J. Petersen u. W. v. Ohlshausen. Nachdruck der Ausgabe Berlin, Leipzig, Wien, Stuttgart 1925ff. Hildesheim, New York 1970.

Lichtenberg, Georg Christoph: Schriften und Briefe. Hrsg. v. W. Promies. München 1973, Bd. 3.

Martius, Johann Nikolaus: Unterricht von der wunderbaren Magie und derselben medicinischen Gebrauch; auch von zauberischen und miraculosen Dingen; Sympathie, Spagyrik, Astrologie. Welchem beygefüget ein neueröffnetes Kunst-Cabinet in 178 Articeln. Und Antonii Mizaldi Hundert Curieuse Kunststücke. Frankfurt, Leipzig 1719.

Meier, Georg Friedrich: Anfangsgründe aller schönen Wissenschaften. 3 Bde. Halle 1754ff.

Meier, Georg Friedrich: Gedancken von Schertzen. Halle 1774.

Mesmer, Friedrich Anton: Mesmerismus oder System der Wechselwirkungen. Theorie und Anwendung des thierischen Magnetismus... Berlin 1814.

Moritz, Karl Philipp: Andreas Hartknopf. Eine Allegorie. 1786 / Andras Hartknopfs Predigerjahre. 1790 / Fragmente aus dem Tagebuch eines Geistersehers. 1787. Faksimiledruck nach den Originalausgaben. Hrsg. v. H. J. Schrimpf. Stuttgart 1968.

Moritz, Karl Philipp: Schriften zur Ästhetik und Poetik. Kritische Ausgabe. Hrsg. v. H. J. Schrimpf. Tübingen 1962 (Neudrucke deutscher Literaturwerke N.F. Bd. 7).

Möser, Justus: Harlekin. Texte und Materialien mit einem Nachwort hrsg. v. H. Boetius. Bad Homburg, Berlin, Zürich 1968.

Muratori, Ludwig Anton: Über die Einbildungskraft des Menschen, aus dem Italienischen herausgeg. v. G. W. Richerz. Leipzig 1785.

Platner, Ernst: Anthropologie für Aerzte und Weltweise. Leipzig 1772.

Platner, Ernst: Neue Anthropologie für Aerzte und Weltweise. Mit besonderer Rücksicht auf Physiologie, Moralphilosophie und Aesthetik. Leipzig 1790.

Pope, Alexander: Poetical Works. Hrsg. v. H. Davis. London, New York 1966.

Pope, Alexander: Sämmtliche Werke mit Wilhelm Warburtons Commentar und Anmerkungen. 10 Bde. Strasburg 1778 (Bd. 3 – 7) Mannheim 1780 (Bd. 1, 2, 8 – 10).

Porta, Johannes Baptista: Die Physiognomie des Menschen. 4 Bücher. Zur Deutung von Art und Charakter der Menschen aus den äußerlich sichtbaren Körperzeichen. Mit vortrefflichen, nach der Natur gezeichneten Bildern. Für Jedermann zu lesen nützlich und dankbar. Aus der lateinischen Ausgabe von 1593 ins Deutsche übertragen und mit Anmerkungen versehen von Will Rink. Radebeul/Dresden 1931.

Porta, Johannes Baptista: Des Vortrefflichen Herren Johann Baptista Portae, von Neapolis Magia Naturalis, oder Haus-, Kunst- und Wunder-Buch. Welches zu erst von demselben Lateinisch beschrieben; hernach von Ihm selbst vermehret, nunmehr aber ... durch alle zwantzig Bücher gantz aufs neu in die Hochteutsche Sprach übersetzet; ... mit nothwendigen Anmerckungen und Auflösungen der darinn enthaltenen Rätzel, wie auch vielen neuen ungemeinen guten Chymischen und andern Stücken vermehret ... hrsg. Durch Christian Peganium (Pseud.), sonst Rautner (Pseud.) genannt. Nürnberg 1680 (2. Aufl. Nürnberg 1713).

Pseudo-Longinus: Vom Erhabenen. Griechisch und deutsch. Hrsg. v. R. Brandt. Darmstadt 1966.

Reil, Johann Christian: Rhapsodien über die Anwendung der psychischen Curmethode auf Geisteszerrüttungen. Unveränderter Nachdruck der Ausgabe Halle 1803. Amsterdam 1968.

Reil, Johann Christian: Üeber die Erkenntnis und Cur der Fieber: Besondere Fieberlehre. Bd. 4: Nervenkrankheiten. 2. verm. Auflage Halle 1805 (1. Aufl. 1799).

Reimarus, Hermann Samuel: Allgemeine Betrachtungen über die Triebe der Thiere, hauptsächlich über ihre Kunsttriebe. Zur Kenntnis des Zusammenhangs der Welt des Schöpfers, und unser selbst. Wien 1790 ([1]1760).

Rosenroth, Christian Knorr von: Aufgang der Artzney-Kunst. Mit Beiträgen von W. Pagel u. F. Kemp. Nachdruck der Ausgabe Sultzbach 1783. 2 Bde. München 1971 (= Helmont, Johann Baptista: Aufgang der Artzney-Kunst ... Sultzbach 1783).

Rousseau, Jean Jacques: Schriften zur Kulturkritik. Über Kunst und Wissenschaft (1750). Über den Ursprung der Ungleichheit unter den Menschen (1755) (Französisch-Deutsch) Eingel., übersetzt u. hrsg. v. K. Weigand. 2. erw. Aufl. Hamburg 1971 (Philosophische Bibliothek Bd. 243).

Sarasa, Alfons Anton von: Kunst sich immer zu freuen und stets vergnügt zu seyn aus den Grundsätzen der göttlichen Vorsehung und eines guten Gewissens hergeleitet ... aus dem Lateinischen ins Deutsche übersetzet und hrsg. von Johann Christian Fischer. 2 Bde. Jena 1748.

Schelling, Friedrich Wilhelm Josef: Philosophie der Kunst. Repr. Nachdruck der Ausgabe Stuttgart u. Augsburg 1859. Darmstadt 1960.

Schiller, Friedrich: Sämtliche Werke. Hrsg. v. G. Fricke u. H. G. Göpfert. 5 Bde. München [5]1973ff.

Schiller, Friedrich: Der Briefwechsel zwischen Friedrich Schiller und Wilhelm von Humboldt. Hrsg. v. S. Seidel. 2 Bde. Berlin 1961ff.

Schlegel, Friedrich: Kritische Ausgabe. Hrsg. von E. Behler, J.-J. Anstett, H. Eichner u.a. 35 Bde. in 3 Abt. Paderborn 1958ff.

Schubert, Gotthilf Heinrich: Ansichten von der Nachtseite der Naturwissenschaft. Unveränderter Nachdruck der Ausgabe Dresden 1808. Darmstadt 1967.

Shaftesbury, Antony Ashley Cooper 3. Earl of: Des Grafen von Shaftesbury philosophische Werke. Aus dem Englischen übersetzt (v. H. Ch. Hölty), Bd. 1, Leipzig 1776.

Stahl, Georg Ernst: Über den mannigfaltigen Einfluß von Gemütsbewegungen auf den menschlichen Körper (Halle 1695). – Über die Bedeutung des syngergischen Prinzips für die Heilkunde (Halle 1695). – Über den Unterschied zwischen Organismus und Mechanismus (1714). – Überlegungen zum ärztlichen Hausbesuch (Halle 1703). Eingel., ins Deutsche übertragen und erl. v. B. J. Gottlieb. Leipzig 1961 (Sudhoffs Klassiker der Medizin Bd. 36).

Stahl, Ernst Georg: Theorie der Heilkunde. Hrsg. u. übersetzt v. Wilhelm Ideler. 3 Bde. Berlin 1831.

Swift, Jonathan: Reisen in verschiedene ferne Länder der Welt von Lemuel Gulliver – erst Schiffsarzt, dann Kapitän mehrerer Schiffe. Übers. v. K. H. Hansen. München 1958.

Uz, Johann Peter: Sämtliche poetische Werke. Hrsg. v. A. Sauer. Stuttgart 1890 (Deutsche Literaturdenkmale des 18. und 19. Jahrhunderts in Neudrucken Bd. 33).

Vischer, Friedrich Theodor: Ästhetik oder Wissenschaft des Schönen. Hrsg. v. R. Vischer. Nachdruck der 2. Aufl. München 1922. 2 Teile in 1 Bd. Hildesheim, New York 1975.

Vischer, Friedrich Theodor: Kritische Gänge. Hrsg. v. R. Vischer. Bd. 5. München [2]1922.

Vischer, Friedrich Theodor: Über das Erhabene und Komische und andere Texte zur Ästhetik. Einleitung v. W. Oelmüller. Frankfurt 1967 (Theorie 1).

Voß, Johann Heinrich: Briefe nebst erläuternden Beilagen. Hrsg. v. A. Voß. 3 Bde. Halberstadt 1829f.

Voß, Johann Heinrich: Der Göttinger Dichterbund. 1. Teil: Johann Heinrich Voß. Hrsg. v. A. Sauer. Berlin, Stuttgart o.J. (Deutsche National-Litteratur. Historisch kritische Ausgabe Bd. 49).

Voß, Johann Heinrich: Idyllen. Faksimiledruck nach der Ausgabe 1801. Mit einem Nachwort von E. Th. Voß. Heidelberg 1968 (Nachdruck der Ausgabe Königsberg 1801) (Deutsche Neudrucke. Reihe Goethezeit).

Walch, Johann Georg: Philosophisches Lexicon. Mit einer kurzen kritischen Geschichte der Philosophie von Justus Christian Hennings. Nachdruck der Ausgabe Leipzig 1775. Hildesheim 1968.

Warburton, William: The Divine Legation of Moses demonstrated on the principles of a religious Deist, from the ommision of the doctrine of a future State of reward and punishment in the Jewish dispensation. 2 Bde. London [2]1742.

Wezel, Johann Carl: Lebensgeschichte, Tobias Knauts, des Weisen, sonst der Stammler genannt. Faksimiledruck nach der Ausgabe 1773 – 1776. Mit einem Nachwort von V. Lange. 4 Bde. Stuttgart 1971 (Nachdruck der Ausgabe Leipzig 1773 – 1776) (Deutsche Neudrucke. Reihe Texte des 18. Jahrhunderts).

Wiegleb, Johann Christian: Die natürliche Magie, aus allerhand belustigenden und nützlichen Kunststücken bestehend; zusammengetragen von J. Chr. Wiegleb. 20 Bde. in 19. Berlin u. Stettin 1779ff.

Wieland, Christoph Martin: Sämmtliche Werke. 36 Bde. Leipzig (Göschen Vlg.) 1853ff.

Wieland, Christoph Martin: Werke. (Hrsg. v. H. Düntzer) 40 Teile. Berlin (Hempel Vlg.) o.J. (1879ff.).

Wieland, Christoph Martin: Werke, Hrsg. v. F. Martini u. H. W. Seiffert.
5 Bde. München 1964ff.

Wienholt, Arnold: Heilkraft des thierischen Magnetismus nach eigenen Beobachtungen. 3 Bde. Lemgo 1802.

III. Sekundärliteratur zu Jean Paul

Bach, Hans: Jean Pauls »Hesperus«. Leipzig 1929.

Béguin, Albert: Traumwelt und Romantik. Versuch über die romantische
Seele in Deutschland und in der Dichtung Frankreichs. Hrsg. u. mit einem
Nachwort versehen v. P. Grotzer. Bern, München 1972.

Berend, Eduard: Jean Pauls Ästhetik. Berlin 1909 (Forschungen zur deutschen
Literaturgeschichte Bd. 35).

Berend, Eduard: Tod und Humor. In: Abhandlungen zur deutschen Literaturgeschichte. F. Muncker zum 60. Geburtstage. Dargebracht von ... E. Berend,
H. H. Borcherdt, K. Borinski u.a. München 1916, S. 236 – 249.

Berend, Eduard: Der Typus des Humoristen. In: Die Ernte. Abhandlungen zur
Literaturwissenschaft. F. Muncker zu seinem 70. Geburtstage. Hrsg. v. F.
Strich u. H. H. Borcherdt. Halle 1926, S. 93 – 117.

Böschenstein, Bernhard: Grundzüge von Jean Pauls dichterischem Verfahren,
dargestellt am »Titan«. In: Jahrbuch der Jean-Paul-Gesellschaft 3 (1968),
S. 27 – 49.

Böschenstein, Bernhard: Studien zur Dichtung der Absoluten. Zürich u.
Freiburg 1968.

Bosse, Heinrich: Theorie und Praxis bei Jean Paul. § 74 der ›Vorschule der
Ästhetik‹ und Jean Pauls erzählerische Technik, besonders im ›Titan‹. Bonn
1970 (Abhandlungen zur Kunst-, Musik- und Literaturwissenschaft Bd. 87).

Harich, Wolfgang: Jean Pauls Kritik des philosophischen Egoismus. Belegt
durch Texte und Briefstellen Jean Pauls im Anhang. Frankfurt o.J. (1968).

Harich, Wolfgang: Jean Pauls Revolutionsdichtung. Versuch einer neuen
Deutung seiner heroischen Romane. Reinbek bei Hamburg 1974.

Hermand, Jost: Dr. Katzenbergers Zynismus. In: Hesperus 21 (1961). S. 46 – 49.

Hocke, Gustav René: Manierismus II. Manierismus in der Literatur. Sprach-
Alchimie und esoterische Kombinationskunst. Beiträge zur vergleichenden
Europäischen Literaturgeschichte. Hamburg 1959 (Rowohlts deutsche
Enzyklopädie Bd. 82/83).

Kommerell, Max: Jean Paul, Frankfurt 1933.

Köpke, Wulf: Erfolglosigkeit. Zum Frühwerk Jean Pauls. München 1977.

Lindner, Burkhardt: Jean Paul. Scheiternde Aufklärung und Autorrolle. Darmstadt 1976 (Canon. Literaturwissenschaftliche Schriften Bd. 1).

Lindner, Burkhardt: Politische Metaphorologie. Zum Gleichnisverfahren in Jean Pauls politischen Schriften. In: Text und Kritik. Sonderband Jean Paul. Hrsg. v. H. L. Arnold. Stuttgart 1970, S. 103 – 115.

Lindner, Burkhardt: Satire und Allegorie in Jean Pauls Werk. Zur Konstitution des Allegorischen. In: Jahrbuch der Jean-Paul-Gesellschaft 5 (1970), S. 7 – 62.

Meyer, Hermann: Jean Pauls »Flegeljahre«. In: Jean Paul. Hrsg. v. U. Schweikert. Darmstadt 1974 (WdF Bd. 336), S. 208 – 265. Zuerst in: H. M.: Zarte Empirie. Studien zur Literaturgeschichte. Stuttgart 1963, S. 57 – 112.

Meyer, Hermann: Der Sonderling in der deutschen Dichtung. München 1963 (Literatur als Kunst).

Michelsen, Peter: Laurence Sterne und der deutsche Roman des 18. Jahrhunderts. Göttingen (Palaestra Bd. 232).

Müller, Götz: Zur Bedeutung Jean Pauls für die Ästhetik zwischen 1830 und 1848 (Weisse, Ruge, Vischer). In: Jb 1977 der Jean-Paul-Gesellschaft, S. 105 – 136.

Müller, Götz: Neuere Tendenzen der Jean Paul-Forschung. In: Jb 1979 der Jean-Paul-Gesellschaft, S. 163 – 181.

Naumann, Ursula: Predigende Poesie. Zur Bedeutung von Predigt, geistlicher Rede und Predigertum für das Werk Jean Pauls. Nürnberg 1976 (Erlanger Beiträge zur Sprach- und Kunstwissenschaft Bd. 55).

Planck, Karl Theodor: Jean Pauls Dichtung im Lichte unserer nationalen Entwicklung. Ein Stück deutscher Culturgeschichte. Berlin 1867.

Preisendanz, Wolfgang: Zur Poetik der deutschen Romantik I: Die Abkehr vom Grundsatz der Naturnachahmung. In: Die deutsche Romantik. Poetik, Formen und Motive. Hrsg. v. H. Steffen. Göttingen 1967.

Promies, Wolfgang: Der Bürger und der Narr oder das Risiko der Phantasie. München 1966 (Literatur als Kunst).

Proß, Wolfgang: Jean Pauls geschichtliche Stellung. Tübingen 1975 (Studien zur deutschen Literatur Bd. 44).

Rasch, Wolfdietrich: Die Poetik Jean Pauls. In: Die deutsche Romantik. Poetik, Formen und Motive. Hrsg. v. H. Steffen. Göttingen 1967.

Rasch, Wolfdietrich: Die Erzählweise Jean Pauls. München 1961.

Schings, Hans-Jürgen: Der anthropologische Roman. Seine Entstehung und Krise im Zeitalter der Spätaufklärung. In: Studien zum 18. Jahrhundert Bd. 3: Die Neubestimmung des Menschen. Wandlungen des anthropologischen Konzepts. Hrsg. v. B. Fabian u.a. München 1980, S. 247 – 275.

Schmidt-Biggemann, Wilhelm: Maschine und Teufel. Jean Pauls Jugendsatiren nach ihrer Modellgeschichte. Freiburg, München 1975 (Symposion Bd. 49).

Schweikert, Uwe: Jean Pauls »Komet«. Selbstparodie der Kunst. Stuttgart 1971 (Germanistische Abhandlungen Bd. 35).

Schweikert, Uwe: Jean Paul. Stuttgart 1970 (Sammlung Metzler Bd. 91).

Schweikert, Uwe (Hrsg.): Jean Paul. Darmstadt 1974 (WdF Bd. 336).

Siebert, Annemarie: Jean Pauls »Doktor Katzenbergers Badereise«. Studien zur Welt eines Romans. Phil. Diss. Göttingen 1960.

Sölle, Dorothee: Realisation. Studien zum Verhältnis von Theologie und Dichtung nach der Aufklärung. Darmstadt, Neuwied 1973 (Theologie und Politik Bd. 6) (Sammlung Luchterhand Bd. 124).

Sommer, Dietrich: Jean Pauls Roman »Dr. Katzenbergers Badereise«. Phil. Diss. Halle/S. 1959.

Sprengel, Peter: Innerlichkeit. Jean Paul oder Das Leiden an der Gesellschaft. München, Wien 1977 (Literatur als Kunst).

Storz, Ludwig: Studien zu Jean Pauls »Clavis Fichtiana«. Zürich 1951.

Tismar, Jens: Gestörte Idyllen. Eine Studie zur Problematik der idyllischen Wunschvorstellung am Beispiel von Jean Paul, Adalbert Stifter, Robert Walser und Thomas Bernhard. München 1973.

Vischer, Friedrich Theodor: Eine Schrift über Jean Paul. In: Jean Paul. Hrsg. v. U. Schweikert. Darmstadt 1974 (WdF Bd. 336), S. 13 – 32.

Voigt, Günther: Die humoristische Figur bei Jean Paul. 2. Aufl. München 1969 (= Jb 1969 der Jean-Paul-Gesellschaft).

Wiethölter, Waltraud: Witzige Illumination. Studien zur Ästhetik Jean Pauls. Tübingen 1979 (Studien zur deutschen Literatur Bd. 58).

Wilkending, Gisela: Jean Pauls Sprachauffassung in ihrem Verhältnis zu seiner Ästhetik. Phil. Diss. Marburg 1967.

Wirth, Johannes: Jean Paul und Herder. In: Jean Paul-Blätter 12 (1937) H. 2, S. 17 – 39.

Wölfel, Kurt: Antiklassizismus und Empfindsamkeit. Der Romancier Jean Paul und die Weimarer Kunstdoktrin. In: Deutsche Literatur zur Zeit der Klassik. Hrsg. v. K. O. Conrady. Stuttgart 1977, S. 362 – 380.

Wölfel, Kurt: »Ein Echo, das sich selber in das Unendliche nachhallt«. Eine Betrachtung von Jean Pauls Poetik und Poesie. In: Jean Paul. Hrsg. v. U. Schweikert. Darmstadt 1974 (WdF Bd. 336) S. 277 – 313. Zuerst in: Jb 1966 der Jean-Paul-Gesellschaft, S. 17 – 52.

Wuthenow, Ralph Rainer: Allegorie-Probleme bei Jean Paul. Eine Vorstudie. In: Jb 1970 der Jean-Paul-Gesellschaft, S. 62 – 85.

Wuthenow, Ralph Rainer: Gefährdete Idylle. In: Jb 1966 der Jean-Paul-Gesellschaft, S. 79 – 94.

IV. Weitere Sekundärliteratur

Aldridge, A. O.: Shaftesbury and the Test of Truth. In: PLMA 60 (1945), S. 129–156.

Auerbach, Emil: Mimesis. Dargestellte Wirklichkeit in der abendländischen Literatur. Bern, München ⁴1967.

Ayrault, Roger: La Genèse du Romantisme Allemand. Situation spirituelle de l'Allemagne dans la deuxième moitié du XVIIIe siècle. 2 Bde. Paris 1961.

Baum, Günther: Über das Verhältnis von Erkenntnisgewißheit und Anschauungsgewißheit in F. H. Jacobis Interpretation der Vernunft. In: Friedrich Heinrich Jacobi. Philosoph und Literat der Goethezeit. Hrsg. v. K. Hammacher. Frankfurt 1971, S. 7–26.

Bäumler, Alfred: Das Irrationalismusproblem in der Ästhetik und Logik des 18. Jahrhunderts bis zur Kritik der Urteilskraft. Nachdruck der 2. Aufl. Tübingen 1967. Darmstadt 1975 (1. Aufl. Halle/S. 1923).

Baruzzi, Arno: Mensch und Maschine. Das Denken sub specie machinae. München 1973.

Begenau, Heinz: Grundzüge der Ästhetik Herders. Weimar 1956 (Beiträge zur deutschen Klassik. Abhandlungen Bd. 2).

Beneke, Rudolf: Johann Friedrich Meckel der Jüngere, Halle 1934.

Benz, Ernst: Theologie und Elektrizität. Zur Begegnung und Auseinandersetzung von Theologie und Naturwissenschaft im 17. und 18. Jahrhundert. In: Akademie der Wissenschaften und Literatur (Mainz). Abhandlungen der geistes- und sozialwissenschaftlichen Klasse. Jg. 1970 Nr. 12, S. 685–782.

Benz, Ernst: Franz Anton Mesmer und die philosophischen Grundlagen des »antimalischen Magnetismus«. In: Akademie der Wissenschaften und Literatur (Mainz). Abhandlungen der geistes- und sozialwissenschaftlichen Klasse Jg. 1977, S. 1–45.

Blumenberg, Hans: Paradigmen zu einer Metaphorologie. Bonn 1960 (Sonderdruck aus dem Archiv für Begriffsgeschichte, Bd. 6).

Blumenberg, Hans: Schiffbruch mit Zuschauer. Paradigma einer Daseinsmetapher. Frankfurt 1979.

Böckmann, Paul: Das Formprinzip des Witzes in der Frühzeit der deutschen Aufklärung. In: Jahrbuch des Freien Deutschen Hochstifts 1932/1933, S. 52–130.

Bollnow, Otto Friedrich: Die Lebensphilosophie F. H. Jacobis. Stuttgart 1933.

Brüggemann, Werner: Cervantes und die Figur des »Don Quijote« in Kunstanschauung und Dichtung der deutschen Romantik. Münster 1958 (Spanische Forschungen der Görresgesellschaft. 2. Reihe Bd. 7).

Büchsel, Elfriede: Johann Georg Hamann. Über den Ursprung der Sprache. Erklärt v. E. Büchsel. Gütersloh 1963 (Johann Georg Hamanns Hauptschriften erklärt. Bd. 4).

Cassirer, Ernst: Die Philosophie der Aufklärung. Tübingen ²1932.

Dedner, Burghard: Topos, Ideal und Realitätspostulat. Studien zur Darstellung des Landlebens im Roman des 18. Jahrhunderts. Tübingen 1969 (Studien zur deutschen Literatur Bd. 16).

Düsing, Klaus: Die Teleologie in Kants Weltbegriff. Bonn 1968 (Kant-Studien. Ergänzungsheft 96).

Dyck, Joachim: Ticht-Kunst. Deutsche Barockpoetik und rhetorische Tradition. Bad Homburg v.d.H., Berlin, Zürich 1966 (Ars poetica Bd. 1).

Fischer, Ludwig: Gebundene Rede. Dichtung und Rhetorik in der literarischen Theorie des Barock in Deutschland. Tübingen 1968 (Studien zur deutschen Literatur Bd. 10).

Foucault, Michel: Die Ordnung der Dinge. Eine Archäologie der Humanwissenschaft. Frankfurt 1974 (stw 96) (1. franz. Aufl.: Les Mots et les Choses. Paris 1966).

Foucault, Michel: Wahnsinn und Gesellschaft. Eine Geschichte des Wahns im Zeitalter der Vernunft. Frankfurt 1973 (stw 39) (1. franz. Aufl.: Histoire de la Folie. Paris 1961).

Frank, Arthur: Friedrich Heinrich Jacobis Lehre vom Glauben. Eine Darstellung ihrer Entstehung, Wandlung und Vollendung. Halle 1910.

Gawlick, Günter: Einleitung des Herausgebers. In: Hume, David: Dialoge über natürliche Religion. Neu bearb. eingel. von G. Gawlick. 4. verb. Aufl. Hamburg 1968 (Philosophische Bibliothek Bd. 36) S. IX – XVII.

Gehlen, Arnold: Der Mensch. Seine Natur und seine Stellung in der Welt. Bonn ⁵1955 (1. Aufl. Berlin 1940).

Gerndt, Siegmar: Idealisierte Natur. Die literarische Kontroverse um den Landschaftsgarten des 18. und frühen 19. Jahrhunderts in Deutschland. Stuttgart 1981.

Giehlow, Karl: Die Hieroglyphenkunde des Humanismus in der Allegorie der Renaissance. In: Jb der kunsthistorischen Sammlungen des allerhöchsten Kaiserhauses 32 (1915), S. 1 – 132.

Graßl, Hans: Aufbruch zur Romantik. Bayerns Beitrag zur deutschen Geistesgeschichte 1765 – 1785. München 1968.

Gründer, Karlfried: Figur und Geschichte. Johann Georg Hamanns ›Biblische Betrachtungen‹ als Ansatz einer Geschichtsphilosophie. Freiburg, München 1958 (Symposion Bd. 3).

Hammacher, Klaus: Die Philosophie Friedrich Heinrich Jacobis. München 1969.

Hammacher, Klaus (Hrsg.): Friedrich Heinrich Jacobi. Philosoph und Literat der Goethezeit. Beiträge einer Tagung in Düsseldorf (16. – 19.10.1969) aus Anlaß seines 150. Todestages und Berichte. Frankfurt 1971 (Studien zur Philosophie und Literatur des 19. Jahrhunderts Bd. 11).

Havers, Wilhelm: Handbuch der erklärenden Syntax. Ein Versuch zur Erforschung der Bedingungen und Triebkräfte der Syntax und Stilistik. Heidelberg 1931 (Indogermanische Bibliothek I. Abt. 1. Reihe Bd. 20).

Haym, Rudolf: Herder nach seinem Leben und seinen Werken. 2 Bde. Berlin 1880ff.

Heintel, Erich: Besonnenheit (Art.). In: Historisches Wörterbuch der Philosophie. Hrsg. v. Joachim Ritter. Bd. 1, Basel 1971, Sp. 850.

Heintel, Erich: Einleitung. In: Herder, J. G.: Sprachphilosophische Schriften. Aus d. Gesamtwerk ausgew., mit einer Einl., Anm. u. Reg. versehen v. E. Heintel. Hamburg 1960 (Philosophische Bibliothek Bd. 248) S. XV – LXII.

Henkel, Arthur; Schöne, Albrecht (Hrsg.): Emblemata. Handbuch zur Sinnbildkunst des XVI. und XVII. Jahrhunderts. Stuttgart 1967.

Höfken, Irmgard: Studien zur Wirkung Herders. Phil. Diss. (masch.) Köln 1960.

Homann, Karl: F. H. Jacobis Philosophie der Freiheit. Freiburg, München 1973 (Symposion Bd. 43).

Irmscher, Hans Dietrich: Nachwort. In: Herder, J. G.: Abhandlungen über den Ursprung der Sprache. Hrsg. v. H. D. Irmscher. Stuttgart 1966 (reclam 8729/30) S. 137 – 175.

Iversen, Erik: The Myth of Egypt and its Hieroglyphics in European Tradition. Copenhagen 1961.

Jäger, Hella: Naivität. Eine kritisch-utopische Kategorie in der bürgerlichen Literatur und Ästhetik des 18. Jahrhunderts. Kronberg/Ts. 1975 (Scripten Literaturwissenschaft Bd. 19).

Janentzky, Christian: J. C. Lavaters Sturm und Drang im Zusammenhang seines religiösen Bewußtseins. Halle/S. 1916.

Kaiser, Gerhard: Wandrer und Idylle. Goethe und die Phänomenologie der Natur in der deutschen Dichtung von Geßner bis Gottfried Keller. Göttingen 1977.

Kaulbach, Friedrich: Der Zusammenhang zwischen Naturphilosophie und Geschichtsphilosophie bei Kant. In: Kant-Studien 56 (1965) S. 430 – 451.

Kesselmann, Heidemarie: Die Idyllen Salomon Geßners im Beziehungsfeld von Ästhetik und Geschichte im 18. Jahrhundert. Ein Beitrag zur Gattungsgeschichte der Idylle. Kronberg/Ts. 1976 (Hochschulschriften Literaturwissenschaft Bd. 18).

Ketelsen, Uwe: Die Naturpoesie der norddeutschen Frühaufklärung. Poesie als Sprache der Versöhnung: alter Universalismus und neues Weltbild. Stuttgart 1974.

Kinder, E.: Natürlicher Glaube und Offenbarungsglaube. Untersuchung im Anschluß an die Glaubensphilosophie F. H. Jacobis. München 1935 (Forschungen zur Geschichte und Lehre des Protestantismus).

Klein, Robert: La Forme et l'Intelligible. Écrits sur la Renaissance et l'Art moderne. Hrsg. v. André Chastel. Paris 1970 (Bibliothèque de Sciences humaines).

Kristeller, Paul Oskar: Die Philosophie des Marsilio Ficino. Frankfurt 1972 (Das Abendland. Forschungen zur Geschichte des europäischen Geisteslebens N.F. Bd. 1) (1. Aufl. New York 1943).

Lange, Victor: Nachwort. In: Wezel, J. C.: Lebensgeschichte Tobias Knauts, des Weisen, sonst der Stammler genannt. Faksimiledruck nach der Ausgabe von 1776. Bd. 4. Stuttgart 1971 (Nachdruck der Ausgabe Leipzig 1776) (Deutsche Neudrucke. Reihe Texte des 18. Jahrhunderts) S. 3* – 51*.

Langen, August: Der Wortschatz des deutschen Pietismus. Tübingen [2]1968 (1. Aufl. Tübingen 1954).

Lausberg, Heinrich: Handbuch der Rhetorik. Eine Grundlegung der Literaturwissenschaft. 2 Bde. München 1960.

Leibbrand, Werner: Romantische Medizin. Hamburg, Leipzig 1936.

Leibbrand, Werner; Wettley, Annemarie: Der Wahnsinn. Geschichte der abendländischen Psychopathologie. Freiburg, München 1961.

Lepenies, Wolf: Das Ende der Naturgeschichte. Wandel kultureller Selbstverständlichkeiten in den Wissenschaften des 18. und 19. Jahrhunderts. Frankfurt 1978.

Liebrucks, Bruno: Sprache und Bewußtsein. Bd. 1: Einleitung. Spannweite des Problems. Von den undialektischen Gebilden zur dialektischen Bewegung. Frankfurt 1964.

Lovejoy, Arthur O.: The Great Chain of Being. A Study of the History of an Idea. Cambridge/Mass. [12] 1974 (1. Aufl. 1936).

Lumpp, Martin: Philologia crucis. Zu Georg Hamanns Auffassung von der Dichtkunst. Mit einem Kommentar zur ›Aesthetica in nuce‹ (1762). Tübingen 1970 (Studien zur deutschen Literatur Bd. 21).

Marquard, Odo: Kant und die Wende zur Ästhetik. In: Zeitschrift für philosophische Forschung 16 (1962) H. 2 u. 3, S. 231 – 243 u. 363 – 374.

Marquard, Odo: Skeptische Methode im Blick auf Kant. Freiburg, München 1958 (Symposion).

Mauzi, Robert: L'Idée du Bonheur dans la Littérature et dans la Pensée francaises au XVIIIe siècle. Paris [2]1965.

Neumann, Karl: Gegenständlichkeit und Existenzbedeutung des Schönen. Eine Untersuchung zu Kants »Kritik der ästhetischen Urteilskraft«. Bonn 1973 (Kant-Studien. Ergänzungsheft 105).

Nicolson, Marjorie Hope: Mountain Gloom and Mountain Glory: The Development of the Aesthetics of the Infinite. New York 1959.

Nisbet, Hugh B.: Herder and the Philosophy and History of Science. Cambridge 1970.

Panofsky, Erwin: Et in Arcadia ego: Poussin und die Elegische Tradition. In: Europäische Bukolik und Georgik. Hrsg. v. K. Garber. Darmstadt 1976, S. 271 – 305 (WdF Bd. 355).

Peuckert, Will Erich: Gabalia. Ein Versuch zur Geschichte der magia naturalis im 16. bis 18. Jahrhundert. Berlin 1967.

Poppe, Bernhard: Alexander G. Baumgarten. Seine Bedeutung und Stellung in der Leibniz-Wolffischen Philosophie und seine Beziehungen zu Kant. Nebst Veröffentlichung einer bisher unbekannten Handschrift der Ästhetik. Borna, Leipzig 1907.

Reiner, Hans: Apathie (Art.) In: Historisches Wörterbuch der Philosophie. Hrsg. v. J. Ritter Bd. 1, Basel 1971, Sp. 429 – 433.

Richter, Karl: Literatur und Naturwissenschaft. Eine Studie zur Lyrik der Aufklärung. München 1972.

Ritter, Joachim: Ästhetik, ästhetisch (Art.) In: Historisches Wörterbuch der Philosophie. Hrsg. v. J. Ritter. Bd. 1, Basel 1971, Sp. 555 – 580.

Ritter, Joachim: Landschaft. Zur Funktion des Ästhetischen in der modernen Gesellschaft. In: J. R.: Subjektivität. Sechs Aufsätze. Frankfurt 1974, S. 141 – 163 u. S. 172 – 190.

Rothschuh, Karl E.: Leibniz, die prästabilierte Harmonie und die Ärzte seiner Zeit. In: Akten des internationalen Leibniz-Kongresses 1966. Wiesbaden 1966, Bd. 2, S. 231 – 254.

Schings, Hans Jürgen: Melancholie und Aufklärung. Melancholiker und ihre Kritiker in Erfahrungsseelenkunde und Literatur des 18. Jahrhunderts. Stuttgart 1977.

Schmidt-Hidding, Wolfgang: Humor und Witz. München 1963 (Europäische Schlüsselwörter Bd. 1).

Schönert, Jörg: Roman und Satire im 18. Jahrhundert. Ein Beitrag zur Poetik. Stuttgart 1969 (Germanistische Abhandlungen Bd. 27).

Schütz, Karl Otto: Witz und Humor. In: Schmidt-Hidding, W.: Humor und Witz. München 1963 (Europäische Schlüsselwörter Bd. 1) S. 161 – 244.

Sengle, Friedrich: Formen des idyllischen Menschenbildes. Ein Vortrag. In: F. S.: Arbeiten zur deutschen Literatur 1750 – 1850. Stuttgart 1965, S. 212 – 232.

Spaemann, Robert: Reflexion und Spontaneität. Studien über Fénelon. Stuttgart 1963.

Stahl, Karl Heinz: Das Wunderbare als Problem und Gegenstand der deutschen Poetik des 17. und 18. Jahrhunderts. Frankfurt 1975.

Starobinski, Jean: Psychoanalyse und Literatur. Literatur der Psychoanalyse. Hrsg. v. Alexander Mitscherlich. Frankfurt 1973.

Tatar, Maria M.: Spellbound. Studies on Mesmerism an Literature. Princeton, New Jersey 1978.

Tave, Stuart M.: The Amiable Humorist. A study in the comic theory and criticism of the eighteenth and early nineteenth centuries. Chicago 1960.

Thomé, Horst: Roman und Naturwissenschaft. Eine Studie zur Vorgeschichte der deutschen Klassik. Frankfurt 1978.

Tischner, Rudolf; Bittel, Karl: Mesmer und sein Problem. Magnetismus – Suggestion – Hypnose. Stuttgart 1941.

Verra, Valerio: Lebensgefühl, Naturbegriff und Naturauslegung bei F. H. Jacobi. In: Friedrich Heinrich Jacobi. Philosoph und Literat der Goethezeit. Hrsg. v. K. Hammacher. Frankfurt/M. 1971 (Studien zur Philosophie und Literatur des 19. Jahrhunderts Bd. 11) S. 259 – 280.

Volkmann-Schluck, Karl Heinz: Novalis' magischer Idealismus. In: Die deutsche Romantik. Poetik, Formen und Motive. Hrsg. v. H. Steffen. Göttingen 1967 (Kleine Vandenhoeck-Reihe Bd. 250) S. 45 – 53.

Weiser, Christian Friedrich: Shaftesbury und das deutsche Geistesleben. Leipzig, Berlin 1916.

Wölfel, Kurt: Friedrich von Blanckenburgs »Versuch über den Roman«. In: Deutsche Romantheorien. Hrsg. v. R. Grimm. Frankfurt, Bonn 1968, S. 29 – 60.

Wolff, Erwin: Shaftesbury und seine Bedeutung für die englische Literatur des 18. Jahrhunderts. Der Moralist und die literarische Form. Tübingen 1960 (Buchreihe der Anglia Bd. 8).

Zimmermann, Robert: Geschichte der Ästhetik als philosophischer Wissenschaft. Wien 1858.

Zimmermann, Rolf Christian: Das Weltbild des jungen Goethe. Studien zur hermetischen Tradition des deutschen 18. Jahrhunderts. Bd. 1: Elemente und Fundamente. München 1969. Bd. 2: Interpretation und Dokumente. München 1979.

Personenregister

Foucault, Michel 213, 215

Garve, Christian 240
Gawlick, Günter 112
Gehlen, Arnold 98f.
Gerard, Alexander 88
Gerndt, Sigmar 143, 145
Geßner, Salomon 197, 199, 201
Giehlow, Karl 114f.
Gmelin, Eberhard 42, 47, 55
Graßl, Hans 168
Goethe, Johann Wolfgang von 2, 3,
    138–141, 190, 251
Goeze, Johann Melchior 246
Gottsched, Johann Christoph 73, 78,
    196f., 252
Gründer, Karlfried 109

Haller, Albrecht von 105
Hamann, Johann Georg 108–114, 168
Hammacher, Klaus 7, 28, 123
Harich, Wolfgang 4, 7, 78
Havers, Wilhelm 101
Haym, Rudolf 277f.
Hegel, Georg Wilhelm Friedrich 121,
    191f.
Heintel, Erich 65, 99
Helmont, Johann Baptista van 40,
    51–55, 80
Helvétius, Claude Adrien 75, 148
Hennings, Justus Christian 213f.
Herder, Johann Gottfried 63, 65, 66,
    97–106, 109, 111, 113, 118–120,
    141f., 166–168, 186, 198, 247,
    277–284
Hermand, Jost 259
Hirzel, Johann Caspar 197
Hobbes, Thomas 75, 76, 77
Höfken, Irmgard 97
Hoffmann, E. T. A. 67, 189, 234f.
Homann, Karl 7, 113, 123
Home, Henry 144, 239
Hume, David 112, 122
Hutcheson, Francis 221–224,
    248f.

Irmscher, Dietrich 99
Iversen, Erik 115, 116

Jacobi, Friedrich Heinrich 28–37, 58,
    62, 63, 112f., 122–130, 144f., 167ff.,
    177f., 186, 233f.
Jamblichus 84
Jäger, Hella 198
Jørgensen, Sven-Aage 114

Kaiser, Gerhard 198
Kant, Immanuel 8, 13, 78, 130, 133, 178,
    233, 253, 274, 275, 278, 280–284
Kaulbach, Friedrich 10, 278, 283
Kempelen, Wolfgang von 182f.
Kerner, Justinus 42
Kesselmann, Heidemarie 197
Ketelsen, Uwe-K. 9
Kircher, Athanasius 49, 50, 116
Klein, Robert 160
Köpke, Wulf 173, 203
Kommerell, Max 1, 2, 3, 173, 201, 232f.,
    255
Kristeller, Paul Otto 115

La Mettrie, Julien Offray de 24, 184f.
Lange, Victor 241
Lausberg, Heinrich 101
Lavater, Johann Caspar 15, 84, 85, 94f.,
    105, 111, 167, 179f., 181
Leibniz, Gottfried Wilhelm 17–28, 29f.,
    32, 36, 37, 38, 55, 57, 59, 61, 64, 76,
    79, 141, 152
Lessing, Gotthold Ephraim 24, 67, 74,
    261
Leuwenhoek, Antony van 37
Lichtenberg, Georg Christoph 179f.,
    181
Liebrucks, Bruno 65, 99, 110
Lindner, Burkhardt 136, 230
Lovejoy, Arthur O. 169
Lukrez 205
Lumpp, Martin 114

Mackay, A. T. 42f.
Malpighi, Marcello 27
Marquard, Odo 10, 42f.
Martius, Johann Nicolaus 70, 71
Mauzi, Robert 211
Meckel, Johann Nicolaus 258
Meckel, Philipp 258
Meier, Friedrich Georg 89, 90